复式簿记是人类智慧的杰出发明之一

A HISTORY OF WESTERN ACCOUNTING
《西方会计史》（上）

文硕 著
By Wen, Shuo

经济科学出版社

A HISTORY
WEST
ACCOUNTI

The Five Waves in the Development of Accounting

西方会计史 上

会计发展的五次浪潮

图书在版编目（CIP）数据

西方会计史／文硕著．——北京：经济科学出版社，2012.4
ISBN 978-7-5141-1793-6

Ⅰ．①西… Ⅱ．①文… Ⅲ．①会计史－西方国家 Ⅳ．①F23-095

中国版本图书馆CIP数据核字（2012）第065226号

责任编辑：黄双蓉
责任印制：王世伟

西方会计史（上）

文硕 著

经济科学出版社出版、发行 新华书店经销
社址：北京市海淀区阜成路甲28号 邮编：100142
总编室电话：88191217 发行部电话：88191540
网址：www.esp.com.cn
电子邮件：esp@esp.com.cn
北京中科印刷有限公司印装
787×1092 16开 34.25印张 415 000字
2012年5月第1版 2012年5月第1次印刷
ISBN 978－7－5141－1793－6 定价128.00元

（图书出现印装问题，本社负责调换）
（版权所有 翻印必究）

会计发展的五次浪潮

西方会计史

文硕近照

本书承蒙

信永中和会计师事务所
用友集团畅捷通信息技术公司

友情赞助

马靖昊	王文京	王立彦	王光远	方红星	李若山
曲晓辉	许家林	刘明辉	刘海彬	汤云为	汤谷良
陈亚民	陈学荣	陈清清	陈箭深	杜荣瑞	宋献中
张为国	张立民	张连起	张杰明	孟　焰	周守华
罗　飞	郭晋龙	耿建新	黄世忠	谢志华	傅　磊
曾志勇	蔡扬宗	蔡信夫	蔡　春	戴德明	魏明海

（按姓氏笔画顺序排列）

联合推荐阅读

目 录
CONTENTS

序（汉英对照）　　　杨时展　　‖1

序（汉英对照）　　　（美国）保罗·加纳　　‖11

序（汉英对照）　　　（比利时）埃尼斯特·斯德维林克　　‖17

再版专序（汉英对照）　　　郭道扬　　‖27

再版序（汉英对照）　　　张　克　　‖36

引　言 ‖1

第一篇　文明古国的会计

第一章　尼罗河流域的会计 ‖14
　　一、官厅会计的诞生 ‖14
　　二、《帕勒摩石碑》和《吐特摩斯三世年代记》 ‖24
　　三、对于民间会计的探索 ‖32
　　四、奴隶和会计 ‖36

第二章　两河流域的会计 ‖42
　　一、粘土记录板和楔形文字 ‖42
　　二、官厅会计工程的建设 ‖44
　　三、汉谟拉比的手谕和《汉谟拉比法典》 ‖47
　　四、会计报告方法的新起色 ‖53
　　五、民间会计的进步：神殿、银行和商业会计 ‖60
　　六、巴比伦会计的续编 ‖68

第三章　古代希腊的会计 ‖73
　　一、走出会计发展的"迷宫" ‖74
　　二、奠定坚实的基础 ‖78
　　三、官厅会计的变革 ‖80
　　四、神殿会计的卓越成就 ‖87
　　五、独具特色的政府审计 ‖90
　　六、民间会计的雄姿：银行和庄园会计 ‖96

第四章　古代罗马的会计　‖103
　　一、民间会计的初步繁荣　‖103
　　二、举起单式簿记的宝剑　‖110
　　三、复式簿记的胎动　‖115
　　四、共和时期的官厅会计　‖120
　　五、帝国时期的官厅会计　‖125

小结："没有希腊文化和罗马帝国所奠定的基础，也就没有现代的欧洲"　‖136

第二篇　中世纪的会计

第一章　拜占庭帝国和法兰克王国的会计　‖140
　　一、一颗夜明珠　‖140
　　二、查士丁尼与《罗马民法汇编》　‖143
　　三、教会会计的稳步发展　‖146
　　四、官厅会计挣扎在历史曲折中　‖149
　　五、查理大帝和《庄园敕令》　‖151

第二章　阿拉伯帝国的会计　‖157
　　一、穆罕默德和《古兰经》　‖157
　　二、官厅会计和民间会计的发展　‖160
　　三、光明来自东方　‖162

第三章　意大利的会计　‖174
　　一、春天与黄鹂　‖174
　　二、佛罗伦萨式簿记　‖178
　　三、热那亚式簿记　‖187
　　四、威尼斯式簿记　‖195

第四章　法国和德国的会计　‖207
　　一、可贵的起点　‖207
　　二、加入新式簿记的大合唱　‖209
　　三、经济发展的召唤　‖212
　　四、殊途同归　‖216
　　五、德国第一本簿记文献　‖217

小结："复式簿记是人类智慧的杰出发明之一"　‖221

第三篇　近代的会计

第一章　近代会计的奠基人——卢卡·帕乔利　‖226
　　一、勤奋的一生　‖226
　　二、不朽的文献　‖233
　　三、时代的骄子　‖241
　　四、深远的影响　‖244
　　附：关于帕乔利的三个有争论的问题简介　‖247

第二章　卢卡·帕乔利以后的意大利会计　‖253
　　一、帕乔利的追随者　‖253
　　二、开拓新境界　‖261
　　三、工业会计的曙光　‖265

第三章　意大利式簿记在德国的传播和发展　‖270
　　一、摄取异域营养　‖270
　　二、可喜的第一步　‖276
　　三、在彷徨中改良　‖279
　　四、在改良中前进　‖284
　　五、成本会计思潮的兴起　‖289

第四章　意大利式簿记在荷兰的传播和发展　‖294
　　一、一拍即合　‖294
　　二、优秀的"二传手"　‖296
　　三、会计方法发展的新势头　‖300
　　四、与时代合拍：成本会计的尝试　‖303
　　五、承上启下的人物——西蒙·斯蒂文　‖307

第五章　意大利式簿记在法国的传播和发展　‖318
　　一、先驱者们：门赫和萨维纳　‖318
　　二、自张新帜的创造　‖323
　　三、走上独创之路　‖329
　　四、大陆派的有功之臣　‖336
　　五、工业会计的黄金射线　‖340

第六章　意大利式簿记在英国的传播和发展　‖346
　　一、传播的途径　‖346
　　二、热情引进新式簿记的思想和实务　‖349
　　三、大张旗鼓地宣传　‖355
　　四、举起改革的旗帜　‖361
　　五、改革运动的深入发展　‖371
　　六、准备企业会计时代的来临　‖377

第七章　意大利式簿记在美国的传播和发展　‖382
　　一、春风，从西欧吹来　‖382
　　二、领袖们和会计　‖387
　　三、会计教育的热浪　‖391
　　四、一面镜子：商人月刊　‖402
　　五、新的发展方向　‖407

第八章　西式簿记在日本的传播和发展　‖412
　　一、初浴欧风美雨　‖412
　　二、活跃在改革的前沿　‖418
　　三、选英撷萃育人才　‖423
　　四、培养国民的会计意识　‖428
　　五、会计教育事业的繁荣　‖433

小结：激动人心的岁月　‖441
后记　‖444
纵论千年会计——文硕院长与证监会首席顾问梁定邦的对话录　‖448
新版后记　‖485

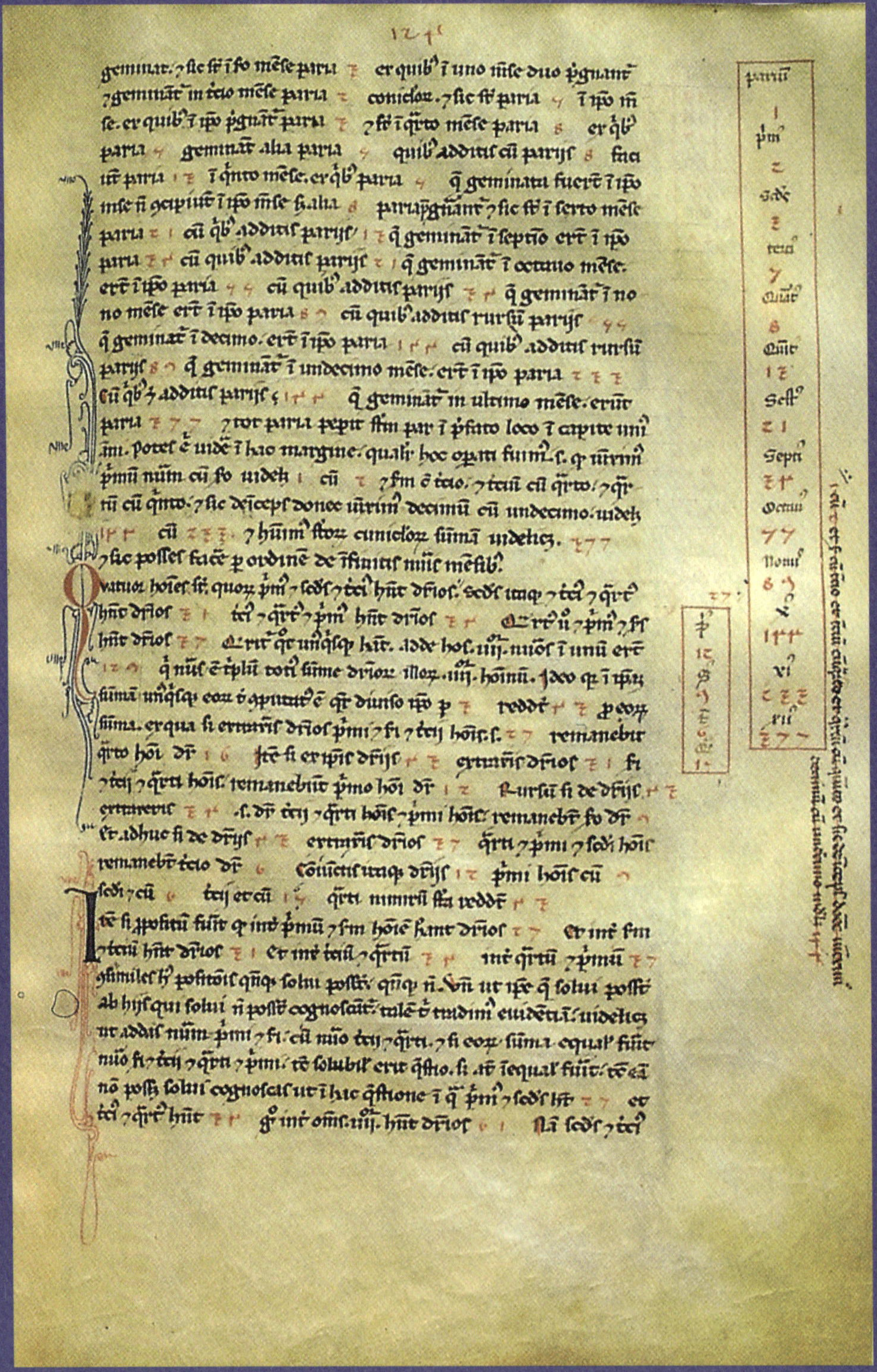

13世纪斐波纳奇《计算之书》(Liber abbaci) 正文

序

杨时展

　　一种科学史的出现，是这门科学开始成熟的标志。会计也如此。
　　人类在远古就开始会计活动。卢卡·帕乔利（Luca Pacioli，1445~1517）在500年前就开始将会计作为学术，进行研究。直到20世纪初，尤其是1933年，A·C·利特尔顿（Analias Charles Littleton，1886~1974）教授的名著《20世纪以前的会计发展》

《Accounting Evolution to 1900, New York, 1933.》的发表，会计史研究才在世界范围内引起关注，并步入蓬勃发展时期。它向人们宣布：会计的发展，开始从自发的状态，演进到人们总结其发展的规律，主观能动地引导它按照这一规律成长的时代，从只求解决当前实际问题的狭隘的眼光来研究，演进到把这些现实问题作为会计发展史长河中的一个片段来研究。这样，会计的发展就走完一条迂回曲折、盲目摸索、慢慢前进的道路，踏上了一条目标逐渐明确，可以大步前进的道路。经过500年漫长的岁月，会计作为一种科学已开始成熟了。

古人说："鉴往知来"。只有了解历史，才能了解发展；只有掌握过去，才能掌握将来。历史使人们从广袤无垠的大海或沙漠中确切明白自己当前所处的地位，从而使自己摆脱其支配，转而运用其规律去支配它；历史给人们指出了发展的方向。我想，这也正是A·C·利特尔顿教授的会计史著作在会计学领域的巨大贡献。

A·C·利特尔顿这部书的另一贡献在于它同时又推动了会计史研究的发展。以我国而论，继利特尔顿教授之后，郭道扬教授以十载的辛勤，写出了他的七十万言的巨著《中国会计史稿》；今天，我又看到另一位更年轻的研究人员文硕君的这部六十万言的《西方会计史——会计发展的五次浪潮》的成书和上卷的出版，实在禁不住高兴。

文君的书体例上不同于郭道扬教授和利特尔顿教授的书。郭教授的《史稿》，专写中国部分，用中国的史学语言来说，是中国会计的"通史"；利教授的书，写了1494～1900年这一特定时期世界会计发展的情况，用中国的史学语言来说，是世界会计的"断代史"。文君的书上起远古，下迄当代，虽曰西域，实概全球。从而，在利、郭二教授之后，又给会计史学创造了一种新的体例。他向我们提出的是兼具二教授之长的人类文化这一共同财富中的第一部系统的世界会计通史。这部书参考了中、日、英、法文有关书刊700种以上，严肃认真，图文并茂，以其特有的风格写成。作者以不知疲倦、知难而上的创新与开拓的精神，对会计史学作出了重要的贡献。而这一贡献却出自一位大学毕业不久、24岁的研究工作者，不但使人深感到"后生可畏"，也不能不使人强烈地感受到扑面而来的中国科学的浓重的春天气息！

这部书继承了中国史学家把通史分期来写的优良传统，把会计的发展划分为五个时代，即：（1）原始计量与记录时代（旧石器时代中、晚期到奴隶社会）；（2）单式簿记的产生和发展的时代（奴隶社会到文艺复兴时期）；（3）复式簿记的产生和发展的时代（文艺复兴时期到19世纪末20世纪初）；（4）会计学的发展时代（19世纪末20世纪初到现代）；（5）人类正在进入的电算化理财时代。这种分期的贡献不仅仅在于其分期上的确切性，还在于其使人能理所当然地意识到：在会计的发展过程中，我们还将有一个个不断而来的时代。无论在实践和理论方面，正如今天的会计要比过去合理、省事、完善、美好一样，明天的会计，一定也将比今天的更合理、省事、完善、美好，从而，对一切只局限于现实、着重于现实、甚至满足于现实的观点提出了挑战，成为一种鼓励人们大胆向明天探索的力量。

科学和技术，是人类文化的共同财富。 在一个时期，这个民族或国家的贡献是主要的，在另一个时期，另一民族或国家的贡献又是主要的，许多民族和国家都对这个共同财富的积累作出过积极的贡献。作者的书令人信服地向我们说明了这一点。本书没有提到中国，只是由于本书是以介绍西方模式为主的，同时，中国部分又已有郭教授的专著介绍在先了。

今天，世界越来越小，文化、经济、科学、技术的交流越来越发达，彼此的依赖也越来越密切。不同国家的科学技术，都有逐步融会贯通的趋向。在会计领域里，我们已经看到，在统一采用阿拉伯数字来记账之后，复式簿记、应计基础、实账户与虚账户的划分、从会计事项的发生到报表产生为止这一会计过程的建立，恐怕，世界大部分国家，也已趋于统一。在此基础上，世界性的统一会计原则、审计标准的研究，也已越来越引起注意。这部书所阐述的世界各国这种百虑而一致、殊途而同归的情况使我相信，全世界人民终将有一天会根据基本上同样的会计原理、审计标准和计算机技术来进行会计和审计工作，而一切斤斤于民族的、国家的、地域的观念，就显得狭隘了。

由于作者的才华和作者受到的中国的源远流长的文化的陶冶，以及作者对中国的诗歌、艺术、音乐乃至体育的广泛爱好，使这部书具有其特有的文学的风格。全书使用的不是惯常的朴素凝练的史学语言，而是一种清新、俊逸的文学语言。历史是不是一定要写得干巴巴？《左传》、《史记》是不是因为其文采风流减少了其证实的价值？我看并不如此。是不是只要是史学著作就应该要求它像孔夫子写《春秋》或老吏断狱那样，写得一字不苟？这部书就向我们提出了作者的看法。

学问之道无它，求其有恒而已。 我祝愿文君益自惕励，不满不息，取得更大成功。

PREFACE

The emergence of the history of a science marks the beginning of the coming-of-age of that particular science. This is also the case with accounting.

Man has been engaged in accounting operations since ancient times. Luca Pacioli started research on accounting as an academic discipline some five hundred years ago. However, it was not until early this century and particularly in 1933, when Professor Analias Charles Littleton(1886-1974) published his famous work Accounting Evolution to 1900, New York, 1933, studies in the history of accounting aroused world-wide interest and entered a period of rapid development. This fact brought with it a message to the world: that in the evolution of accounting man has advanced from the stage of letting things take their course to the stage of summing up the laws of its development which is in turn guided by these laws, and that the study of accounting is no longer geared only to the solution of current practical problems but is extended to the research on such problems as part of the long process of the historical development of accounting. Thus, accounting in its growth has taken a tortuous course of groping in the dark, progressing forward slowly and finally going ahead at a much faster rate with gradually identified objectives. After the lapse of five hundred years, accounting, as a science, was coming of age.

"You won't know the future unless you understand the past," as an ancient saying goes. Nor can you expect to understand the future development of anything without understanding its history. Likewise, you can't possibly tackle the problems of the future without a perfect understanding of those in the past. History has made it possible for man to find his bearings in the vast expanses of the oceans, so that he will be able not only to free himself from their control but to put them under control by using their laws. This, I believe, is the great contribution that Professor A.C. Littleton's work on the history of accounting has made in the field of accounting.

A.C. Littleton's book has been credited with making another contribution to this field in that it gave an impetus to research on the history of accounting. As far as China is concerned, Professor Guo Dao-Yang, following in the footsteps of Professor A.C. Littleton, wrote his monumental work of 700,000 words, History of Accounting in China, after working on it for ten years. Recently it has been a source of delight to me to see the publication of the first volume of A History of Western Accounting — the Five Waves in the Development of Accounting, a work of 600,000 words by the even younger researcher Wen Shuo.

Mr. Wen's book differs from those of Professor Guo Dao-Yang and Professor A.C. Littleton in form. Professor Guo's book is concerned exclusively with the history of accounting in China and is therefore a "general history" of accounting in China, as a Chinese historian would put it. On the other hand, Professor

A.C. Littleton in his book described the evolution of accounting throughout the world in the period 1494 to 1900 and it would be called a "sectional history" of accounting in the world by Chinese historians. Mr. Wen's book, however, ranges from the ancient past to the present and though it is supposed to cover the field in the West as its title indicates, in fact, it presents a global approach to the subject. Thus, after Professor A.C. Littleton and Professor Guo Dao-yang, he has come up with a new style in the historiography of accounting. What he offers to us is the first systematic general history of world accounting in China that combines the best of Professors Littleton and Guo on the subject. In writing the book, the author consulted no less than seven hundred reference works in Chinese, Japanese, English and French. The book, well illustrated with pictures and charts and written in a unique style, fully testifies to the author's conscientious attitude towards his work. The author, indefatigable, undaunted by difficulties, and brimming with a pioneer's innovative spirit, has contributed remarkably to the historiography of accounting. Yet this contribution comes from a young researcher. Our hats off to the younger generation! At the same time one cannot fail to sense the atmosphere of springtime of China's science.

This work carries on worthily the time-honoured practice of Chinese historians who break up the overall history into periods. Thus the author divides the evolution of accounting into five periods; (1) original calculation and record-keeping, from the middle and late period of the Old Stone Age to the Slave Society; (2) beginning and development of single-entry book-keeping, from the Slave Society to the Renaissance; (3) beginning and development of double-entry book-keeping, from the Renaissance to the end of the 19th century and the beginning of the 20th century; (4) beginning and development of accounting as a science, from the end of the 19th century and the beginning of the 20th century to the present and (5) development of computerized accounting management that man is entering. The merit of this division into periods lies not only in accurately defining, the different stages in the evolution of accounting, but also in keeping people aware of the periods that will come successively in the future. Just as the accounting of today as compared with that of yesterday is more logical, simpler and better in theory and practice, so will be the accounting of tomorrow as compared with that of today. And this, by calling into question the views that are geared to and consequently stress only the realities of the present, and the views of complacency with the present, makes itself felt as a force inspiring people to attempt bold explorations into the future.

Science and technology is the common wealth of mankind. In one period one nation may be at the forefront while in another period another nation may come to the fore in contributing to human progress. The author in his book makes us see that many nations have contributed their bit to the building up of this common wealth. Since the book is devoted to discussing the western model, China is not mentioned within its covers. It should be noted, however, that China has already been fully dealt with in Professor Guo's monograph.

Thanks to increasingly developed exchanges in cultural, economic, scientific and technological areas, which lead to closer and closer interdependence among nations, the world of today is becoming smaller and smaller. There is a trend emerging for science and technology in different countries to develop along similar lines. It is noticeable that in the field of accounting, following the universal adoption of arabic numerals in keeping accounts, double-entry book-keeping, accrual basis, the setting up of real and nominal accounts, the establishment of accounting procedures from the occurrence of accounting events to the preparing of financial statements, have tended to converge in a common pattern in most countries. With this as a basis, the study of world-wide uniform accounting principles and auditing standards has aroused increasing interest. The author in his book makes it clear how different considerations may arrive at the same result, and the same goal may be achieved by different ways in different countries and we are led to believe that accounting and auditing will eventually be carried out throughout the world in accordance with fundamentally similar accounting principles, auditing standards and computer techniques and that whatever nationalistic and regional viewpoints will appear narrow-minded by contrast.

As a result of the author's talent, his keen interest in Chinese poetry, arts, music and sports as well as the influence of China's age-old culture on him, the book is written in a unique literary style. The language used is not the plain and concise language of the average historians but the fresh and elegant language of literary works. Histories need not all be written in a dull and inspid style. Do histories like Zuo Zhuan (or, Tso Chuan) and Records of the Historian lose any of their value in the way of historical data because of their beautiful literary style? I think not. Are all books of history to be written only in the style of Confucius' The Spring and Autumn Annals or in the pedantic style of aged judges' verdicts, characterized by their over-correctness in the use of words? The book is a good presentation of the author's views on this matter.

The way to learning is open to all who put their shoulder to wheel. May Mr. Wen achieve still greater success in his academic pursuits!

Professor Yang Shi-Zhan

Central South University of Finance & Economics

序

(美国)保罗·加纳

国际会计学会主席

文硕先生的这部优秀著作《西方会计史》的出版刊行,丰富了会计领域的会计史学。这位北京的年轻学者继承了各国会计史巨匠们研究会计

史和著书立说的传统。这部出色的专著不仅引人注目地为现有会计史文库增添了有价值的内容，而且在会计史研究国际化方面填补了早就应该填补的空白。

这本新著的问世，正值第六届国际会计教育会议和第十三届国际会计师会议将于1987年10月先后在日本国京都和东京召开之际，是很值得庆幸的。这些国际性会议是会计在社会上已据有重要地位的标志，因而它们的历史是值得像文硕先生这样的学者给予关注的。

本书由于各个专题论述的全面性和趣味性而成为会计史上的一座里程碑。西方社会在以往五十多年里，曾出版过若干部会计史著作，但本书正如目录所示，在取材方面涉及的范围更广。尽管数十年来许多著者对本书目录中的大部分国家和地区的会计发展情况已有论述，但本书独具特色，它向读者展示了所有国家和地区会计演变的背景。

每章的标题本身就体现了这部新著的内容，其中给我留下特别深刻印象的，是著者对会计从一个地区传播到另一地区的富有想象力的论述。这种处理方法使著者文硕先生的研究成果大为增辉，也为其他会计史研究者树立了一个出色的榜样。通过作者的努力，西方会计科学随着数百年文明的发展而发展的历史现在呈现在广大读者的面前。

目前，中国有许许多多的年轻人正在学习会计科学，所以，会计史学科应该在**课堂教学和学生撰写论文**时受到重视，这部内容翔实、题材广泛的著作所提供的资料将使学生们有可能达到这一目的。高等院校为了提高教学质量，每年都在增设新的课程。看到这一令人鼓舞的趋向，笔者深感欣慰。

世界范围内的会计是应实际的和社会的需要而发展起来的。 本书着重论述了会计演变的具体进程，其中包括历史上文明世界的许多人对会计发展所作出的贡献。现在，人们已理所当然地认为，世界会计是随着各国人民社会和经济生活水平的改善而发展着的。会计史的这一侧面可以称为"经济发展会计"，像阿道夫·恩索文博士这样的具有献身精神的学者几乎一生都致力于人类发展这一特殊方面的研究上。他与几位中国学者的合作是愉快的，这部专著的章节将有助于进一步发展正在进行中的这种合作。换句话说，研究者们只有对会计与经济和社会的关系，以及西方会计发展史有所了解，才能更有效地利用阿道夫·恩索文博士及其同事们所提出的建议。

笔者希望，文硕先生在本书的中文版首次发行后，至少应以英语或其他语言再准备一部简译本出版，以便使那些没有掌握多种语言的读者也能从中受益。

我把能为这本将拥有众多读者的新著作序，看成是一种特殊的荣誉。我在此衷心祝贺文硕先生完成了这部会计史专著的编写任务。

FOREWORD

The area of accountancy known as accounting evolution, or accounting historical development, has been enriched with the publication of this outstanding volume entitled "A History of Western Accounting" by Wen Shuo of Beijing. This younger scholar has followed in the tradition of some of the giants of accounting history research and writing. The special subject matter which he develops so well has added significantly to the now available literature, and it also fills a gap in the internationalization of accounting history research which has long needed to be filled.

It is a fortunate circumstance that this new book makes its appearance almost simultaneously with the timing of the 13th World Congress on Accounting which will be held in October 1987 in Tokyo, immediately after the 6th World Conference on Accounting Education Which will be held in Kyoto. These world conferences are indicative of the now attained stature of accounting matters in society, and the history of these attainments is therefore worthy of the attention of scholars such as Wen Shuo.

The varied topics treated with thoroughness and taste make this volume one of the landmarks in accounting history. While there have been several volumes published in the past 50 or more years on the general area of accounting development in western societies, this volume attains the giving of the subject matter a wide coverage, as indicated in the Table of Contents. Although various authors over the past decades have treated most of the countries and areas of the world reflected in the Table of Contents, this volume has the unique feature of giving the reader a background in all of the country and area history.

The titles of the respective chapters are self descriptive of the content of this new work, but I am particularly impressed with the imaginative treatment of the spread of accountancy from one area to the other. This treatment should give further impetus to the research efforts of the present author, Wen Shuo, as well as those who will follow him from his excellent example. The history and development of accountancy in the West, with its centuries of civilization, has now been exposed to a large audience, through the efforts of the author of this new book.

Since accounting subject matter is now being studied by many younger people in China, the historical aspects of the subject matter should be emphasized in the classroom and student papers. The materials in this extensive volume will make it possible for students to accomplish this objective. Each year brings more curriculum additions to the offerings available for student instruction in institutions of higher learning, and it has been heartwarming to the author of the Foreword to observe this favorable trend.

The growth of accounting worldwide has developed in response to the practical and social needs. This book emphasizes that aspect of growth and includes coverage of the contributions made by many of the civilizations of the past. It is now almost taken for granted that the development of accounting worldwide accompanies the improvement in the social and economic living standards of the peoples of the world. This aspect of accounting history has come to be called "economic development accounting" and dedicated individuals such as Dr. Adolf Enthoven have devoted almost a lifetime to this salient aspect of human development. Dr. Enthoven's cooperative work with several Chinese scholars has been heartwarming, and the chapters of this particular volume will assist in the further implementation of the developments underway. In other words, the students will have a background of the relationships and the progress, to be able to utilize even more effectively the suggestions made by Dr. Enthoven and his colleagues.

After this volume is first published in Chinese, the writer of this Foreword can express the hope that at least a condensed version will be prepared By Mr. Wen in English and other languages, and published for the benefit of readers who regretfully do not have multiple language facility.

I consider it a distinct honor to be invited to present this Foreword to what I hope will be a wide audience, and I further extend congratulations to the author for the completion of his task in preparing manuscript for the book.

February, 1987

    Paul Garner, Ph.D., D. Economics, LL.D., C.P.A., Emeritus Professor of Accounting, and Emeritus Dean of the Graduate School of Business, University of Alabama, (U.S.A.); and President, International Association for Accounting Education and Research; and Past President, American Accounting Association.

序

(比利时)埃尼斯特·斯德维林克

国际会计史学家协会主席

蒙文硕先生约我为本书写序,这使我感到惊喜不已。

我欣然为之,希望唤起更多的人勇敢地去研究一个世纪以来正在成为一门真正科学的会计史学,

就像研究数学史和法律史一样。

我注意到，本书作者将会计史划分为五个时代：会计前史，即原始计量与记录时代；单式簿记的演进时代；复式簿记的演进时代；会计学的演进时代；电算化会计时代。最后一个历史阶段涉及电算化会计，指明了人类会计发展的前景。至于其余四个历史阶段，一些会计史学家已按不同的方法，进行过大致相同的划分。

有的学者认为应将会计演变阶段划分为古代、中世纪、近代和现代这四个大的历史阶段。

有的学者选择不同时期会计人员的资历作为划分会计史的标志，并按出现的先后，将他们分为祖先、开拓者、后继者、革新者和当代人五类。他们所处时代的会计分别为：记忆的会计、为他人（或第三者）作证的会计、为自己作证的会计、管理的会计和预测的会计。他们倡导了有关价值、法律、遗产、经济和行政的各种理论和有关记录、控制、管理、企业经济和科学组织的各门科学。祖先者们只满足于简要的说明，采用记忆簿记的形式。事实上，他们所记录的不过是物品的数量和价值。开拓者们已感觉到对他人（或第三者）证明自己诚实的必要性，人们从那里可以窥见法学理论和控制科学的萌芽。后继者同样进行证明，不过是为自己立证。他们处理自己的祖传财产并创造出管理组织。革新者们更进一步，他们从事管理活动和企业经济活动。当代人则面向未来，他们关心的是运用会计进行预测和科学组织。

还有一些学者将会计的发展划分为以下五个时代：

1° 会计前史：记数制度的形成

石子计数——算盘和棋盘的发明；刻痕计数——木签和财产清单的发明；结绳计数——"基普"的发明。

结果：财产盘点——人口调查——计算——统计——图表。

职业：记录员——书写员——"基普"结绳员。

2° 簿记的诞生

货币和信用的发明；金融业的兴起；应收应付账户的设置。

结果：记录现金账户——记录第三者账户。

职业：对雇主承担受托财务责任的出纳员——金融家。

3° 欧洲时期：发现新大陆

资本主义的萌芽——遗产及其保护的思想——利润的追求——航海贸易。

结果：主人账户（或资本账户）的记录——法律实体的发明——临时合伙企业的出现——团体——成果账户的记录。

职业：航海人员——运输商——保险人——公证人——非独立的会计师——独立的会计师。

4° 大发明时期：机器的广泛使用

结果：成本会计核算——工业会计——预测和折旧会计的发明和运用。

职业：工程师——工业会计师。

5° 遍及全球的时期：第三世界的觉醒

石油的巨大影响——社会的冲击——公司的合并——会计多样化。

结果：管理会计——反通货膨胀会计——社会会计——宏观经济会计——会计日益复杂化。

职业：特许会计师——审计师——商业工程师——各种管理者。

究竟是什么因素促成了会计的演变呢？

出现私有财产——遗产会计；企业的出现——商业会计；公司的出现——工厂会计；临时和固定的合伙商的出现——合伙会计；工业化——工业会计；跨国公司的出现——控股公司会计；财政制度——财务或定期会计；通货膨胀——通货会计；电算化——电算化会计；预测——管理会计。诸如此类，不一而足。当然，我们对会计协会、会计评论、会计会议和会计法规诸方面的问题也应加以叙述。

显而易见，文硕先生的著作既能兼容并蓄，博采众长，又能自成一家，独树一帜，从而丰富了会计史学。 我相信，对于现在和将来决心研究会计科学发展进程的会计史研究人员来说，这部书无疑是非常有益的。所以，我预祝本书取得成功并能在世界范围内广为传播。

PREFACE

It was a great astonishment for me to be contacted by the author of this work for the writing of a preface.

I shall do it very willingly, hoping to inspire many people and instill them courage to study the history of a trade branch, which has besides analogies with mathematics and laws , and which since a century is coming to be a real science.

I note straight away that the author divided accounting history in five parts: pre-accounting cycle, i.e. original calculation and record-keeping; the evolution of single-entry book-keeping; the evolution of double-entry book-keeping; the evolution of accounting as a science; the development of computerized accounting. The last plunging already in the future, seeing that it concerns computerized accounting. Remains the four historical sections, that several historians have tried to determine at close range, while having different approches.

If some have thought that they must follow the great historical divisions:

- Antiquity
- Middle-Age
- Modern time
- and Contempory History

Others have choised to qualify the accountants of the different ages as:

- Predecessors
- Pioneers
- Extenders (or continuaters)
- Renovators
- and Moderns

And accountancies of those ages as:

- Accountancy of Memorisation
- Accountancy of Justfication facing others (or thirds)
- Accountancy of Justification facing oneself
- Accountancy of Management (Conduct of Affairs-Administration)
- Accountancy of Previsions (Expectation-Anticipation).

They have derived (drawed) the theories of

- Value
- Laws
- Patrimony
- Economy
- Functions

and the sciences of

- Recording
- Control
- Administrative organisation

- Enterprise economy
- Scientific organisation.

Predecessors were satisfied with concise (succinct) annotations. They kept a book-keeping of Memorisation. In fact, they recorded quantities or values without more.

Pioneers have felt the need of justify themselves vis a vis (opposite) others (or thirds). You can see there the appearance of the law theory and the science of control.

Extenders (or Continuaters) were also justifying, but facing (vis a vis-opposite) themselves this time. They dealed with their own patrimony and have invented the administrative organisation.

Renovators have been further. They dealed with gestion and enterprise economy.

At last, Moderns, turned up to future, interest them to previsions and scientific organisation.

Others yet have splited up the story of book-keeping into five slices as follow:

1. Pre-accounting period (or cycle) with concretisation (taking shape) of numbers,

    with pebbles — invention of abacus and chessboard

    with strokes — invention of tallies and scriptures

with knots — invention of quipus

    Consequences: inventories — census — counting — statistics — figures.

    Professions: scribes — antic writers — quipucamayoks.

2. Birth of book-keeping-Invention of Money (Currency and coin), invention of credit, Banks beginning,

Opening of debitors and creditors accounts.

    Consequences: keeping of cash account — keeping of Thirds accounts.

    Professions: cashiers who were responsibles or accountable of their actions face of their employer — Bankers.

3. European period (or cycle) with the discovery of the new world .

Origin of capitalism — Idea of patrimony and its protection — Research of profit — Sea-borne trade.

    Consepuences: keeping of the Master Account (Stock or Capital) — invention of legal intities — creation of momentary participation (shareholding) companies — societies — Keeping of Result Account.

    Professions: Sea faring men — Forwarding agents — Insurers — Notaries — Dependent accountants and Independent accountants.

4. Great Inventions Period (or cycle), with extensive use (or employment) of machines.

Consequences:	Cost-account calculations — Industrial accountancy — Invention and keeping of Previsions and Depreciations accounts.
Professions:	Engineers — Industrial accountants.

5. Worldwide period (or cycle) — A wakening of the third world.

Influence of energetic petroleum — Social thrust — Consolidation of enterprises — Accounting planes.

Consequences:	Management accounting — Anti-inflation accounting — Social accounting — Macroeconomic accounting — Accounts more and more sophisticated.
Professions:	Chartered Accountants — Auditors — Commercial Engineers — Administratives of all nature.

In fact, what has do Accountancy to move?

The access to private property	— Patrimonial accounting.
Creation of enterprises	— Commercial accounting.
Creation of branches	— Factory accounting.
Association of men and patrimonies in provisory or permanent societies	— Societies accounting.
Industrialisation	— Industrial accounting.
Association of Intercontinental societies	— Holdings accounting.
Fiscal system	— Fiscal or regular accounting.

Inflation — Monetaries accounting.

Mecanisation — Computerized accounting.

Previsions — Management accounting.

and so on. Of course, we must also quote the accounting associations, the accounting reviews, the accounting congress, the accounting Iegislation, etc.

Obviously, Mr. Wen Shuo's book synthesizes the views of accounting historians on the same subject, flys his own colours, so that it enrichs the science of accounting historiography. I am confident his book to be — no doubts — salutary and beneficial for present and future Accountants Historians who shall desire to bent (or to lean) on the past of Accounting science.

So, I wish to this work all the success it merit and a great diffusion in the world.

E. STEVELINCK

President of the International Committee

of Accounting Historians

再版专序

郭道扬

1987年，继中国首部译著《审计学》和处女作《文明古国的会计》之后，青年学者文硕以《西方会计史》（上）一作，再次令中国会计界对这位年仅24岁的小伙子刮目相看。正如会计大师杨时展教授所言，"这部书参考了中、日、英、法文有关书刊700种以上，严肃认真，图文并茂，以其特有的风格写成。作者以不知疲倦、知难而上的开拓创新精神，对会计史学作出了重要的贡献。"

转瞬之间，25年过去了。这些年来，会计史研究已发生巨变，然，文硕其人其著，仍以溢于言表的理性见解和浪漫才情，以及博览众家之学，从会计起源开始，渐及文明古国、意大利及其他欧洲列强，叙事之中指出西方会计思想与实践的基本走向，而为今人乐道喜读。所以，经济科学出版社决定再版本书，实为智者之举。这本书现在看来，尽管内容未作修订，但依然让读者能感受到恢弘的气势，加之这部书再辅以现代前卫的装帧设计，更给人带来了旧貌换新颜的感觉。

从对中国会计审计发展的推动来看，20世纪80年代中期至90年代文硕教授的贡献是明显的。其主要表现于：第一，改革开放以来，在"世界正走向我们，我们正走向世界"的理念推动下，他通过与国际会计审计界一流大师们的广泛联系，最早系统地将西方会计审计经典理论介绍到了中国，为推动中国会计审计国际化，做了大量理论建设工作，其代表作有《世界会计审计名著译丛》、《现代会计审计知识更新丛书》、《会计风暴丛书》等，并成功策划了第一届国际会计审计研讨会；第二，他是最早将西方会计史和世界审计史研究引入中国，填补这个领域的空白，为完善中国会计审计学科体系做出了具有开拓性意义的贡献，其代表作有《文明古国的会计》、《西方会计史》（上）、《世界审计史》和合著专著《中国审计史》。《世界审计史》中有关国家审计史部分被日本名古屋商科大学教授津谷原弘教授译成日文出版；第三，文硕教授凭借民间科研机构的优势，首先打通了海峡两岸会计审计界的封闭状态，开"海峡两岸"接触与合作交流之先河，他还推动了第一届海峡两岸会计审计研讨会的成功召开，并作为第一批会计审计学者访问台湾，其后又推动了"海峡两岸"会计大学生辩论赛的成功举办；第四，20世纪80年代末90年代初，通过出版《会计审计博士文库》和《世界会计审计名著译丛》，推出了一批会计理论界新人，如今这些人已成为中国会计学术界的中坚力量；第五，他在《人民日报》发表的"民主政治与现代国家审计"一文，引起了国家领导人的高度重视，这对后来的"审计风暴"产生了一定的影响。

现在再版文硕的《西方会计史》（上），并非仅仅重捡记忆，更重要的是再次证明，只要对中国会计审计学术做出重要贡献，无论何人何事，历史都一定会铭文永记的。在后来的20多年中，文硕的学术思想与成就一直受到相当的重视。其深刻影响，从大量文章注释、学术引文和口碑中可觅踪迹。曾经的风云，已经成为中国会计审计学术研究整体中不可分割的真实印迹，理应受到尊重。

目前，当我在潜心组织撰写数百万字的国家社科基金重大项目《中国会计通史系列问题研究》之时，文硕也在展开数百万字中国音乐剧史系列研究工作。他说，音乐剧与会计是相通的，因为他以宫廷歌舞剧和民间歌舞剧为主体的中国音乐剧史体系，正是受到我的以政府会计与民间会计为主干的中国会计史体系的思路建构的启发；正在建构的中国民族音乐剧理论体系，也无疑受到了会计学科理论体系建构的某些影响。音乐剧与会计，竟然具有如此不可思议的对应性与关联性，而巧妙地联系在一起。

伟大学人钱钟书先生有言："东海西海，心理攸同；南学北学，道术未裂"。文硕的探索、发现与进行的创新性研究就在于此。这，便是文硕风格，文硕著作的特色。

2011年11月11日于武汉竹苑

Foreword for Republication

In 1987, after the publication of China's first translated book "Auditing" and his maiden work "Accounting in Ancient Civilizations", young scholar Wen Shuo, 24, once again surprised China's accountant community with his third book "A History of Western Accounting" (Volume I). Just as the master accountant Pro. Yang Shizhan said, "In writing the book, the author consulted no less than seven hundred reference works in Chinese, Japanese, English and French. The book, well illustrated with pictures and charts and written in a unique style, fully testifies to the author's conscientious attitude towards his work. The author, indefatigable, undaunted by difficulties, and trimming with a pioneer's innovative spirit, has contributed remarkably to the historiography of accounting."

25 years have passed without being even noticed. These years, accounting history study has changed dramatically, but Wen Shuo, himself and his works, are bringing present-day people reading pleasure with his unspeakable rational insight and romantic sentiment as well as all-inclusive knowledge that starts from the origin of accounting, and progresses through ancient civilizations, Italy and other European powers, pointing out the basic approach of western

accounting philosophy and practices. For this reason, it is indeed a wise decision for Economic Science Publishing House to republish this book. This book, when seen from the present perspective and although not revised, still makes readers feel the overwhelming momentum, this time in a more modernized graphic design that is visually appealing and refreshing to readers.

Pro. Wen Shuo's contributions made in the 1980's and 1990's to the development of China's accounting and audit practices were remarkable, as mainly manifested in the following aspects: first, since the reform and openingup, driven by the idea that "the world is embracing us and we are embracing the rest of the world", Wen, through extensive connections with world-leading accounting audit gurus, was the first to introduce western classical theories of accounting audit systematically into China, making significant theoretical contribution to the globalization of China's accounting audit practices. His representative works include Translations of World Classics of Accounting Audit, Updated Knowledge about Modern Accounting Audit and Accounting Storm Series. Additionally, he successfully initiated the 1st International Accounting Audit Workshop; second, he is the first to bring study of western accounting history and world audit history into China, thereby making pioneering contribution to improvement of China's accounting audit discipline, with representative works including Accounting in Ancient Civilizations, A History of Western Accounting (Volume I) and The World History of Audit and a monograph Chinese History of Audit. The state audit history part of the World History of Auditing was translated into Japanese and published by professor Tsutani Motohiro with Nagoya University of Commerce & Business; third, Pro. Wen, on the strength of private research institutions, first built a bridge across the Strait for accounting audit community by initiating cross-strait cooperation and exchange. He further facilitated successful opening of the 1st Cross-Strait Accounting Audit Workshop and visited Taiwan as one of the first accounting audit scholars, before contributing to the successful completion of Cross-strait Accounting Majors Debate; fourth, at the turn of the 1990's, Wen made public a group of newcomers in the field of accounting theory by publishing Doctoral Dissertations on Accounting Audit and Translations of World Classics of Accounting Audit, who have become the mainstay in China's accounting academia; fifth, he published an article "Democratic Politics and Modern State Audit" on the People's Daily, which drew much attention of the Chinese leaders and had a great bearing on the subsequent State Audit Storm.

The upcoming republication of Wen Shuo's A History of Western Accounting (Volume I) is not merely a recollection but more importantly once again proves that anyone could be written in the history as long as he or she made significant contribution to China's accounting audit science. In the following 20-odd years, Wen Shuo's academic thoughts and accomplishments have been under the spotlight. His profound influence could be seen in a large number of article annotations, academic quotations and word of mouth. And his past achievements have become an integral part of China's accounting audit research efforts and indeed merit respect.

At this moment, when I am concentrating on writing a several million-word book "Study of Issues with Chinese History of Accounting", one of key projects under the National Social Science Foundation, Wen Shuo is busy writing a several million-word book on Chinese History of Musical. He said musical is connected with accounting in some sense, because his approach to Chinese history of musical based on palace musical and folk musical was exactly inspired by my approach to Chinese history of accounting based on government and private accounting practices; the theoretical system of Chinese national musical he is currently building is undoubtedly influenced by the construction of theoretical system of accounting discipline in some way. It is surprising that there exist such incredible correspondence and correlation between musical and accounting, which are bonded in a subtle manner.

The great scholar Qian Zhongshu once said, "The mindset is shared across the globe, while the way of doing things is the same across all disciplines". Wen Shuo's exploration, discovery and ongoing innovative study can find expression in this famous saying. This is the style of Wen Shuo and the characteristic of Wen Shuo's works.

Professor Guo, Daoyang

Bamboo Garden, Wuhan, November 11, 2011.

再版序

中国注册会计师协会副会长

信永中和会计师事务所董事长　张　克

历史的窗口很神奇。推开它，可以看到神奇而恢弘的历史景象。

文硕先生的《西方会计史》初版于1987年，在过去的20多年里，这本书与他的另外一本著述《世界审计史》一起，成为会计审计从业人员走进西方财会世界历史风云，回望历史事件，解读历史人物，进而感悟现状的不可或缺的经典读物。这次的全彩再版，不仅内容愈加充实生动，更通过近300幅珍贵图片的添加和时尚新颖的版面设计，让文硕之笔犹如将历史卷轴次第展开，使原本并不算太枯燥、生涩的西方会计史呈现出更鲜活的色彩。

读史使人明智。会计从历史上看，是一次又一次地奔涌而来的变革浪潮，所以应该是奔放的；是随着市场化的深化发展而变得愈来愈复杂精巧、充满玄机的领域，所以应该是有趣的，而不应该是传统意识上认为会计行业是保守、枯燥，甚至迂腐的。而文硕在10多年的会计审计研究著述生涯中，以独具个性的行事风格，无论是专著的出版或者事件的策划，不断地给这一领域带来创新、自由、时尚、快乐、情趣、娱乐甚至反叛的新风潮。正如一位网友所言："我们怀念过去，是因为现在太缺少；我们怀念文硕，是因为这个领域过于乏味。总归，这样的一颗星将会更闪耀，在一片片新的星空。"音乐歌舞剧似乎与会计或会计史风马牛不相及，但此举正是文硕目前的新事业，由此也足见文硕桀骜不驯、才思横空出世的一面；也让读者完全有理由相信读文硕的《西方会计史》，决不会是一件趣味索然的事。我们衷心期待他能整合财务、营销、文化产业的各方面积淀，在音乐歌舞剧产业这个新领域再创出让大家眼睛为之一亮的奇迹。

信永中和多年来始终专注于专业积累，深谙厚积薄发、万丈之台起于垒土的道理。也知道了解过往的沿革变迁，才能把握当下，才能驾驭未来。所以我们从来不敢轻慢历史，戏谑故人。无论是中国人还是外国人，能够在史书上留下一抹笔触的，都当怀敬畏之心，更何况这是与我们所从事的工作息息相关的历史。所以这次赞助文硕先生的专著《西方会计史》再版，也是符合我们的一贯行事原则和思维逻辑的，如果有更多的人因读《西方会计史》而有所感悟、有所收益，或因此而对会计这个行业产生兴趣，那我们会感到幸甚至哉。

德国历史学家克罗齐说过："其实，历史在我们大家身上。它的资料在我们胸中。我们的胸仅仅是一个熔炉。"现在是全媒体时代，不同的媒体表现出来的品类传播价值不同。尽管历史的帷幕在我们身后关闭，作为纸媒体的图书，却能以文字和图片的形式，将西方会计发展的景象，像植根一样在人们的脑海中继续留下烙印，继续影响当代人的思想与行为。《西方会计史》就是这样一个熔炉中的燃料，虽非全部，却是别具天地的。

Foreword for Republication

The window to history is indeed marvellous. Open it, and you can see the magical and splendid historical scenes.

Mr. Wen Shuo's A History of Western Accounting was first published in 1987, which, over the past 20 years and coupled with his another book The world History of Audit, has been an classic must-read for accountants and auditors to learn about the accounting history and historical figures in the western world and understand how matters stand. This full-colour reprint is not only more enriched and vivid in content than its predecessor but also incorporates nearly 300 precious pictures and fashionable, novel layout design such that the not-so-boring or understandable narration of western accounting history becomes more readable thanks to the way Wen Shuo wrote this book just like a historical scroll.

Reading history books makes one wiser. Historically, accounting represents one after another tide of change, therefore it should be bold and unstrained. Also, accounting is a field that becomes more sophisticated and profound as the market economy further develops, so it should be interesting rather than conservative, boring and even pedantic as traditionally perceived. In 10-plus years of accounting and audit research and writing, Wen Shuo has constantly brought this field a fresh tide of innovation, freedom, fashion, pleasure, sentiment, entertainment and even rebellion with his unique way of doing things, be it the publication of his monographs or masterminding of events. Just like an internet user said, "we miss the past, because there is something most needed at present. We miss Wen Shuo, because this field is too boring to tolerate. In a word, such a star will become more shining in a new sky. " Musical seems totally irrelevant to accounting or accounting history, but it is exactly what Wen Shuo is working on as a new career, an evidence of Wen's obstinate and unruly nature and intellectual adventure. This also gives readers every reason to believe that reading Wen's A History of Western Accounting will never be something boring. We ardently expect him to blend his experience in finance, marketing and cultural industry into his new career to make a real difference.

Shinewing has long been committed to professional excellence and understands that deep knowledge of the past is required for future success. So we never dare to belittle the history or banter any predecessor. Anyone who left intellectual legacy in the history book should be worshipped, be it Chinese or foreigner, not least because this is a history that matters so much to us at work. For this reason, it is in line with our business philosophy that we sponsor the republication of Mr. Wen's monograph A History of Western Accounting. We would feel much more honoured if many more people will benefit or become interested in accounting after reading this monograph.

German historian Benedetto Croce once said, "Indeed, history is in everyone of us. Its materials are in our mind. And our mind is merely a melting pot." In a world where the forms of media are diverse, different forms of media embody different values of communication. Although the curtain of the history fell behind us, paper-based books continue to imprint the scenes of the western accounting history upon our minds in the form of text and pictures and to influence the way the current generation thinks and acts. A History of Western Accounting is just like fuel in this melting pot, which offers us a non-complete yet unique perspective.

Zhang Ke,
Vice President of the Chinese Institute of Certified Public Accountants
President of Shinewing Certified Public Accountants

引

阿尔塔米拉洞窟 Altamira Cave

前言

——法国封·德·柯姆洞壁上，布满了摹仿打猎的绘画；

——法国拉斯科洞窟壁画上，有飞奔的野马、受惊的白鹿、狂怒的野猪、神气的猛玛；

——在法国的库尼耶柯和西班牙的拉斯·起梅涅阿斯发现许多洞窟壁画；

——西班牙阿尔太米拉山洞的洞顶和墙上，画有150多头红色、黑色、黄色和暗红色的野牛、野猪和野鹿等动物；

——各国古代遗址中，发现了诸多刻在岩石上的牛羊、刻在骨片上的群鹿、雕在鹿角上的马头和雕在石灰岩上的女神；

这些均是旧石器时代中、晚期的艺术品，其中有一些技法稚拙、形象简单，但也有很大部分尺幅巨大，线条粗健，其飞动奔走的神态尤为鲜明而有力。它们是不是纯粹的艺术品？如果是，那么古时的画家们为什么不准备一间宽敞、明亮的场地展览他们的作品，而偏偏要选择一些入口狭窄、通道曲折的洞窟和骨片、鹿角来表现他们的"天才"呢？

我们认为，最合理的解释是：旧石器时代的雕刻与绘画，决不是什么"天意"和"神授"，也不是仅仅出于无目的的"游戏"和仅供"娱乐"的一种发泄，而同时还具有一种更为严肃的目的，这就是：它们是一种"魔法"，一种祈求狩猎丰收的"仪式"，其中还有一些是原始人借以表达动物数量的作为图画文

象形文字

中国甲骨文

字前身的仅仅是帮助记忆的绘图文字。在那荒远的年代，原始人用它来记载劳动耗费，也用它来反映劳动成果。倘若猎获到几头牛，他们就像现代画家素描一样，用木炭、红土在石壁、骨片、鹿角和象牙上画上几头牛，有时是在脂肪里掺杂一些有颜色的泥土或石粉，用空心的兽骨吹喷到墙上去——就像现代壁画家用"喷枪"喷洒"丙烯"颜料一样。这些动物是被作为人的战利品而被描绘着的。倘若又捕获到几头牛，他们就在原来画过的地方又画上几头牛，表示相加，所以，古代洞窟里的新画与旧画往往重叠在一块。

这种以动物或植物的形象去反映数量的行为，一方面表明会计与艺术在其发展早期有着青梅竹马的亲密关系，另一方面也显示出原始人在表现技法上还非常拙笨和幼稚。不过，正是在他们这种幼稚的行为里，却闪耀着"模仿自然可能使人类有力量控制它"这样一种思想。这种思想在当时无疑是积极的，它不但推动了艺术的

古印加结绳记事

进步，而且还促使人类日后去寻求正确的科学的途径，以唤起原始计量与记录行为的进一步发展。所以，可以说，原始人的这种笨拙得很的记录行为，乃是开创绵绵不断的世界会计发展史的先声，今天人类的会计科学就是从这里开始的。

　　在漫长的岁月里，原始人过着茹毛饮血的生活。后来，他们的视野逐渐扩展，在使用不是真正文字的绘图文字以后，又广泛使用各种物件来传递信息和帮助记忆。例如，锡兰岛的辛哈列人经常将死人的头发缠在树枝上，用布或树叶包裹起来作为讣告；西伯利亚的通古斯人在出门远猎之时，把一根木棍斜插在雪中，表示他的去向。但在会计发展史上尤具意义的，还是在古代的中国、日本、波斯、埃及、墨西哥、秘鲁和太平洋的波里尼西亚等地区都曾采用过的"结绳记事"之法。

在我国，"结绳记事"之法的产生，与伏羲氏时代的结网捕鱼活动有着十分密切的联系，其具体做法是："事大，大结其绳；事小，小结其绳"。这种记事法在我国有着悠久的历史，它自诞生之日起，就把生产和生活领域作为自己的用武之地，显示出旺盛的生命力。

在古代南美洲，印加人的"基普"（quipu），可说是所有"结绳记事法"中最为复杂、最为著名的。它不仅用于记事，而且用于记数。"基普"实际上就是印加人用来进行原始计量和记事的系着各种结的彩色绳子。具体一点讲，基普是在一根横着的只有一种颜色的粗绳上垂直地系上许多根不同颜色的细绳，有时多达100根，像缨子一样垂直；在垂着的细绳上，距主绳不同的距离处打着一个个结头；结头的形状表示数目，如单结表示10，双结表示20，重结表示100，双重结表示200；距主绳最远的结表示个位数，再上一结是十位，然后依次是百位和千位，越是大数越接近主绳；基普上最大的数一般不超过10000，而且尚未有"0"的表示。当时，细绳的不同颜色表示不同的事物：褐色表示马铃薯，白色表示白银，黄色表示黄金，红色表示士兵，绿色表示谷物，黑色表示时间（经过多少个夜晚）①，等等。这种"结绳记事法"是一种奇特的辅助记忆法，广泛用于辅助记忆所征收的捐税、统计结算、日期，以及重大的历史事件。

可见，这种结绳文字，与绘图文字一样，也不是一种真正的文字，它产生于原始公社时代，是社会生产力发展到一定阶段的产物。它在会计发展史上的意义在于比绘图文字更明确地表现了会计萌芽阶段。

在结绳之后又出现了图画文字。这是介于图画和文字之间的一种表达思想的手段，它没有读音，绘法也比较简单，并形成了一套套刻划符号，大多都画在树皮和纸草上，刻在印章、石头和泥版上，内容极为广泛。这些刻划符号在印度、巴比伦、中国和埃及均有发现，它们虽然因地域的不同而不同，但都表明在原始社会末期，人们已不满足于原有的绘图和结绳记事，而开始寻求新路，在反映比较复杂的经济事项的内容和数量的起跑线上跃跃欲试了。值得特别注意的是，在继起的奴隶制时代的叙述式会计记录中，我们到处可以看出这一时期出现的计量和记数记录的嬗变之迹，这深刻地揭示了两个不同时期会计发展的渊源关系。

真正的文字是从象形文字（hieroglyphic）开始的。象形文字由图画文字演变而来，一般都是用物体的形象表达一定的意义，并有一定的读音。后来，它又演变成更为进步的文字。世界上最早的文字是我国的甲骨文字，埃及的纸草文字，两河流域的楔形文字和印度的象形文字。可以说，这些文字在奴隶社会的微风细雨中诞生，不仅是人类文明时代开始的标志，而且还是单式簿记产生的重要前提之一。关于文字与会计的至亲至密的关系，英国著名的历史学家V·C·柴尔德（V. Cordon Childe）在其名著《远古文化史》（Man Makes Himself）一书中有一段颇有见地的论述。他说："一个苏美尔的庙宇，拥有了许许多多的产业、羊群、牛群和庞大的收入等。它用垫付和贷款的方式，来帮助它那些信徒，从而花销了、并且增加了那份财富。管理那种收入的祭司，必须把他们处理神的财产的情形，向他们的神明主人报告，且须保证他那些产业可以保全并增加。他们面对着一个人类历史上从来没有过的问题，那就是：在此之先，从未有过这么大的一宗财富集中于一个人支配之

柴尔德（Vere Gordon Childe 1955年）

下。祭司为要记牢神的税收和用项，不敢相信自己的记忆。……祭司个人，是要死去的，但他所属的那个团体，却和他所服侍的神一样，是不会死的。祭司可能在他主人的贷款还不曾得到偿还以前，就死去了，他那追还债款的职责，需由一个同事或继任的人来完成。神的执事，必须记录下来：他垫付出去了几瓮种子，是什么样的性质；他交付了好多头绵羊给一个牧人，是什么样的品种。而记录这些事项，必须用一种这样的办法：即不仅要为一个祭司所能解释，而且还须为凡任祭司之职的都能解释，并且，还要能得到神的满意。一言以蔽之，社会公认为一种记事制度的文字，在使寺庙账目保管得圆满一点上，是很重要的。"②并指出："世界上最早的文献，是账单和字典，那并不是偶然的。这些东西，揭露了促成苏美尔文字发明之迫切的实际需要。"③真是再没有其他的论述，能把文字的实际经济起源，说得比柴尔德更清楚明了的。

原始人在与天地和野兽斗争的过程中不仅发明了文字，而且还根据自己的需要，从双手的运动上首先领悟出了数的概念。一般认为，1~10这十个数就源于人手的十指。然而，1~10的概念的形成，并不是一帆风顺的，其间经历过一段曲曲折折的认识过程。

在我国古代，有"数始于1，终于10，成于3"这么一句话，是说人们最初只知道"1"，然后知道"2"，到"3"时就卡了壳。经过相当长的时间，当人们攻破了"3"这一关时，人们灵活运用1~10的概念的时代才逐渐来临。可见，在此，"3"起着"关节点"的作用，这可谓道出了我国数创造过程的真谛。在古代其他国家，人们对"5"的认识颇费了一番心思。为了征服它，许多人曾围绕它徘徊、辗转过很长一段时间。最初，他们试着用两手表示"2"，三块肉表示"3"，并用张开的五指表示"5"的概念，但对"5"以上的数则表现

古代中国最早的数字系统

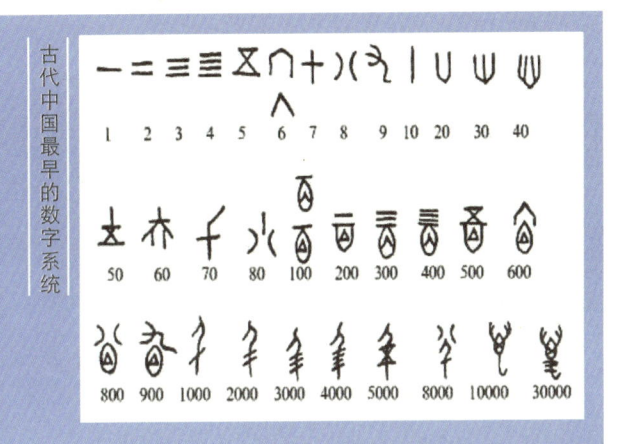

一	二	三	亖	㐅	⋂	+	)(	﴾	丨	∪	⋓
1	2	3	4	5	6	7	8	9	10	20	30	40

50 60 70 80 100 200 300 400 500 600

800 900 1000 2000 3000 4000 5000 8000 10000 30000

出迷惑不解、无可奈何的样子。所以，在当今很多国家的语言里，"5"和"手"是从同一语源产生出来的。比如，俄语中的"5"——ПЯТБ，就是由"掌骨"（ЛЯСТБ）演化而来的，意思是"和五个手指那么多"。阿兹台克人（墨西哥的印第安人）甚至曾经把五天作为一周，这实在是饶有趣味的。后来，许多国家的劳动人民从自己的双眼、双腿和双手的运动中得到启示，才开始以倍数来表达"5"以上的数。如用两手表示"10"，两手一脚表示"15"，"20"表示整个人；又如，表示"10"的罗马数字（X）就是表示2个V（"5"）；再如，意大利语中的"手指"和"到10为止的数"这两个意思均是用同一词语"le dita"来表达的；法语中80和90表达为"4个20"与"4个20再加10"。

在理解了数的概念的同时，原始人又开始了向数的表示法迈进。最初的计算法离不开具体的物件。在古代很多国家、不同种族，人们最初只是以伸出手指的个数来表示数。如中国人把"4"说成"两个又两个"，每一只手各伸出两指表示；把"8"说成"四个又四个"，每一只手各伸出四个指头表示；把"7"说成"三个又三个和一个"。热带非洲许多部落还用手指加上脚趾计算。但后来，人们在发展手指、脚趾计算的同时，又逐渐发现借助石子之类的自然物，也能用来计数，而且还可用来"储存"及记录数字。例如，狩猎到10

古代斯里兰卡的单式簿记

头野牛，就在圈养地放上10块石子表示饲养的数目，当其中两头被宰杀后，则在这堆石子中取出2块，如果以后又狩猎到3头，那么就在这堆石子中添加3块。这就是人们常说的石子计数。现在英语"Calculate"（计算、核算）就源于拉丁语的"石"（Calculus）①一词。此后不久，这种方法在古埃及、希腊、罗马和其他诸国又有所发展：人们或拿出木板在上面刻数道沟来表示更为复杂的数，或在桌子上轻撒一层砂子，用手划沟来表示。据考古发掘可知，欧洲南部的克里特人在将自己制作的器物和饲养的牲畜同别的部落交换之时，常常把价格符号刻在某一器物上。例如，在某一器物上刻着⬢：||，表示该器物的价格为22头绵羊。在这些数目符号里，一个黑圆点表示10，竖道表示1，所以，：||表示22。与他们不同，中国人、印加人、波斯人、北美印第安人和密克罗尼西亚人、日本德川时代能登、骏河两国则采用不同形式的"结绳记数"的方法来反映数的变化。

时光荏苒，历史的旋律，行进到从原始社会向奴隶社会过渡的时期。随着生产力的迅速发展，无论是中国、印度，还是埃及和巴比伦，在数码字的创造方面，都作出了卓越的成就。在他们的手中，1～10的数码字基本创造成功。尔后，这套记数制度又在奴隶社会取代原始社会的凯歌声中焕然一新，并以凌厉的攻势，对单式

古代印加数字系统

CUERDA PRINCIPAL

Decenas de millar

CUERDAS COLGANTES

Millares
2,000

NUDO SIMPLE

Centenas
300   400

NUDO EN FORMA DE "OCHO"

Decenas
20   60

Unidades
7   1

NUDO LARGO

= =
327 2,461

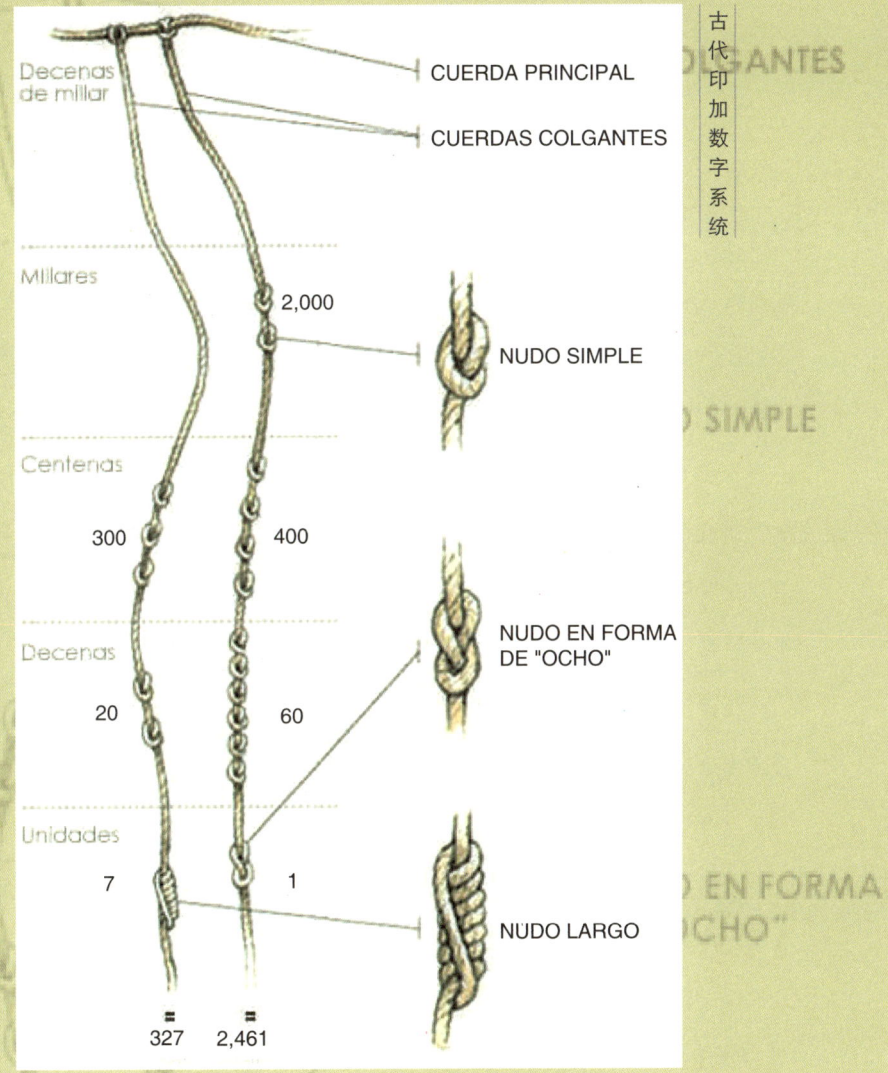

簿记降临人间产生了极大的影响。V·C·柴尔德教授说得好："一个旧石器时代的猎人或一个新石器时代的牧人所必须记住的那些简单的总数，可以在一根竿子上刻些缺口来记载。但苏美尔庙宇或埃及法老的宏大收入，要这么一下一下地刻着来记载就会不胜其烦了。祭司团体和公务员，都要采用一个习用的制度，以便记下那些巨大的数量。"⑨这里所谓的"习用的制度"，指的就是"记数制度"（system of numeration）。

我们认为，仅有"象形文字"和"记数制度"，尚不足以使单式簿记的降生变成现实，只有携带着它们一头扑进私有制度（Private ownership）的怀抱，会计才能吮吸到可以使自己从萌芽状态跃进到单式簿记阶段的甘甜乳汁。

众所周知，原始公社末期，由于生产力的发展，人类社会开始从原始公有制向私有制过渡。最初，私有制和剥削在原始社会的全部关系中只是零星少量的，占据次要地位，但随着它们的单纯的量的增长，终于导致了社会巨大的质的飞跃，这就是：集体劳动让位于个体劳动，原始公有制易位于私有制，过时的阻碍生产力发展的原始公有制的生产关系让位给新的适合生产力发展的奴隶占有制的生产关系，奴隶时代代替了氏族时代。

私有制的出现，不仅对政治、经济、文化诸方面产生了极为深刻的影响，而且还带来了原始计量和记录方法的巨大变革。从这时起，整日盘绕在人们脑际里的就只有一个字——"私"。在这个"私"字的支配之下，人们愈来愈关心如何在保证自己财产不受侵犯的基础上去创造更多的财产，并将这些财产保管得井井有条，愈来愈关心如何清楚且准确地记录好这些财产及其所有权的转移。为此，人们经过煞费苦心的思索之后，终于不谋而合地把目光集中到了会计方法的变革上。世界上最早出现奴隶制的主要是西亚的幼发拉底和底格里斯河流域，东北非洲的尼罗河流域，印度次大陆的印度河流域，以及东亚的黄河和长江流域，尔后又有古代希腊和罗马，所以，这些地区最先摆脱原始计量和记录的羁绊，而以明快的节奏迈进了官厅会计和民间会计的运用与发展时代。

如果说原始计量和记录时代堪称为会计发展史上的第一次浪潮的话，那么，象形文字、记数制度和私有制度就是促使第二次浪潮到来的"催化剂"。它们鼎足而三，齐心协力将会计从萌芽状况推到了单式簿记的雅座上。

注　释：

① 刘文龙著:《古代南美洲的印加文化》,商务印书馆1983年版,第46~48页;(日)滨田弘作著:《美国会计发展史》,白桃书房1987年版,第6页。

② (英)V·C·柴尔德著:《远古文化史》(Man Makes Himself),周进楷译,中华书局1958年版,第169~170页。

③ 同②第173页。

④ (日)片冈义雄、片冈泰彦译:《沃尔芙会计史》,法政大学出版局,1977年版,第5页。

⑤ 同②,第185页。

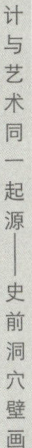

会计与艺术同一起源——史前洞穴壁画

第一篇

接天莲叶无穷碧，
映日荷花别样红。

—文明古国的会计—

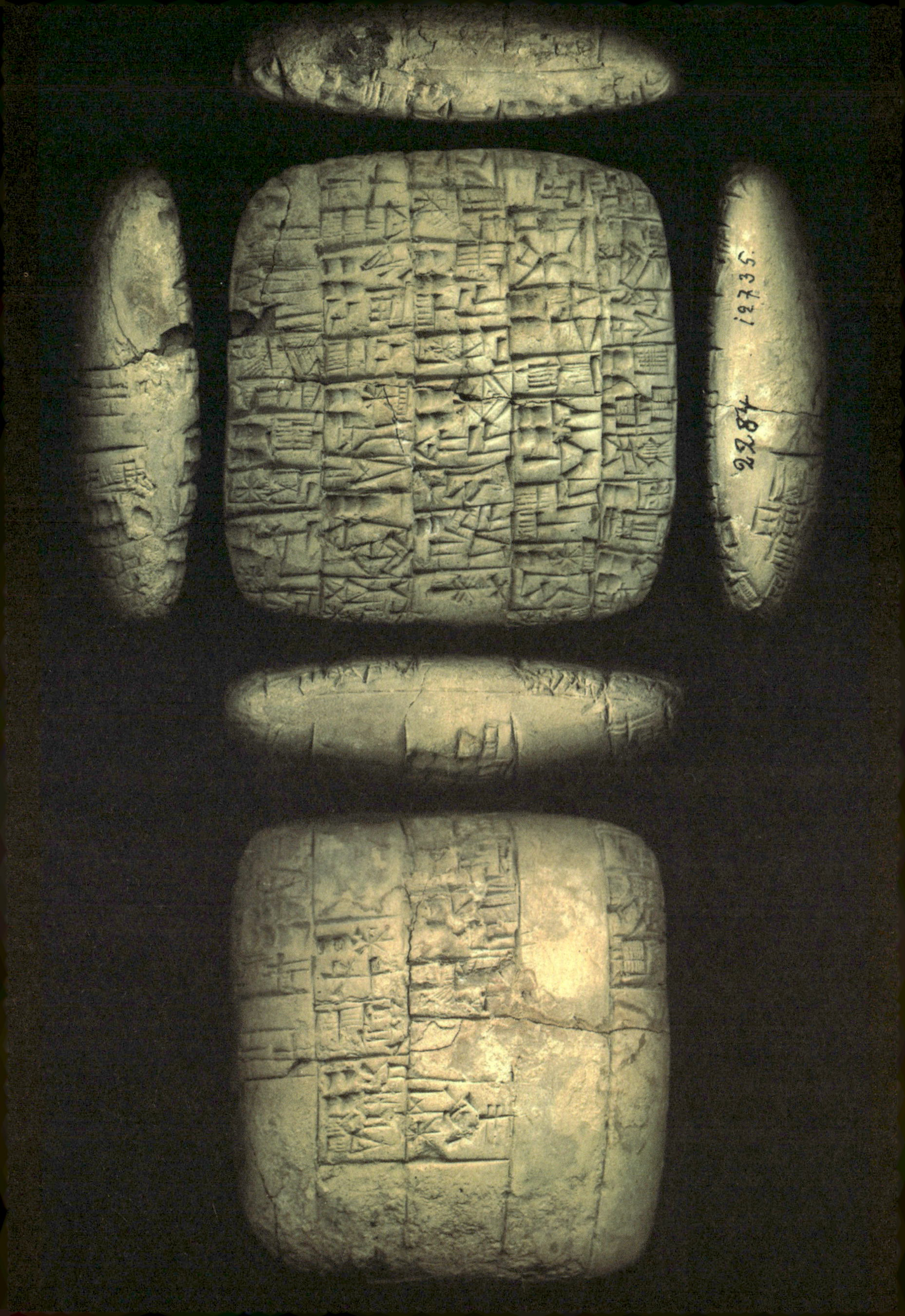
12735.
2284

第一章

尼罗河流域的会计

一、官厅会计的诞生

一部世界会计史表明，会计发展的主题有二：一是官厅会计；二是民间会计。 一般而言，在单式簿记的运用时代，会计是以官厅会计为主部主题，民间会计为副部主题发展着的。这时候，官厅会计在会计发展的舞台上唱主角，民间会计只是配角。待人类进入复式簿记的全面运用时代以后，民间会计才取代官厅会计的支配地位，开始了自己独占鳌头的黄金岁月。

此乃世界会计发展的大趋势！

所以，在奴隶社会，会计发展是以官厅会计为中心进行的。作为尼罗河畔的奴隶制文明古国埃及，自然不会偏离这一轨道。

大约在公元前4000年初，埃及进入了奴隶制社会。从此，法老作为国家的最高统治者，独揽全国的政治、经济、军事、司法和宗教大权。当时，无论是宰相、州长或中央设置的主管财政、水利和司法诸大臣，均由他直接领导，从而建立起一套较为完善的中央集权君主专制制度。官厅会计是中央财政方面乃至整个国家行政机构中不可缺少的组成部分。

可见，埃及宫廷乃是埃及官厅会计的发祥地。显然，较之会计行为和会计思想的产生，官厅会计是要晚得多才问世的。

这主要是由于以下两大原因：

（一）原始人使用的生产工具特别简陋，生产力水平极为低下，所以，只有全体氏族成员共同参加体力劳动，才能维持最低限度的生活需要。在这样的历史条件下，无疑不会形成脑力劳动和体力劳动的严格分工，因而会计仅仅是生产职能附带部分。由于奴隶制经济的发展，出现了大量的剩余产品，才使社会上一部分人摆脱体力劳动，专门从事财政管理、生产监督、科学研究和文学艺术活动。从会计发展角度看，倘若没有这样一些人专门从事脑力劳动，会计就不可能发展成为具有独立意义的特殊职能的工作，进而就不会有官厅会计的诞生。

（二）随着统一国家的形成，埃及的阶级关系开始复杂化，阶级斗争也更加激烈起来。因此，统治阶级为了巩固自己的统治地位，加强对劳动人民的控制和剥削，他们在强化国家机器的过程中，也没有忘记设计一套官厅会计制度。**也就是说，官厅会计的诞生，与国家的出现有着互为因果的关系**。因为奴隶制国家与氏族组织的显著区别之一，就是它创设

具有代表性的埃及尼罗河流域图

了脱离人民而又凌驾于人民之上的公共权力机构。这种公共权力机构由军队、警察、法庭和监狱之类的强制机关组成，并随着邻国的日益壮大和国内人口的日益稠密而不断加强。但是，要维护和加强这种公共权力，就必须向公民征收捐税，而要管理好这项征税工作，就非设置一定形式的贡赋征收机构和配备一定数量的财计人才不可。

　　这里有一个不能忽视的问题，那就是：奴隶制经济和国家这两个因素成熟了，埃及官厅会计的产生，才成为事实。**这种意义并不仅仅适应于埃及，也适应于考察各国官厅会计的产生和发展。**

　　在古代埃及，统治者为了加强对经济过程的控制和管理，十分重视官厅会计，甚至将它提到"治国安邦"的大计这一高度来认识，并适当地安排了各种财计人才。

　　当时，法老之下设"维西尔"（Vizier），即宰相。该职一般均由太子担任，任务是辅佐法老处理政务，主管全国的行政、司法和经济，但不管军事。州长则是法老在各地的代理人，负责为国家征收赋税、分派劳役和征召军队。每月，作为地方官的州长都必须向宰相作一次财务报告，然后，由宰相亲自编写决算表，向君主作一次关于国库收支的报告。这说明在古埃及政府内，已初步有了逐级登记、汇总和上报制度。

　　而且，宰相还牢牢地控制了国库收入的两大来源，即土地税和向地方官征收的职务税。有一块公元前15世纪初叶埃及宰相雷赫米尔（Rekhmire）[①]的墓石，上面详细地记录有从地方官那里征得税收的目录。尤其是在宰相府内，还出现了档案馆，内藏各种账册、报表和土地契约。这可以说是古埃及会计的一件大事，它不仅

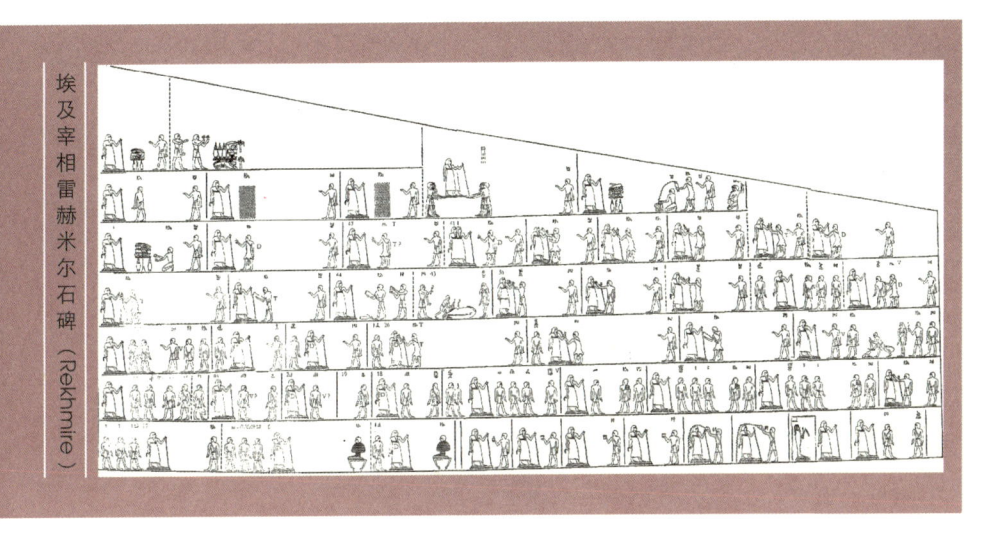

埃及宰相雷赫米尔石碑（Rekhmire）

对于国家的内部财政管理，发挥着重要的作用，而且，对于研究古代埃及的会计发展，亦具有补苴罅漏的珍贵价值。

埃及分为诸州，在经济上管理这些州的主要组织是国库。国库每年向他们征税，然后又把收集的谷物、家畜送往中央政府仓库。所以，国库乃是联系王室和各州的经济纽带。那时，对国库拥有绝对支配权的，是国库长官。国库长官与宰相和后述的记录官、监督官一样，都是古埃及重要的经济官吏，"是伟大中的最伟大"人物。一方面，他根据王令授予祭神供品，负责管理国库的财物；另一方面，他还亲赴全国各地监督国库赋税的征收。

权力仅仅次于国库长官的，是"神的出纳官"。各出纳官每天早晨都要向宰相报告，然后才允许打开仓库的大门，开始一天紧张的工作。这种出纳官跟现在主管货币收支的出纳不同，其主要任务是监督贵重物品的运输。正因为如此，故又称之为"运输指挥官"（Conductor of the ship）和"劳动总监"（Director of the works）。

当时，人们在市场上进行交易，向国家交纳租税，均是实物。所以，出纳官的业务对象大部分是实物。可以想象，这一工作是相当繁忙、而且相当辛苦的。

在古代埃及财政机构中扮演最主要角色的，是记录官。

从文字上看，记录官（scribe）是由"书写"一词演变而来的。最早的记录官的形象出现在那尔迈调色板上。据第五、六王朝成书的《金字塔文》记载，记录官由于具体职务分工不同，可分为财政记录官、书信记录官、军队记录官、国王记录官和"圣书"记录官等等。他们或在农庄中掌管文书、账目，或在政府机关中负责财政事项的记录和印信、公文、档案的保管，是奴隶主阶级维持其统治的一支重要力量。

这些记录官颇似中国商代"作册"这一官职。在商王朝时代，"作册"不仅负责本国历史事件、政治事件的记录和天文历法方面的事务，而且还主管全国的捐税征收、算术和会计方面的事务，是插手多方面事务的政府官员。

印加帝国设有名叫"基普卡马约克"（quipucamayoks）的官员，他们常常陪同印加王的钦差大臣（"图库伊里库克"）去各地视察，负责监督税收和人口调查统计，担负着印加宫廷会计兼秘书的工作。他们按照印加王及高级官员的需要，报告基普上的统计数字，还负责搜集画有发生过的重要事件的图画符号——基尔卡，并把它们保管在库斯科城的专门屋子里。显然，"基普卡马约克"的任务与记录官和"作册"也很相似。①

这种相似性，给我们提供了一个启示：**无论是中国或国外，独立的会计官员的出现和会计部门的形成，都经历过一个缓冲性的过渡阶段。在该阶段，具体的经济收支记录只是由某一类官员兼管的。**

埃及记录官雕像　　Statue of a Squatting Scribe

　　比如说埃及,那些负责财政经济收支的记录和计算的会计意义上的记录官,并不是职掌专一的会计官,而仅仅是记录官的具体职务之一。所以,我们充其量只能说在古代埃及的国家机构中已适当地配备了会计官员,但并未设置独立的会计机构和配备专门名称且责任明确的"会计官"。

是时代造成了这种局面。当时，奴隶主统治者虽然认识到有必要在生产以外单独创建会计部门，配备专职会计人员负责全国的会计核算，但对应创建什么样的会计部门、应配备什么样的会计人员，心里并没有一个明确的认识。所以，他们只能试探着让某些信得过的政府官员兼管会计工作，而没有想到要将记录官只与财政部门联系在一起，更没有想到应使他们成为任务单一的具有独立性的会计官。

或许，他们的想法和做法与当时奴隶制经济的发展，真是相适应的。

那时候，记录官是用削尖的芦苇秆蘸着由胶、水和烟渣调成的墨水，在一种被称为"纸草"（Papyrus）的植物上反映国家财政收支关系和私人经济关系的。在政府部门，他们主管王室和国库的经济收支的全面核算，而且，每月，都要亲赴全国各地，专门在国有登记簿上反映从事农业、手工业的劳动者的财产收入，借此向其征收赋税。在各农庄，他们不定期地编制财产目录和会计报表，详细记录和报告奴隶主各项财产的收支存情况，为剥削制度效劳。

值得特别一提的是，埃及神殿还专门设立了训练记录官的学校。这就是一直为教育史学家们称道的一种受政府监督的教育制度，也是历史上一种最古老的学校制度。按这一制度，学生应攻读一些较高深的学科，并且，应通过实习，巩固所学的知识。这样，神殿为奴隶主阶级培养了一批又一批的记录官。

这些记录官在社会上的地位是较高的。一般地说，古代埃及的阶级关系，犹如一座金字塔。高踞塔顶的是以国王为首的一小撮贵族奴隶主，包括官僚奴隶主和神庙奴隶主。处于社会最底层的是广大的直接生产者，即农奴、手工业者和奴隶。处于二者之间的是一个中等阶层，其中包括：记录官、中小奴隶主、医生、

埃及纸草

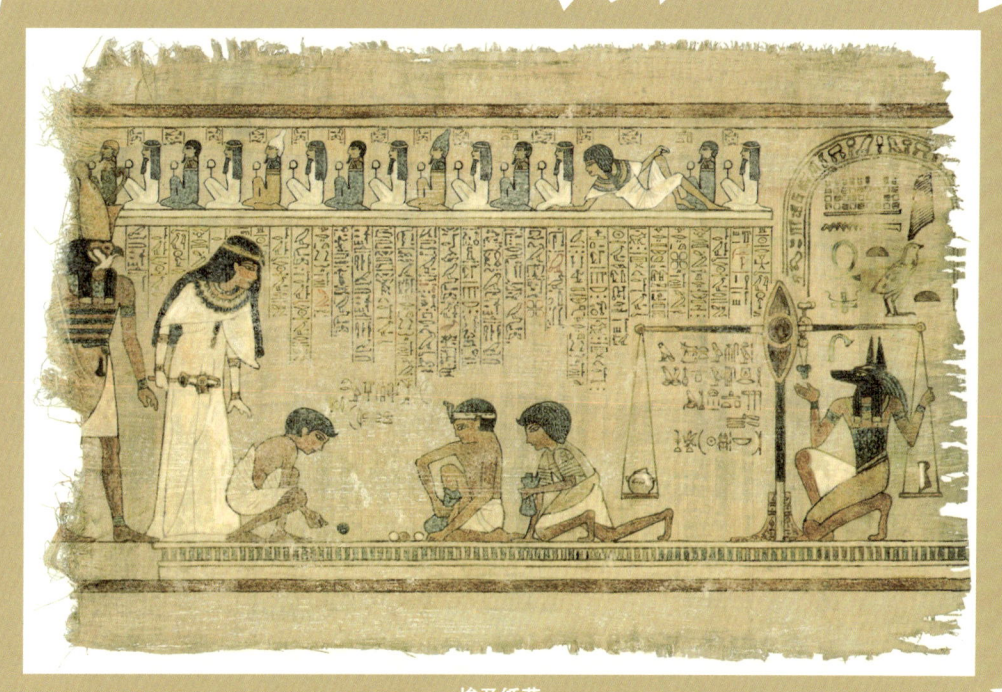

建筑师、小官吏、中下层祭司、王室或贵族农庄的管家。记录官在这个比较复杂的阶层中占据着重要地位，他们向往的前程是飞黄腾达，当大官僚和贵族。

关于记录官的地位，我们还可以通过中王国时期编写的《杜阿乌夫之子赫琪给其子柏比的教训》加深了解。《杜阿乌夫之子赫琪给其子柏比的教训》[3]是记录官学校的学生练习写字用的字帖。下面是"船舱之子"杜阿乌夫之子赫琪送他儿子柏比到京城的记录官学校学习时讲的几番话："善书写比任何（其他）职位都更伟大。在这个国度里，没有可与书写相比拟的。""除了记录官以外，没有任何职业是没有主管的，记录官就是主管。""一个记录官的好运是从他一生下来就注定了的。当他成年时，他就达到地方官的地位。你看，没有一个记录官得不到王家的俸禄。"

除了国库长官、出纳官和记录官以外，当时在政府行政组织中积极活跃的，还有监督官（Superintendents）。

我们知道，会计是社会生产发展到一定阶段的产物。在奴隶社会，会计的主要任务是反映和监督自给自足的自然经济活动过程。但是，奴隶主统治者并不以此为满足。为了检查财政收支报告是否正确、是否真实，为了考核各级政府的财政机关和官吏是否尽职守法，统治者觉得有必要在会计监督以外，再进行行政和财政监察。

监督官正是这种思想的产物。

所以，监督官是古埃及政府监察人员，其权力很大，地位也很高。例如，在仓库管理上，倘若没有国库监督官签发的支出命令书，任何东西均不得出库，甚至连官吏向国库申请每年用的燃料，事先都必须从监督官那里取得支出证书。记录官编制的计算书也须经监督官的严格审查。如果发生差错或者舞弊，轻者处以笞刑或罚款，情节严重者以断肢或死刑处之。

在监督官中，最重要的职掌当推"谷物仓库监督官"，他们的主要任务是征收谷物税，保证有足够的谷物供宫廷统治者过糜烂、荒淫的寄生生活。谷物仓库监督官每年向君主提供一次收成决算报告书。如果这一年收成好，监督官还会得到国王的勋章和奖品。

根据赫曼霍特（Chnemhote）①墓石的记载，当时，每将货币存入国库之时，

古代埃及监督官
(Seated Statue of the Superintendent)

古代埃及记录官，也许是世界上最早的簿记官

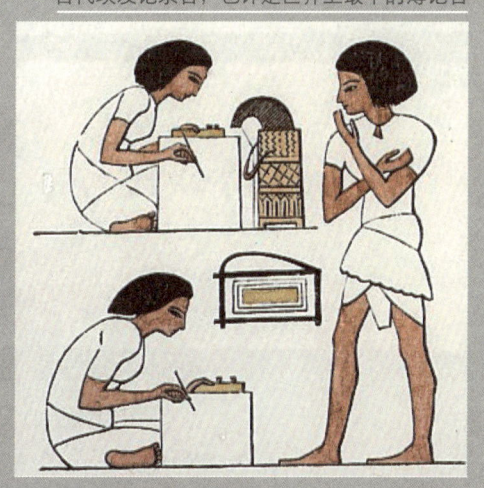

首先要求由记录官在国库外加以记录，然后接受国库出纳官的监察和登记，收获季节一结束，在将谷物搬入仓库之前，应在监督官的眼前包装好，然后由监督官作记录，到运进仓库时，还须经记录官之手，由他登记每批谷物的数量和种类。可见，谷物和货币进出仓库或国库，须经记录官、出纳官和监督官几道环节。这实际上就是一种内部牵制制度。它一方面旨在预防官吏内部的贪污和舞弊，另一方面旨在剥削劳动人民，防止奴隶们作假。

所以，可以说，埃及人自古代起，早就明白了内部牵制的道理，并在政府财政官之间初步运用了内部牵制制度。

再联想到古代中国、古巴比伦、希腊和罗马，这些国家与埃及一样，在国家财政业务中，也不同程度地运用了内部牵制的思想，所以，M·查特菲尔德教授曾说内部牵制乃是古代簿记体系的核心[5]，这是有一定道理的。

二、《帕勒摩石碑》和《吐特摩斯三世年代记》

美国会计史学家A·C·利特尔顿曾在《二十世纪以前的会计发展》一书中，设"财务报表的发展"一章，专论财务报表的演进过程。他首先指出：目前一提起财务报表，一般都是指资产负债表和损益表而言的。但是，严格一点讲，广义的财务报表，应该是所有的反映企业财务事实的报表。所以，他认为，这种意义上的财务报表可以分为两大类：一类是以复式簿记为基础的报表，另一类是其他

古墓绘画：古代埃及记录官记录丰收果实

的财务资料报表；在这两种报表中，后者是基本的，与以后财务报表的发展有着非常密切的联系。⑥

应该说，他的这种思路是非常清晰和正确的。可惜的是，他研究的起点是11世纪英国的按单式记录法编制的"义务和履行报告书"（Charge-and-discharge Account），从而忽视了对于文明古国会计报告的考察。

我们不应割断历史与现实的科学联系。如同其他学科一样，会计科学的发展，也有它的历史持续性。每一阶段的新发展，都是以前一阶段为基础的。所以，A·C·利特尔顿的研究方法明显地存在缺陷。

日本国会计史学者片野一郎倒是认识到了这一点。他认为，最原始意义的财务报表应是罗马时代由市民们编制的财产目录。因为当时的税法规定，每一个罗马市民均必须定期编制反映自己全部财产状况的财产目录（libellies familiae），以便据此课税。⑦

要是说A·C·利特尔顿犯有忽略奴隶制时代会计报告方法的奠基意义的错误的话，那么，片野一郎博士的问题就出在史料的收集上。他虽然弥补了A·C·利特尔顿教授的不足，但对于文明古国原始财务报表史料的收集，不能说已达到"全"的要求，不然，他的研究结果应该是令人信服的。

这里有两件史料可以真实地重现早期会计报告的发展状况。

先看古代埃及最早的年代记——《帕勒摩石碑》⑧。

现珍藏于意大利帕勒摩城博物馆的《帕勒摩石碑》。约为原闪绿岩石板的八分之一，长25厘米，厚6.5厘米，高43.5厘米。石碑两面均刻着以象形文字书写而成的铭文，分成若干列。正面第一列是前王朝的国王名字，从正面第二列起，每

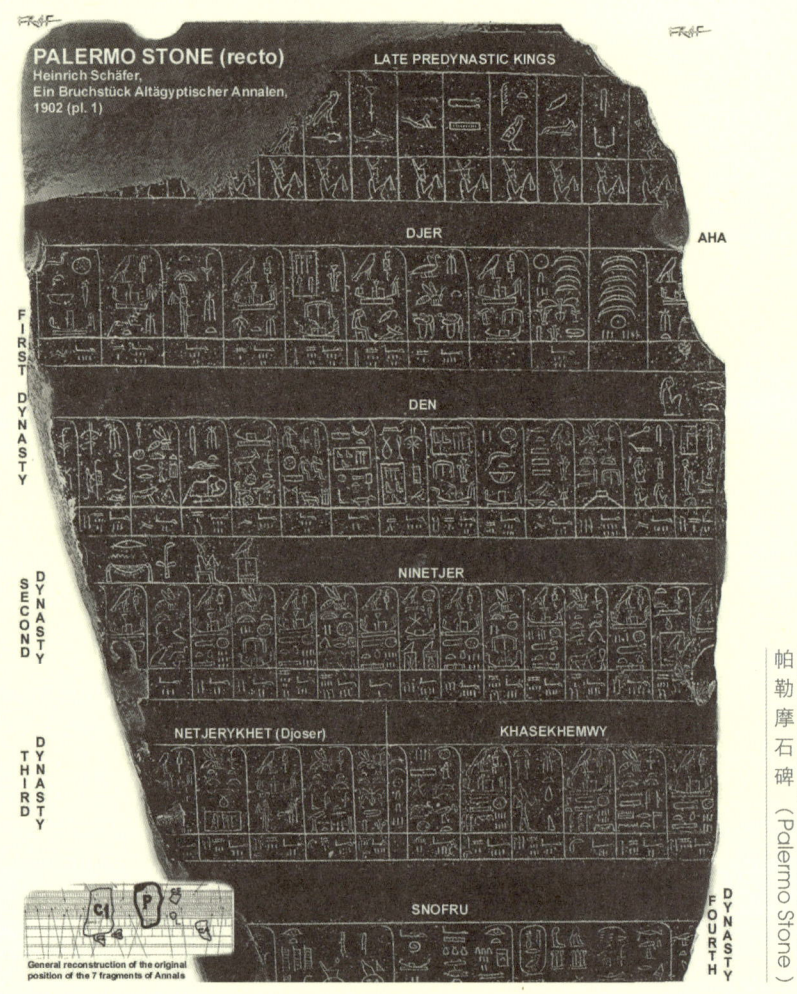

帕勒摩石碑（Palermo Stone）

列各分成长方形的年表，中间记录当年国家的大事。尽管该石碑残缺不全，而且记录的也是古王国时期埃及年代记，但从会计发展角度考察其中记载的一些经济事项，我们还是可以把握第五王朝埃及人在官厅会计记录方法上的水平的。

这是一件研究当时会计方法极有代表性的珍贵资料。现将其中有关会计核算方面的年度报告列举如下：

VI. 第五王朝

第五年：上下埃及之王乌塞尔卡弗以（此）作为他的纪念，对于：

赫里奥坡里诸神灵，每一[……]和每一[……]节日，二十份面包和酒；在乌塞尔卡弗地产中[……]土地三十六斯塔特；

[号为]塞普·拉[SP-R']的太阳庙诸神，在乌塞尔卡弗地产中土地二十四斯塔特，每月二牛、二鹅；

拉[神]在北部诸州的土地四十四斯塔特；

[女神]哈托尔，在北部诸州的土地四十四斯塔特；

荷鲁斯[……]之房屋的诸神，土地五十四斯塔特；[在]克索伊斯州布陀[城]建立他的神庙的神笼；

塞巴[SP']，土地二斯塔特，建造他的神庙；

在南部圣宫[Ntry]的[女神]涅赫布特，每月十份面包和酒；

在伯耳努[Pr-nw]的布陀，每月十份面包和酒；

在南部圣宫[Ntry]的诸神，每月四十八份面包和酒。

第三次清查大牲畜之年。

通过这份年度报告，我们可以看出古代埃及官厅会计报告方法的基本特征：

（1）以文字叙述法综合反映每项经济活动。一般而言，是先记地点和神，然后记时间、祭品数量或土地数目。而且，每笔记录亦较完整，人们观之即可了解该笔业务的基本内容。

（2）一年一度或两年一度，对全国土地、人口、牲畜、黄金和财产进行清查。这是统治阶级对人民加强控制、巩固专制统治的重要表现，是以征税为主要目的的。

此外，这份会计报告还有弥漫着神的色彩的特点。这是因为：在古代埃及，法王政府被人为地套上了一层神圣的光圈，当时，人们一般认为法王乃"太阳神之子"。统治者为了渲染这种空气，使劳动人民群众俯首帖耳地接受他们的奴隶制统治，不惜巨资修建各种豪华的大小神庙，并在每年每月向神殿之神祭祀以示敬奉。当然，这一特征指的仅是它（即上述各记录本身）所反映的政府经济的一个带有政治色彩的侧面，而前两点则是就会计方法的基本特征而言的。

据此可以推测，具有时代意义的官厅会计的财产清查法和收支报告编制法，大体上亦具有这些特征。

而且，进一步可以推测，当时的账簿记录，亦离不开这些特征。因为一般而言，人类最早的账簿记录，便是人类最早的会计报告；反言之，人类最早的会计报告也就是那些账簿记录。在文明诸国，从事会计工作的人一般仅仅满足于以文字叙述式记录账簿和书写报告，因此，会计账簿和会计报告在记录方法上并没有多大的区别。正是从这一意义上讲，上述第五王朝的会计报告，基本上可以代表它所处时代的会计核算水平。

下面我们再来看新王国时期，埃及官厅会计收入项目报告上的成就。

这方面的史料我们手中有《吐特摩斯三世年代记》。[9]这是底比斯卡纳庙墙上的象形文字铭文。在现存的关于象形文字的历史文献中，它算得上是最长的和内容最重要的一种。这些史实最先记于皮卷之上，皮卷已散佚，但基本内容却被人们扼要地转载在庙墙之上。通过它，我们仿佛又看到了当年第十八王朝法老吐特摩斯三世跃马横戈、血战沙场、远征亚细亚的壮烈情景。不仅如此，从字里行间，我们还可以了解到当时官厅会计核算中，报账方法的基本特征。

兹将有关战利品、贡物和赋税方面的收入报告书,列举如下:

1. 从列腾努国家得到的战利品

全体军队(在此地所拿走的战利品表):

王公三人。

妇女三十人。

战俘八十人。

奴隶及女奴,连他们的儿童,共六〇六。

2. 列腾努国家的贡物

陛下从这个国家得来的贡物表。

奴隶及女奴五一三。

马二六〇匹。

黄金四五得朋二又九分之一基特。

作为查希(D'-hy)国家捐税的银杯……

一切的军(需品)……

(银制战车)……

牡牛、无角牛、阉牛二八。

牛五六四。

小牲畜五三二三。

神香的容器二〇二八件。

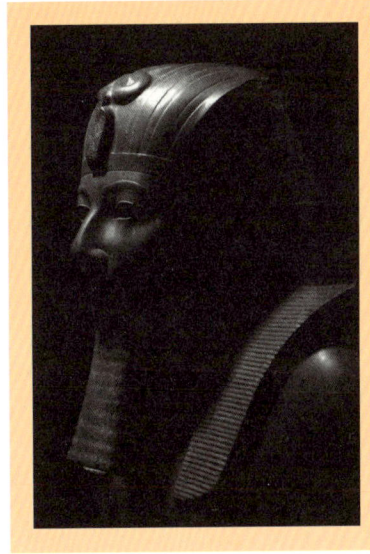

《吐特摩斯三世》(Thutmose III 1479 – 1425 BC)

3. 森格尔国家的贡物

森格尔（S'-n-g-r）大公的贡物：

真蓝宝石4+X得朋。

人制的蓝宝石二四得朋。

巴比伦［B-b-r'］的蓝宝石……

羊头——真蓝宝石。

4. 亚述的贡物

（亚述大公这一）年的（贡物）。

真宝石十五基特和容器……

大赫梯这一年的贡物：

银环八，重四〇一得朋。

光宝石（玻璃）二六块。

5. 塞浦路斯的贡物

伊斯（Ysy）大公这一年的贡物：

铜一〇八块。

不成块的铜二〇四〇得朋。

铅五块。

铝块一二〇〇。

蓝宝石一一〇得朋。

象牙一只。

察加木棒二根。

####### 6. 努比亚的赋税

下贱的库什的赋税。

黄金300+X得朋。

黑（人的奴隶和女奴）300+X。

伊尔木（Yrm）大公之子……

    总计　六四。

牡牛和无角牛一〇五。

牛一七〇。

    总计　二七五。

可见，以上每笔报告记录已变得简单多了，大有突破文字叙述式的羁绊之势，并且有了加计价额的"总计"栏，还掺杂有关于货币计量单位运用的记录。这些均表明帝国时期官厅会计无论在记账方法、算账方法和报账方法方面较之古王国时期，均有了重大的发展，特别是在算账方法上的突破，对古代埃及尔后会计核算方法的新起色，产生了重要的影响。

在复式簿记的基础上，可以产生资产负债表和损益表，但是，在单式簿记的基础上，只能产生收支计算书。最初，由于人们对于账簿记录尚处于文字叙述式的低级状态，所以限制了会计报告方法的发展。**不过，我们现在广泛运用的财务报表体系绝非天生之物，它正是在这个基础上一步一步发展过来的。**

三、对于民间会计的探索

私有观念的出现，深深地刺激了刚从原始社会里走出来的人们，尤其是商人和庄园主们。他们为了能在动荡的奴隶制经济中管理好私有财产，进一步发展与他人的交换关系，不约而同地把手伸向了会计核算这一武器。

有的人围绕庄园会计费尽了心血，有的人则站在商业经济管理的立场上，对

公元252年埃及人用墨水写在纸莎草上的借款契约。一式两份，用希腊文写成，所借物品包括谷物、蔬菜和白银。

商业会计寄予了浓厚的兴趣。不管这些人在具体核算方法上有没有太大的成绩，目的又是什么，那执著的探索精神，对于民间会计的发展，还是有益的。

举几个例子或许可以说明当时民间会计的发展状况。

在一座第六王朝时期的古墓里发现一幅名为"给私宅工作队分鱼吃"的绘画⑩。在这一幅画里，有一列渔人，他们的鱼竿上、肩膀上、手里、篮子里和绳捆上画有各种各样的鱼，1名"工作队记录官"在账本上记录每个人的获鱼数目；另1名"工作队记录官"在旁边清点交来的鱼；还有两名"渔人工头"正在把鱼分给4个"工头"和6个工作队"领导人"，并叫他们快"喂"；有2个男子汉拿着鱼欣喜若狂地高喊："我们喂饱了！"

这是一份刻划当时农庄生活很形象的古代埃及民族的优秀文化遗产。它的发现，不禁使我们想起了古代印度孔雀王朝时期（约公元前324～187年）的村庄管账人。

据《政事论》记载，这些负责村社会计核算的会计人员名叫"哥帕"。他们的职责是遵照总收税官之命，管理5个或10个村的账目。这些管账人不仅应当设置村庄的边界，计算已耕地、未耕地、平厚地、潮湿地、花园、菜园、围栅、森林、神坛、神庙、灌溉工程、火葬场、饲养房、旅行者免费供求地、敬香地、牧场和道路的土地，从而确定不同的村、田、森林和道路间的界线，把赠品、买卖契约、布施物以及田地免税情况登记下来，而且，还负责登记已有流水账和分类账之分的人名账和税收账。其中人名账户按青年类和老年类分别记录每村的耕者、牧者、商人、手工工人、劳动者、奴隶和他们的经历、职业，以及收支；税收账则用于反映各村已征收的和应征收的、已解缴的和应解缴的赋税数目、黄金数目，以及罚金数目⑬。

显而易见，埃及的负责庄园会计核算的记录官与古代印度的管账人一样，在庄园经济中也是非常活跃和重要的。当时，一个庄园主通常配备有1名至数名"管家"。管家是农庄的管理负责人，无论是记录官、司称或司仓，均归他管辖。有的农庄还设置了账房，专门负责全庄园的经济收支核算。就会计报告方法而言，"当时有水平很高的账册报表制度；管家经常向主人呈递详尽的报表；农庄账房呈递过去一年的总报告"⑭。如果汇报账目不清，就要受到拷打。

由于社会生产力的进一步发展，后期埃及国内的商业经济一片繁荣，尤其在对外贸易方面，商人们与希腊、两河流域等地均有频繁的贸易往来关系，相应地，商业会计有了长足的发展。考古学家在公元前26世纪南域遗族居住的厄勒蕃丁岛的房屋废墟下，发现一些家庭文书和商业文书的残片。这些商业文书表明，商人们已设置了某种形式的账簿，用来反映各项会计活动⑮。考古学家还发现一张公元1、2世纪编制的啤酒销售计算单。该计算单由八栏组成，前六栏记载姓名和啤酒销售额，第七栏登记前六栏诸项目的合计和预计数额⑯。这表明后期埃及在会计核算方法上已有了足以引人注目的飞跃。

考古发现确实有助于我们更全面地了解古埃及会计发展的踪迹。

1899年至1900年冬发掘出一批泰卜图尼斯纸草（Tebtunis Papyri）⑮，其中有两组在埃及会计史上极为重要。一组是公元前120年至111年由政府记录官曼科（Menche）在克尔克奥西里斯村记录的文书，这些文书对私有制、耕作、土地的课税乃至王室财产的管理作了详细记载；另一组是公元前103年至50年记录的私人文书，这些文书与会计和契约的关系尤为密切，有的是有关小麦销售和出贷的契约书，有的是以货币或实物反映的收支明细表，其中有一张公元前103年编制的借

专家们在研究泰卜图尼斯纸草（Tebtunis papyri）

地契约书，上面记载着佃户向奴隶主租地这一事实，并在结尾处记载了六位公证人的姓名。通过泰卜图尼斯纸草，我们对古埃及民间会计的理解更加深入。

而且，会计文书还可以作为法律证书使用，甚至有时还被人们用于审理案件。海普宰菲契约（the Contract of Hepzefi）⑧大约在公元前20世纪左右签订，它记述了这样一件事实：埃及中部的贵族海普宰菲为了让本地的僧侣在自己逝世后，能一年一次给自己的墓地和安置在寺内的五座雕像敬献啤酒和肉之类的供品，生前特意与众僧侣缔结契约，谨慎地答应以赐赠全部供物为其代价。因为僧侣们曾明确表示：倘若海普宰菲不给予实质性的报偿，就决意不干这件麻烦事。毫无疑问，这张契约在僧侣手中，是一份极有证据力的法律上的证书。在埃及人麦斯的墓里也发现有诉讼铭文。麦斯不幸幼年丧父，遗产暂由他的母亲管理。但亲属们竟不承认麦斯的继承权，试图把这份财产在他们之间瓜分掉。寡妇为了证实儿子的财产权,坚决要求查看会计文书。结果,文书证实了麦斯对财产的所有权。

由此,我们可以说,不止在官厅会计领域内,而且在民间会计方面,古代埃及人都表现出杰出的智慧。当时,民间会计的规模虽然远不及官厅会计庞大,但它蕴藏着蓬勃的生机,凝聚着不竭的活力,在古代埃及会计发展史上,应该有它的席位。

四、奴隶和会计

奴隶制生产关系的基础是奴隶主占有生产资料,并且占有劳动者——奴隶。奴隶主可以像对待牲畜一样任意地买卖、转让、赠送甚至杀死奴隶。奴隶是一种"会说话的工具"。

这是一种最粗暴的赤裸裸的剥削制度。

所以,奴隶在会计核算上是当成"牲畜",按"头"来计算的。在十二王朝的一份纸草文献中,有一份反映一个奴隶主将95个奴隶给予其妻子的财产目录;现藏于开罗博物馆的《阿蒙关于地产继承的指示》中,也记录了这样的事实,即第二十三王朝法老美利阿蒙·奥索尔康三世的儿子犹列契以阿蒙的名义宣布把他购买的土地和财产,转让给他的儿子亥木阿塞。这里所提的土地、财产,不仅包括土地上的牲畜和其他不动产,也包括在土地上干活的奴隶。

下面是根据《哈里斯大纸草》资料编制而成的反映第二十王朝情况的"神庙财产目录":[①]

神庙财产目录

	底比斯的	希利奥波里	孟斐斯的	诸小神庙	共计
人民（包括奴隶和农民）	86186	12364	3079	5686	107615
大小牲畜	421362	45544	10047	13433	490386
园圃与树林	433	64	5	11	513
田地	864168 1/4 斯塔特	160084 3/4 斯塔特	10154 斯塔特	36012 斯塔特	1070419 斯塔特
船舶	83	3	2	无	88
手工作坊	46	5 1/2	无	2	53 1/2
埃及城镇	56	103	1	无	160
叙利亚和库什城镇	9	无	无	无	9
城镇总数	65	103	1	无	169

古代埃及神殿记录

可见，在当时，奴隶只是奴隶主的一种财物，他们与牲畜、田地、船舶为伍，均是会计核算的对象。

从其他文明古国看，亦是如此。在中国，五个奴隶的价格，才抵得一匹马和一束丝；⑱在巴比伦，一个奴隶的价格是163.3克的白银，这与租用一头牡牛的价格相等；在古代罗马，人们赴高卢购买奴隶，有时只用一罐酒，便可以换到一个健壮的奴隶。

此乃文明古国会计发展史上令人沉痛的一页。我们今日展读那奴隶社会的会计史篇，的确可以从中窥及当时的泪痕和血渍。

所以，会计乃是社会文明和经济发展的镜子，它传达着时代的足音，其每一步发展，无不打上阶级的烙印。可以这样说，每一阶段的会计发展都不曾脱离它的时代，都自然地加入并成为反映当时社会文明和经济状况的一个有力侧翼。

再看：

据现藏于荷兰莱丁博物馆的莱丁纸草记载：古埃及官吏盘坐在席上，手里拿着芦苇秆，面前摆着纸草卷，奴隶一个个都要到这里来交税算账；一部分箱子里放着征税账表，上面详尽无遗地记录着奴隶的姓名、土地数量、牲畜头数……，另一部分箱子里放着奴隶负债记录的账表；对于那些交不起税或无力还债的人，官府就派爪牙去催促并逮捕他们，要不就用棍棒给他们一顿痛打，揍个半死不活。有一篇第二十王朝时期的纸草材料记述了农民这样的遭遇，它说：

埃及记录官（Egyptian scribe）

"害虫偷吃掉一半谷子，河马吞了另一半，田里有许多老鼠，蝗虫从天而降……记录官靠近堤岸，登记收获，后面跟着手持棍棒的看门人和手拿树枝的黑人。（记录官）对（农民）说：'把谷子拿来'，农民没有谷子可缴，他们就把他（农民）拖倒在地上痛打，把他全身捆绑起来，然后丢到井里。他的妻子被捆着躺在他面前，他的孩子也遭连累，他的邻居都跑了，（因为他们）没有谷子。"[19]

这两段记录清楚而有力地说明，在阶级社会里，会计具有鲜明的阶级性，是统治者用以维护本阶级利益的工具。

哪里有压迫，哪里就有反抗。《伊浦味尔箴言》记述了公元前2100年左右爆发的人类进入文明以来最早一次有文字记载的大规模的奴隶和贫民起义的情景。其中说：

"真的，国家像陶轮一样翻转过来；"

"真的，政府机关已被打开，而它们的清单已被夺去；"

"真的，[记录官（？）]被杀而他们的文件被夺去。"

"真的，计算收成的记录官，他们的登记簿也被毁灭了。"

"看啊，没有财产的人现在是财富的所有者，而富家的人却赞颂他。"

"看啊，服侍的人们已变成了管家的主人。"

"[看啊，先前曾是记载（？）]收成的人现在对收成什么也不知道，而从来没有（为自己）耕作的人［现在是谷物的所有者；收割（？）］已进行但不报告。记录官坐在他的办公室（？）中，但是他的手［在那里是空闲无事的（？）］"。[20]

虽然作者伊浦味尔的这段言词里流露出对起义的极端仇恨和敌视，但通过它，我们也不难看出高举起义旗帜的奴隶们对奴隶主据以压迫和剥削他们的会计档案是何等的愤恨。

注　释：

①　（日）片冈义雄、片冈泰彦译：《沃尔芙会计史》，法政大学出版局1977年版，第21页。

②　郭道扬著：《中国会计史稿（上）》，中国财政经济出版社1984年版，第33～34页。

刘文龙著：《古代南美洲的印加文化》，商务印书馆，1983年版，第48页。

基普是印加人用来进行记录和记事的系着各种结的彩色绳子。基尔卡的形式是多种多样的。一种是在一些奇怪的石板上画有像堡垒形状的一排排四边形，有的学者认为这是一种计算和统计的符号。还有一些是画在毛织品、其他织物或布板、石板上的历史图画符号。基普和基尔卡是印加人创造的两种奇特的辅助记忆手段。

③　吉林师大、北京师大历史系编：《世界古代史史料选辑（上）》，北京师范大学出版社1959年版。

④　同①第19～20页。

⑤　（美）M·查特菲尔德著：《会计思想史》（A History of Accounting Thought），1977年版，第4页。

⑥　（美）A·C·利特尔顿著：《二十世纪以前的会计发展》（Accounting Evolution to 1900），1966年版，第123页。

⑦　（日）片野一郎译：《利特尔顿会计发展史》，同文馆1979年修订本第2版，第190～191页。

⑧　⑨同③第1～14页。

⑩ （苏）苏联科学院主编：《世界通史》（第一卷），生活·读书·新知三联书店1959年版，第219页。

⑪ 林志纯主编：《世界通史资料选辑（上古部分）》，商务印书馆1985年版，第223～224页。

⑫ 同⑩第215页。

⑬ 同①第21页。

⑭ 同①第23页。

⑮ ⑯ 同①第22页。

⑰ 摘自刘家和主编：《世界上古史》，吉林人民出版社1984年版，第66页。

⑱ 同②第93～94页。

⑲ 卢利叶：《古埃及新王国时期赋税史料》，《古代史通报》1961年第2期，第181～182页。

⑳ 同⑪第6～18页。

第二章 两河流域的会计

一、粘土记录板和楔形文字

古代巴比伦会计的基础是经苏美尔人之手奠定的。从这一意义上可以讲，苏美尔人在会计发展上，乃是巴比伦人的先驱。这主要表现在他们对楔形文字和粘土记录板的发明和创造上。

我们先看粘土记录板（Clay table）。

从公元前3500年左右开始，苏美尔在两河流域揭开了奴隶社会的序幕。当时，由于两河流域缺少像纸草、石块、木片那样的记录材料，只有大量可资利用的粘土，所以，苏美尔人因地制宜，以泥板当"纸"，以削成三角尖头的芦苇秆、木棒或骨棒当"笔"，来书写美丽的神话、记述重大的历史事件、记录各种各样的经济事项。这些粘土记录板虽然容易破碎，且笨重，但有不

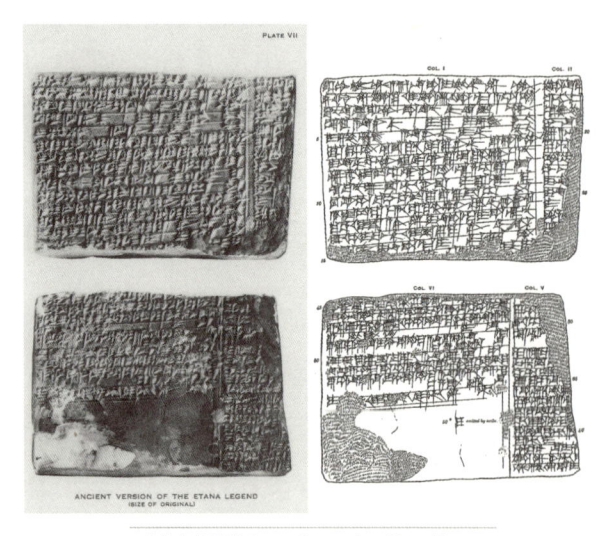

苏美尔楔形文字　Sumerian Cuneiform

巴比伦数字系统　The Babylonian number system

受虫蛀、不容易腐烂的优点。它有大有小，大的需摆在特制的架子上，小的可以握在手里，制成何种尺寸和厚度的泥板，依其需要而定。起先，人们都习惯于把两面都刻印文字的粘土板放在太阳下晒干，后来发现晒干的粘土板易于破碎，于是改为焙烧，因为他们了解到焙烧的泥板更经久耐用。但在大多数情况下日晒法和焙烧法是同时并用的：对于那些需要长久保存的，诸如编年史、法典、条约和会计文书等重要文件，他们采用焙烧法；而对于那些只需要暂时保存的，诸如书信、契约、收据等，则采用日晒法。[①]

上述刻划在粘土板上的文字，是苏美尔人对古巴比伦会计乃至世界会计发展所作出的杰出贡献。早在公元前三千二、三百年，苏美尔人就有了自己的象形文字。考古学家曾在乌鲁克古城发掘出一批属于这一时期的字典和会计文书，这是巴比伦史上最古老的文字记载。尔后，为了书写和记忆上的方便，这种象形文字逐渐有了变化：一是图形简化，即用原来图的一部分来代表整体；二是出现了表意文字，即用同一个图形表示几个相关的意思；三是产生了偕声文字，即同声的词往往合用一个字符。不久，又有指意符号的创造。这样，苏美尔文字就逐渐形成为一套体系。

苏美尔文字最早见于粘土记录板上。由于在泥板上用棒压刻，只适合于书写短的、直线的笔画，所以长的、曲线图形就改为许多短的直线，如♡写成♡；又由于落"笔"处印痕较为深广，提"笔"处留下的痕印较为细狭，所以，这种文字每一笔画的开始部分均较粗，末尾部分均较细，犹如木楔一般，故又有楔形文字或巴比伦文字（Cuneiform or Babylonian letters）之称。

尽管苏美尔人的语言与巴比伦人截然不同，但苏美尔人的文字体系却被巴比伦人全盘继承了下来，尔后又为阿卡德人、迦勒底人和赫梯人，以及波斯人所采用，并依各自语言的要求而有所发展，显然，这对两河流域及周围地区会计方法的不断完善有一定影响。那时候，无论是官厅会计或民间会计，无不深深地留下粘土记录板和楔形文字的烙印。

二、官厅会计工程的建设

得会计者，得财政；失会计者，失财政。会计乱，则财政乱，经济乱；会计得治，则财政得治，经济得治。

这是会计发展的一条规律，也是历史的经验和教训。

古巴比伦统治者在这方面保持清醒的头脑，他们像古代埃及统治者一样，也十分重视对于官厅会计这一工程的建设。当时，上至中央、下至地方都建立了一套较为严密的经济管理机构，并拥有人数众多的行政管理人员、监督官和记录官等。他们一方面从事王室经济的管理；另一方面致力于监督船夫、渔民、牧人和奴隶，严格控制实物税的征收。

不必讳言，现在我们对于古巴比伦政治和财政机构的具体情况所知甚少，但可以肯定巴比伦的财政组织酷似前述的埃及。

古巴比伦政府负责官厅会计事务的是记录官（Scribe）。他们的地位虽然不及古埃及的记录官高，而且，与古代埃及一样，也不是具有独立意义的会计官，但在财政管理上仍然发挥着重要作用。无论是中央一级或神殿和地方政府，均配备有许多作为国王管账先生的记录官。

从国家方面讲，他们负责记录各项不动产的收支、租赁、收放款利息、商业活动、工资的支付，以及作为租税纳入仓库的各种实物的数量，而且，还作为贡品和税金的征收者巡回于神殿、国库和边境。那时候，什一税也好，财产税也好，通常均以实物支付，所以每天都有数量惊人的谷物、家畜和其他农产品存入王室的国库。这样的话，倘若不迅速处理好这些库存物品，就势必会导致积压、霉烂或死亡，从而使国家蒙受不必要的经济损失。所以，待财货一存入国库，立刻便记录其数量和种类，并按销售部分、使用部分和贮藏部分进行分类管理，就成为记录官的任务之一。他们还要定期进行库存财产盘点，编制财产目录和商业收支汇总表。

在私人方面，记录官负责监视民间契约的签定：首先，倾听契约当事人介绍成交内容，然后作为见证人将契约当事人双方的姓名、收支内容、支付金额、利率、偿还日期和其他必要的细目详细反映在记录板上；同时写出在发生诈骗、无法支付时刑法上的条款；最后签上自己的姓名并盖章。在债务未结清之前，粘土板存放在债权人手中。对于重要的商业用粘土板需烧制成版，其他的在太阳下晒干即可。

在官厅会计方面值得注意的是，巴比伦仍然处于过渡阶段。**尽管总的说来成就不算出色，但巴比伦毕竟迈开了步子，这是应加以肯定的地方。**

苏美尔记录官
Sumerian scribe, ca.2500 BC.

所以，如果只看到巴比伦的财政组织是对埃及国的沿袭，在官厅会计的建设上，也没有超人的进步，就一味地贬低巴比伦人在会计发展上的贡献，这种态度，显然是不对的。

马克思在《路易·波拿巴的雾月十八日》一书中，曾对人类社会的一般发展规律做过这样的科学论断："人们自己创造自己的历史，但是他们并不是随心所欲地创造，并不是在他们自己选定的条件下创造，而是在直接碰到的、既定的、从过去继承下来的条件下创造。"①

巴比伦人的上述表现，正是这句话的印证。在当时的历史条件下，巴比伦人不可能超越时代，从奴隶主阶级和社会经济发展的实际需要出发，他们敢于接受和运用这套官厅会计，就是很现实的。

三、汉谟拉比的手谕和《汉谟拉比法典》

汉谟拉比时代（约公元前1792～前1750年），是两河流域历史上空前强大和繁荣的时期。国王汉谟拉比以铁腕统治着新兴统一的国家。在他的手下，古巴比伦王国奴隶制经济发展的交响曲奏出了最强烈动人、最富于华彩的乐章，在他的手下，会计亦呈现出崭新的面貌。

从汉谟拉比的手谕说起。

汉谟拉比有许多诏令是写给拉萨总督辛·伊丁南（Sin-Idinnan）的。从这些手谕可以看出，他对国家财政的管理和监督尤为关心。

汉谟拉比认为，对人民精确而公平的征税，乃是充实国库、维护国家行政经费的必要措施；任何国家的公民都必须承担对国家的纳税义务。所以，汉谟拉比时代的税收制度相当公平，不但一般平民须向国家纳税，就是拥有国有土地的军队也要捐税，尤其令人敬佩的是，那些从来不向国家纳税的特权阶级——神殿，也不例外地要向国家缴纳一定数量的赋税。违令者，像我们从下述手谕中看到的一样，同样要被依法侦讯。

汉谟拉比对会计也非常重视。在他看来，会计账目不仅是课税的依据，在诉讼案件中也有着至关重要的出证作用。例如，他给辛·伊丁南的一篇诏令中说："汉谟拉比诏曰：尔见此诏后，可立即将神殿之监督押解国都查办。埃利班（Eriban）之子，亦应随同若干人犯押送。于尔命令之下，夏马休神殿之牧人瓦拉德夏马斯（Warad Samas）等若干人犯，亦须将详细账册送交尔的衙署，而且，为了使他们亲自说明收支实数，必须将他们押解国都巴比伦侦讯。为使这些

《汉谟拉比法典》

人犯于2日内到达巴比伦，必须使他们昼夜兼行，朕为此事甚为焦急愤恨。"再如，他还曾命令辛·伊丁南把许多地方神庙的47个牧人送到巴比伦，让他们弄清账目；又曾命令辛·伊丁南让一些神庙的官吏迅速到巴比伦向他报告账目。①

汉谟拉比还认为，国家要和平富强、百姓要安居乐业，让不贪赃枉法者担任官职是非常重要的，所以，他严密监督和控制地方政权，绝对不允许在他的部下身上发生贪污受贿之类的事情。否则，由国家法院严加惩处。例如，汉谟拉比曾亲自手令总督："汉谟拉比诏曰：据舒曼·拉·伊鲁（Summaililailia）奏称，'都尔·古尔古里地方发生贿赂行为，受贿者以及知情人证俱在'。其奏如是。兹命舒曼·拉·伊鲁及一杜伽布官（可能是国王近臣——引者），……来尔处。尔见诏后，应审理此案，如这些奸吏确曾贪赃枉法，即在赃款、赃物之上加印查封，解来朕前。至于受贿者知情人证，将由舒曼·拉·伊鲁示尔知悉，一并解送朕前。"又如，有一手谕说："尼普尔人吐姆姆（Tummumu），对朕提出如下之诉愿，'小民家住在乌巴布姆（Ubabum），谷仓内储藏有10kur之谷粮，不料一日竟被州官阿威利利（Awelili）全部夺走，使民全家老小陷入饥饿状态之绝境'。故今朕特将诉愿人吐姆姆送至尔之都城，并将阿威利利同时押至尔之官衙。希尔火速查明案情之真相，除严惩贪官阿威利利以外，应将其非法夺取之食粮归还原主。"④

所以可以说，汉谟拉比是一位治国安邦有建树的政治家和理财家。客观一点讲，当时奴隶制繁荣昌盛、兴旺发达局面的出现，除了经济活跃和社会安定的原因之外，也是汉谟拉比关心财计和司法制度的结果。

当然，作为奴隶主阶级的最高代表，他的所作所为，不可避免地染上了统治劳动人民、维护奴隶制政权的色彩，但他的统一事业，他在财政、立法诸方面的某些观点和措施，也不可否定地在巴比伦历史上树立了不朽的丰碑。再就立法而言，《汉谟拉比法典》（Code of Hammurabi），也是这一丰碑的缩影。

《汉谟拉比法典》是在1901年12月到下年1月之间，由"法国波斯学术考古团"在苏萨发掘出土的。全碑由一块黑色玄武岩雕刻而成，呈圆柱形，碑高2.25公尺，圆周上部是1.65公尺，下部是1.90公尺。在碑顶刻有"天地间最伟大之审判者统治世界万物"和正义之神沙马什授法典于汉谟拉比的雕像，下面用楔形文字刻着法典全文：序言、本文和结语三部分。可以说，《汉谟拉比法典》不仅是公认的人类历史上第一部较为完备的成文法典，也是反映巴比伦社会经济状况的最珍贵的史料，282条文中有关出租土地，放高利贷，债务，财产继承，租赁船、房屋、牛，经营商业，以及雇佣手工业者报酬的规定，为我们了解古代巴比伦会计的发展概况，提供了一个明亮的窗口。

下面扼要介绍的，是法典中较为突出的几点：[⑤]

（一）高度发达的农业构成古巴比伦经济生活的基础。当时，土地均为奴隶主所有。奴隶主并不经营自己的土地，而是出租，按法典规定收取相当于农产品1/3的租金，所以，佃农再除去1/3的农产品税，剩下的就只有收获物的1/3。而且，法典还规定，在租借果树园的情况下，园丁必须将收获量的2/3给园主，自己得1/3。这样，再扣除国家的税捐，园丁便所剩无几了。

（二）在汉谟拉比时代，巴比伦成为全国贸易的中心，并以"商号的殷实、商人的精明"饮誉于世。那时候，商人多是国王的代理人，他们的足迹遍及两河流域四周，甚至越过国境，远达小亚细亚、埃及和黑海。他们一方面通过河川、公路之类的水陆交通，把本国农副产品输出国外，同时，又将域外的金属、木材、香料、染料及各种奢侈品，源源不断地运到国内。针对奴隶制经济的繁荣，汉谟拉比在法典中规定了相应的条款。例如，第95条规定，倘若大商人贷谷或银，定有利息，而监察人（？）不（在场？），则他应丧失所贷之物；第99条规定，倘若自由民以银与自由民合伙，则他们应在神前均分利润；第100条规定，大商人的代理人每天都可以得到报酬，他们应把资本和商品列成清单，有权向交易人索取收据；第101条规定，代理商不履行应尽的义务，必须赔偿固定资产的两倍；第104条规定，倘若大商人以谷物、羊毛、油或任何其他资财交与代理商出售，则代理商应结算银价，交还大商人。代理商对其交付大商人之银应取一份盖章的凭证；第105条规定，如果代理商对其交给大商人之银，疏忽而未取盖章的凭

《汉谟拉比法典》(Code of Hammurabi)

证，则未盖章凭证之银不算账；第122条规定，自由民如将银、金或不论何物，托自由民保藏，则应提出证人，并订立契约；第123条规定，倘他托交保藏时并无证人及契约，而其交藏之处否认之，则此不能作为起诉之根据。

（三）随着奴隶制经济的不断发展，高利贷日盛，众多的自由民因借贷而沦为债奴。一般讲，这种债奴愈多，愈对国家税源、兵源和国家安定构成威胁。所以，法典一方面规定：倘若借款人不履行自己的债务业务，除坐牢狱外，还须至债权人家为奴，债奴服役以三年为限，第四年起他们即恢复自由。另一方面又规定了高利贷的限额：谷物借贷的利息为30%；金银借贷的利息为20%。

（四）在古巴比伦社会，奴隶犹如商品一样，亦被主人视为财产，可以抵押、赠送，可以买卖、交换和租借，还可以按遗嘱移交。汉谟拉比法典是一部奴隶制法典，阶级压迫性在其中表现得淋漓尽致。例如法律规定，倘若伤害了奴隶的眼睛，仅以奴隶的一半买价偿还即可，这同伤害一头牛的眼睛也以该牛的半价偿还原主是同等看待的（第199条、第247条）；倘若有人把奴隶杀死，则杀者无须偿命，只需像损坏一件物品一样，赔偿奴隶主20克勒的银块就行了。所以，在当时的会计文书中，奴隶与其他商品一样，均属反映和监督的对象。

总之，法典中具有会计意义的商业契约、授产契据、租地契约、地契、期票、利率、利息、税捐、财产清单，都标准化并且有了确实的定义，它们周身洋溢着法的意志和威力，深刻地影响着巴比伦当时和以后会计发展的步履。

《汉谟拉比法典》堪称古巴比伦会计史上的典型史料。

令人遗憾和痛心的是，这部巴比伦的"国宝"，却遭帝国主义分子的盗劫，现移藏于巴黎卢浮宫博物馆，成为该馆的镇馆奇宝。

四、会计报告方法的新起色

第三王朝时期（约公元前2113~前2006年），是王室经济在全国占绝对优势的时期，也是官厅会计有长足发展的时期。

这一时期的会计报告处于什么样的水平呢？

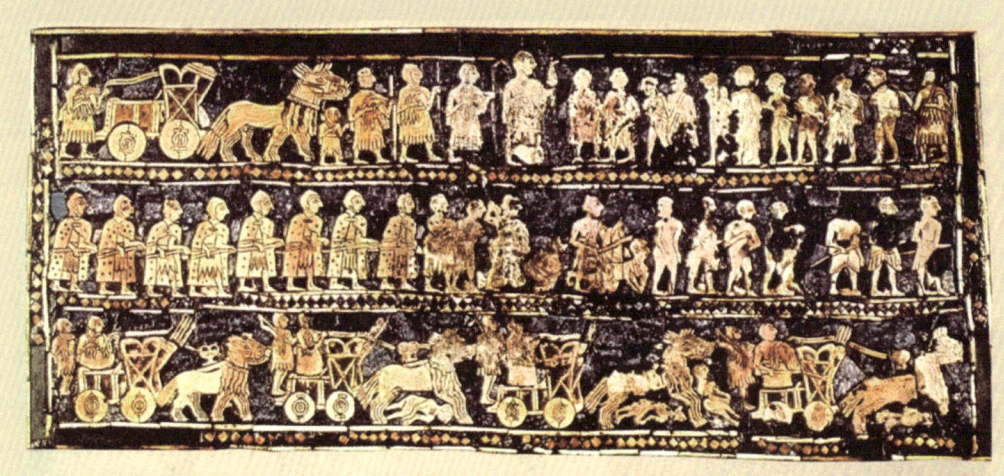

巴比伦人，是有所作为的。他们为会计报告的发展，探索出了自己的路子。

通过保存下来的由工场会计编造的经济报告文献，我们可以清楚地看到，对于官厅会计报账方法的实际运用，古巴比伦达到了令同时代的埃及都仰之弥高、望尘莫及的程度。

首先看几份那时记录的经济报告文献。[6]

苏美尔经济报告文献

（一）王家地产中奴隶部队管理人和会计

关于使用交托给他们的劳动力的报告

第一栏

1. 农夫及其诸子，24个。

2~3. 十三个月，并自温马的第一月开始，至附加月止。

4~5. 这种劳动力等于93600天（也就是以24人×13月×30日）。

6. 大麦5鼓尔又159西拉（5鼓尔等于1500西拉；1500+159=1650西拉）。

7. 劳动力按7西拉估计。

8. 这种劳动力等于237天（1659÷7=237）。

9. 7鼓尔又258西拉（也就是2358西拉）。

10. 劳动日按6西拉估计。

11. 这种劳动力等于393天（2358÷6=393）

12. 由英德帕埃得来的（13）雇佣劳动力。

14. 由英德帕埃得来的（15）一天384个劳动者。

16. 由希什库加尼得来的$10\frac{1}{3}$个劳动者。

17. 由卡英英尼得来的12+X个劳动者。

18. 由虚加尔亚西达得来的70个劳动者。

19. 由马尔恩苏得来的35个劳动者。

20. 由虚堪尼得来的（21）$335\frac{1}{2}$个劳动者。

22. 由虚加尔穆马洛（23）得来的310+X个劳动者。

24. 由乌尔车帕埃（25）得来的$180\frac{1}{3}$个劳动者。

26. 由阿鼓都得来的72个劳动者。

27. 由乌拉都格得来的69个劳动者。

28. 由巴什格得来的61个劳动者。

29. 由虚吉那（30）得来的68个劳动者。

31. 由英沙格沙格（32）得来的X+23个劳动者。

33. 由虚加尔·斯格（？）·吉得得来的X+4个劳动者。

第二栏

1. ……

2. 由什格（得来的）……

3. 由卢库卢努得来的X+72个劳动者。

4. 由那巴沙格得来的16个劳动者。

5. 由乌尔米奇萨尔得来的25个劳动者。

6. 由卢加尔马鼓里（7）得来的72个劳动者。

8. 由伊兰（9）得来的80个挑夫。

10. 由乌拉达得（11）得来的230个挑夫。

12. 由那布（13）得来的$259\frac{1}{3}$个挑夫。

14. 由卢加尔米亚（15）得来的59个挑夫。

16. 由阿巴得来的（17）一天48个劳动者。

19. 共计一天$11969\frac{5}{6}$个劳动者。

20. 共计一天（21）$628\frac{1}{3}$个（也就是：$80+230+259\frac{1}{3}+59$）挑夫。

22. 这是总数。（23）由这总数中：

24. 一天443个劳动者（25）收割大麦。

26. 一天185个劳动者（27）收获蔬菜和用手弄平土地。

28. 一天336个劳动者（29）配给卡的高田。

30. 配给卡马里的田地和王田（等）。

第十一栏

1. 共计：一天$11966\frac{5}{6}$个劳动者。

3. 共计：一天（4）$628\frac{1}{3}$个挑夫。

5. 没有剩余和透支。

6. 核算业务的作品。

7. 卢加尔鼓德（经济管理人）。

8. 时天神（9）最高大僧侣及兰那尔神最高僧侣受任（？）之年。

（二）苏美尔女俘营

第一栏

1. 图阿舒巴尔卑　　　　　　　　　　　　40西拉。

2. 呼鲁得　　　　　　　　已死。

3. 卑拉都　　　　　　　　40西拉。

4. 阿尔卑亚尔　　　　　　已死。

5. 所巴因沙　　　　　　　40西拉。

6. 伊里通那乌达　　　　　已死。

7. 埃什明尼达尔　　　　　40西拉。

8. 塔巴乌　　　　　　　　已死。

9. 温马　　　　　　　　　40西拉。

10. 其女，在兰那麦　　　已死。

11. 卡里　　　　　　　　已死。

12. 其子，小孩鼓卡卡沙　15西拉。

14. 塞鲁尔塞巴尔卑　　　40西拉。

15. 安尼通　　　　　　　已死。

16. 曾生育者。

17. 安那　　　　　　　　40西拉。

18. 妈妈　　　　　　　　40西拉。

19. 加那　　　　　　　　40西拉。

20. 伊拉苏　　　　　　　40西拉。

21. 沙得亚　　　　　　　40西拉。

22. 沙之鲁得　　　　　　40西拉。

23. 未曾生育者。

24. 总计：［按］40西拉者，女奴12。

25. 总计：15西拉者，小孩1。

26. 总计:已死（7）。

27. 他们的大麦1鼓尔又195西拉。

28. 管理人虚加尔恩马赫。

（其后，在第一栏至第五栏中，接着是与此相似的女奴名单，指明分配她们产物的数量，并登死者、怀孕者及生育者。）

第八栏

1. 总计：［按］40西拉计者女奴94。

2. 总计：30西拉者女奴1。

3. 总计：［按］25西拉计者女奴22。

4. 总计：［按］20西拉计者女奴4。

5. 总计：［按］15西拉计者少女3。

6. 总计：［按］10西拉计者少女2。

7. 总计：［按］20西拉计者老女奴2。

8. 现有。

9. 她们的大麦1鼓尔又25西拉。

10. 给战俘谷物分配。

11. 什格伊舒布加尔之月［温马城的第二月］。

12. 时为英兰那女神大神殿最高僧侣受任之年［国土布尔新的第五年］。

对于第一份文献，这里有三点需要说明：

（一）在这份苏美尔经济报告文献中，会计和管理人对经济事项的记录和

关于劳动力使用情况的会计报告

计算，依然采用文字叙述式进行。每笔独立的记录均较清楚且完整，内容包括地点、数量和会计对象诸要素。对其他因素暂不去说，单就数量方面看，即有整数，分数，又夹杂有完整的汇总式加法运算。

（二）该文献在会计方法上尤具先进特色的，还是通过经济报表，可以从整体上把握劳动者和挑夫的来龙去脉。详细一点说就是，先按"挑夫"和"劳动者"分类汇总来自各地的奴隶，然后按总数分配"收割大麦"的人数、"收获蔬菜"的人数、"用手弄平土地"的人数、到"卡的高地"的人数和到"卡马里的田地和王田"的人数，等等。在作为文明古国的巴比伦会计报告能达到如此高水平，实在是很不简单的，这也正是我们说巴比伦官厅会计不同于埃及，并较之埃及在会计核算上要先进一些的主要理由。

（三）再看带有总结性的"第十一栏"，其文字之简练、内容之完整、反映之清楚，同样是以体现古巴比伦在算账、结账和报账方法上的新水平。

将第二份文献与第一份文献作一对照，会发现两者在会计核算方法上具有大致相同的特征。略有不同的是，后者更深刻地表现了奴隶制文明的罪恶，它犹如一束折光，折射出了奴隶制度下劳动人民群众的悲惨命运。

五、民间会计的进步：神殿、银行和商业会计

在纽约普通神学校霍佛曼收集馆（the Hoffman Collection of the General Theological Seminary）里，收藏有各种记载公元前3500年至前3000年期间民间经济业务的粘土板，其中绝大部分是在尼普尔、乌鲁卡诸地发现的。所以，古巴比伦会计迄今已有5400多年的漫长历史[①]。

不过，这远不是古代巴比伦民间会计的全部内容。通过许多文献可知，巴比伦人由于嗜好组织管理，对簿记十分入迷，因而在神殿会计、银行会计和商业会计上，都是成绩斐然的。

首先，看神殿会计。

巴比伦的绝大部分商业和信贷是以寺院为中心进行的。每天，金属、谷物和其他物品像流水一样源源不断地存入神殿仓库。它们有的是寺院的既定收入、有的是祭祀供献物品，倘若不及时加以处理，就会超过仓库的负荷量，而且还有发生霉烂变质的可能。

面对这样的情况，祭司和僧侣们发挥了精明的经商能力。他们将堆积在

神殿的供品作为商品加以销售或借贷，获取了大笔大笔的好处。当时，祭司和僧侣就是神殿的管理人，对神殿的财产拥有绝对的监理权。为了对神殿的商品加强反映和管理，他们必须完成一项崭新的任务。什么任务呢？就是对于每一笔经济业务，均作成会计记录，免得神来向祭司要会计报告。这些记录颇似现在的"流水账"，有的是反映收支总额、寺院货款金额，有的与寺院财产的投资和商业交易有关。它们是世界上最古老的算板，是苏美尔寺庙账单的直接先驱。

再看银行会计和商业会计。

在大英博物馆巴比伦和亚述分室里，陈列着许多公元前2300年至公元前六世纪的契约记录板。其中有相当一部分是反映工商业和金融业活动的。

A组记录板是在公元前2300年至前2000年之间记录的，其内容与法律和商业上的交易有关，既有记载买卖或出租房屋、土地、田地、农庄等的证书，也有记载雇佣劳动者和奴隶、贷款、还款、出让谷种，以及解散合伙的证书，还有婚约证书和离婚证书等。

B组记录板是在公元前2200年至前2060年之间记载的，其中有田地和土地目录，以及记载征收各种麻谷的证书。

C组是巴比伦史初期至纪元前626年这段时间内记录的粘土板和圆筒形粘土，大部分是账目表、谷物和农产品表，劳动者和奴隶粮食表，以及牛羊目录。

在E组中，陈列着公元前2300年至前2050年之间记载的契约证书、商业文书，出卖土地、房屋、奴隶的证书和各种贷款证书，以及关于财产的分

巴比伦会计记录

配、合伙的解散的证书。

古代巴比伦人在签订契约时有一个新颖奇妙的特征，这就是将记载好的契约记录板装入一块用粘土弄成的类似信封般的薄片之中，然后在这张"信封"上再复写一次契约证书，这样，就使得篡改记录板成为一件相当不容易的事情。因为原版和"信封"内容吻合，要想篡改契约证书的内容，只有同时改动里外两层，并使其无损方能达到目的。

在G组中陈列的是著名的"埃吉贝家的记录板"（Egibi Tablets）⑧。埃吉贝兄弟商家（the Son of Egibi of Babylon）是公元前1000年设立在巴比伦的银行和出租店铺，是当时的大富豪，享有"古代世界的罗思柴尔德"（Rothschilds of the Ancint World）之美称。该商家自公元前1000年始开设了数代，迦勒底帝国灭亡之后它依然存在。他们不仅向私人贷款，也向国家贷款，并接受宫廷的财政委托，为国库征收地租、什一税和公路使用费。他们用于记载费用的粘土板相当于现在的费用账。同时，他们还经营代理业，进行广泛的金融和商业交易。这些业务在粘土板上均有反映，其中以烧制成版的"砖书"（brick-books）的记载尤为著名。

在新巴比伦王国时期，尼普尔城也有一个规模与埃吉贝商家不相上下的穆拉树兄弟商家（Murashú Sons）⑨。这是某巴比伦探险队于1893年5月末在尼普尔城的一间地下室发现的。该家族不仅经营钱庄、批发商业，甚至还经营矿业、房地产和建筑。在发掘出来的穆拉树记录板中，记载有放款、抵押和合伙经营等内容,有的是借地契约，其中有一份财产目录，上面记录着：在某地的财产包括12个矿穴、13处房产和建筑工区，以及96

名奴隶。显然，这仅仅是该兄弟商家全部财产中的一小部分。穆拉树家族的活动时间，从新巴比伦王国开始一直到波斯帝国时代，先后达数百年之久。

当时的巴比伦城不仅是国内的商业贸易中心，而且是古代西亚地区的贸易中心，工商业异常活跃，正是它的黄金时代。后人形容哪个城市如何繁华和富丽，往往就拿巴比伦城与之相比，倘若它真能和巴比伦城媲美，那么，它在人们心目中的地位，就会倏然上升，被认为是相当了不起的世界第一流城市。所以，我们可以探测，在巴比伦城内，类似埃吉贝和穆拉树这样的规模浩大的工商业家族，肯定存在不少。

对于巴比伦的民间会计，我们尤其不能遗忘了结算方法。

郭道扬教授在论述会计结算方法的演进时，将中式会计结算方法的

穆拉树兄弟的商业记录
Business Documents of Murashu Sons of Nippur dated in the Reign of Darius II

发展分为三个阶段，即盘点结算法运用时期、三柱结算法运用时期和四柱结算法运用时期。他认为，盘点结算法是通过盘点库存实物，取得各类财物本期结存之数的一种方法。"三柱结算法"是根据本期的收入、支出和结余这三者之间的关系，通过"入－出=余"［或收－付（支）=余］的公式，结算本期财产物资增减变化过程及其结果的一种方法，由于结算公式中包括"收入"、"支出"、"结余"这三大结算要素，故得"三柱式结算法"之名。所谓"四柱结算法"，是采用"上期结存+本期收入－本期支出=本期结存"这一公式，定期清算账目的一种结算方法⑩。

这样阐述会计结算方法的发展，在会计史学上是第一次。无论是美国的A·C·利特尔顿和M·查特菲尔德，还是英国的A·H·沃尔芙和R·布朗，他们在这方面都没有作出像郭道扬教授这样的成就。当然，郭道扬教授论述的是中式会计结算方法的演进。事实上，西式会计结算法的发展，也是循着他指出的这条规律进行的。

现珍藏一块公元前2700年敦吉三世（乌尔王朝）统治时代的记录板，其一面逐笔记录金钱数目；另一面记录其总额，并以收支相减进行结算。它实际上代表着民间会计结算方法的运用水平⑪。所以，在当时的民间，人们已经充分地认识到了"收入"、"支出"和"结余"三者之间的平衡关系，并且，在大量的场合，都是采用"收入－支出=结余"这

白银贷款契约陶片案例。这个带有楔形文字的陶片烧制于大约公元前1820年。左边是陶片正面，右边是陶片的背面。正文记录的是Nabi-ilishu向太阳神（Shamash）和Sin-tajjar借了9.33克白银。陶片约定由Nabi-ilishu在收获的季节还本付息

公元前1809年手写的白银贷款契约。一笔白银贷款将在七个月内用商品（芝麻）偿还。这里复制的陶片是手写方式复制的。这是楔形文字陶片常用的出版方式

一公式，来计算盈亏，以加强会计管理的。

从盘点清算法迈向"三柱结算法"，现在看来，这种进步也许是轻而易举、微不足道的，但出现在当时，却是一件很不容易的事，是一个重大的进步。

会计实践是一步又一步地由低级向高级发展的。人类对于会计方法的认识，也是一步又一步地由浅入深、由片面到全面发展的。 可以说，每一个会计发展阶段的认识的新课题，都是由会计实践提出来的。正是由于会计实践向人们不断提出新的要求和新的问题，才推动人们从事新的探索。"三柱结算法"和后述的"四柱结算法"、平衡结算法的创立，都是这种探索的结果。

贷款合约。刻有楔形文字铭文的陶片

六、巴比伦会计的续编

如果说，亚述文明，乃是巴比伦文明的续编的话，**那么，我们可以毫不夸张地说，亚述会计，亦是巴比伦会计的续编**。这一点无论从民间会计来看，还是从官厅会计来看，尽管它们都可以说具有自己的独特风格，但都不可否认地受到了巴比伦会计的重大影响。所以，**亚述会计实实在在是古巴比伦会计最亲近的后裔！**

亚述位于两河流域北部底格里斯河中游地区。远在公元前3000年末，其商业就兴旺发达，甚至在小亚细亚东部也密集着商人们所建立的商业点。这些商业点每年需向国家缴纳一定数目的商业税，是亚述财政收入的主要来源地。

公元前10世纪，威仪堂堂、不可一世的亚述帝国建立。到公元前8～7世纪，奴隶制经济犹如万象回春，到处一片青葱，商业更是显得生气勃勃，都城尼尼微和巴比伦城并称为"古代世界的两大著名商业中心"。

在小亚细亚东部被当地人称作"灰丘"的枯尔特培（Kul-Tepe）遗迹中，出土了许多用楔形文字写成的有关信用贷款的文件。根据这些文字资料可知，在当时的亚述城，有一种称为"商务官"的官吏，其主要任务是办理定期交易；处理有关金钱贷放的业务；当服装商订立贷款契约时，以法定代理人的身份加以监督。还有酷似希腊人交易所（emporion）的商场（Karum），商会会长叫做"我等之父"或"我等之母"，专职记账员应定期将收支账目呈递给商场的主人。

从亚述出土的泥板文书中，我们还可以知道，在当时有各类记录官负责农业、商业和军队的会计核算。对于粘土记录板的制作法，基本上相同于古巴比伦：根据粘土文书的重要程度，决定是采用日晒法还是采用焙烧法。最初，记录板的尺寸比较小，仅4~5厘米乘2.3~3厘米，尔后愈来愈大。对于不同内容的文件，还使用不同形状和尺寸的泥板。例如，有关土地买卖的文件采用圆形粘土记录板；有关法律的文件采用较大且较厚的正方形粘土记录板；有关会计契约方面的文件，往往使用小块的正方形粘土记录板；神殿内的重要文件则采用锥形记录板。

下面列举的，是债务盘剥契约的范例：⑫

正在记账的军队记录官（中间）

1. 附有抵押品的债务盘剥契约

（公元前2000年下半叶，亚述）

阿布希的儿子伊什美·阿达德从阿舒尔·伊基沙的儿子阿拉德·协鲁依那里取了30名那的铅。在10个月的期限内，他只需还铅的本金。一满了期，铅就要增值。他将从告诉他的那个居住地的三依库的田地上割下收成，以替代该铅之利息。如果他不从田地上割取收成，那么，伊什美·阿达德将把铅称给阿拉德·协鲁依所雇的收割人。

他的田地与房屋就是铅的抵押品。

（以下是证明人的签名和日期）

2. 附有债务人的财产与家庭成员

作抵押品的债务盘剥契约

（公元前2000年下半叶，亚述）

因尼比的儿子阿帕丕从阿拉德·基比的儿子别尔·阿波里达那里按照城市院（所定）重量取了一他连特又6明那的铅。在7个月的期限内，他只需称出铅的本金。一满了期，铅就要增值。该铅和他的平安可靠的财产有密切关系。

他的田地、儿子和房屋就是铅的抵押品。

他将把铅称给他的文书和收执人。

（以下是印章、证明人和日期）。

有趣的是，亚述人在保护粘土文书方面，还想出了极为方便实用的方法。这就是，对于那些一般认为比较重要的粘土文书，采用在外面加上封套法。这样，不仅可以保护文件,而且还有利于保密,防止篡改作弊。在利用文件时,必须打碎外面的封套。这一手显然是亚述人从巴比伦人那里学来的。

不过,亚述人也有比巴比伦人技高一筹的泥板文书管理法。在亚述国王阿树尔巴尼帕尔(Ashurbanipal)的档案图书馆里,除收集有大量的条约、法律、书信、命令、天文观测记录、建屋修渠报告和石刻铭文以外,还收集有为数可观的诸种经济报表、会计文书、契约和有关土地买卖、高利贷的文献资料。每块粘土记录板上均加盖有"宇宙之王亚述之王阿树尔巴尼帕尔之宫"的印记。而且,馆内的泥板档案分成地理类、历史类、法律类、传说和神话类、"科学"类、商业交易类(包括合同、契约、销售单等)和税册与贡物财产类加以管理,且备有目录和一览表,秩序井然①。

巴比伦配额陶片
巴比伦吾珥第三帝国时期的配额陶片,以楔形文字记录了发给男性和女性工人的配额。左边是陶片的正面,右边是陶片的背面。

注　释：

①　李凤楼、张思庆等编著：《世界档案史简编》，中国档案出版社1982年版，第7页。

②　《马克思恩格斯全集》第8卷，人民出版社1985年版，第121页。

③　④　冯作民编著：《西洋全史（二）古东方各国》，燕京文化事业股份有限公司发行，第385～397页。

⑤　法学教材编辑部《外国法制史》编写组：《外国法制史资料选编（上）》，北京大学出版社，1982年版，第17～50页。

⑥　摘自吉林师大、北京师大历史系编：《世界古代史史料选辑（上）》，北京师范大学出版社，1959年版，第70～78页。

⑦　（日）片冈义雄、片冈泰彦译：《沃尔芙会计史》，法政大学出版局，1977年版，第27页。

⑧　同⑦第29～31页。

（比利时）E·斯德维林克：《古代会计》（Comptabilites Des Temps Anciens）第2页。《会计史学家杂志》（Accounting in Ancient Times）Vol.12, No.1, Spring 1985，第3～7页。

⑨　同⑦第32页。

⑩　郭道扬著：《会计发展史纲》，中央广播电视大学出版社，1984年版，第232～248页。

⑪　同⑦第27页。

⑫　林志纯主编：《世界通史资料选辑》，商务印书馆，1985年版，第136～137页。

⑬　同①第15～16页。

第三章 古代希腊的会计

在文明古国会计发展史上，埃及和巴比伦人的后继者是希腊人。

古代希腊位于地中海东北部，境内多山，海岸曲折，也是一个文明古国，素有欧洲文明的发源地之称。早在爱琴文明时代，希腊人就掌握了在当时称得上是先进的会计技术。公元前5世纪，随着奴隶制经济的飞速发展，希腊与隔海相望的埃及和巴比伦发生了极为频繁的通商关系。当时，许多希腊人不顾跋山涉水的艰辛，纷纷来到这两个国家留学，学习他们早期迅速成长起来的科学文化。这样，在埃及和巴比伦盛极一时的国库会计、商业会计、神殿会计和庄园会计，便被商人留学者带到了希腊，并与希腊本土固有的会计方法很快地结合了起来。希腊人正是在熔其他民族会计精华为一炉的基础上，创造了自己独树一帜的官厅会计和民间会计，为文明古国的会计发展史，谱写了不朽的篇章。

古代希腊讲授数学与记账

一、走出会计发展的"迷宫"

一个时代有一个时代的会计。但是，任何一个后继时代的会计，都不是从天而降的突发历史现象。它对于前代遗产，不可避免地均会有一个批判地继承的过程。

基于这一思想，我们在论述公元前五世纪以后，希腊的会计发展之前，先结合考古学材料，考察一下爱琴文化时期的人们是怎样管理国家，怎样从事经济活动，以及怎样进行会计反映和监督的。

克里特岛线形文字A（左图）与线形文字B（右图）

这应该从公元前2000年左右说起。

据有关史料记载，当时，克里特人是以记号、后来又以印章在自己的产品上反映某一概念和要求的。例如属谁所有，为谁所制等。虽然这些符号还算不上是文字，但它说明在原始社会向奴隶制过渡时期，克里特人已有了管理和会计记录的需要，表现出古代希腊会计发展的萌芽状态。尔后，随着文字先后进入象形文字阶段和线形文字A（亦称克里特文字）阶段，克里特人的会计又有了明显的进步。

先从数字符号看。

克里特人不仅掌握了以十进位法为计算基础的计数法。例如，他们以"1"表示一个单位，"一"表示十个，"0"表示百个，"✿"表示千个，"✿"表示万个。而且，他们还学会了加减乘除整数，懂得了计算分数和百分数①。

这些数学知识的基础，也是记录行为的基础。借助这些古老的数的概念和表示法，会计才可能反映较为复杂的奴隶制经济业务。

在原始社会，数学与会计曾携手合作，共同反映着原始经济事项；进入奴隶时代以后，二者仍然形影不离，一起努力着为当时的社会经济管理服务。这种"一对孪生兄弟"般的关系不仅表现在它们的学步期，像以后将要论述的一样，也贯穿于它们的成长期。

再看他们的文字。

古代克里特人经常把自己的文字写在泥板、家用陶器、墙壁、皮革和棕榈树叶上。当然，其中流传至今的，只有记录在粘土板上的线形文字A。用这些文字记录的，许多是具有鲜明的序时流水账特征的清单、提货单和经济报表。

这就再次表明，在文明古国，也包括中国和印度，文字确实是由于经济计算的需要而产生的。

据英国著名的考古学者伊文斯考证，克里特霸国是一个年轻的、具有非常集中的供应和管理制度的奴隶制国家。像巴比伦和埃及一样，当时也有专门的记录官兼管会计核算，具体任务是记录藏于王宫仓库的财富、检查全部物品的数量和

克里特岛线形文字

保管情况，而且，还制定了一系列的记录、报告、清点和收据制度②。会计泥板文书均保管在王室档案库的木箱子和石膏箱子里，其中有的箱子存放在档案库房的下层，有的收藏在库房的上层。

可惜的是，大概是由于海啸所致，克里特文化在公元前1450年左右突然毁灭。从此以后，爱琴文化的中心转移到半岛南部的迈锡尼。相应地，古代希腊会计发展的中心便随之迁移到这里。

迈锡尼文化是由阿卡亚人创造的，其重大成就之一，就是根据线形文字A发明了自己的文字，史称"线形文字B"。

由于线形文字A不是希腊语，而且字迹极不清楚，故目前尚未释读成功。线形文字B是希腊语，已在1952年由英国仅三十岁的建筑家密切尔·文特里斯（Michael Ventris）1922～1956年释读成功并发表在《希腊研究杂志》上。当时有的学者对此表示赞同，有的则表示反对，不过，目前已得到学术界的公认，从而作为人们的共同财富，成了研究希腊先史时代的出发点。可以说，线形文字B泥板文献的存在和释读成功，不只对于了解迈锡尼文明史，有着极为重要的意义，而且对于具体研究迈锡尼文明时期的会计发展，也起着阿莉阿德尼公主的引线的作用，顺着它，我们才走出了爱琴文明时期会计发展的"迷宫"③。

请看：

（一） 152=Er　01［312］（派罗斯泥板）④

　　1. 国王的领地，三千六百公升麦籽。

　　2. 将军的领地，一千二百公升麦籽。

　　3. 特勒泰的［土地］，三千六百公升麦籽；特勒泰三人。

　　4. 俄格温的未耕地，七百二十公升麦籽。

（二）（21）171=Un（718）（派罗斯泥板）

S．地献与波赛敦的礼品：

1．人所共见，?厄喀拉瓦所献：小麦四百八十公升，酒一百零八公升，牛一只，干酪十件，羊皮一件，蜜?六公升。

2．同样地，公社所献：小麦二百四十公升，酒七十二公升，羊二只，干酪五件，油四公升，羊皮一件。

3．将军所献：羊二只，面粉七十二公升，酒二十四公升。

4．俄格温的卡马地［所献］：小麦七十二公升，酒十二?公升，干酪五件，蜜十四公升。

（三）（22）153=Er　02［880］（派罗斯泥板）

?厄喀拉瓦在S．地有私有（地）、种着树木。

?六千公升麦粒，

［……］的：?五千二百八十公升麦籽，

［……］：一千一百?

枣树、一千一百?

总计：一万一千二百八十公升麦籽。

这是三块线文B经济文书。它们都具有会计账簿或会计报表的性质。

体会着它，我们想起了古埃及和巴比伦的会计核算方法。

应该说，这时的希腊与尼罗河和两河流域一样，在反映经济活动过程中，仍然是采用文字叙述式会计记录法，尚无更进一步的发展。而且，这些经济文书均是一种流水账，看不出它们已有日记账、分录账和总账的严格区分。

这没有什么可奇怪的。每个国家，每个地区，在它的会计发展早期，都是不能逾越这一阶段的。

二、奠定坚实的基础

郭道扬教授在《会计发展史纲》一书中指出:"在人类社会的会计发展史中,由以实物量度为主要计量单位,进展到以货币量度为主要计量单位,最终达到以货币作为统一量度,来综合反映社会经济活动的全过程,这是会计方法发展变化中的一个基本趋势。因而,以货币为主要计量单位,既是衡量会计记录方法进步的主要标志之一,也是衡量某一时代整个会计核算水平的重要标志之一。"⑦

古希腊货币

从这一意义上看,公元前630年,希腊开始使用由城邦政府铸造的货币,确实为希腊会计的全面发展奠定了坚实可靠的基础。

据可靠史料记载,当时的雅典人有一组非常小的银币,最小的几乎和针头一样,通常都是放在嘴里携带。在阿里斯托芬(Aristophanes,公元前446~前385?年)的戏剧里,有一个角色突然挨了打,结果将零钱吞到肚子里去了。这意味着,使用货币不只是贵族的特权,它已经流行在希腊人的日常经济生活中。

货币的广泛使用,一方面是希腊奴隶制经济高度发达的标志,另一方面也是人们进一步认识到以货币为计量单位,可以科学地反映整个经济业务的结果。**因为国家货币的出现,使会计上的货币计价成为可能。**

我们知道,货币计价乃是现代会计工作的重要内容和鲜明特色,只有通过会计的货币计价,才可能消除实物度量的差异性而获得具有综合性和可比性的价值指标。同样，在古代社会，货币度量对几乎全部的会计核算过程，都有着深刻的影响。在埃及和巴比伦，由于人们的交换关系往往采用以物易物的方式进行，即便产生了货币，亦不由国家保证，所以，他们在会计处理过程中，一般都以采用实物度量为主，货币度量仅仅处于次要地位。在这样的情况下，会计对象根本不可能得到统一的计量和综合的反映。这可以说是古代埃及和巴比伦在很长一段时期内，没有在会计方法上更进一步的主要原因之一。

这种状况到希腊时代才大为改观。

希腊人手握货币，就像握住了一把可以披荆斩棘的巨斧，因而有可能在会计方法上开拓出一个新的境界。与古巴比伦和古埃及比较起来，有了这样的不同，自然就使古代希腊的会计在西方会计史上显出了举足轻重的奠基作用。

不过，当时各城邦拥有的是独立的货币体系，因而在全国范围内，会计核算尚不是以一套标准的货币体系作为货币计量单位的。这是应交代清楚的问题。

雅典的公民大会会场讲演台遗址

三、官厅会计的变革

在人类历史上，经常会出现一些摇摆不定的变革年代。这时，旧观念与新思潮、倒退与进步、没落与兴旺会同台表演，它们犹如万花筒一般，在人们的眼前，展现出五彩缤纷、令人眼花缭乱的大千世界。于是，在政治上，杰出人物的卓越思想纷至沓来；在文化上，优秀作家的灵感睿智应运而生；在经济上，呈现出罕见的繁荣景象，相应地，在会计上，也引起一场深刻的变化。

公元前418～前415年雅典开支大理石碑
Marble tablet_Account of Disbursements of the Athenian State c418-415 BC

公元前5至前4世纪的希腊雅典城邦，就是处在这样一个伟大的时代。

当时，公民大会是雅典国家的最高权力机构，决定内政、外交、宣战、媾和和缔约等重大事项。在这个公民大会之上，不存在任何形式上或实际上的权力机关，国家的一切机关和官吏，一律隶属于公民大会。500人议事会由按抽签法从10个部落中选出的500人组成，每个部落选出的50人轮流在一年的大约十分之一的时

古希腊税收记录

间里担任议事会的主席团,处理日常政务,召集公民大会(通常召开4次)。主席团中又以抽签法每天选出1名主席(不得两度当选),掌管国家书信和国库钥匙。陪审法庭人员也按部落用抽签法选举产生。陪审法庭是最高司法机关,它不仅审理诉讼案件,而且兼管官吏的资格审查、官吏的纪律检查和投票表决国家的法律。最重要的官员是司令官,在公民大会上举手选出,可以连选连任。雅典国家的大权实际上往往掌握在司令官手里,战争时期的情况更是这样。

可见,关于雅典民主制的特点,总的说来,除奴隶外,就是全体公民直接参加国家的管理。也就是说,在雅典,解决任何国家大事,不是靠上帝、靠皇帝、靠国王,也不是靠执政官和将军,而是靠公民自己。因而,在雅典,全体公民乃是国家的真正主人。

所以,雅典民主政治是当时奴隶社会中较为进步的政体,在当时的历史条件下曾起过一定的积极作用。由于公民都是国家的主人,大家都把城邦看成是自己的,有着高度的主人翁的政治经济责任感和爱国主义精神,有着保卫祖国、管理国家和从事各项事业的高度积极性。在敌人猖狂挑衅的严重关头,是公民们挺身而出,用自己的鲜血和生命维护了祖国的尊严;在工商业活动中,是公民们奋勇向前,发挥自己的经商才智和果断精神,使雅典一时成为希腊乃至世界最大的工商业中心;在文学艺术和哲学上,他们思想活跃,各显奇才,犹如银河群星、交相辉映,使雅典在人类文化史上留下了辉煌的一页。不仅如此,他们在财政管理和会计管理上,同样处于当时西方世界的顶峰。

在雅典财政组织的官职表中,有公卖官10人,每部落1人,以抽签法选出之。他们在议事会的领导下,与军事基金司库官和观剧基金管理官合作,负责

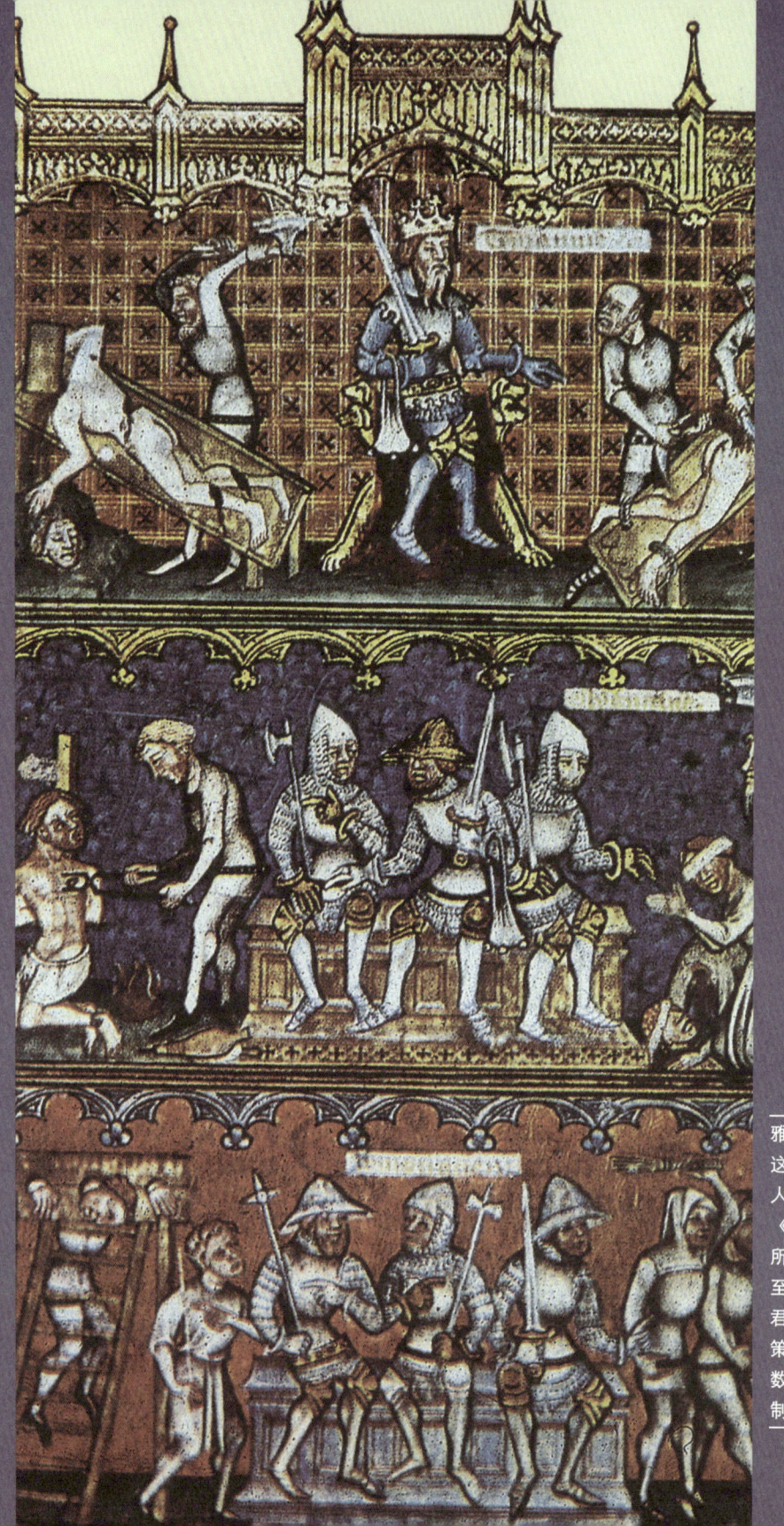

雅典政治制度
这是14世纪法国人为亚里士多德的《雅典政制》一书所作的插图,由上至下分别解释为君主制(一人决策)、贵族制(少数人决策)和民主制(多数人决策)

拍卖被阿勒俄琶菊斯驱逐的人的财产、出包矿坑和赋税、出租一切公共包揽事业、批准承包国家的矿坑，以及接受警吏交来的已决定没收的田地、房屋和其他财产。而且，他们还负责编制诸种会计表册，其中主要有：（1）为议事会草拟和准备的租税表。这是一种记录在敷有白粉的木板（简称"白板"）上的有关1年出包事宜的会计表，上面详细反映了承包者姓名及其应付款项。（2）3种应付款表。一种用于反映在每届主席团任期内应付款者，共10份；一种专门反映一年内应付款3次者，并附有付款日期表；还有一种专门反映在第九届主席团任期内应付款者。（3）用于反映在陪审法庭中注销（即登记没收）以及拍卖的田地和房屋表。这些会计表册在记录方法上已达到较高的水平。[⑧]

记录完后，公卖官便将登记有付款人和付款日期的白板交给议事会，由一位事务员小心保存。一旦有人付款，这位事务官应马上从作为保存地的柱子上取下有关的白板，交给出纳官，让他将用白粉记录的应付款项拭去。但是，其他的白板仍然由事务员分开保藏，务使在付款之前不致抹去。

出纳官亦为10人，每部落1人，由抽签选出。他们的主要任务是：在议事会的参与下，在议事会办公厅将从公卖官那里得到的白板上的应收款数目拭去，尔后再将白板还给事务员；对于那些拖延付款者，出纳官一一在白板上作详尽反映，届时由议事会令其加倍偿还拖欠之款，否则，以打入牢狱处之。当时，只有议事会才享有判处罚金和下狱的法律权力。一般地，出纳官在收回到期欠款的当天，就按比例将这笔还款分配给各长官，到第二天，他们再编写关于分配款额的会计报告，并记录在一块木板上，提到议事会办公厅复算。倘若有人审查出某出纳官有工作差错或贪污作弊之虞，那么，他就可以毫无顾忌地向议事会揭发。只要最后查明属实，就采用投票方式决定如何处理。

在雅典财政组织中最重要的官吏当推阿波德克塔埃（Apodectae）。

阿波德克塔埃实际上就是政府的会计官，共10名，通过抽签在议事会集团内选出，并配备有10名助手。他们的主要任务是：为每届主席团登记官吏的账目；处理政府的各项收支业务，并合计总额。而且，所有卸任官吏都要向他们报告账目。因为这些会计官是核算负责账目官吏的报告并将核算结果提交陪审法庭的仅有的官员。倘若官吏被他们证明犯有侵吞公款罪，并经陪审官判决，那么，罚金将为他犯罪数目的10倍，倘若他们证明有人受贿，并经陪审官判决，那么，他们就估计受贿的价值，在这样的情况下，罚金同样是受贿数目的10倍。倘若这些会计官发现某官吏犯有行政恶劣罪，那么，他们就估计损失，其应付罚金，如果在第九届主席团任期前交纳，仅以其损失数目为限，否则加倍。不过，10倍于总额的罚金就不再加倍。⑨所以，可以认为会计官在财政组织中据有非常重要的地位，与议事会一样，也是支配雅典全部财政管理的枢轴。

会计发展史表明，人类的会计思想和会计行为是社会生产发展到一定阶段的产物，它的成长壮大，根源于生产斗争和社会实践的需要。但是，会计最初仅仅是作为"生产职能的附带部分"⑩，即在"生产时间之外附带地把收支、支付日等记载下来"。也就是说，会计之花是开放在生产丛林中的，并没有独立的地位。只是当社会生产和交换关系发展到一定阶段，尤其是出现奴隶制国家政权机构以后，会计才发展到不从生产职能中分离出来自成系统，便不足以适合生产、分配、交换和消费活动，以及统治阶级自身利益的需要的程度。自然而然，会计便沦为奴隶主阶级手中进行剥削和压迫的工具。所以，官厅会计是在统治阶级压榨被统治阶级的阵阵血腥味里降临于人间的，它的身上，无处不渗透着被统治阶级的眼泪和血汗。在古埃及和巴比伦时代，官厅会计的发展状况与我国商代差不多，虽然也有记录官兼管全国上下的财务会计工作，但尚未出现专一职能的会计官和与其他部门并列的具有独立性的会计部门。希腊会计发展的惊人之处，其中重要方面就在于它的生机勃勃、面目一新的官厅会计。在雅典，已经有了一套较为健全的财政组织；已经产生了职责专一且拥有威信的会计官；国家的财政收支已由诸官分担，构成了一套较为严密的内部牵制体系；全部支出均以法律条文形式明确下来，并由议事会颁布，而不是根据某些财政专家的主观臆断而定。

而且，在雅典，还出现了"公布财政"（financial disclosure）这样的重要概念。这在会计发展史上是第一次，开公布财务会计报告的风气之先。 著名的经济学家波尔卡（Boeckh）在自己的传世之作《雅典的公共经济》（《Public Economy of the Athenians》）一书中介绍道："为了保证国家职员计算书的公开性，应按国民的法令，让他们把计算书刻在石头上，以陈列出来，让谁都能看见。"[①]雅典的理财家和政治家莱喀古（Lycurgus，公元前396～前323年）就曾在自己创办的勒斯林格学校前，向国民公布了自己编制的财政计算表。神的出纳官和建筑管理者每年也要公布自己的收支计算书，其中最健全、最重要的一份是公元前407年编制的关于密纳瓦·波利埃斯神殿（Temple of Minerva Polias）建筑的计算书。现存有关于官厅会计方面的诸种碑文，其中以刻在石头上的目录尤为著名，这些目录有的与祭神的供品、容器有关，有的是前任官员离职之时交给继位官员的财产目录。

所有这些，均表明文明古国的官厅会计发展到古代希腊，已进入一个崭新的历史阶段。

这就告诉我们，**社会经济发展的水平愈高，对于会计管理的要求也愈严格。**只有将会计管理作为经济管理的重要内容，这个国家的财政管理、行政管理和政治管理等各方面的管理才能得以顺利进行。会计管理是整个国家经济管理的基础。

在此，我们必须指出，希腊官厅会计发展的新成就，主要是与古代埃及和巴比伦比较而言的。事实上，它较之我国西周时期的官厅会计，虽然不可否认也有自己显著的独创性，但总的看来，还是略逊一筹的。这一点不仅表现在独立的会计组织部门的设置和职责专一的会计官的配备上，也不只是表现在财计制度和某些会计方法的完善程度上，而且还表现在兴旺发达时间的早晚上。希腊官厅会计毕竟是在奴隶社会形成以后（即公元前8～前6世纪以后）迈入鼎盛时期的，而我国的西周王朝统治时间，大约处于约公元前11世纪～前771年之间。也就是说，当西周官厅会计华彩四溢之时，希腊国家尚处在从原始社会向奴隶社会过渡的文明的门槛上。可见，我国奴隶制时代的会计发展水平在当时算得上是首屈一指的，它卓然自立，傲视群芳，不仅是中国会计发展史上的光辉篇章，同时也为文明古国会计发展史卷，增添了无与伦比的一页。

帕特浓神庙（巴特农神庙）

四、神殿会计的卓越成就

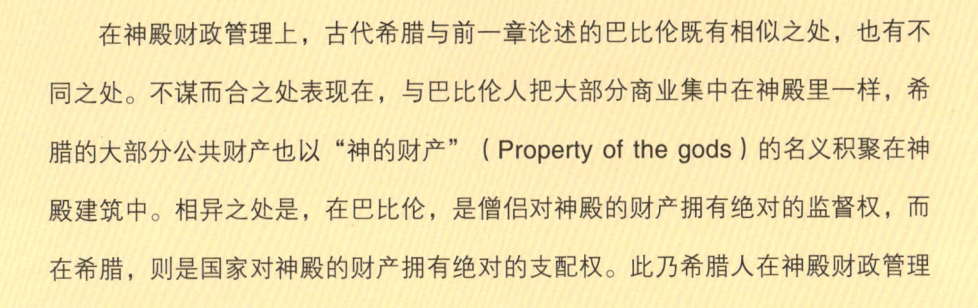

在神殿财政管理上，古代希腊与前一章论述的巴比伦既有相似之处，也有不同之处。不谋而合之处表现在，与巴比伦人把大部分商业集中在神殿里一样，希腊的大部分公共财产也以"神的财产"（Property of the gods）的名义积聚在神殿建筑中。相异之处是，在巴比伦，是僧侣对神殿的财产拥有绝对的监督权，而在希腊，则是国家对神殿的财产拥有绝对的支配权。此乃希腊人在神殿财政管理上独具匠心的地方。

这里，不妨以著名的阿波罗神殿为例加以说明。在该神殿，对财政拥有绝对支配权的，是由国民选举产生，并由公民大会任命的4名称为"霍埃罗波侬奥侬"（hieropoioi）的出纳官。他们任期为一年，基本任务是管理"圣库"和"国库"中的金银；保管堆积在神殿的供品，主管神殿的各项收支；协商阿波罗建筑和土地的租赁问题，并以一定的利息贷款；在届期把工作移交给继位官吏之前，要对神殿的全部财产进行盘点。他们的一切行动由议事会和公民大会领导。

迄今存有二份关于神殿会计的史料,它们充分表现了文明古国会计核算方法的新水平。

一份是,公元前180年编制的关于德洛斯神殿(Temple of Delos)财政管理的计算书。在这些计算书上详细地记录了收入总额及其用途,其中收入总额包括租赁土地和房屋的收入、由税金和通行税组成的收入,以及贷款利息诸部分。同时,该计算书还将一年的支出分为"每月的经费"(monthly expenditures)和诸如工资、祭礼之类的"由法律和告示规定的经费"(expenditure Prescribed by Laws and decrees)两部分。⑫

还有一份是,公元前434～前433年左右刻在一块大理石碑上的有关帕特浓神殿(the Temple of Parthenon)[即雅典娜神庙(Temple of Athena)]建造的建筑工程账户(building account)。兹将其中一份比较清楚的由书记安迪克勒斯(Anticles)记录的第十四监工委员会的收支表列示如下:⑬

建筑工程账户

(收入):	
1,470 dr	上年度收支节余
……	
……	
25,000 dr.	收自"女神"出纳官
1,372 dr.	黄金销售收入重98? dr
1,305 dr. ⎫ 4 ob. ⎭	铁销售收入、重?3? ta1,60 dr.
支出:	
[……]	购货
[……]	
[……]	按契约付款
[……]	帕特利克斯采石工人和运输工人的支出
16,392 dr.	雕塑家的工资
1,800? dr.	按月支付雇员的工资
[……-]	本年收支节余

注释:①tal(ents)、dr(achmae)和ob(ols)均为古代希腊的货币单位。6 ob=1dr; 6,000dr=1tal ② [……]表示残缺。

我们知道，在古代埃及和巴比伦，人们登记会计账簿和编制会计报告并不要求对经济事项进行严格的分门别类的反映，而仅仅满足于以叙述式的文字表达经济内容。古希腊人改变了这种习惯。他们感觉到，在奴隶制经济高度发达的今天，倘若仍然死死抱住叙述式会计账簿记录法和会计报告编制法不放，显然已很不明智，很不识时务。所以，当登记会计账簿和编制会计报告的任务，落到他们头上的时候，他们超群绝伦，在分类（或分项）核算的道路上，迈出了试探性的新步子。当时的做法是，按收入项目和支出项目进行大类核算，收支项目又进一步分成若干小项。例如，德洛斯神殿的计算书将收入总额细分为租赁土地和房屋的收入、税金收入和通行税收入，以及贷款利息收入诸类进行核算，并将一年的支出分成"每月的经费"和"由法律和告示规定的经费"两大类。第二类支出项目又细分为工资、祭祀若干项。在文明古国诞生的类似这样的分类（或分项）核算法，乃是人类"会计科目"设置和运用起源的标志；尤其是它的进一步发展和完善，为近代"会计科目"的诞生，奠定了坚固的基石。

而且，在建筑工程账户中，我们不仅可以看到全部以货币计量的会计记录，而且还不难发现金额记录与文字记录已发生分离，金额记录在左侧，文字记录在右侧，既简洁，又明了。前者表明古代希腊人已走完以实物计量为主反映收支业务的崎岖小道，来到了兼用实物计量和货币计量的新天地；后者表明古希腊人对于账簿记录，又有了进一步的认识，他们已懂得把"金额"独立出来，并摆在账簿的首要位置上，用以突出"金钱"的形象。这固然是当时已深入人心的"金钱就是力量"（money is power）的概念在会计上的具体体现，同时也是会计记录方法和报告编制方法的良好起点。

建筑工程账户的发现，还传达给人们一个这样的信息，在古代希腊，会计结算和转账方法同样有了突出的进步，尤其是"四柱结算法"的运用，大大地丰富了古代希腊会计核算的内容。根据该账户可知，古希腊人在会计处理过程中勇于探索，敢于创新，成功地运用了在当时的历史条件下称得上是新花样的转账方法。那时候，他们是将计算表的第一栏和最后一栏分别辟为记录"上年收支节余"专栏和"本年收支节余"专栏，用以反映从另一账簿上结转过来的上年收支余额和当年的收支余额。这样，就使"四柱结算法"的运用由可能最终变为现实。当时，结算采用"上期结存＋本期收入－本期支出＝本期结存"这一公式进行。这种方法是文明古国在运用三柱清查法之后共同采用的又一种结算法。

迈出了如此重大的一步，会计账户体系化的时刻就不会太远了。

"好的开始，是成功的一半"。古希腊和罗马乃至中世纪意大利比较完备的"三账"体系的出现，既不是上帝用手指掐一掐就出来的，也不是神仙闭目算一算就产生的，它们或多或少、直接或间接均受到古希腊人这种四柱结算法的影响。"四柱结算法"的运用，是西方单式簿记法更趋完善、更趋成熟的标志。

五、独具特色的政府审计

19世纪著名的美国史学家摩尔根在《古代社会》一书中指出："迄今为止在全人类中，雅典按人口比例而言，乃为最卓越、最聪明、最有成就的一支"。他和革命导师恩格斯都认为，雅典的民主制度在当时是进步的。

审计监督制度就是这套内容丰富的民主制度的重要方面。

如前所述，在2000多年前的雅典城邦，公民内部在政治上是平等的：没

雅典公民投票时所用陶片

有国王，也没有官僚；按抽签选举制选举官吏，并按轮番执政制掌管政权。当时，官吏从当选到卸任，总共才1年多时间。今年为官，明年为民。所以，在这一段不长的时间内，哪个当选的官吏都不可能形成自己盘根错节的势力网，谁都不敢专断朝政，骄奢横暴，无论是谁，都要过几道"关卡"，接受公民的严格监督。

第一关，是官吏上任前的资格审查。以执政官为例，他的资格，先由500人议事会审查，发现问题，议事会就提交法庭裁决，以决定其任职与否。

第二关，是检查称职与否的信任投票，一年10次。在每一个主席团任期内，公民大会都要对执政官和将军举行一次信任投票，看其是否称职。倘若大多数公民对某官吏投不信任票，他就得去法庭受审。发现问题，法庭就对他处以刑罚或罚金；没有问题，则官复原职。

第三关，是官吏卸任经济责任审查。

第四关，是贝壳流放。上述几条，只能制服一般不法的官吏，但对权势过大

在公民大会上接受审问

的官吏则难以约束。有些人身居高位，大权在握，肆意践踏平等原则，不受法律约束，利用职权，贪赃枉法。在这类人当中，主要是雅典的将军。例如，泰米斯托克利是希腊最著名的将军，曾为雅典城邦的建立屡立功勋。但这位英雄后来却不严于律己，不仅贪赃受贿，甚至出卖国家利益。对于这样一位身建奇功而权势显赫的特殊官吏，雅典人民就是采用贝壳流放法，将他逐出雅典的。

在这四道"关卡"中，我们尤感兴趣的，是由审计官执行的卸任审查。

当时，审计官是罗基斯塔埃（Logistae）和埃乌苏诺衣（euthunoi）。罗基斯塔埃是最高权威，起初为30名，后来减至10名，每个部落1名，由抽签法选出，任职是1年。500人议事会的所有官员在卸任之时，均必须按规定在离职后30天以内向他们报送自己登记的会计账册，不得拖拖拉拉，延宕时日。罗基斯塔埃只有在确实认为他们报送的账簿记录中不存在任何工作差错和贪污、受贿行为之时，才允许他们卸任离职。否则，就要将事件送交法院裁决。倘若法庭判决罪证属实，那么，就课以贪污或受贿数额的10倍罚金。在这样的情况下，一般都是由罗基斯塔埃亲自担任法庭议长执行审理。埃乌苏诺衣亦为10名，并配备有以抽签法选出的称为帕勒德罗依（Paredroi）的辅助官2名。他们的主要职责是：严格审核各官报送的财产目录、证据文书和会计账册；编写审计意见，并报告给罗基斯塔埃。此外，他们还负责应收现金的收回等工作。

那时候，只要有人在私事（或公事）方面要对任何一位已在陪审法庭报告账目的官吏提起诉讼，他就应该在其报告账目之日起3天之内，将自己的姓名和被告人的姓名，以及他控诉此人的罪行，再加上他认为适当的罚金数目，详细记录在一块木板上，然后提交给审计官。审计官接受并审阅这些记录以后，倘若认为该起诉可以成立，就立刻分清它究竟是属于私人案件还是属于公众案件。如果系私

雅典人的公共账目碑，下半部分密密麻麻的文字，是掌管公共祭祀活动的司库官组织节庆所支出的款项，镌刻于石碑之上以供大众监督

人案件，就将该板交给乡村中为这一部落提出案件的陪审官；如果系公众案件，则将它交给司法执行官备案。司法执行官接受以后，再将该账目板向陪审法庭提出，由陪审官作出最后的裁决。⑭ 可见，官吏的责任观念在当时已深入人心，渗透到整个希腊政府，报送会计账册让审计官审查已蔚然成风。

现珍存有关于官吏贪污受贿的诸种讼诉史料，其中有两件与古代雅典杰出的政治家伯里克利有关，那是发生在公元前5世纪中叶左右的事件：

①有人揭发古雅典大雕刻家、上述帕特浓神殿中雅典娜神像雕塑者菲狄亚斯（公元前490～前430年左右）有贪污黄金的嫌疑。当时伯里克利是菲狄亚斯的好友，所以，他毅然出庭为其申辩，据说激动之时竟痛哭流涕。但他的努力无济于事，菲狄亚斯最终还是被判了刑。⑮

伯利克里在普里克斯山公民大会上演说

②审计官通过审查伯里克利报送的会计账册，认为他犯有擅自挪用公款罪，结果，伯里克利不仅被罚款，而且还丢掉了将军的职务。后来，雅典人有感于他对国家所作出的独特贡献，并认识到雅典确实缺他不可，才撤销了原判。当时就有人埋怨说："伯里克利与其报送会计账册，毋宁设法逃避报送账册更为得策。"⑯

这两件事说明了一个严肃的问题，即在古代雅典，无论谁的官有多高，权有多大，只要被发现有徇私舞弊行为，就要受到严厉的制裁。足见雅典的这套审计监督制度在当时发挥了多么重大的作用。对此，且不说古代埃及和巴比伦人，甚至连罗马人也自叹莫如，甘居其后。

我国奴隶社会的审计监督制度也未达到这样高的水平。

在中国周代，有由宰夫执行的外部稽察。其主要任务有四：（1）按照治法考核百官府群都县的治绩，稽查他们的财用收入和支出的情形，对浪费公家财物、支出不当和虚列账册者，要根据官中的刑法报请冢宰加以诛罚，而对财用充足、府库盈实又善于管理者，则予以奖赏。（2）按照祭祀的仪式礼法，掌管警戒各官应该供给的祭物,并随大宰亲往稽察祭品的洗礼;凡有礼事,辅佐小宰审查考核各官府所供给的祭物是否完备合理。(3)每年终了,命令冢宰属下六十官总核考计一年的会计文书,每月终了,命令属官考核一月的会计文书,每月的上中下旬,命令属官考核十日的会计文书,以作为政优劣的根据,倘若发现某官吏有违法乱纪之行为,宰夫可以越级向天官乃至国王报告,请求加以诛罚。(4)每年夏历正月,告诫各官应尽力办好王宫中一切事务,若发现有才能出众或成绩突出者,则呈报上级,加以推荐。显然,宰夫已独立于财计部门之外,在外部审计方面发挥着重要作用。

由此可见,早在我国奴隶时代,先人们就觉察到了外部审计的必要性。尤其是宰夫之职掌的出现,不仅表现了我国官厅外部审计的萌芽,而且还深刻地影响着后世审计组织建制的发展。这不能不说是文明古国审计史上光辉灿烂的篇章。

但是,将它与古代希腊放在一起,作出比较,我们应该谦虚地承认,希腊的审计监督制度还是要成熟一些的。比如,宰夫虽然是独立于财计部门之外的官级,扮演着外部审计的角色,但他毕竟只是一位地位较低的下大夫,因而权威性并不高。

所以,古代希腊的官厅审计监督制度乃是希腊人的荣光和骄傲,它雄踞前列,独具特色,在文明古国审计蓬勃发展的熊熊火炬中,闪烁着耀眼的光芒。

通过上述介绍,我们自然还会明白,审计虽然与会计有着千丝万缕的联系,但二者的性质是不同的。如果说会计主要是应经济管理之需而产生的,主要职能是管理,那么审计主要则是应经济监督之需要而产生的,主要职能是监督。历史表明,一个国家要想巩固自己的统治地位,发展自己的财政经济,就必须建立一套具有独立性和权威性的审计监督制度,否则,官吏就容易腐化堕落,政治就容易削弱衰败,经济就容易混乱不堪。雅典有了这样一套审计监督制度,所以,较之那些贿赂风、裙带风公行、贪污盗窃泛滥成灾的斯巴达之类的寡头城邦，他们的政治就廉洁得多，奴隶制经济发展的节奏也要快得多。

六、民间会计的雄姿：银行和庄园会计

人类为了追求自身物质生活和精神生活的提高与丰富，赋有难以思量的主动性和创造性。希腊时代，民间的经济活动空前自由地扩大了，民众管理的主动性和创造能力也迅速爆发出来，所以，商业会计、尤其是银行会计和庄园会计，在人们的面前展现出腾飞而起的雄姿。

公元前5世纪，希腊的奴隶制经济在许多城邦得到了新的发展，工农业和商业呈现出一派兴旺发达的景象，特别是银行业在历史上空前繁荣，换钱小商和钱庄如雨后春笋般不断涌现。银行会计正是在这样的大好形势下产生并发展起来的，

习艺、学习记账的男孩和女孩

它较之同时代的商业会计，一直处于遥遥领先的地位。当时银行家的业务有三：①货币兑换；②发放贷款；③吸收存款。德洛斯等大神庙也经常办理贷款和存款业务，甚至有人认为在当时的希腊还设立了国立银行，其业务有时由政府出面办理，有时则由私人负责办理。为了对日益复杂化的银行业务进行详尽无遗、有条不紊地反映，银行家敢于也善于在会计方法上开拓健实之新路，这突出地表现在他们的账簿分类设置上。

我们知道，在古代希腊之前，会计账簿和会计报表基本上还是一个综合体，这表现在：①均以叙述式文字记录；②一本"序时账"，还可以发挥报表的作用，当时，并不需要分别设置一套账簿体系和一套报表体系。所以，在这一时期，人类的会计核算水平尚处于低级阶段。到古代希腊民间的情形就不相同了，这时不仅有了备忘录（grammateidia, grammatizia）、日记账（ephemerides）和总账（biblidia, grammateia），以及反映储蓄业务和转账业务的"活期出纳账"（grammateion）的设置，而且还经常由备忘录向日记账、再由日记账向总账结转细目，且总账各页均列示有借方科目和贷方科目。[⑪]这种账簿的分类设置使混沌状况的会计账簿和会计报告发生分解，从此，独具体系的账簿的轮廓在人们的眼前明朗开来。

希腊会计发展到通过单独设置账户，并运用单式记账法来反映奴隶制经济业务，这是希腊银行家对西方会计发展的杰出贡献，它表明古代希腊人当时对会计技术的理解，已行进在其他文明古国的前列。我们可以说，这套账簿分类组织的建立，将人类运用账簿的水平，也就是说，将人类系统地、全面地、连续地反映经济业务活动的水平，推到了一个前所未有的阶段。

关于希腊民间会计的珍贵史料，还有20世纪初发现的来自公元前3世纪中叶左右的芝诺账册（Zenon's accounts）。它们是芝诺纸草（Zenon Papyri）［亦称芝诺档案（Zenon archive）或芝诺公文书（Zenon's files）］的重要组成部分，1915年在埃及被一个农民发现，现藏于开罗博物馆［59015号］。

芝诺是财政大臣阿波罗尼奥斯在法尤姆地区的腓拉德尔菲亚大农庄的私人财产的管理人，由他负责田庄各部门（葡萄园、农场、谷仓、家畜、家计和行政单位等）的经济业务，并定期向阿波罗尼奥斯汇报庄园的经营情况。根据芝诺账册可知，腓拉德尔菲亚大农庄已有会计部门的设置，并配备了若干名财务人员和会计人员来负责农庄会计的全面核算。他们的主要业务是：主管每项财产的收支记录，并将所有的记录按不同项目汇总，在经芝诺或他的助手承认后，再装订成册、分类保管。尤其令人注目的是，农庄的财务会计人员鉴于原始凭证量多且零散，不能系统地反映同类经济业务的全面情况的局限，一方面积极地向银行界学习他们先进的簿记技术；另一方面依靠自己的力量和智慧，设计出了若干种不同用途的会计账簿。自从有了这些账户，他们就能够按财产的种类在上面分门别类地反映农庄的经济业务和经营成果，从而更有力地加强了对农庄财产的管理。

当时，会计人员采用了曾在希腊和罗马时期私人和政府银行会计中广泛运用的称为"Ephemerides"的日记账。这种日记账可译为现代英语"day-by-day accounts"。顾名思义，它的作用是根据原始凭证逐日反映收入和支出。而且，该农庄还使用了类似总账的诸种不同用途的账簿。据有关资料可知，这些账簿主要分成两大部分：一部分是"现金账户"（money accounts）［原文为"argyrikoi"（Sc. Logoi）］，专用于处理现金的收入和支出；另一部分是"谷物账户"（grain accounts）［原文为"Sitikoi"（Sc. Logoi）］，专门记录谷物的收

Hierokles手写的芝诺档案（zenon file-Zenon）

进和分配[⑥]。此外，还有一套既不同于日记账，又不同于上述的谷物账户和现金账户的谷物账户和现金账户。这两种账簿不像日记账那样逐日反映收支两方面，也不反映每天的现款余额，而只反映支出，仅为人们提供月末或年末的支出总额。每个账户的记账程序完全相同。

  该农庄在会计上的显著特点还有：（1）油账户和谷物账户按类似现代永续盘存制的方法来控制原材料，其具体做法是，每从仓库里提一笔货，便立刻加以记录，通过逐笔反映存货数量和金额的增减变化，来保持账面盘存和实际库存相一致；（2）有了月度汇总表、年度汇总表和三年汇总表的编制，而且，以当时的货币单位作为统一的会计度量；（3）所有的账户均要接受审查，收支审查之细，连一颗铁钉的价格亦不放过。

  但是，芝诺账册仅仅旨在通过管理经办人员来保护农庄财产，以使其免受由于雇佣人和有关人员的盗窃、欺骗、效率差和合伙作弊所带来的损失。它既不能对外公布，也不能用于计算税额，而且账簿设置不统一，记录形式仍然是零乱的文字叙述体，收支相混，远远谈不上是比较健全的会计系统。再就审计而言，其方法也很简单，主要是通过检查旁注、注销记号、涂改数字等来发现问题和揭露问题。诸如此类，均说明这种庄园会计尚有自身的局限性，会计方法的水平并不在银行会计之上。

在芝诺账册中还有债务人把自己的奴隶、子女、妻子或他本身作为抵押品的契约书。这再一次表明在奴隶社会，统治阶级还将奴隶和其他劳动者也作为会计对象加以反映。此乃奴隶社会会计发展的显著特点之一。

事实上，芝诺账册反映的是公元前3世纪中叶希腊人统治下埃及奴隶制大农庄的经济业务，当时埃及是希腊的一个行省。这种账册所采用的记录方法后来传播到地中海东部和中东，并为罗马人所修改采用，从而以"希腊—罗马账法"之称而名垂史册。

我们说，世界上拥有庄园会计历史的文明古国不只是希腊，但在会计部门的设置、会计人员的配备、会计账簿的设计和会计报告的运用，以及内部审计的实施上达到如此高水平的，恐怕就只有古代希腊了。芝诺账册之所以在文明古国乃至世界会计发展史上占有重要地位，这是因为它一方面表现了奴隶社会会计发展的新水平，另一方面也反映出埃及、希腊和罗马会计的渊源关系，实属我们了解文明古国民间会计的不可多得的珍贵史料。

芝诺档案（the Zenon Archive）

注　释：

① （苏）兹拉特科夫斯卡雅著：《欧洲文化的起源》，陈筠、沉澄译，生活·读书·新知三联书店1992年版，第45页。

② 李凤楼、张恩庆等著：《世界档案史简编》，中国档案出版社1982年版，第18～19页。

③ 希腊传说中克里特岛国王子米诺斯牛是一个牛头人身的怪物，为了遮丑，国王专为其建造了一座非常复杂的迷宫。这个怪物每年要吃被强迫进贡的7个童男、7个童女。雅典王子、希腊英雄提修斯决心为民除害，他来到克里特岛，可公主阿莉阿德尼对他一见钟情，就悄悄把建造迷宫的巧匠送与她的线团给了提修斯。提修斯照她的指点，把线的一头拴在迷宫的大门上，拿着线球一边放线一边往里走，终于找到怪物，把他杀死，然后又顺着引线走出了迷宫……。

④ ⑤ ⑥ 林志纯主编：《世界通史资料选辑》，商务印书馆1985年版，第249～250页。

⑦ 郭道扬编著：《会计发展史纲》，中央广播电视大学出版社1984年版，第250页。

⑧ （希腊）亚里士多德著：《雅典政制》（Constitution of Athens），《外国法制史资料选编（上）》，北京大学出版社1982年版，第126页。

⑨ 同⑧第126页、第131页。

⑩ （德）马克思：《资本论》第2卷，人民出版社1975年版，第151页。

⑪ （日）片冈义雄、片冈泰彦译：《沃尔芙会计史》，法政大学出版局1977年版，第42页。

⑫ 同⑪第41页。

⑬ （美）A·C·利特尔顿、（英）B·S·亚梅编集：《会计史论文集》（Studies in the History of Accounting），中国财政经济出版社1956年版，第24页。

⑭ 同⑧第126～127页。

⑮ 任寅虎、张振宝著:《古代雅典民主政治》，商务印书馆1983年版，第45页。

⑯ 同⑪第153页。

⑰ 同⑪第43～44页。

⑱ （美）伊丽莎白·格里尔著：《芝诺纸草中的会计》（Accounting in the Zenon Papyri），1934年版，第9页。

第四章 古代罗马的会计

一、民间会计的初步繁荣

罗马会计肇始于人口调查（Census）。

在古罗马时代，为了按国民财产的多少来决定其公民权和征收税额，监察官（Censor）每隔5年都要对国民的姓名、家庭成员、年龄、财产数额进行一次普查，这就要求罗马家长必须按罗马法的规定，设置各种账簿来详细反映自己的现金收支和财产状况。翻开罗马著名的喜剧作家普劳图斯（Plautus，公元前254？～前184年）和剧作家泰伦斯（Terence，公元前190？～前159年）的作品，我们到处都可看到诸如"计算余额"、"账户已结清"、"我们之间的收支账户刚好一致"之类的叙述。

由此可见，在古代罗马人的社会经济生活中，会计占据着重要的地位。而且，罗马家长设置各种账簿反映家庭经济，已成为一种风气。

当时，罗马的账簿大致可分成两类：家庭用账簿和家庭兼商业用账簿。家庭用账簿有三：一为家长账簿（libellus familiae或liber patrimonii），系广泛运用于民间的由家长记录的账簿；二为辅助账簿（Commentarium），系有钱人用于辅助记录的账簿；三为朔日账（kalendarium），系反映债务人姓名、投资额和利息的账簿，由于该账簿一般是在阴历初一计算利息，故得此名。家庭兼商业用账簿是由日记账（adversaria或ephemeris）、现金出纳账（codex accepti et expensi， tabulae rationum）组成的。①日记账亦称备忘录或流水账，是序时记录日常的家庭收支的账簿，每笔家庭收支事项，首先在该账户中反映，然后再转记现金出纳账。现金出纳账系总账，反映的是所有的现金收支业务，在一般情况下，它仅仅是一种收支证明，并不反映债权和债务关系，日记账定期往这里结转，尔后，它便长期保管在家长手中，成为监察官进行户口调查时的查审对象。该账户是罗马式簿记中最为重要的账簿。

左边坐着者是主人，手里拿着现金出纳账；右边站着者为奴隶，手里拿着日记账

这充分表明，古代罗马人在会计账簿的设置和分类上，与希腊人一样，也摆脱了仅能设置个别账簿的束缚，跨上了分类设置账簿的骏马。

会计发展史告诉我们，一定的账簿组织，满足一定历史阶段经济核算和管理的要求。正如中世纪威尼斯式账簿组织的设置和运用与当时资本主义经济发展水平相适应一样，古代罗马的账簿组织与当时奴隶制经济的发展状况亦是相吻合的。

Marcus Cato (234—149B.C.): 罗马著名的人口调查官

关于日记账和现金出纳账的用途、差别和联系,我们还可以通过罗马著名的政治家、法律思想家和雄辩家西塞罗(Marcus Fullius Cicero,公元前106~前43年)在出庭担任罗斯塞乌斯(Roscius)案件的辩护律师时所发表的演说加深理解。

罗斯塞乌斯案件的经过是:

罗斯塞乌斯是罗马亚米里亚人(今意大利翁布里亚人),属于骑士民主派,家庭很富有。他曾精选一名年轻有为的奴隶做徒弟,向他传授各种专业技术,可是不久,这名奴隶被人杀害致死。罗斯塞乌斯闻知此事后,为自己失去一位得意门生而气得暴跳如雷,立刻向法庭起诉,坚决要求加害者赔偿损失。然而,在以前不久,也曾收该青年为徒弟的贵族法尼乌斯(Fannius)已经抢先从加害者处索取了赔偿款项。于是,罗斯塞乌斯转而向法尼乌斯提出得到一半以上赔偿款项的正当要求。想不到法尼乌斯气焰嚣张,竟矢口否认,说他本人压根没收到加害人的任何赔款。对此,年轻的西塞罗也感到愤懑不平,他凭着学得的法律知识和雄辩才能,毅然出庭,以大量无可辩驳的事实、犀利的词锋和丰富的会计知识,无情地揭露和痛斥了法尼乌斯的劣迹秽行。

在法庭上,他联系家庭账簿,首先指出,在古代罗马,人们对日记账的可靠性一般都持怀疑态度,但对现金出纳账则不同,因为在这些人看来,日记账是一种暂记性账簿,时间以一月为限,过期马上废弃,现金出纳账则是一种能证明人的正直和诚实的账簿,记录有条不紊,具有永久保存的性质。所以,不曾有任何人向法庭提出日记账,他们只提出并朗读出纳账。对此,西塞罗表示了不同的意见。他认为,无论是日记账或现金出纳账,它们在法官面前,都是神圣的和重要的,具有完全相同的效力和权威。接着,西塞罗一针见血地揭露说:法尼乌斯不

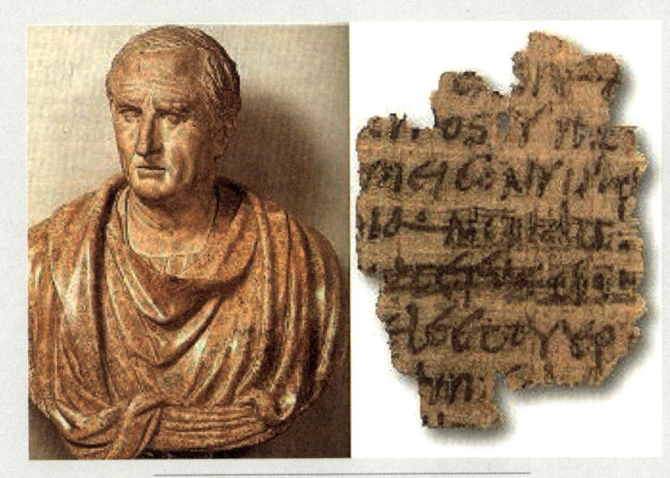

西塞罗（cicero）：美德是友谊的基石
(Virtue is the foundation of friendship)

承认自己曾接受加害者的赔款，是自恃在他的出纳账上没有这笔记录，实际上他的论据是难以成立的，因为那笔赔款金额在他的日记账中有明确的反映，所以，罗斯塞乌斯不应根据他的出纳账，而应根据他的日记账要求支付赔偿款项。结果，这一案件胜诉。[①]

所以，可以说，家庭账簿不仅在家庭经济中发挥着重要作用，而且还可以作为法律上的有力证据提出。在古代社会，会计与法律，一直有着密切的联系。

到公元前3世纪时，银行业务由希腊以及东方的希腊人地区传入罗马，于是，这套家庭用账簿在罗马商业和银行方面也使用起来。

那时候，在各城市中，信贷业务十分发达，尤其到帝国时期，全国各地到处都是名副其实的银行，有些是私人开办的，有些是市政当局开办的。当然，掌握铸币最多的大财主是皇帝和他的国库，国库是最大的银行。银行业之所以兴旺自有它的缘故，其一是由于全境内存在着各式各样的通货，其二是缺少铸币，所以无论是兑换通货或实物都非常迫切需要建立一套信贷——划拨制度，甚至可以说，这套制度的建立是势在必行的。罗马的银行家据有与希腊银行家相同的地位，他们的业务主要是：办理存款和贷款业务；买卖外币；检验钱币的真伪；鉴定新发行的货币；办理由甲账户划拨给乙账户的支付业务；与国外银行办理国际金融业务，甚至把款项从一个城市拨到另一个城市偶尔也通过地方性的银行作为中介办理。①

最初，银行业与政府的关系并不密切，后来，政府感觉到有必要对银行营业进行认真地监督。这项监督任务，在罗马城内由城市总监，在各省由地方长官执行。银行家们对审计人员必须公开他们的账册，并呈交营业证件。

在办理会计业务的过程中，这些银行家一方面引进了上述的日记账和现金出纳账，另一方面又使用了第三会计账簿——顾客总账（liber rationum）④。日记账用于登记每天发生的收入和支出。这时的现金出纳账已不仅仅是一种收支证明，它还记录每个人或每个公司的存款和借款，反映对人的债权债务关系，并且有了借方和贷方的区分，借方称作"ratio accepti"，贷方称作"ratio expensi"。一笔经济业务发生时，双方当事人同时在自己的账簿上反映，即债权人为支出登记，债务人为收入登记。但它适用的范围，是以金钱债为限，不适用于其他债的关系。顾客总账用于记录每一笔钱款的经营和投资，以及有关人的姓名，系左右对照的账户形式，按顾客设户，顾客按字母顺序排列，收支分别反映，并定期结出余额。

我们认为，账簿发展的历史，在很大程度上是人类记录方法的发展史。在古

罗马铸币

代世界，账簿的设置和运用，可以说是会计方法发展的中心点。埃及人在纸草上进行记录，巴比伦人和希腊人在粘土板上记录，中国人在甲骨上进行记录，罗马人则是在羊皮纸上反映会计事项。尽管他们选择的账簿形态各不相同，但都是沿着某条轨道，紧贴着账簿这个中心而旋转的。

罗马人建立的这套账簿组织，在当时是最为先进、最为健全的，在反映奴隶制经济业务方面，发挥着重要的作用。

应该说明的是，这还不是古代罗马民间会计初步繁荣的全部表现，在代理人簿记中，我们可以继续看到这种繁荣景象。

二、举起单式簿记的宝剑

美国当代会计史学者M·查特菲尔德教授（M. Chatfield）认为，古代罗马人没有创造出一套统一的单式簿记制度，也不需要这么一套单式簿记制度，因为他们使用簿记的基本目的仅仅是查明舞弊行为和失职带来的损失⑥。

这种观点是值得商榷的。

根据可稽考的各类资料判断，在罗马时代，甚至在古代希腊时代，自成体系的单式簿记法的基本特征就已经形成了。当时，无论在官厅或民间，对于这种方法的运用，都是相当普遍的。

不再论述罗马人的账簿组织，让我们把眼光转向三份帝国时期的会计史料。

首先，看当时的"双人记账制"。

据一份资料记载，在帝国和平时期，宫廷库房规定，一笔经济业务发生后，应由二名记账员同时在各自的账簿上加以反映，最后，再定期把双方账簿记录进行对比考核，审查有无记账差错或舞弊行为，从而达到了控制财产收入的目的。显而易见，这种"双人记账制"与我国西周时期的"交互考核法"有异曲同工之妙，但内容不及我国的丰富，从时间上看，我国的也要早得多⑥。

其次，考察公元83～84年由驻扎在埃及的罗马军人记录的官方支付表（official pay-sheets）⑦。

分期支付表(译文)

Q·朱理斯·帕罗古鲁斯(Q.Julius Proculus)

第一期应付款项	dr.248
干　草	dr.10
食　物	dr.80
靴和皮带	dr.12
帐　篷	dr.20
衣服和被褥	dr.60
实付总额	dr.182
余　额	dr.66
结转上页余额	dr.136
总余额	dr.202
第二期应付款项	dr.248
干　草	dr.10
食　物	dr.80
靴和皮带	dr.12
葬　礼(?)	dr.4
实付总额	dr.106
余　额	dr.142
结转上期余额	dr.202
总余额	dr.344
第三期应付款项	dr.248
干　草	dr.10
食　物	dr.80
靴和皮带	dr.12
衣服和被褥	dr.146
实付总额	dr.248
余　额	—
总余额	dr.344

这份有代表性的支出表,在记录方法上,有哪些特征呢?

大致上,我们可以从以下五方面去考察:

第一，记录自上而下进行，反映项目和记录格式基本固定。从每期的支出项目讲，基本上都是分成"干草"、"食物"、"靴和皮带"、"帐篷"、"衣服和被褥"诸项加以核算的。

第二，与希腊人一样，采用"四柱结算法"进行结算。具体方法是：先列出应付金额，然后逐项列出实付金额，再拿前者减去后者得出本期余额，最后再将该余额加上上期结存，得出总余额。显然，这种"四柱"的排列法，不如希腊人的科学。

官方支付表

第三，反映分期付款次数比较清楚，使人一目了然，而且，在金额和项目排列上，与古希腊人也不同，即金额在后，反映项目在前。

第四，建立了转账关系，从而使每期之间相互连接，形成为一个整体。如第一期和第二期"总余额"分别往第二期和第三期结转。

第五，全部金额以罗马数字反映，并统一以货币作为计量单位。

由此可见，古代罗马人不仅对账簿的设置和分类技术以及对账方法有了比较深刻的认识，而且对项目的分类（或分项）核算和结算方法，亦达到了比较高的水平。虽然该表展示的均是支出项目，但据此推测，收入项目的核算和账簿记录法，大体也是这种水平。

一般认为，项目核算与账簿设置之间具有一种相互依存的牵制关系。所以，在账簿组织较为健全的古代罗马，相应有比较发达的会计项目核算法、结算法和转账法，这是自然而然的事。

尤坎迪斯家的会计文书

下面再看现藏于意大利那不勒斯国立博物馆的金融家尤坎迪斯家（L. C. Jucundus）的会计文书。

这些会计文书的绝大部分是三折式的，即由三块涂上蜡的钉在一起的木板构成，共六页。第一页和第六页相当于封面和封底；第二、三、五页略留边，中间部分凹进去，涂上蜡，然后用尖笔在蜡面上反映经济业务，其中第二、三页为收据，第五页为备忘记录；第四页被一条直线的沟划分成左右两部分，保证人在上面署名、押印。所以，该蜡板文书是由封面、封底、证书、备忘录、保证人的姓名和盖章诸部分构成的。

现举例说明如下：

蜡板文书A

温布里恰·亚努阿里亚的会计文书

(perscriptio Umbriciae Ianuariae)

※证文 (2~3页)

温布里恰·亚努阿里亚发表宣言说，我从L·卡奇利奥斯·尤坎迪斯（L. Caecilius Jucundus）那里收到11039s。根据交易契约的规定，我应将金额归还给L·卡奇利奥斯·尤坎迪斯，而且，从销售收入中减去的经费，也应归他所有。

L·杜维奥和P·克劳狄执政年（54年）

12月12日，在庞贝作成该证书

※证人的署名（4页）

Q·阿普勒·塞韦里	M·埃皮迪·霍梅纳阿
M·卢克雷蒂·莱里	Q·格拉尼·莱斯比
T·卢利·阿巴斯坎蒂	T·韦索尼·莱
M·卢利·克雷申蒂	D·沃尔奇·塔利
M·泰伦蒂·普里米	（按印）

※备忘记录（5页）

L·杜维奥和P·克劳狄执政年12月12日，证人D·沃尔奇·塔利根据温布里恰·亚努阿里亚的申请，对蜡板文书进行了检阅。该蜡板文书记录了这位女人承认从L·卡奇利奥斯·尤坎迪斯处收到不包括经费在内的11039s的事实。

（署名　作成于庞贝）

该套会计文书的记录是很有自己的特点的，这可以表明，罗马人对待经济业务的记录非常严肃和认真。那时候，哪怕是最小的交易也要写成文字，并由定约双方和证明人签字盖章,这成了他们的惯例。这些文字资料在经济业务中发挥着原始凭证的作用,是银行家们、商人登记账簿的依据,与账面记录有着密切的联系。

与采用复式簿记法,同时需要原始凭证和记账凭证配合不一样,在采用单式簿记法的情况下,只要原始凭证配合就行了。因为在自然经济占主导地位的奴隶社会,经济活动远不如资本主义性质的经济业务复杂和庞大,反映和监督这样的较为朴素的经济活动,仅仅依靠原始凭证的协助就足以完成任务。

原始凭证是古罗马会计核算方法的重要组成部分。

历史表明,罗马人在反映经济业务时广泛地运用了自己的一套账簿组织,并按一定的记账规则,运用一定的记录符号,在这些账簿上登记每一笔经济事项。也就是说,作为统一的单式簿记法所应具备的基本特征,在当时基本上都具备了。

所以,古代罗马人确实高高地举起了单式簿记的武器。佩上这把宝剑,罗马人在奴隶制经济的动荡中镇定自若,从容不迫,而且,它的光芒一直照射到中世纪,使后人受益无穷。

三、复式簿记的胎动

会计史学上关于复式簿记究竟起源于何时何地这一问题,一直为人们所瞩目。多少年来,簿记史学家们曾围绕它展开过一次又一次鼎沸而激烈的争论。弗里茨·哥利西(Fritz Gerlich)认为复式簿记最早起源于美索不达米亚;[⑧] J·施赖伯（J. Schreiber）和C·P·克海尔（C. P. Kheil）认为起源于西班牙；[⑨]韩国檀国大学教授尹根镐和澳大利亚会计师协会认为起源于朝鲜；[⑩]意大利的D·穆拉伊（D. Murray）和P·卡兹（P. Kats）认为起源于古代罗马；[⑪] F·贝斯塔（F. Besta）、T·泽布（T. Zerb）、W·松巴特（W. Sombart）、B·彭多夫（B. Penndorf）、E·佩拉盖洛（E. Peragallo）、A·C·利特尔顿（A. C. Littleton）、F·梅利斯（F. Melis）[⑫]和我国的郭道扬教授认为起源于中世纪的意大利。[⑬]

这里有一个问题应该首先说清楚，这就是，考察复式簿记的起源，应以什么为衡量标志？

笔者认为，衡量复式簿记是否起源的标志，既不是非具备人名账户、物名账户、损益账户、资本账户不可，也不是经济发展一定要达到出现资本主义经济萌芽的程度，而应从记账方法本身的特征上去寻找。也就是说，反映复式簿记萌芽状态最重要、最根本的标志，乃是双重记录，即一笔经济业务同时在两个或两个以上的有关账簿上反映。

倘若以这种意义上的二重性为依据去追溯复式簿记的起源，直可攀于古代罗马。

在古代罗马，奴隶制经济犹如那不断向上冲击的旋律，表现出一种不可遏制的气势，尤其是商人资本已发展到古代世界前所未有的水平。

那时候，为了获取利息，富裕的罗马人经常将剩余资金用于投资事业，帮助商人从事经商活动，所以，现金出纳账发生的笔数很多。考虑到便于管理的需要，他们增设了对现金出纳账起补充作用的特别账簿，即人名账户（Ratio

Calendarri liber Calendarri或Codex rationum），并将这些账簿置于特别的助手的管理之下。这些特别的助手一般均是经过严格训练的奴隶，他们作为主人的代理人负责处理经济业务和各项会计核算。因为罗马奴隶主亲自经商不仅有损于贵族的尊严，而且还要冒失去作为罗马市民的政治权力的风险。为了向主人呈报账册，以报告自己的责任履行情况，奴隶们设置了"主人账户"（master account）。

这种从贵族（主人）和奴隶（代理人）之间的委托代理关系中产生的簿记方法，人们一般称之为"代理人簿记"。按该簿记方法，在收到投资款项时，奴隶一方面把收到的款项记在现金出纳账的借方；另一方面把收到的款项记在主人账户贷方。投资时，一方面在现金出纳账的贷方反映债权的发生；另一方面在人名账户的借方加以反映。偿还贷款时，进行相反的记载，即一方面记在现金出纳账的借方；另一方面记在人名账户的贷方。取得债务人利息时，一方面在现金出纳账的借方记录利息额；另一方面记在"主人账户"贷方。对于未征收的利息，一方面记在人名账户的借方；另一方面记在主人账户的贷方。购进油之类的物品时，如系现金交易，一方面在主人账户的借方列账；另一方面记入现金账户的贷方，如系物物交换，则只作单式记录，实行数量管理。销售油之类的物品时，对于现金交易，一方面记入现金账户的借方；另一方面记入主人账户的贷方，而对于物物交换，同样只采用单式簿记法记录。把钱连同利息还给主人时，一方面把这些钱记在现金出纳账的贷方，同时又记在主人账户的借方[®]。显而易见，对主人账户右边是原记，左边是注销，对人名账户左边是原记，右边是注销。

归纳起来，如下表所示。

代理人簿记

会计事项	借 方	贷 方
从主人那里取得现金	现金账户（现金账）	主人账户
投资：贷给第三者	人名账户（朔日账）	现金账（收支账）
收回投资款项	现金账户（收支账）	人名账户（朔日账）
以现金征收利息	现金账户	主人账户
未收利息的发生	人名账户	主人账户
购进油之类的物品	主人账户油账户	现金账户不记录
销售油之类的物品	现金账户不记录	主人账户油账户
将现金交给主人	主人账户	现金账户

尽管这种簿记方法的"躯体"还不大，"骨骼"也还脆弱，但它已经采用了左右对照的账户形式，并在记录中引进了二重性的因素。这就是复式簿记的萌芽。可以毫不过分地说，早在古罗马时代，复式簿记就以胚胎的形式躁动于母腹当中，只差分娩了。

古代埃及、巴比伦和希腊的簿记在早期文明时期发展迅速，充分显示了先人们的智慧，但他们的政治、经济和文化状况，不可能孕育出复式簿记的胚胎。正如美国会计学者A·C·利特尔顿在谈及复式簿记的前提时所指出的一样："用楔形文字在粘土板上记录的巴比伦的抵当证书和用象形文字在纸草上记录的征税记录虽然历经4000多年迄今尚能读懂，但在这些文字中窥见不到复式簿记的一鳞半爪"[5]。

罗马人通过账户以复式记账法反映经济业务的行为，是对通过账户以单式记账法反映经济活动的进一步发展。在这里，相互联系的账户之间初步有了明确的对应关系；通过这种对应关系，不仅可以了解经济业务的全貌和资金的来龙去脉，而且，还可以据此检查账簿记录的正确性。

这表明，在会计方法的发展和完善方面，埃及人、巴比伦人和希腊人做到了的，罗马人都做到了，他们没有做到的，罗马人也做到了。

应该说，在奴隶制货币经济基础上产生的复式记录思想是大大地超越时代的，它虽然算得上是罗马会计的一大特点，但并不具备普遍性，更不能代表会计发展的趋势。当时，人们习惯于采用单式簿记法，还没有采用复式记账法的普遍要求。因为，单式簿记是在自然经济占主导地位的社会里主要采用的记账方法，对于反映和监督自给自足的自然经济活动过程，它具有更大的适应性。所以，代理人簿记思想在古代罗马尚不是大量的、全面的，而仅仅是少量的、零星的。而且，它扎根于奴隶制经济的土壤，没有利润性商业和能带来剩余价值的资本的滋润，也没有先进的计算技术的扶植，因而根不深、叶不茂，更不可能硕果挂满枝。

只有扎根在资本主义经济的沃土里，复式簿记才可能有旺盛的生命力，才可能得以蓬勃发展。

这种代理人簿记与后世西欧会计的发展有没有什么联系呢？

有的！

只要我们将古罗马会计与中世纪簿记作一下比较，就不难发现二者之间有着惊人的相似之处。此乃中世纪会计与古罗马会计承袭相传的迹象。这一点，连A·C·利特尔顿也不否认，他说："在罗马时代的会计方法中，债权债务记录是应法律的要求按有规则的惯例进行的，这时的许多特征，与后来的复式簿记有着非常密切的关系。"[⑯]郭道扬教授也认为："从'债权债务账户'设置这一点来讲，早期的代理会计和银行会计，确实为后来的复式簿记账户体系的诞生，起到了穿针引线的作用。"[⑰]

在人类会计发展史上，会计拥有自己的传统，有它发展的历史继承性，这应该说也是会计发展的一条规律。

四、共和时期的官厅会计

公元前510年，王政被推翻，统治者在罗马城建立了奴隶制共和国，从而开始了历史上的共和国时期。

罗马共和国是最高行政机关，由两个权力相等的执政官掌握。执政官由百人会议从贵族中选出，任期1年，其主要任务是指挥军队，召集元老院会议和公民大会。由于他们的任期不长，而且彼此牵制，权力有限，因而罗马国家实际上的行政指挥中心是元老院。元老院由贵族和退任的执政官组成，不仅拥有决定内外政策、审查和批准法案、控制预算并支配国家财产的权力，而且，与古希腊一样，还设置了审计机构，财务官和其他执政官在届期卸任时，都必须将自己的会计账簿报送出来，接受它的监督和审查。此外，它还对国库拥有绝对的支配权。当时主要的国库是萨特尼金库（aerarium saturni），内存各项经常收入和临时收入，必要的费用也从中开支。它名义上是在财务官的领导下，实际上对它拥有绝对支配权的是元老院，没有元老院的同意，任何人均不得从中提款。除萨特尼金库外，还有神圣金库（aerarium sanctius）。该金库收存从奴隶那里征得的税收。这些税收是作为预备金来使用的，唯有元老院才享有从中提款的权力。元老院对货币制度也拥有绝对的监督权和运用权，由他们命令发行货币、决定货币的大小、形状和重量。

元老院在处理日常的财政事务时，有财务官（quaestor）和监察官（censor）协助工作。元老院、财务官和监察官可以说就是古罗马共和政权组织的主干。

第四章 古代罗马的会计

文明古国的会计

古代罗马记录官（Roman scribe）

古罗马会计记录

财务官最初只有两名，任务是管理国有账册和公共会计书（tabulae publicae）；领导地方长官的会计工作；按元老院的命令支付给诸官员工资和各项必要的开支；管理那些由于贪污公款而被法院判决的官吏的罚款。到公元前421年，又任命了两名军事财务官，但他们不受元老院管辖，而从属于军司令部，主管军队的会计工作。公元前3世纪初，罗马统一整个意大利半岛，从而一跃成为西部地中海的强国，于是，又增加了4名财务官。他们分驻在意大利各方面，监督舰队的建筑。以后到苏拉（Sulla Luccius Cornelius，公元前138～78年）统治时期，财务官增至29名，其中10名由各地方长官领导，负责管理地方的金库和军队将官的费用开支，在有余额时，将之送到在罗马的中央国库，并定期提出详细的会计报表。据有关资料记载，在当时的财务官之间还建立了一套较为复杂的检查和复核制度，只有出具书面证明才能从国库提取货币，掌握现金的财务官没有擅自批准支出的权限。财务官手下配备有记录官（Scribae）若干人，其中以主管国库会计的财务官兼记录官（Scribae quaestrii）尤为重要。此外，还有国库记录官，他们的主要任务是编制上述的公共会计书和月表，在上面详细反映国库的各项收支，并记载支付人和接收人的姓名，以及每月的金额。

监察官根据惯例从退职的执政官中选出，系罗马的高级行政官，其主要任务如同已述，就是进行五年一度的人口调查，将国民姓名、家庭成员、奴隶数量以及财产数额一一登记在调查簿上，然后按照财产的多少来指定谁属于哪一级，并征收税额。除此以外，他们还参与财政活动，准备国家五年一度的预算，监督国库各项开支。当时的罗马政府经常以支付一定的金额为条件，与中介人签订契约，让他们包收各省的税收，监察官掌握着对这些契约的管理权。倘若要变更已经签订的契约，须经元老院点头同意。

所以，财务官和监察官所发挥的作用是非常重要的，但二者对财政立法没有任何发言权。这种权限被国家的最高权力机关元老院牢牢地控制着。

由上述可知，在共和时期，罗马奴隶主统治者建立了一套较为完善的公共财政组织。毋庸置疑，这套组织在和平时代对经济的发展起到了重大的作用。但随着罗马不断对外进行扩张，兵戈扰攘无虚日，这套财政组织就失灵了，因为连续的战争需要有大量的钱财来源作保证，而这却不是这套财政组织所能承担得了的，因而经常导致年末国库告罄。再说这套财政组织本身也不是完美无瑕的，这主要表现在两个方面：其一，由于财政支配权在元老院、财务官和监察官三者之

恺撒大帝

间分掌，故对国库部门没有一个真正起作用的负责人；其二，审计制度漏洞百出，对于那些有权势的官吏基本上起不到什么监督作用，所以，地方长官、将官和法官贪污腐化、损公肥私的事情根本无法发现。由于这些原因，到了共和末期，统治集团日益腐朽堕落，他们生活奢侈、荒淫无度，国家财政陷入了一片混乱之中。

时至公元前1世纪，古罗马帝制的奠基人朱理亚·恺撒（Julius Caesar，公元前101～44年）为了巩固自己的统治，挽救国内经济捉襟见肘的恶况，在经济上采取了一系列具有决定意义的补偏救弊的改革措施：将财务官由20人增至40人；掌握所有项目的规定和修正权；采用一种新的单一金币制；取消包税制，建立一套由国家直接征收赋税的制度，并在一些地方取消繁重的什一税。在他担任公元前59年的执政官时，曾以反勒索法制裁行省总督滥用职权贪污舞弊的行为，还颁布了《奢侈禁止法》（Lex Sumptuaria），以杜绝社会上的浪费等等，从而促进了经济的发展，使国库收入为之大增。然而，这只不过是共和国倾覆前的回光返照而已，在罗马由一个狭小的城邦发展成为囊括地中海的大国以后，由于阶级斗争和社会矛盾日益尖锐，共和时代的财政组织愈来愈适应不了政治经济形势的发展需要。

公元前30年，奥古斯都登上罗马的政治舞台，改革财政组织便成为应提到日程上来的迫切任务了。

五、帝国时期的官厅会计

行至共和制末期,罗马的政治和经济陷入了前所未有的绝境。那时候,赋税劳役繁重,饥荒疾疫肆虐,再加上兵荒马乱,战火弥漫,地方官吏敲诈勒索,聚敛钱财,财政组织可以说已是千疮百孔,摇摇欲坠。

"山雨欲来风满楼"。是继续采用旧的财政组织衰落下去,还是革除积弊走新的途径?这是当时摆在统治者面前的一个很现实、也是急需解决的大问题。

奴隶主统治阶级自然是不会甘心走第一条道路的。为了巩固自己的反动统治,继续压迫和剥削劳动人民,他们一致要求建立起一套新的、能适合时代发展潮流的财政组织。正是在这样的情况下,出现了奥古斯都这样的财政改革家。

奥古斯都(Augustus,公元前93~后14年)掌政后,针对财政组织长期积弱不振的局面,着手进行了全面改革。

最重要的改革之一,是把全部土地分成两部分:一是由元老院派任总督统治,称之为"元老院直辖行省"(Senatorial Province),二是由奥古斯都亲自派任总督统治,称之为"皇帝直辖行省"(Imperial Province),并相应设置了萨特尼金库(Aerarium Saturni)、裴斯古斯金库(Fiscus Caesaris)和军事金库(Aerarium Militare)。萨特尼是元老院的金库,收入主要来自从元老院直辖行省征得的贡税。最初与共和时期一样,仍由财务官员负责管理,但到公元前28年后,奥古斯都将它改由2名萨特尼金库长官(Praefecti aerarii Saturni)负责,并规定,这些长官每年由元老院从前任法务官中选出产生。斐斯古斯是皇帝的私人金库,来源是从皇帝直辖行省取得的收入、从元老院直辖行省缴来的贡租和诸

奥古斯都大帝

如没收的财产之类的临时收入。皇帝有权像对待自己的私人收入一样随心所欲地动用它，不过，这些资财并不是皇帝的私人财产，皇帝仅仅是该金库的保管人。军事金库也是处于皇帝直接支配下的金库，是奥古斯都为支付给复员士兵的恩俸而设置的，由三年一任的从前任法务官中选举产生的3名军事金库长官（Praefecti aerarii militaris）负责管理。尽管当时将全土分成两部分，并将金库划分为三，但分而不割，仍旧由奥古斯都总揽全局。

奥古斯都最有效的改革还有：为了加强对国家财政收入的征收和管理，特设了财务代理官（Procurator）和会计官（rationibus）。会计官掌管内廷的财政大权和各行省的财政大权。中央金库财务代理官称作总财务代理官（Procuratores Summarum）。这些财务代理官直接对皇帝负责，不仅是皇帝在私人财政方面的贴身官员，负责监督财政上的各项收支业务，管理被视为神圣不可侵犯的皇帝的私人财产和世袭财产，而且还经常被皇帝委派到各地去征收赋税。一般是在元老院直辖行省和皇帝直辖行省各委派1人，他们高挂"奥古斯都财务代理官"（Procuratores Augusti）的金字招牌，不允许有任何偷税漏税的现象发生，否则，以酷刑处之。当时，在皇帝直辖行省，财务代理官在贡税的征收方面拥有独立的权威；在元老院直辖行省，租税实际上是由地方长官征收的，财务代理官仅仅拥有一般的监督权。美国历史学家M·罗斯托夫采夫在谈到这一点时指出："外省人十分清楚地知道，皇帝通过他的私人代表、财务代理官，对各省中所发生的每一件事情都很了解，这些财务代理官在院辖行省中经管皇帝的私人财务而在皇帝直辖行省中负责征税。"⑧

在古代，清偿公私债务的办法一直是非常苛刻无情的。债务人不仅用自己的田产还债，有时还用自己的人身肉体还债，往往连亲戚也不能幸免。与私人收回债款时所使用的方法比起来，政府用来收回公家债款的办法更为严厉。因为国家是最高权力，根据该理论，亏空公款者应被当作罪犯来处理。这种做法到罗马时期达到了顶点。当时，政府采用了一种集体联保制，把家庭成员、邻里、乡党和同业公会往往包括在内。这种国家利益至上的做法，虽然保证了国家财政收入，但太残酷无情，而且危害匪浅。奥古斯都试图改变这种局面，采取措施，赐给无力偿债的债务

1976年在发掘以弗所古城（位于今天土耳其境内）时发现的、公元62年以弗所大理石纪念碑上有一段记录罗马为亚洲属地制定的税法。在历史上的某个时候，公共纪念碑被推倒，石头被重新切割和用作以弗所城中的圣约翰（Tt John）长方形教堂的讲经台。它的一面刻有希腊铭文，是自公元62年起实施的《Lex Portorii Asiae》的译本。该法规范了"收税官"组织与罗马人之间的关系

者以一种权力，即准许他把自己的祖传财产割让给债权人，从而避免扣押他本人。这种特权起初仅限于罗马公民，后来逐渐推及于外省人，表现了奥古斯都积极推行改革的决心。

公元5年左右，奥古斯都还制定了第一个政府预算（government budget）。在预算表上详细分列了整个罗马帝国的收入和支出，并且收支已经相互平衡，体现了"量入为出"的理财思想。这也是奥古斯都改革事业的重要组成部分。可以说，它对全面安排国家的生产和消费，协调罗马帝国的财政活动，起到了重大的作用。

由上述不难看出，奥古斯都不愧是历史上罕见的具有多方面才能的人。他不仅在政治上、军事上是叱咤风云的人物，而且是一位卓有成效的理财家。我们知道，当时的罗马已成为横跨欧、亚、非三洲的大帝国，要管理好这样一个国家，没有一套高人一筹的管理方法是绝对不行的。正是奥古斯都有实效的和高效率的管理，使后世所有的人都坚信不疑；罗马人伟大的真正秘密是他们的管理天才。[19]在他的统治下，罗马帝国财源顿开，国库收入急速增长，其国势如日中天，出现了可以与希腊史上"伯利克里时代"相媲美的"奥古斯都时代"。

继奥古斯都之后，在克劳狄王朝时期（公元

皇帝康莫杜斯

皇帝戴克里先

马克西米努斯

14～68年），皇帝们继承了奥古斯都的改革事业，对财政机构也作了一些改革。主要表现在：第一，排斥元老院，将行政工作集中于皇帝之手。这项工作中最重要的方面就是皇帝掌握了罗马国家的全部资源，只有他一人才有权处理罗马帝国的收入和支出。直接税和间接税的征课、间接税的收集、罗马国家田产的经营管理，所有这些，都逐渐集中到皇帝内廷之手。元老院最后只剩下对院辖行省中各城市向罗马国库缴纳的那些款项的经管权。第二，与国家收支集权于皇帝手中同时，皇帝们还加强了对院辖行省的组织的监视。他们在这些地方安插了一大批财务代理官或皇帝私人代表。这些财务代理官是皇帝的耳目，负责向皇帝报告行省里发生的一切事情，以使皇帝能够及时了解政绩恶劣的问题。第三，皇帝克劳狄还将财务作为与秘书和司法鼎足而三的独立部门，让它负责总管全国的财政活动。在这里，财务部门较之奥古斯都时期更为完善，发挥的作用也要更大，对以后朝代财政组织的发展产生了较为深刻的影响。

后来，由于奴隶制度基本矛盾的激发，罗马城、意大利、西西里、小亚细亚的奴隶起义和人民暴动风起云涌，罗马帝国在政治、军事和经济诸方面出现了全面危机。

例如，有以下两件关于财务代理官的资料，可以证明当时的财政制度已经腐败到多么严重的程度。

一件是公元2世纪末农民们向皇帝康莫杜斯（Commodus，公元180～192年）呈递的措辞激烈的诉状。由此可知，下层阶级对压迫他们的包租人和财务代理官充满了仇恨。他们说："帮助我们吧，我们都是些乡下老百姓，都是些辛苦劳累而难以养家糊口的穷人，所以在您的那些财务代理官面前不可能同包租人对抗，包租人靠着大笔大笔的送礼行贿，总得到他们的袒护，并且由于长年包租，由于地位关系，总是同他们熟识；请您可怜可怜我们吧，求您发一道圣旨指定怎么办吧！"⑳云云。

另一件是记述公元3世纪一次农民起义的资料。据此可知，马克西米努斯（Maximinus，公元235～238年）即位后，曾命令阿非利加的财务代理官在当地强征一笔税款。这位财务代理官在度支官及其僚属们的帮助下，采取了残暴方式，对劳动人民进行敲诈勒索。奴隶们忍无可忍，愤然发动起义。他们以斧头木棒为武器，杀死了财务代理官。㉑

剧烈的社会动荡，使奴隶主统治者曾一度惊慌失措。他们竭力挣扎，千方百计要挽救衰亡。自公元292年起，皇帝戴克里先（公元245～313年）除在政治上实行君主制外，还在经济上进行了一系列的改革。例如颁布限制物价令，将地方划分为100个行省，允许行省长官拥有私人的长官金库（Praefectoria arca）。

戴克里先在税收方面同样进行了重大改革。前期帝国的税收制是逐渐发展起来的榨取臣民膏血的一种很不科学的制度，名目繁多，且无定制，给暴君污吏以许多任意妄为的机会。其中两项为最大。一项是实物税，即按土地面积征收的用以供应将领以至士兵薪饷的实物，包括粮食、肉类、酒和油等等；一项是力役，即出劳力维修公路、桥梁、仓库、保护马驿站及其马匹、人员等。戴克里先对之实行改革，采用了一种联合的人头土地税。详细内容是：在全国丈量土地，编制清册，按土地肥瘠、作物种类、位置远近等定出不同的课税单位，规定不同的征收数目，每15年重新估算1次，而且还将这种税固定到成年男子头上，使人和土地紧紧地结合起来。这项税收由市议会负责，推选税收官，分成若干小组向所辖地区征收。倘若不足，由税收官以财产作抵；倘若还不足，则由市议会全体成员负责补足欠数。

影响最为深刻的，当推戴克里先首创的财政制度。在这套财政制度中，设置了2名帝室财政长官：1名为会计长官或财政大臣（Comes Sacrarum Largitionum）；

1名为私产官（Comes rerum Privatarum）。前者雇有助手约数百人，与地方税收官保持着密切的联系，负责罗马帝国在财务会计方面的一切事务，其管理权远及矿山、造币局和比较重要的城市的国库。此外，他们还控制帝国的对外贸易，管理所有的亚麻布工业和羊毛工业。后者的主要任务是管理皇帝的私有财产，由于私有财产的主要来源是没收的财产和罚款，故范围极为广泛。

总而言之，戴克里先旨在建立一套能在皇帝的直接领导下担负起管理一个大国所有财政事务的财政机构。这套机构成为后期罗马帝国相袭的一种财政组织形式，并为君士坦丁大帝及其后继者所充实、健全，一直沿用到公元476年西罗马帝国的覆灭。所以，戴克里先的改革乃是罗马帝国史上继奥古斯都之后又一次规模巨大、影响深刻的财政改革。

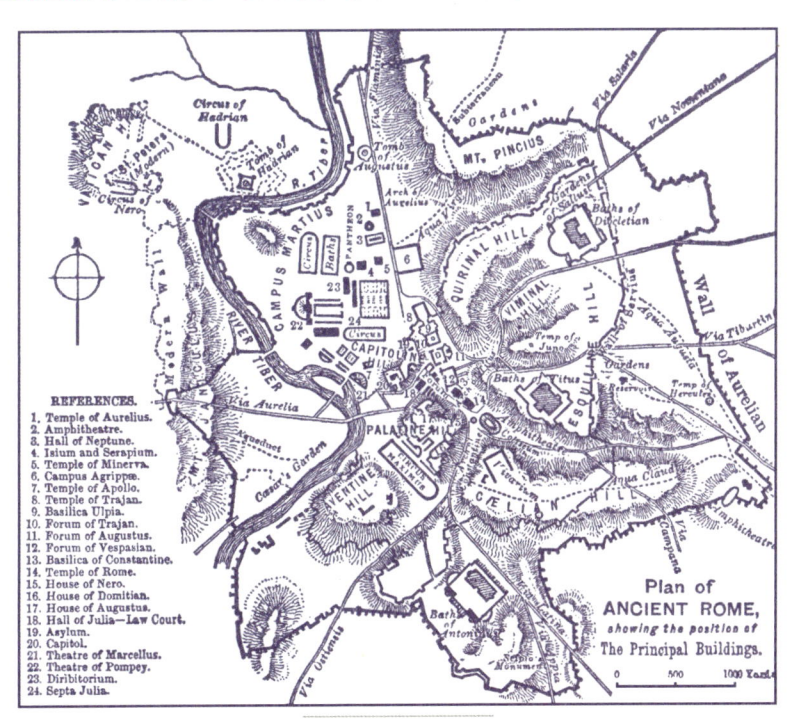

古代罗马的扩展计划

注　释：

①　（日）片野一郎译：《利特尔顿会计发展史》，同文馆1979年修订本，第2版，第504页。

②　（日）片冈义雄、片冈泰彦译：《沃尔芙会计史》，法政大学出版局1977年版，第50~51页。

③　（美）汤普逊著：《中世纪经济社会史（上）（300~1300）》（Economic and Social History of The Middle Ages（300~1300）），耿淡如译，商务印书馆1984年版，第54页。

④　同③。

⑤　（美）M·查特菲尔德著：《会计思想史》（A History of Accounting Thought），中国商业出版社1977年版，第13~14页。

⑥　文硕著：《文明古国的会计》，经济科学出版社1986年版，第6章"古罗马的会计"。

⑦　（美）A·C·利特尔顿、（英）B·S·亚梅编集：《会计史论文集》（Studies in the History of Accounting），1956年版，第39~40页。

⑧　⑨　（日）中原章吉、胡义博、山本孝夫等著：《会计学的基本结构》，创成社，第21页。

⑩　（朝鲜）尹根镐：《韩国固有簿记的起源》，《会计》第一〇一卷第五号昭和四七年五月号。

⑪　⑫　（日）神户大学会计学研究室编：《会计学辞典（追补版）》，第1123~1124页。

⑬ 郭道扬著：《会计发展史纲》，中央广播电视大学出版社1984年版，第386页。

⑭ （美）A·C·利特尔顿著：《二十世纪以前的会计发展》（Accounting Evolution to 1900），1966年，第32~33页。

⑮ 同⑭第13页。

⑯ 同⑭第29页。

⑰ 同⑬第195页。

⑱ （美）M·罗斯托夫采夫著：《罗马帝国社会经济史（上）》（The Social and Economic History of Roman Empier（Ⅰ）），马雍、厉以宁译，商务印书馆1985年版，第78页。

⑲ （美）H·孔茨和C·奥唐奈著：《管理学》（Management），贵州人民出版社1982年版，第35页。

⑳ （美）M·罗斯托夫采夫著：《罗马帝国社会经济史（下）》（The Social and Economic History of Roman Empier（Ⅱ）），商务印书馆1985年版，第558~559页。

㉑ 同⑳，第629~632页。

奥巴马：更多皇朝的没落，与其说是由于被武力摧毁，不如说是疏于理财
Obama : More Empires Have Fallen Because Of Reckless Finances Than Invasion

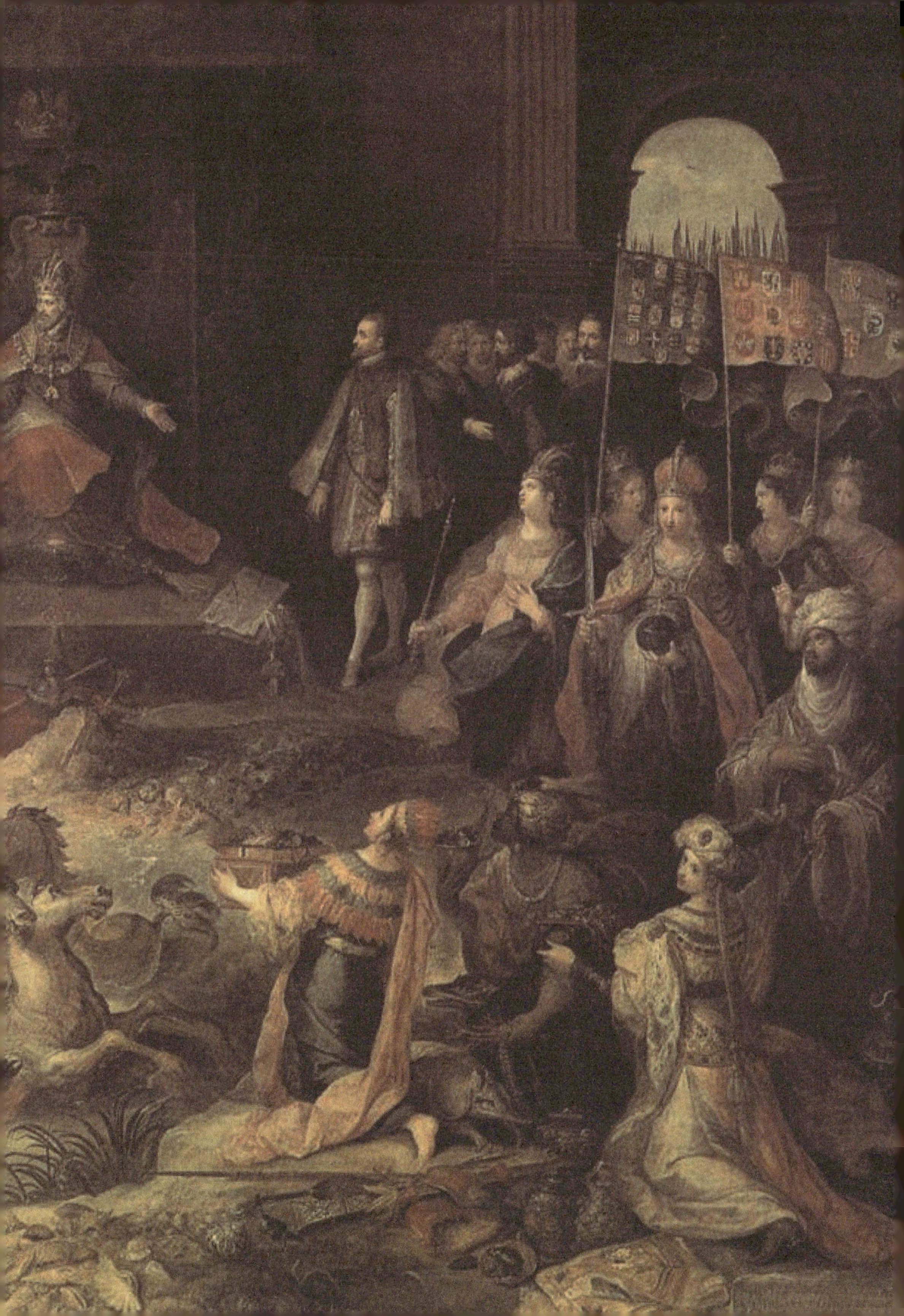

小结

"没有希腊文化和罗马帝国所奠定的基础，也就没有现代的欧洲"

每个时代都有与前代、后代不尽相同的自己时代的会计。不过，各个时代的会计又不是彼此孤立、互不相干的。它们虽然以各个时代的现实经济生活作为自己的"源"，这样或那样地反映当时的社会文明和经济发展，但却不能不以前人的会计成就和思想作为自己的"流"。也就是说，前代、当代和后代会计发展之间，均有着千丝万缕的继承关系。历史表明，前代的会计，总是给后代的会计以巨大的影响，后代的会计又总要继承前代会计的成果。从这一意义上说，文明古国时代的会计，理所当然地成为封建社会乃至资本主义社会会计发展的基础。

恩格斯曾深刻地指出："没有奴隶制，就没有希腊国家，就没有希腊的艺术和科学；没有奴隶制，就没有罗马帝国。没有希腊文化和罗马帝国所奠定的基础，也就没有现代的欧洲。"同样，我们可以说，没有奴隶制，就不会有文明古国会计的发展。正是由于奴隶制国家的出现，才产生大量的剩余产品，促成了"从事简单体力劳动的群众同管理劳动、经营商业和掌握国事以及后来从事艺术和科学的少数特权分子之间的大分工。"从会计发展角度看，倘若没有这种脑力劳动和体力劳动的分工，会计就不可能从"生产职能的附带部分"发展成为具有独立性的特殊职能的工作，进而就不会有官厅会计的产生，更不会有文明古国会计的全面发展。所以，文明古国的会计成就，是那些没有人身自由但具有无限创造力的奴隶们创造的丰碑。只有广大劳动人民群众的实践活动，才是会计发展的巨大源泉。官厅会计作为当时会计发展的主部主题，它在国家财政管理中所起的重大作用，只有在这个前提下，才能得到正确地评价。

在奴隶经济社会发挥了重大作用的古代会计，对后来欧洲会计的发展，有着极其深远的影响。西方会计体系中的若干重要特点，均于此时开始出现。比如，在古埃及和巴比伦会计的影响下，希腊在会计方法方面有着多项首创，尤其是分项（类）核算法、"四柱结算法"、账簿的设置和分类法、货币计量运用法和审计制度，都是西方会计发展的重要基石。又如，罗马人对希腊会计有所继承、有所创新，在会计方法上也获得了一些更重要的突破，可以这样讲，在文明古国会计史上，罗马时代的会计，是最为先进的会计，它继往开来、承前启后，是连接古代巴比伦、埃及、希腊和后世欧洲会计的重要中介。一般认为，封建社会乃至资本主义社会的会计，就是在希腊和罗马会计的基础上继承发展，日臻完善的。

正是由于文明古国时代的会计和后世会计发展之间有着这种一脉相承的联系，才使中世纪会计得以继续发展，也才使得人类会计的宝库不断地增添财富。我们必须承认会计科学的历史继承性。**正确地评价文明古国的会计在世界会计发展史上的地位和成就，与评价现代会计科学的功绩具有同样的意义，也同样能使我们得到启迪。**

希腊公元前300年计算版，现存于希腊国家博物馆（the Greek National Museum at Athens）

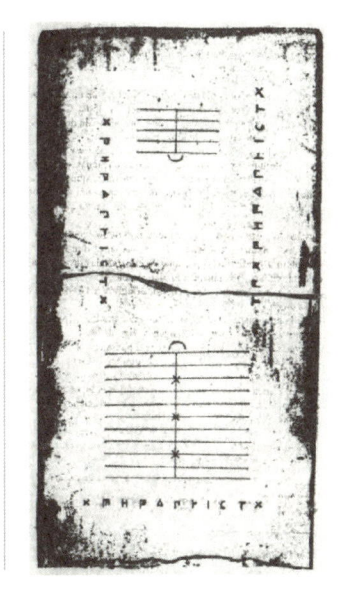

巴比伦关于计算的最著名粘土记录板
（1900 BCE-1700 BCE）

第二篇

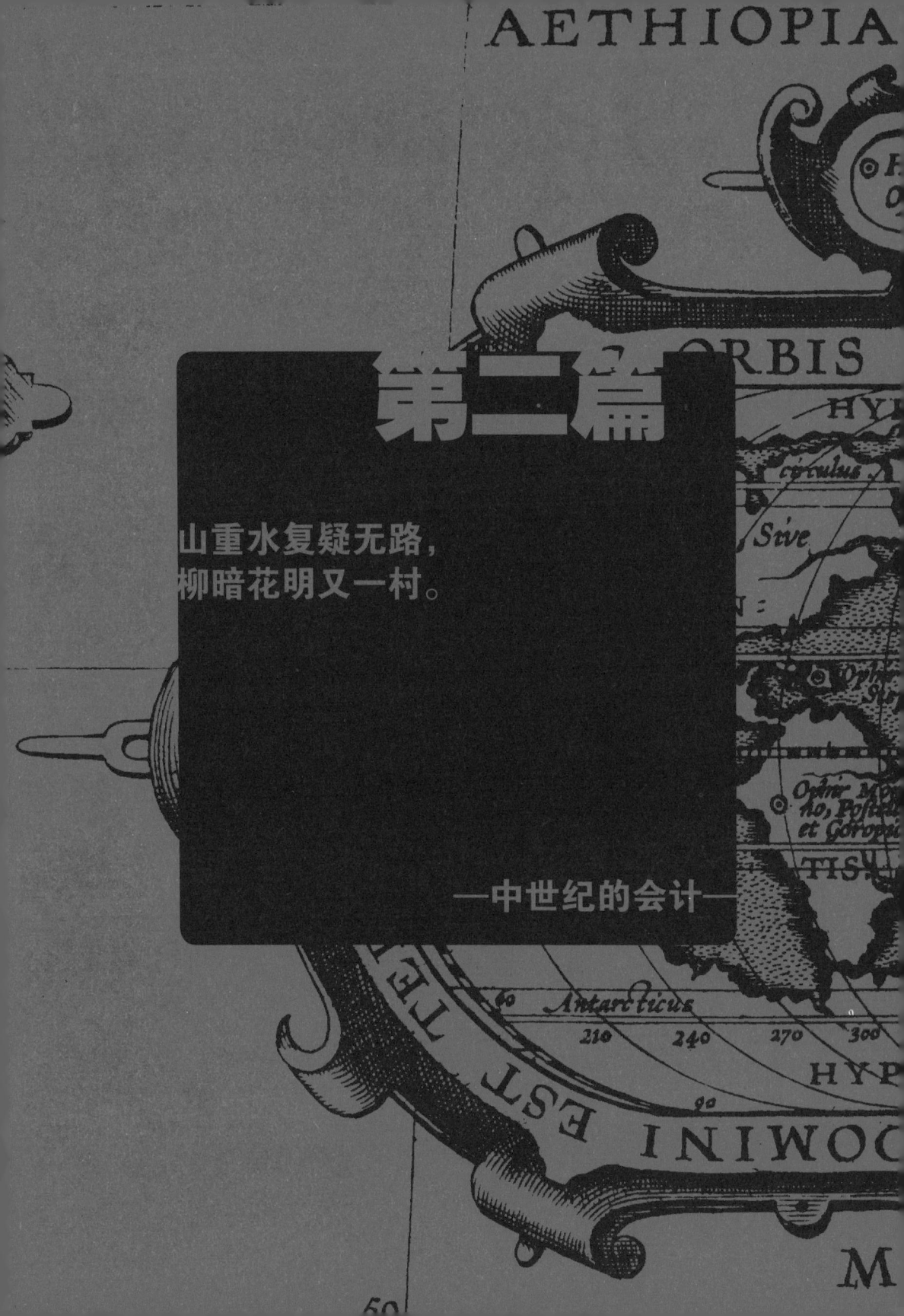

山重水复疑无路,
柳暗花明又一村。

—中世纪的会计—

Troglo-
dytæ.

VBRVM MARE.

...ula locum
...esignat.

...RRARVM ET VNIVERSI QVI HABITANT IN EO. Psal. 24.

...SOREI.
EVROPA.
ASIA.
APRI-
CA.
MARE
circulus.
...NOTII.

...DIES

第一章 拜占庭帝国和法兰克王国的会计

一、一颗夜明珠

公元476年，西罗马帝国覆灭，腐朽没落的奴隶制度为日耳曼诸部族入侵和奴隶起义的滚滚洪流所荡涤，从而揭开了欧洲史上封建社会的序幕。

中世纪的开端，是以摧毁古老而光辉的古代文明为前提的。"蛮族大迁徙"使古希腊和古罗马文明几乎荡然无存。正如恩格斯所言："中世纪是从粗野的原始状态发展而来的。它把古代文明、古代哲学、政治和法律一扫而光，以便一切

拜占庭农业兴旺

都从头做起。它从没落了的古代世界承受下来的唯一事物就是基督教和一些残破不全而且失掉文明的城市。"①所以,从公元5世纪至10世纪几个世纪内,西欧到处是经济凋敝、文化陵夷的景象。在这种情况下,西欧会计的发展是极其缓慢和痛苦的,没有任何新的起色。

在同时期的中国,却不是这样的。

说清楚这一问题,我们只要以唐朝为例加以说明,就足够了。

我国唐代与宋代一起,并称为我国封建制经济发展的高峰时代,同时也是我国会计发展的全盛时代。从财计组织与制度方面讲,当时有以度支部为首的会计机构,有较为系统的国库组织、财计监察、审理机构;从财计制度方面讲,当时有较为健全的计财制度、户籍制度、预算制度、"量入为出"制度、上计制度、审计制度;从会计方法方面讲,唐代发展了传统的账簿设置和分类法,逐步完善了单式记账法,并将"四柱结算法"、货币量度、会计凭证和报告的运用,提高到了新的水平。而且,《国计簿》的产生、理财家刘晏、杨炎和陆贽的涌现,使唐代会计发展,大增光彩②。所有这些,与当时落后得可怜的西欧会计比较起来,的确是一个极为鲜明的对照。

一部会计发展史告诉我们,有什么样的文明,便有什么样的经济,而有什么样的经济,就必然有什么样的会计。一个时代的文明程度愈高,这个时代的经济就愈发展,会计亦愈重要。

文明乃经济之母,会计乃经济之子,所以,会计乃文明之孙。文明、经济和会计发展之间的关系,在中世纪会计发展的进程中,又得到了印证。

畸形的文明、衰落的经济,产生了中世纪早期西欧会计这样一个怪胎。难怪连伟大导师马克思也发出感叹:"在中世纪,我们仅在修道院中发现农业上的簿记。"③

拜占庭皇帝——希腊罗马皇帝
Byzantine Empire - The Greek Roman Empire

拜占庭帝国（亦称东罗马帝国）的会计与西欧不同！从历史上说来，拜占庭帝国是古代罗马的继续。当西罗马帝国城乡经济衰落，奴隶制陷入绝境时，它却继续保持着经济上的繁荣，在几个世纪中，君士坦丁堡仍然是卓越的首都、国际的枢纽、沟通东方和西方商业贸易的桥梁。美国著名的资产阶级史学专家汤普逊认为："商业是旧世界和新世界间的、东方世界和西方世界间的纽带，也是那些流传下来的文明思想的转运工具。"⑧这是颇有道理的。古代的会计思想在很大程度

拜占庭帝国金融繁荣

上是借助商业的繁荣而在拜占庭帝国继续发展着的。当然，不必讳言的是，在会计方法发展上，拜占庭帝国并没有取得什么突出的进步，但它在古代罗马会计和文艺复兴时期意大利会计之间，起着有一定积极意义的中介作用。古代罗马的许多会计思想，主要就是以拜占庭为保存地而传入文艺复兴时期的意大利的。

如果说，欧洲历史上中世纪早期的会计乃是西方会计发展史上最为黑暗的时期，那么，拜占庭帝国的会计便是黑暗中一颗闪烁着耀眼光芒的夜明珠。

二、查士丁尼与《罗马民法汇编》

查士丁尼（Justinianus，527～565年）是在拜占庭帝国奴隶制政权摇摇欲坠、朝不保夕的危机关头，登上皇帝宝座的。为了巩固奴隶主阶级的统治地位，重新收复业已失去的国土，他刚一上台，就在政治上，仍然采用没落的奴隶制

永不睡觉的皇帝查士丁尼大力推行财政改革

度；在军事上，动员全国的人力、物力和财力，在西欧发动了一系列的侵略战争；在财政上，对一直沿用的戴克里先和君士坦丁大帝的财政制度进行改革，全国上下，采用了一种全新的财政制度和税收制度。

但在西方会计发展史上最具有意义的，还是534年完成的奴隶制法典《罗马民法汇编》（Justinian Code）。该法典一共包括4部分：《查士丁尼法典》10卷，是历代罗马皇帝颁布的法令的汇编；《法理汇要》50卷，是著名法学家对法令解释的汇编；《法学总纲》1卷，是罗马法的简明课本，供讲授和研读罗马法之用；《法令新编》是535年以后新颁布的法令的续编[①]。可以不过分地说，这部将罗马共和国至查士丁尼在位时期颁布的全部罗马法律文献加以汇编整理而成的《罗马民法汇编》，乃是欧洲历史上第一部系统完备的法典，它不仅对近代欧洲各资产阶级国家的立法产生了深远的影响，就是在西方会计发展史上也同样具有特别重

《罗马民法汇编》

要的意义。因为它将包括古罗马会计内容的罗马法以汇编的形式完整地保存了下来，从而使古罗马会计在西欧古典文化横遭摧残的险情中，有幸与罗马法一起流传于后世。从12世纪起，意大利重新恢复对罗马法的研究，自然而然，古罗马时代的会计也就被挖掘出来。当时，法学家们言法律必及会计，这对古代罗马会计影响意大利式簿记法，起了一定的促进作用。

公元6世纪查士丁尼在位期间，虽然他在政治、军事和财政诸方面进行了一系列的改革，拜占庭帝国曾经有过短暂的繁荣，但最后均以失败而告终，因为他逆历史潮流而动，梦想通过自己的双手，在拜占庭帝国的土地上，建立起一个坚如磐石的奴隶制度，恢复罗马帝国，这是历史所不允的。不过，客观一点讲，查士丁尼对于会计发展的贡献，还是突出的，这一点应给予公正的评价。我们认为，古罗马会计流传到中世纪意大利的途径固然是多方面的，其中罗马法的影响不能不说是重要方面。比如，在《查士丁尼法典》中，有关于罗马账簿的详细记载，而这部法典在公元555～568年，成为意大利市民法。

三、教会会计的稳步发展

西欧进入封建社会以后,教会便垄断了文化。那时候,基督教犹如可怕的巨大阴影黑压压地笼罩着欧洲文化的园地,又宛如沉重的枷锁紧紧地钳制着欧洲进步科学家的思想言行。但拜占庭帝国的情形有所不同,在这里,教会的势力虽然也比较强大,但不像在西欧那样至高无上,它是隶属于皇帝,作为专政政体的支柱而存在着的。这些教会不仅在帝国的思想文化方面发挥着重要的作用,在帝国的经济方面同样占据着重要的地位。它们不仅是封建经济制度的思想卫护者,而且是大量土地的直接占有者。

中世纪教会的行政组织酷似国家的行政组织。不同的是,它比封建王国的组织更加巩固和统一,在经济收支事项管理、领地开发、市场管理和铸币权利上舒展了近于天才的精明手腕。教会的最高统治者是教皇,省长是大主教和主教。最初,主教在管事的协助下,掌管着教会的财政事项,有时还亲手记账。但后来,由于贪污舞弊之类的事情不断发生,所以,教会决定:每个主教不得再插手具体的财政管理事项,而由一名受过训练的僧侣,充当财政管理人员,负责教区的财政管理事项和会计管理业务。不过,主教仍然有权监督下属市政官,行使以前由保民官所执行的否决权、监督公共建筑和城市拨款、稽核会计账册。正是由于这一缘故,拉丁文"episcopos"〔英文Bishop(主教)是由此得来的〕这个字,经常被人们用来称呼宗教庙宇的财政官。

这与寺院的人事组织和财政组织差不多。在寺院,住持之下,一般设有一个院长和一个或一个以上的副院长。总务长负责总管寺院的土地、进款和动产。隶

查士丁尼与罗马教皇

属于他的有：一个地窖管理员或储藏所和作坊的监督员、一个会计员和一个审计员⑤。

所以，可以说，与寺院一样，教会也非常重视对于财政经济事项的管理，而且，还运用了审计这一监督形式。

公元590～600年间，罗马教皇格利高利一世承接向拜占庭帝国皇帝的贷款业务后，一方面代向军队发放饷银，另一方面按照拟定的协议负责征收税款。为了反映和监督这些经济事项，教会设置了专门的收支账册，凡有关该项贷款和税款的收支，均在这些专门账册上作详尽反映。而且，罗马法王还派遣了执事（deacons）和副执事（sabdeacons）负责各地教会寺院地产数目的管理和核算。为了杜绝和揭发舞弊行为，这些执事们的会计账册均定期受到严格的审查。耕种教会土地的农民，每年都应以一定的现金或实物向教会交纳租税。倘若有农民在缴纳谷物的什一税之前，先扣除了工作上的费用，他将因此而投狱。这些租税的征收是由包税人执行的。当时的征税方法虽然未必非常严密，但在残酷剥削农民这一点上所发挥的作用却甚巨。据可靠资料记载，教会还广泛采用了一种记录簿（Libellus Securitatis），主要用于反映对农民的土地支付价格。倘若农民认为土地价格不合理，随时都可以就该记录簿提起诉讼。

随着封建化步伐的加快，教会会计相应地有了更新的发展。10世纪末，教皇在教会中设置了相当于总会计师的会计管理官，专门负责教会内部的会计事务，其管理范围除大量的地租以外，还涉及工商业税收和高利贷，以及一些国家的皇帝为支付出征作战的军费和饷银而向教皇请求的贷款事项。罗马的中央法王金库组织也十分健全，在财务方面设有出纳官（arcarius）和支出总监（Sarcellarius）①。出纳官是长官，相当于财务大臣，位居支出总监之上；支出总监的主要任务是从国库支付军事费用、救济贫民和僧侣日常生活的开支。这些财务当权者的权力范围非常广泛，甚至连市民的私人财产也在他们的管理范围之内。法王金库还任命了许多代理官（depositarii），他们分驻在全国各地，负责将收税官征收的各种赋税集中起来，然后，亲自押送到罗马。

我们所以在论述拜占庭帝国的教会会计之时，不厌其烦地大谈罗马教廷，是因为它是一个世界性的机构，是一种世界性的行政制度，它有着对周围地区（当然也包括拜占庭帝国）都产生影响的比较活跃的财计组织和会计机构。

有人说，中世纪的历史基本上是中世纪教会的历史。由于基督教的野蛮摧残，造成了帝国文明乃至整个西欧文明的长期衰落。因此，在长达700年的中世纪早期，从全面意义上看，欧洲发展不了会计。但是，在教会内部，我们却惊喜地看到一个最动人的历史事实，这就是，源于文明古国的会计发展的潮流，依然在那里运动着。

教会会计正在稳步向前发展。这是一个难以否认的历史存在。

四、官厅会计挣扎在历史曲折中

自7世纪起，新兴的封建制度犹如澎湃的春潮，日益冲击着腐朽的奴隶制度的堤坝，特别是8世纪破坏圣像的运动，沉重地打击了教会势力，到9世纪，拜占庭的封建关系得到迅速发展。在这样的情形下，官厅会计揭开了新的篇章。

在9世纪以前，国库出纳官（Sakellion）是在国库管理官（Sakellarios）的领导之下，到9世纪时期，才改由记录官（Chartularius）领导。记录官最初仅仅是各种局所的书记，主要任务是保管和记录与各局所事务有关的收支证书和文件，但尔后跃居极为重要的地位，直至完全取代国库管理官。这并不意味着国库管理官地位下降。反之，这时国库管理官的地位更加提高，也更重要了。国库管理官身居其他财务官的上位，有权对所有的财政部门行使一般的控制权。这种控制权是对舞弊行为的一种牵制手段，是对君士坦丁大帝财政制度的革新和改善。例如，奈斯波拉斯一世（802~811年）就是一名国库管理官，他的统治以财政和赋税的强硬措施而著名。具体措施是：精密地修正了田赋制度；强制教会缴纳炉灶税；修改收入税，比旧税提高$\frac{1}{12}$；对不劳而获的增值，也课以赋税；颁布了禁止收取利息的法令。所以，后人评论说，奈斯波拉斯不愧是一个贤明的国君、一个有才干的理财家。

在拜占庭帝国，全面负责帝国会计事务的是国库的会计官（Logothetes）[①]。这些会计官相当于戴克里先时代的会计长官和君士坦丁大帝统治时期的会计官（rationalis）。

国家对行会的控制也十分严格。皇帝制定了关于商品买卖的详细规程。国库收入的大部分都是从征收行会的捐税得来的。国家干涉一切、控制一切，可以随意进入店铺和储栈，并审查账目。在君士坦丁堡，行会有总监（eparch）作为他们的首脑。凡新会员的加入、职员的推选、各行会团体间的关系、团体的全部活动，以及对一切违法行为的审判和处罚，事实上，都掌握在他手里，由他决定。他处在行会和政府之间，在大多数情况下还是行会和外侨的中间人。在他的手下，配备有总监代表负责各类事务，下属的官吏和审计员，应不停地往来稽查，每一个行会的会长，都得大力予以协助。总监还利用一大群辅助人员，包括君士坦丁堡所有的工人和商人，采取互相告发的方法，实行着自己的精密监督计划。

环视同时的西欧，官厅会计领域几乎是一片荒凉。在这样的历史曲折中，欧洲只有拜占庭帝国的官厅会计还在拼命地挣扎着，喊出自己备感寂寞的痛苦心声。

从13世纪开始，随着东方经济交往的急速加快，拜占庭帝国会计进入一个新的蓬勃发展的时期。一方面，古罗马会计由于拜占庭人的努力开始向意大利回传；另一方面，起源于印度的阿拉伯数字，由阿拉伯帝国传入拜占庭帝国境内。普兰奴德编著的《印度计算法》一书，是公认的第一部在欧洲介绍阿拉伯数字使用法的数学著作。拜占庭人自从使用了简便清晰的阿拉伯数字，才从繁琐的罗马数字中解脱出来，也正是从这时起，他们才有了比较清楚的会计记录。

五、查理大帝和《庄园敕令》

法兰克王国在查理（Charlemagne，768～814年）统治时期达到极盛。当时，法兰克王国幅员辽阔，从易北河到比利牛斯山南麓，从北海到贝尼温陀，都属于查理大帝的管辖范围。正如公元800年时阿尔琴所言，当时世界上（实际上指欧洲）存在着三个最高政权：罗马的教皇国、拜占庭帝国、查理的法兰克王国。

公元812年，查理在戎马倥偬之际，颁布了有名的《庄园敕令》（Capitulare de Villis）①。该敕令共分70条，主要说明王室庄园应如何有效管理，以便提供丰富的饮食、舒适的住宿条件等。它在会计发展上的突出意义表现在：它不仅仅是以加强会计管理，增加王室收入为目的，而且还旨在提高国家上下的经济组织的效率。

关于会计的条款主要有：②

"第62条：我命令每个管理员（iudices），每年必须将我一年中的收入报告给我，其中必须包括以下项目：我的耕夫用牛所耕的土地，和庄园上佃农们所当耕的土地；猪、地租、各种贡物与罚款的账目；未经我同意而在我的树林中所猎获的禽兽；各种罚款，得自磨房、森林、田地、桥梁、船只的各种收益；自由人和对我的国库有纳税义务的人的数目；市集、葡萄园和对我有缴纳酒的义务的人；饲料草、柴木、火把、木板与其他木材；荒地；蔬菜、谷物、稗子；羊毛、亚麻、苎麻；树生水果、大小干果；各种接枝的树木；各园圃；芜菁；鱼池；皮革、毛皮、兽角；蜂蜜与蜂蜡；猪油；牛羊脂油、胰皂；莓果酒、熟酒、蜜酒、

法兰克王国查理王（768～814年）雕像
Statue of Charlemagne, King of the Franks from 768-814

醋、啤酒、新旧葡萄酒；新谷陈谷；母鸡与鸡蛋；鹅；渔夫、铁匠、制刀剑匠人、鞋匠的数目；仓和箱的数目；旋匠与皮鞍匠；铁与其他金属的矿坑与化炼场；铅矿；牝马和马驹。以上各项，务须在圣诞节前，分类列账，井井有条地报告给我，使我可以知道各种财产的数目。"

"第44条：凡肉食以外的食品，如蔬菜、鱼、十酪、黄油、蜂蜜、芥末、醋、谷物、稗子、干的或新鲜可食的菜蔬、萝卜，以及蜡、胰皂及其他细小产品，每年必将全部产品的三分之二缴纳给我，以备应用。并将其余数目向我呈报，不得像以前那样疏忽；因为我要知道，除了三分之二以外，还剩下多少"。

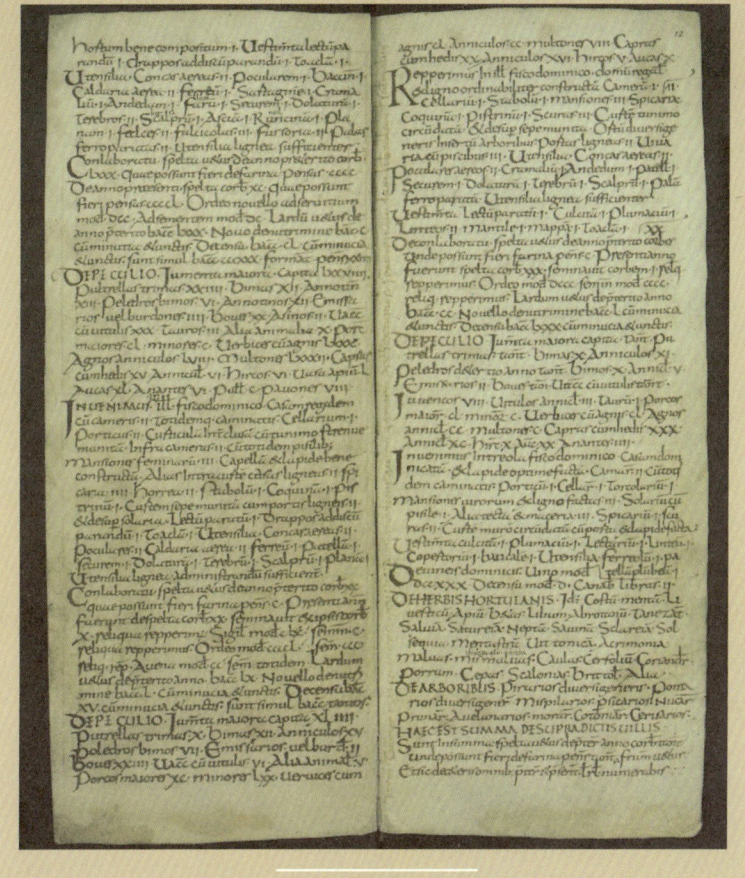

《庄园敕令》
Capitulare de villis

"第28条：兹希望：在每年四旬斋棕榈主日（叫做OCaHHa），（管理人）应依朕的命令，在朕知道本年度朕收入总额账册后，把朕经营所得的款项送到。"

"第55条：兹希望：管理人应把一切为朕的需要而拨给、用去和提出的东西，记入一本账册内，把一切自己用去的东西，记入另一本账册内，并把剩余的东西，记入另一本特种账册内，向朕呈报。"

在第30条中，还要求管理员应把庄园上的产品分为两类：一类供应国王的日常需要；另一类供应战争需要。

这些条款在中世纪会计史上是非常重要的。由此可见，法兰克王国的庄园经济带有很大的自然经济性质。当时庄园称fise，一个fise是一个经营单位，设管理员负责经营。有的庄园还进一步分成若干个庄园分别管理，所以，在管理员下再设管家（Villicus，敕令中称为maiores）。根据敕令第26条可知，一个管家所管理的土地面积，应以他在一天行程内所能巡视的为宜，这实际上就是一个庄园的标准面积。

作为一个管理员和管家，他不仅应监督庄园上的各种农活，有条不紊地处理和分类收来的各种农产品，为国王提供精美的食品和上等的用具等，而且还应在不同类别的账簿上反映各种收支事项，并对庄园和动产进行年度盘存。倘若有余额，必须及时上缴给国王。依《庄园敕令》第62条看来，查理大帝尤为重视记录的条理性，要求按收支项目分类列账，并定期在圣诞节前提交上来。美国的汤普逊就指出："在很多场合，这位皇帝显示出他是重视王室庄园的有效能管理的，尤其是在指令开出详细的账单方面。"⑪

有一份流传下来的庄园财产清单是：

"阿斯那帕领地庄园上有一所石头造的王家大厦，式样极好（显然是其中最好的一个地方），有三间房间（大厅、餐室、厨房），整个大厦四周，都有阳台，有十一间妇女卧房；下有一间地下室；有两条柱廊；在广场内另有造得很好的七所木房，还有同样多的小屋和附属建筑物；一所马房、一所磨坊、一所谷仓、三所栈房。庭院用密密的篱笆围绕着，有一个石头大门，还有一个阳台。有一个内庭，也有篱笆围着，种着水果树。"⑫

接着列举了室内用具和工具的数目与类别。农产品有大麦、小麦、裸麦、雀麦、大豆、豌豆、蜂蜜、白脱、猪油、脂肪和干酪；最后，列出牲口头数，包括有51头大牲口，5头3岁的、7头2岁的、7头1岁的、10头2岁的小马，8头1岁的，3

头牡马，16头母牛，2头驴，50头带小牛的母牛，20头小阉牛，38头1岁的小牛，3头公牛，260头公猪，100头猪，5头野猪，150头绵羊，200头1岁的小羊，120头公羊，30头带小羊的母山羊，30头1岁的山羊，3头公山羊，30只鹅，80只小鸡，22只孔雀。[①]

由这份清单可以看出，在这些会计记录中仍是采用实物为计量单位，而且，反映会计事项采用的都是非常冗长的文字叙述式记录法。

一份收支表、一册会计账簿，往往比任何一份精心撰写的文献，都更能说明问题。这些会计记录充分地反映了中世纪早期西欧社会生产的落后性质，也是我们了解法兰克9世纪左右庄园会计发展情况的珍贵史料。

介绍到这里，我们不会再怀疑，法兰克人采用的叙述式会计记录法，正是对古代希腊、罗马会计成就的否定；西欧会计发展到中世纪早期，非但没有前行，反而还后退了一大截。这表明，一个国家的会计有所继承，才能有所发展，否则，试图推翻过去的一切从头开始，就会走回头路。

意大利、法国和德国人从法兰克人手中接受这样一份遗产，真是历史的不幸。好在充满着智慧的意大利人、法国人和德国人面对商业复兴、资本主义经济关系的诞生，竟在这样一片废墟上，以惊人的速度，先后盖起了新式簿记的大厦。其中意大利人成就最大。当然，这些后话，现在不表。

"查理大帝是近代法兰西、德意志和意大利奠基的先导。"根据《凡尔登和约》的条款，查理帝国被分割为三部分，即中王国、西法兰克王国和东法兰克王国。这种政治上的划分，决定了近代欧洲大陆上的三个主要国家——意大利、法兰西和德意志的雏形。所以，后述的意大利会计、法国会计和德国会计，可以说就是赓续着法兰克王国的会计而直接发展起来的。

注　释：

①　恩格斯：《德国农民战争》，《马克思恩格斯全集》第七卷，人民出版社1975年版，第400页。

②　郭道扬著：《中国会计史稿（上）》，中国财政经济出版社1982年版，第445~446页。

③　《马克思恩格斯全集》第24卷，人民出版社1972年版，第151页。

④　（美）J·W·汤普逊著：《中世纪经济社会史（上）》（Economic and Social History of the Middle ages（Ⅰ）），商务印书馆1984年版，第196页。

⑤　法学教材编辑部等著：《外国法制史》，北京大学出版社1982年版，第56~57页。

⑥　（美）J·W·汤普逊著：《中世纪经济社会史（下）》（Economic and Social History of the Middle ages（Ⅱ）），商务印书馆1984年版，第236~236页。

⑦　（日）片冈义雄、片冈泰彦译：《沃尔芙会计史》，法政大学出版局1977年版，第67页。

⑧　同⑦第66页。

⑨　（英）B·S·亚梅编集：《会计史论文选》（Further Essays on the History of Accounting），纽约和伦敦，1982年版，第3页。

⑩　法学教材编辑部编：《外国法制史资料选编（上）》，北京大学出版社1982年版，第201~203页。

⑪　同④第289页。

⑫　同④第289页。

⑬　同④第289页。

第二章 阿拉伯帝国的会计

一、穆罕默德和《古兰经》

提起光辉灿烂的阿拉伯文化，人们无不为阿拉伯人在数学、天文学、物理学、化学和医学方面所取得的卓越成就而拍案叫绝。倘若进一步追问：阿拉伯人的会计又如何呢？回答者恐怕绝不会像列举阿拉伯人在自然科学上的贡献那样滔滔不绝、津津乐道。我们应该承认这样一个现实，阿拉伯人的会计确确实实是鲜为人知的。事实上，在世界会计发展史上，阿拉伯人不仅创造了自己的民间会计和官厅会计，而且还在东西方会计交流方面起中介作用，为会计发展作出了自己独特的贡献。

在这一部分，我们只谈穆罕默德和他的《古兰经》。

伊斯兰教的创始人穆罕默德（Mahommed，570～632年），出身于一个贵族商人家庭，青年时代曾随伯父的商队到过叙利亚、美索不达米亚、埃及、也门等地。25岁那年，他与一个比自己大15岁的富有寡妇卡狄加结婚，尔后作为她的商业代理人四处活动，足迹遍及整个阿拉伯帝国。这些经历使他对商业实务非常熟悉。尤其是，他还综合过去宗教的一些教义而形成了自己的宗教学说，从而创立了伊斯兰教。

《古兰经》（Koran），亦称《可兰经》，是伊斯兰教最基本的经典，也是阿拉伯文学史上编写成册的第一部文献。凭着它，穆罕默德在23年之中，把一盘散沙似的阿拉伯人抟聚为一个坚强的民族；凭着他，阿拉伯民族在百年之中，解放了亚非欧三洲被罗马帝国和波斯帝国所奴役的几百万人民。它共分114章，6211节，在第二章《黄牛（百格勒）》中，穆罕默德介绍了他在商业生活方面的丰富经验，为我们研究阿拉伯国家统一以前民间会计的发展情况，提供了十分可靠的依据。

这位阿拉伯人的领导者在这一章里劝告自己的国民说：

"信道的人们啊！如果你们真是信士，那么，你们当敬畏真主，当放弃赊欠的重利"。因为"真主准许买卖，而禁止重利"。"如果你们不尊重，那么，你们当知道真主和使者将对你们宣战。如果你们悔罪，那么，你们得收回你们的资本，你们不致亏枉别人，你们也不致受亏枉。如果债务者是窘迫的，那么，你们应当待他到宽裕的时候；你们若把他所欠的债施舍给他，那对于你们是更好的"。"信道的人们啊！你们彼此间成立定期借贷的时候，你们应当写一张借券，请一个会写字的人，秉公代写。代书人不得拒绝，当遵照真主所教他的方法而书写。由债务者口授，（他口授时），当敬畏真主——他的主——不要减少债额一丝一毫。如果债务者是愚昧的，或老弱的，或不能亲自口授的，那么，叫他的监护人秉公地替他口授。你们当从你们的男人中邀请两个人作证；如果没有两个男人，那么，从你们所认可的证人中请一个男人和两个女人作证。这个女人遗忘的时候，那个女人可以提醒她。证人被邀请的时候，不得拒绝。无论债额多寡，不可厌烦，都要写在借券上，并写明偿还的日期。在真主看来这是最公平的，最易作证的，最可袪疑的。但你们彼此间的现款交易，虽不写买卖契约，对于你们是毫无罪过的。你们成立商业契约的时候，宜请证人，对代书者和作证

CORAN

"Noi am revelat Coranul și tot noi îl vom poteja"

《古兰经》

者,不得加以妨害;否则,就是你们犯罪。你们应当敬畏真主,真主教诲你们,真主是全知万物的。如果你们在旅行中(借贷),而且没有代书写的人,那么,可交出抵押品;如果你们中有一人信托另一人,那么,受信托的人,当交出他所受的信托物,当敬畏真主——他的主。你们不要隐讳见证,谁隐讳见证,谁的心确是有罪的。真主是全知你们的行为的。天地万物,都是真主的。你们的心事,无论加以表白,或加以隐讳,真主都要依它而清算你们。然后,要赦宥谁,就赦宥谁;要惩罚谁,就惩罚谁。真主对于万物是全能的"[①]。

显然,《古兰经》不仅仅是一部伊斯兰教的必读经典,也不仅仅是阿拉伯文学宝库中一块璀璨的瑰宝,它还以趣味横生的极富有宗教色彩的散文语言,向我们描绘了1000年前阿拉伯会计的一些片断。这部法典所体现的会计思想,由于《古兰经》在阿拉伯人民心目中的神圣地位,而对以后会计的发展,产生了深刻的影响。例如,阿拉伯人在对外扩张过程中将虏获的金、银、牲畜、奴隶和其他动产,都是按照《古兰经》的规定来进行分配的:先知及其氏族得1/5,战士得4/5,其中步兵得1/5,骑兵得3/5。

二、官厅会计和民间会计的发展

随着伊斯兰教在阿拉伯半岛的广泛传播,穆罕默德及其统治集团势力日大。到632年他逝世时,阿拉伯半岛已基本上成为统一的阿拉伯国家。

阿拉伯国家自建立之初起,统治阶级就开始了大规模的侵略战争。最初,他们并没有自己的一套国家机构,故对被征服地区只是直接掠夺或勒索贡赋,仍然采用原来拜占庭帝国的财政机构、税收制度和货币制度,甚至连执行官吏也是原班人马。随着统治区域的不断扩大,统治阶级越来越意识到有必要设立包括财政部门在内的政府行政机构,以便使自己的魔爪能伸延到统治区域的各个角落,最大限度地攫取劳动人民用血汗换来的财富。于是,在阿拉伯帝国封建制度的形成阶段——倭马亚王朝统治时期,开始着手创建自己的国家机构。从此以后,哈里发成为帝国的最高统治者,下设维齐尔(Wazir)(宰相)辅佐,再下有各部大臣,负责管理各方面的事务。毋庸置疑,财政机构和会计机构是重要的组成部分。这种财政税收制度在其继承者时代逐渐定型,在帝国经济管理中发挥了重大的作用。

到7世纪末,阿拉伯帝国发生了两件对会计发展有促进意义的事件:一是阿拉伯文字变成了行政和会计的通用文字;二是政府对货币进行改革,设立了铸币局(公元699年),规定在阿拉伯境内,一律采用阿拉伯货币,不得再使用以前一直流通的波斯和拜占庭的翻版货币。

阿拨斯王朝最初的100年间,即公元8世纪中叶至9世纪中叶,是阿拉伯帝国的"黄金时代"。官厅会计和民间会计在这时呈现出前所未有的新面貌。

从官厅会计方面讲,统治阶级为了巩固自己的统治地位,建立起了较之倭马亚王朝时期的政府机构要更加庞大、更为完善、发挥的作用也要更大的中央集权的国家机器。在中央部门,设有司法部、兵部、掌玺部、国库和驿站部;在地方各省,设有受驿站长监督的"艾米尔"(Amir,意为长官和总督)和税吏(Āmil,或称财政监督)。我们可以想象,在这样的财政机构中,倘若没有上下层层专职的会计官员,要管理好帝国广袤辽阔土地上的所有会计事务,是根本不可能的。

在民间会计方面,同样有了长足的发展,其中尤以银行会计和商业会计为甚。当时，由于大规模商业的成长，导致了银行事业的发展。于是，在以巴格达为中心的诸城市涌现出了许多私人银行。公元10世纪左右，还出现了许多标有"御前银行家"（Bankers of the Presence）名称的政府银行，它们为政府提供行政所需要的大笔款项，而以尚未征收的税捐作为质物。由于伊斯兰教不允许信徒赚取利息，所以，当时经营金融业的，多是犹太教徒和基督教徒。

有充分的史料证明，在公元9世纪，阿拉伯人已经有了一种精密的契约保管和汇兑制度。按该制度，可以在巴格达写好汇票，到摩洛哥获取现金。而且，东部主要商业中心巴士拉城的每个商人，在银行里均有自己的账簿，凭支票支付，而不用现金。

尤为重要的是，阿拉伯人还把自己的会计技术、经商经验传播到西欧。例如，中世纪欧洲商人借用了在阿拉伯世界盛行的支票、提货单、信用证、股份公司组织等。又如，现在英文中的贸易（Traffic）、关税（Tariff）、危险（Risk）、支票（Check）、仓库（Magazine）、零（Zero）和商品陈列所（Bazaar）等字，都是从十字军东征时代的阿拉伯字脱胎而来的。

三、光明来自东方

如前所述，西方会计进入封建社会后，在很长一段时期内，都处于停滞不前的状况。文明的凋落，经济的衰退，使会计的倩影，也消失在中世纪的茫茫黑夜中。

我们能不能再看到会计那甜蜜的微笑？会计的天难道真的就永远这样黑下去吗？

不！"冬天已经来了，春天还会远吗？"[③]正当西方会计被束缚在铜瓶里，已

计数法的变迁

埃及计数法

1	10	100	1,000	10,000	100,000	1,000,000	10,000,000

$\frac{1}{1}$　$\frac{1}{2}$　$\frac{1}{4}$　$\frac{1}{5}$　$\frac{1}{10}$

例： ... = 1,971

巴比伦计数法

1	10	100	1,000	10,000

例： ... = 1,971

希腊计数法

1)

I	Γ	Δ	H	X	M
1	5	10	100	1,000	10,000

50	500	5,000	50,000

2)

A	B	Γ	Δ	E	E(ς)Z	H	Θ	I
1	2	3	4	5	6　7	8	9	10

K	Λ	M	N	Ξ	O	Π	Q	R	Σ
20	30	40	50	60	70	80	90	100	200

T	Υ	Φ	X	Ψ	Ω	T(⋋)
300	400	500	600	700	800	900

罗马计数法

I	V	X	L	C	D	M
1	5	10	50	100	500	1,000

例：MDCCCCLXXI = 1,971

(出典)『数学史』,『算法の歴史』,『数学物語』から合成。

罗马数字的运用

A Table of the old Roman Numbers.

1	I	19	XIX	500	D or IƆ
2	II	20	XX	600	DC
3	III	30	XXX	900	DCCCC
4	IV	40	XL	1000	M or CIƆ
5	V	50	L	2000	CIƆCIƆ or MM
6	VI	60	LX	5000	IƆƆ
7	VII	90	XC	10000	CCIƆƆ
8	VIII	100	C	100000	CCCIƆƆ or CM
9	IX	200	CC	500000	IƆƆƆ CCCI
10	X	300	CCC	1736	MDCCXXXVI or
15	XV	400	CCCC		CIƆIƆCCXXXVI

Signs

罗马数字一览表 (table of the old Roman numerals)

经走投无路的时候，是阿拉伯人用来自东方的"印度数字"和十进制位值法，以及活字印刷术、造纸术打开瓶塞，从而使西方会计又获得了新生。

先看印度数字和十进制位值法。

一部世界数学发生、发展史告诉我们，古代印度人在数学方面取得了相当重要的成就。当时，他们已能求出平方根和立方根；能解二元不定方程式；能编三角学上的正弦表；已懂得了勾股定理；还发表了最早的数学名著——《准绳经》。至于算术运算、乘方、开方之盛行，就自不待言了。不过，在数学史和会计史上尤具意义的，还是以0、1、2、3、4、5、6、7、8、9为计算基础的十进制位值法。

什么是十进制位值法呢？"十进制"就是满十进一单位，如10个1进为十，10个10进为百，10个百进为千，10个千进为万，依次类推。"位值法"就是一个数中各位上的数码表示什么数，依其所处位置而定。例如333，前后三个3具有不同的值：第一个3放在百位上，表示300；第二个3放在十位上，表示30；第三个3放在个位上，表示3。这种满十进一，而且，同一个数字写在不同的位置上，就可以表示和组成不同的数的方法，就叫做十进制位值法（The Decimal Numeration）。

现在，人们对于这种方法的运用，已经习以为常，可能还不以为它重要。其实，它的意义是极为深远的。因为在十进制位值法诞生之前，人们只是使用9个记号和1个零，但通过十进制位值法的帮助，便可以非常简便地书写各种各样的数字和进行各种复杂的算术运算。正是这一套十进制位值法的成功运用，才使会计记录的面目大为改观，并对意大利式簿记法的全面形成，起着不可忽视的促进作用。

我们知道，古代世界除中国和印度以外，都没有发明出十进制位值法，因而，他们的数字和各种加减乘除法，均不科学，计算起来极为麻烦。

罗马采用的是累积制记数法。一般地说，罗马数字只有七个基本符号：I（1）、V（5）、X（10）、L（50）、C（100）、D（500）和M（1000）；数的表示法主要有三：①符号I、X、C位于大数或等数后作加数，位于大数前作减数；②一般把若干罗马数字写成一列，它表示的数等于各数字所表示的数相加的和；③倘若在数字上画一横线，表示该数扩大1000倍。比如，22应记作XXII，前后两个X，位置不同，都表示十，前后两个I，位置不同，都表示一。对于稍大一点的数，书写更加繁难，如9982应记作MMMMMMMMMDCCCCLXXXII，67482应记作L̄X̄V̄ĪICDLXXXII。

古代埃及的累积制记数法亦不科学，每个较高的单位均以特殊的符号表示。比如，9876应表示为 𖣯𖣯𖣯𖣯𖣯𖣯𖣯𖣯𖣯 𓏺𓏺𓏺𓏺𓏺𓏺𓏺𓏺𓏺 ∧∧∧∧∧∧∧ ∣∣∣∣，其中"∣"表示1，"∧"表示10，"𓏺"表示100，"𖣯"表示1000。这种方法真是太冗长、太不方便了！

古代希腊人采用的是字母记数法。虽然这种方法也具有位值制记数法的简便的优点，例如32记为$\overline{\lambda\beta}$，而且不受位置的限制，$\overline{\lambda\beta}$同样表示32，但是要使用这种记数法，首先必须牢牢记住27个字母（其中有三个是古代字母）所代表的数值。即使这样，所表示的数还不能超过1000。当数值超过1000时，还得引用新的字母按同样的法则予以扩充。不难想象，这比十进制位值法同样要繁琐得多。此乃希腊人重几何、轻计算的结果。

古代巴比伦知道位值制，但他们用的是六十进制。

所以，在没有十进制位值法的情况下，古代人的计算能力十分低下，计算方

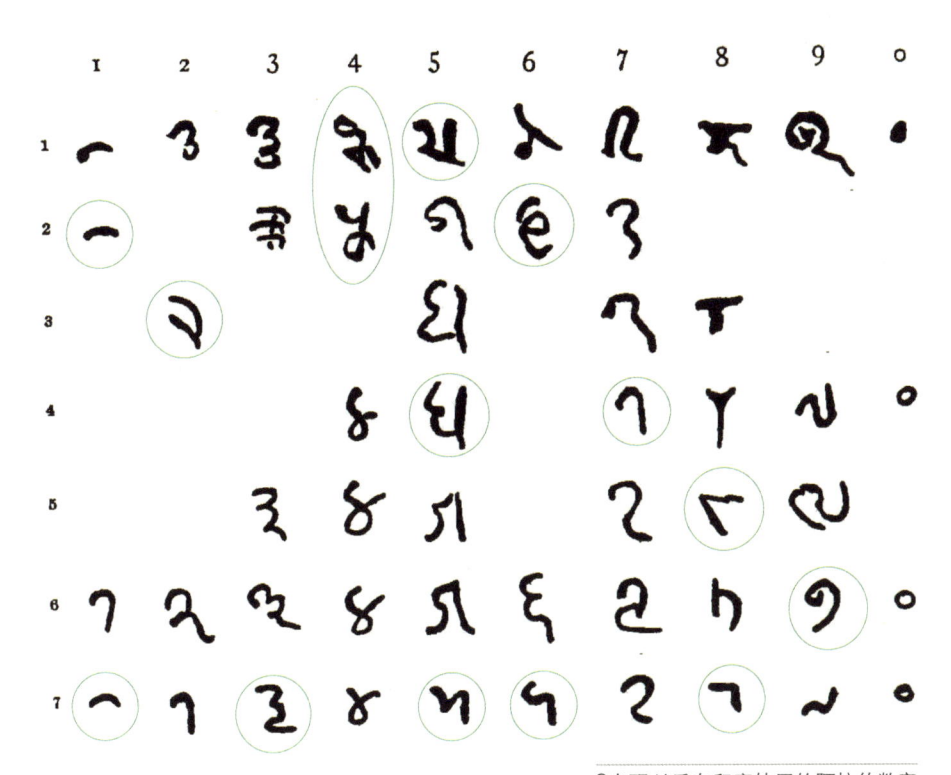

0出现以后在印度使用的阿拉伯数字

法也十分幼稚。下面举例说明。

例1：倘若用罗马累积制记数法计算777+216=？计算过程是：

    D C C L X X V I I　　　（777）
    <u>　　　　C C　X　V I　　</u>（216）
    D C C C C L X X X I I I　（993）

$$\begin{bmatrix} profit & capital \\ \frac{6}{19} \quad \frac{6}{12} \quad \frac{5}{20} & 152 \\ 10 & 1 \end{bmatrix}$$

$$\begin{bmatrix} profit & capital \\ 42 & 152 \\ \frac{2}{19} \quad \frac{10}{12} \quad \frac{11}{20} \quad 3 & 13 \end{bmatrix}$$

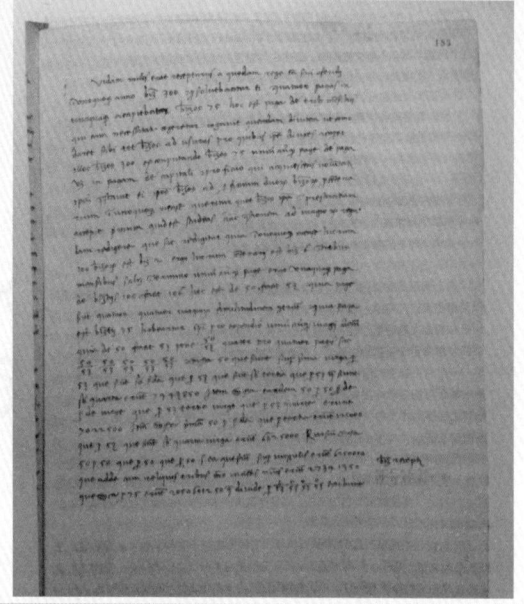

"对一个士兵收到300 bezants的封赏"问题的详细描述,来自13世纪的拉丁文《计算之书》的15世纪复制本。这个问题是第一个对两个不同现金流进行数学比较并确定其现值差额的问题

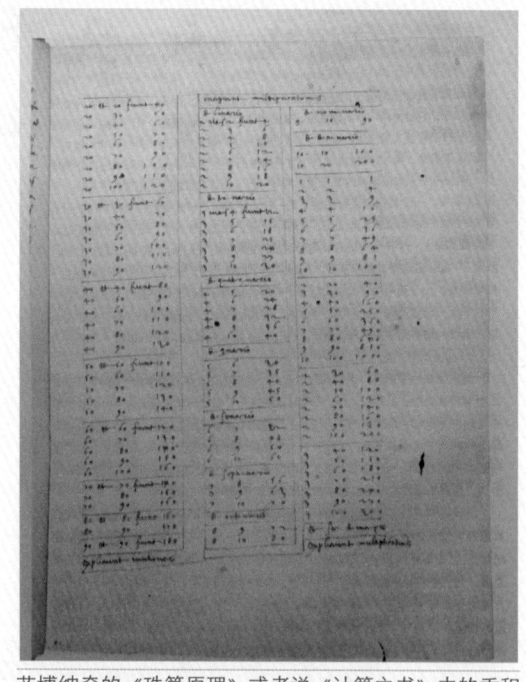

在13世纪《计算之书》的15世纪复制本中,记载有关于公司利润的分配问题。《珠算原理》证明了如何计算企业的投资利润,并用"比例法则"确定每股投资的回报

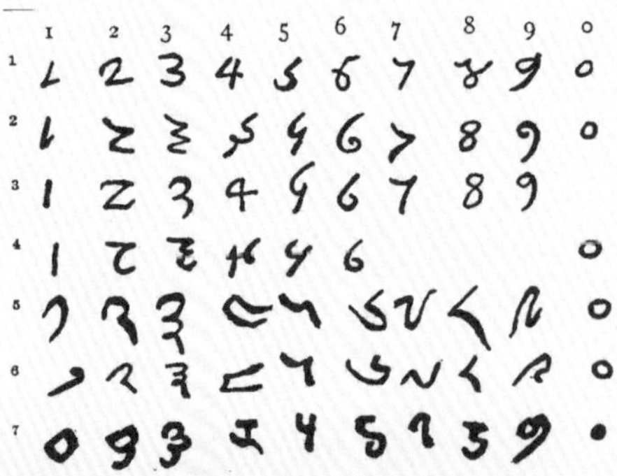

欧洲与东方不同的阿拉伯数字形式

菲博纳奇的《珠算原理》或者说《计算之书》中的乘积表,很可能是西方算术中最早的阿拉伯数字乘积表,是重要的金融速算工具

例2：倘若用埃及二乘法分别计算17×15和18×14，计算过程分别是（为论述方便，将埃及数字换成阿拉伯数字）：

	1×17=17		1×14=14
	2×17=34		2×14=28
	4×17=68		4×14=56
	8×17=136		8×14=112
	16×17=272		16×14=224
减	1×17=－17	加	2×14=28
∴	15×17=255	∴	18×14=252

可见，这些罗马人和埃及人的计算法非常麻烦，用它们反映会计上的经济业务，既浪费时间，不利于提高记账效率，也不能适应反映大量经济业务的需要，尤其不能适应反映资本主义经济业务的需要。如果说，这种幼稚的计算法对为自然经济服务的单式簿记法尚可适应，那么，到封建社会末期，特别是进入资本主义经济社会以后，这种低级的计算方法便愈来愈成为会计迈大步前进的羁绊。

古代印度人的情形不同！他们以有9个记号和1个零的十进制位值法为计算基础，所以，可以非常方便且整洁地进行各种复杂的加减乘除运算。当时，印度人在加法运算上一般采用两种方法：一种叫直接法，另一种叫反对法。

来自L'Arithmetique1637年第二版的复利表。该表最初是由吉恩·特里恩坎特(Jean Trenchant)于1558年书写的。吉恩·特里恩坎特还根据菲博纳奇的现值计算方法解决了复杂的金融问题。他是第一个计算复利表的人。

```
         2                    
         5                    
        32                    
       193                    
        18           1位合计=  20
        10          10位合计=  14
       100         100位合计=   2
       ───                  ───
       360                  360
    （直接法）              （反对法）
```

这较之古代其他国家的计算法，显然要简便得多。

公元8世纪中叶，有一个印度的天文学家访问了巴格达王宫。他把随身携带的天文表，当作礼品献给了当时的君主，遂使印度式数字计算法传到了阿拉伯。在阿拉伯人的手里，这种计算法有所改进，从此有"阿拉伯数字"（Arabian Numerals）之称。不久，它又随着经济的发展之潮，传入13世纪初的意大利，为当时簿记方法的改革，创造了一个极好的条件。

马克思称十进制位值法为"最妙的发明之一"[④]。英国20世纪初叶的会计学者A·H·沃尔芙也指出：意大利式簿记所以能够发展到现在普及的形式，是因为在它的发展早期发生过两次大的改革：一是公认的货币制度的制定；二是废除罗马数字，代之以阿拉伯数字，前者使簿记变得简单、容易，后者使会计记录变得整洁、明瞭[⑤]。

所以，从对世界范围内会计方法改善的影响角度看，如果说古印度人单凭创造了印度数字和十进制位值法，就足以在文明古国会计发展上与古代埃及、巴比伦、希腊、罗马和中国争妍斗艳，也绝非溢美之言。

下面，再看中国的活字印刷术和造纸术。

公元751年的一场战争，使中国的造纸术传到了阿拉伯，后又经阿拉伯人之手传到西欧。从此，价廉物美的纸张取代了羊皮纸的垄断地位，开始成为会

欧洲关于造纸的最早文献nuremberg chronicles-paper mill

计人员手中常用的记账工具。正是在中国的纸张面前，中世纪原有的羊皮账簿与古代埃及的纸草账簿、巴比伦的泥板账簿一样，作为一定时期会计发展的特色，只剩下历史意义了。

当时，在中国的印刷术传入西欧之前，西欧的书籍都是手抄本，字迹每册各不相同。一部著作如果要复制成100部，就必须抄写100次，所以，在这一时期，书籍的传播极其缓慢，读书人要想得到一本书也不是件容易的事。自从中国元代的木活字印刷术经阿拉伯传入欧洲，特别是1450年德国谷腾堡受中国活字印刷的影响，用铅、锡、锑的合金初步制成欧洲拼音文字的活字，并用于印刷书籍以后，大大地改变了当时文化传播局限很大的状况，基本上消灭了复印书籍的困难，从而为欧洲的科学从中世纪漫长黑夜之后突飞猛进的发展，以及为文艺复兴运动的兴起，提供了一个重要的物质条件。

马克思在1863年1月给恩格斯的信里将印刷术、火药和指南针的发明并称

"是资产阶级发展的重要前提"。英国17世纪杰出的唯物主义哲学家F·培根也指出:"这三件发现改变了全世界的整个面貌和事物的情况"。"由此产生了无数的变化,以致似乎没有一个帝国、没有一个教派、没有一个星宿曾经比这些变化加给人类事务以更大的力量和影响"。可见,印刷术的发明的意义是多么重大!同样我们可以想象,倘若没有纸张,没有印刷术的应用和出版业的兴起,卢卡·帕乔利的簿记著作是不可能速度如此之快、范围如此之广地传播开来的。正是从这一意义上讲,没有中国人的造纸术和印刷术对早期簿记著作的影响,就不会有现代意义上的借贷记账法,同样就不会有现代意义上的西方会计学。**这是伟大的中华民族对于意大利式簿记传播和发展所作出的杰出贡献。**

现在,一提起西方会计学,人们总认为那只是西方人的杰作,与东方人无缘。实际上,这真是一个极大的误会。正当西方会计发展到中世纪,处于"山重水复疑无路"的状况之时,是东方文明的到来,才给它们的前途带来了无限的希望。

这就说明,正如较为健全的单式记账法的出现,是古代埃及、巴比伦的文明和经济与古代希腊、罗马的文明和经济相融合的结果一样,复式簿记的诞生和发展,同样需要东西方文明的共同培育。西方会计是属于全人类的,是全世界人民的共同财富。我们千万不能忘记这一点!

还有不能忘记的一点是,**印度数字、十进制位值法和中国的造纸术、印刷术向欧洲的传播,是以阿拉伯国家为中介完成的。可以说,正是由于阿拉伯人的这种桥梁作用,才使中国和印度的科学技术冲击着西方,并自然地加入影响复式簿记产生和发展的诸种因素中。阿拉伯人对于西式簿记的贡献同样是巨大的。**

阿拉伯数字的变迁

从印度数字发展到现代的阿拉伯数字

印度神圣数字（950年左右）

欧洲数字（1335年左右）

欧洲数字（1400年左右）

欧洲数字（1480年印刷体）

欧洲数字（1482年印刷体）

现代阿拉伯数字

（出典）『零の発見』引用。

（出典）『数学物語』引用。

注　释：

① 马坚泽：《古兰经》，中国社会科学出版社1981年版，第33～34页。

② （英）伯纳·路易著：《历史上的阿拉伯人》，中国社会科学出版社1979年版，第100页。

③ （英）雪莱：《西风颂》。

④ 马克思著：《数学手稿·关于初等数学的一些札记》。

⑤ （日）片冈义雄、片冈泰彦译：《沃尔芙会计史》，法政大学出版局1977年版，第10～11页。

第三章 意大利的会计

一、春天与黄鹂

教皇乌尔班二世的一声呐喊，煽动起数百万基督教徒为解放"圣地"耶路撒冷而战的狂热激情。始自11世纪末的那场前后8次、历时近200年的富有侵略性的十字军东征（1096~1291年），使整个欧洲商人与东方发生了空前的、全面性的贸易往来关系。这种到13世纪抵达登峰造极程度的"利凡特"贸易，乃是意大利商业和金融发展的一大起飞。因为意大利正处于地中海的中心地带，海岸绵长，环境适宜，

十字军东征油画

文艺复兴时期的意大利成为商业与金融中心

堪称东西方贸易的最大和唯一商路。那时候，阿尔卑斯山以北的北欧居民对东方商品的需求日益增长，尤其是东方盛产的奢侈品、丝绸、香料和葡萄酒，使他们垂涎三尺、梦寐以求。这些东方商品的利润是大得惊人的，其中尤以中国的丝绸、阿拉伯的药品、印度西海岸的胡椒、香料群岛的肉桂为甚。例如，贩卖一般东方商品，利润通常为70%～100%，肉桂的利润竟高达287%。这一时期的意大利商人很像士兵，他们能迅速决策，具有不寻常的精力和毅力，满怀非凡的勇气和果断的精神。意大利北方诸城市，比如威尼斯和热那亚，作为这些东方商品流通的中介，作为这些商人活动的主要地区，它们的商业获得了极大的繁荣。

金融业在当时也是一个生龙活虎的行业，最发达的当推佛罗伦萨。1230年，以佛罗伦萨为首的诸多银行在西欧各地均设有代理店，这些分店代理罗马教皇征收各项税款、贡赋，同时也与所在国的君主进行大宗的银行业务。所以，最初欧洲各地的银行基本上都是由意大利人经营的。那些最早在西欧从事信贷和高利贷业务的意大利人,称为"伦巴底人",在伦敦,办理金融业务的街道,称为"伦巴底街";在法国,所有的短期贷款利率,称为"伦巴底人利率"。佛罗伦萨城的巴尔迪银行、佩鲁齐银行和阿恰伊渥奥利银行,被后人共称为"基督教世界的支柱"(Pillars of Christendom)①。他们一方面用大量的现金货币向国内外各地的封建领主和君主发放高利贷,进行重利盘剥;另一方面又致力于扶植本地的工商业。由于佛罗伦萨银行业的实力太雄厚,到1252年,该城铸造的佛罗琳金币成为当时西欧世界的通用货币。而且,"银行"、"信贷"、"当铺"、"破产"诸术语(原为意大利语)具有全欧的意义。14世纪上半叶佛罗伦萨的历史学家维拉尼说:"佛罗伦萨的银行家以他们的交易支持着基督教世界大部分的商业和交通。"金融业之盛之旺,由此可见一斑。

商业和金融的振荡跳跃,使意大利北方经济呈现出一派莺歌燕舞、流水潺潺的兴旺景象。当时,一股愈来愈大的商品经济发展的春潮,以其乱石崩云、惊涛裂岸之势,急速地席卷着意大利北方诸城市。它有着摧枯拉朽、推陈出新的革新气魄,同时色调清新、节奏明快,显示出无限广阔的发展前景。

面对现状,一种紧迫之感在商人和银行家们的心中油然而生。这就是,经济发展的大趋势对一直沿用的单式簿记已构成多么严峻的挑战!

是啊,自从人类在奴隶社会和原始社会的交替点上告别原始计量与记录时代,会计发展的第二次浪潮便随之奔涌而来。在这样一个单式簿记的运用时代里,虽然罗马奴隶制经济的滴滴甘露,也曾滋润出复式簿记的根根嫩芽,然而,在那样的自然经济类型的时代,这种被称作"代理人簿记"的复式账法根本不可能吮吸到能使自己得以充其量发展的乳汁,所以,当时的它,显得太娇柔荏弱、苍白无力。

花开花落,几个世纪过去了。从11世纪开始,历史将意大利扮成主角,推向了经济发展的舞台。意大利北方商业和金融业的振兴,特别是资本主义经济萌芽的产生,像一颗颗"催化剂"注进了当时的经济社会,由此而导致的结果之一,是西方会计史上第三次浪潮的汹涌澎湃。君不见,早期银行业一崛起,遂成为最早促进会计发展的激进因素。因为金融业者在办理借贷业务时,最容易将每笔经济业务的发生视为人的借贷关系,并设置人名账户予以反映。[②]但利润性商业是继之而对会计方法发展更富有刺激性的促进者。因为唯有利润性商业才是资本积累的最佳手段,通过它,资本才能一次又一次地投入生产并发生增值,这些增值资本又必然要求有新的活动场所。这样的话,就势必会从广度上更加扩大生产性贸易活动的范围,从深度上导致经济业务内部各部分的复杂化,相应地,诞生一套较之单式簿记作用更大的新式会计,乃成为时代之需。

于是乎,一股敢于在会计方法上开辟前人未曾涉足的新路的决心,将一批又一批有志之士挤到同一路上冥思苦想。他们一方面根据当时的会计实践,用自己的双手,编织着新式簿记的经纬网,另一方面又把自己的余光扫向了在古代希腊和罗马那片神奇的土地上绽开的簿记之花。这是一支何等壮观的队伍啊!有银行家、有商人、有数学家、有政府财政官员、有法学家,还有……他们手拉着手,肩并着肩,一起酝酿着、研讨着、实行着意大利簿记这部巨著上一个曾掀起世界性会计方法大变化的主题。

终于,一声婉转清脆的啼声,划破了四周的寂静:但见一只黄鹂在春风轻拂下嬉戏。人们说，黄鹂常与春天一同出现。商品货币经济和由此脱颖而出的资本主义经济关系的蓬勃发展，给意大利半岛带来了春意盎然的秀丽景色，同时，也给人们送来了意大利式复式簿记——这只黄鹂那令人心旷神怡的欢歌与笑语……

二、佛罗伦萨式簿记

黄鹂的欢歌笑语，首先是从佛罗伦萨发出的。

一般认为，最早反映了意大利式簿记法的萌芽状态的账簿，是公元1211年

1493年佛罗伦萨（1493 map of Florence in Schedel's Nuremberg Chronicle）

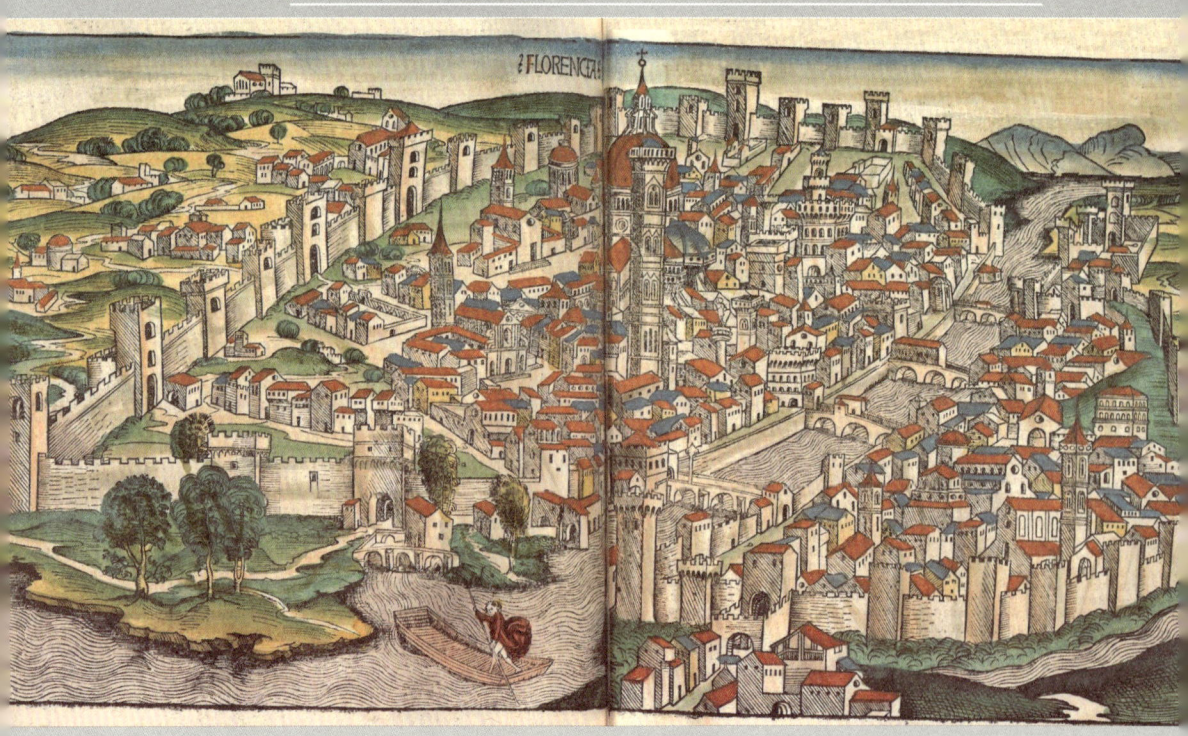

佛罗伦萨银行的两套会计账簿，现珍藏于佛罗伦萨梅迪切奥·劳伦齐阿纳图书馆（Bibliotheca Mediceo Laurenziana di Firenze）。

该账簿是羊皮纸的，纵43cm×横28cm，由班迪尼（Bandini）最先发现，后由意大利著名的语言学家彼得罗·圣蒂尼（Pietro antini）释读成功，并发表在《意大利文学史杂志》（No. 10, 1887）上，引起了文学史学家、法政史学家、经济史学家和会计史学家的关注。[②]

文学史和语言学专家重视它，是因为该账簿是用初期的意大利语记录的，对考察意大利语发展，很有帮助。

法制史专家重视它，是因为该会计记录在当时发挥了公证书的作用。比如，意大利的法制史学者马里奥·基奥达诺（Mario Chiaudano）在分析该总账后指出："他们的账簿具有特别的价值，其记录和抄本相当于公正证书。"[③]

经济史学家重视它，是因为通过该总账，可以了解13世纪早期，佛罗伦萨的银行家和商人的经济行为。

会计史学家重视它，是因为这份记录乃是最早使用借贷用语进行复式记录的史料。意大利会计史学者F·贝斯塔（Fabio Besta）和费代里戈·梅利斯（Federigo Melis）曾给予高度评价。英国的会计史学者杰弗里·李（Geoffrey Lee）还将它译成了英文。日本片冈泰彦和泉谷胜美也将它译成了日文。

对于这两份会计记录，我们可以从下述几点加以考察。

（一）该账簿的记录对象仅为债权和债务（人名账户），一张账页一个户名，既无物名账户的设置，亦无损益账户的设置，更无资本账户和余额账户的设置。因为在当时的意大利，商品经济不甚发达，人与人之间的信用关系也较为单纯，金融家们往往以只设置备忘性质的人名账户来反映人的债权债务关系为满足，并不需要一套自成体系的记录方法。

（二）记账方法是以"di dare"（他应给我）和"di avere"（我应给他＝他应有得）之类的动词作为转账记录符号的复式记录。在这里，"他应给我"（er muss uns geben，he must give us）相当于今天的"借"，表示对客户的债权，"我应给他"（er Soll haben；he shall have）相当于今天的"贷"，表示对客户的债务。这种对"借""贷"的认识，是从银行的角度出发的，所谓"借"、所谓"贷"，分别指的是"借主"和"贷主"，并不是具有现代意义的作为纯粹记账符号的"借方"和"贷方"。当时，对于任何一笔委托转账事项，银行都在预留的两个借贷记账部位上进行转账，即从某一客户账户的贷方转入另一客户的借方，或从某一客户账户的借方转入另一客户账户的贷方，以结算双方的债权债务关系。这就是新式簿记的萌芽，更准确一点讲，就是中世纪意大利式簿记法的萌芽。

（三）记账形式均为上下叙述式。这可以说是法兰克王国会计的遗风，是早期意大利簿记的一大特色。那时人们进行记录的主要动机是为了避免遗忘，所以，记账者只求以普遍的口语体对债权债务关系详加记载，其记录内容包括：年度、借主、金额、偿还日期、利息条款、保证人和借贷用语。在具体记录之时，他们一般都是将每一账页分割为上下两部分，即账页的上部为借方，反映债权的发生，下部为贷方，反映债务的发生。倘若债权债务全部结清，则划一斜线表示终结。

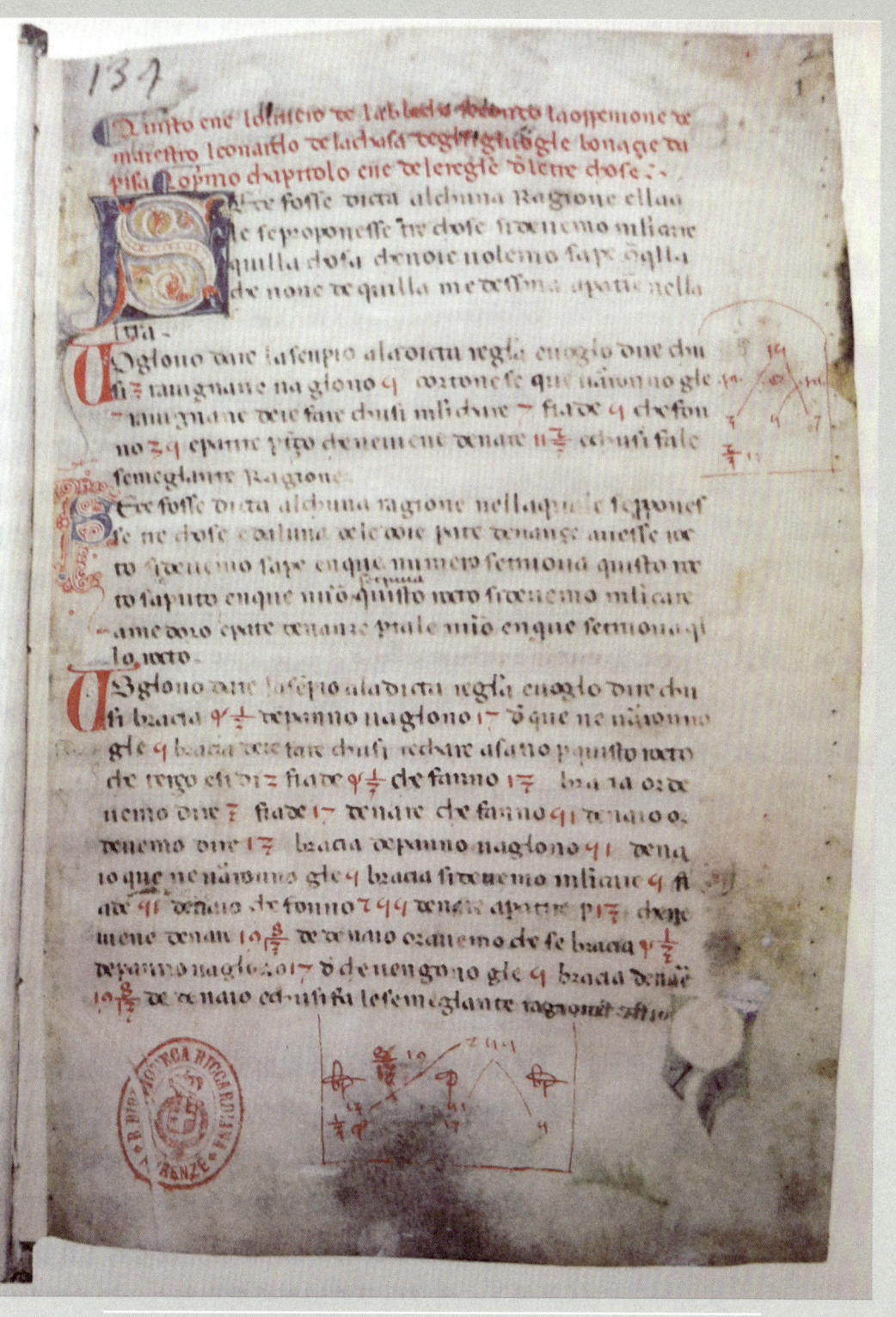

这个残缺的《计算之书》版本是由比萨的菲博纳奇所著，日期大约是13世纪90年代。现存最早的《计算之书》是根据拉丁文原本的一部分译成意大利文

（四）在账页上，没有明确的金额栏，货币额全部以罗马数字记录。实际上，1202年，意大利数学家莱奥纳尔多·菲博纳奇（Leonardo Fibonacci, 1170~1256年）在自己的著作《计算之书》（Liber Abbaci）中已经向意大利人介绍了阿拉伯数字（Arabic numerals）使用法。但是，当时很多人尚未摆脱传统思想的束缚，对罗马数字比对阿拉伯数字更有感情，一般认为它具有不易涂改的优点，用它反映金额数目，可以更有效地杜绝贪污作弊之类的渎职行为。甚至在1299年佛罗伦萨的"交易法"章程中，仍规定商业和银行必须使用罗马数字，禁止使用"阿拉伯数字"。⑤可见，一种新事物代替旧事物是何等的不易！

一滴泉水的流动可以作江河之始流，一片树叶的飘摇可以兆风暴之将来，微小的起源可以结硕大之果实。

银行家为会计发展提出的所有这些方法，用现代的眼光看，当然还十分粗浅，但它在当时是过去不曾见过的新方法，恰恰又是这种方法，为现代借贷记账法的建立奠定了坚实的基础。

我们认为，自古以来，成功的管理者自有他们的成功之术，但他们在根据自己所处时代的特殊环境，采用灵活巧妙的记账方法，去反映和管理经济业务这一点上，都是相同的。在当时的历史条件下，意大利的金融家们能不同凡响地发明出这样一套看似幼稚的簿记方法，应该算是很有功劳的。可以说，以上下叙述式的复式账法来反映经济业务的人名账户是佛罗伦萨式簿记（Florentine Syetem of bookkeeping）发展的第一阶段，它首先出现在银行业，尔后随着商品经济的发展之波，扩展到商品贸易活动之中，并有了新的突破。

现将达蒂尼（Datini）商会的应收款账户和应付款账户列举如下：⑥

Leonardo Fibonacci
(dall'opera *I benefattori dell'umanità*; vol. VI, Firenze, Ducci, 1850)

L. 菲博纳奇

MCCCLXVJ　　　xxviiij di diciembre

Gli ossi nostri della chasa e della bottegha che tengnamo da lloro in- Vignone deono dare di xxiiij di diciembre 1366; levamo dal quaderno rose delle richordanze da carte xliij dove dare doveano per una ragione iscritta in iij partite in somma fiorini cinquant' otto d'oro di gralli a soldi xiiij Provenzali.

fiior. lxx, s. xj, d. o.

Posto in questo libro innanzi a carte cciij a pie d'una loro ragione dove avere doveano per magiore soma ponemo a pie ch'avesono autto per qucsta ragione, pero daniamo di qui.

fior. lxx, s. xj, d. o prov.

译文大意：

1366年12月29日

该阿维尼奥分店的房东老板为借方。在1366年12月24日的红色备忘录的第43页记录的三笔交易，金额为58 fiorini d'oro di gralli，单价为14 Soldi Provenzali

fior. 70, S. 11. d, o

房东老板为贷方。   房东——应付款账户为借方

fior. 70, S. 11. d, o Prov.

MCCCLXVJ   di xxviiij di diciembre

Cli osti nostri della chasa e della bottegha che tengniamo da lloro in Vignone deono avere di xxxj di diciembre 1366 per pigione di detta chasa e botegha cioe da di xiij di Luglio MCCCLXIII, insino a sopradetto di xxxj di diciembre MCCCLXVI che sono anni tre, mesi cinque, die diciotto, per pregio di fiorini ventisette d'oro di grali per ano; monta in soma fiorini novantatre d'oro di grali e soldi venti venti e denari quatro provenzali.

fior. cxij, s. xij. d. iiij prov.

Anone autto, levamo di questo libro adietro da carte viij, dove dare doveano per una ragione in soma fiorini lxx, soldi xj provenzali; danamo, ch'avesono datto,

fior. lxx, s. xj, d, o prov.

译文大意：

该阿维尼奥分店的房东为贷方。对于他的店铺和住宅，从1363年7月13日起到1366年12月31日止，应支付给他的房租，年额为27 fiorini d'oro di grali，总额93 fiorini d'oro di grail, 20 Soldi, 4 denari, Provenzali

fior. 120 s. 12d. 4 Prov.

房东为借方。而且，房东在第8页的应收款账户余额为贷方，右边的余额应往

应付款账户结转。

fior. 70. s. 11. d. o prov.

显而易见，该应收款账户和应付款账户处理的是对同一人的债权和债务；应收款账户开始于对房东的销售债权，应付账款户开始于对房东的房租债务，债务大于债权的超过部分，表现为对房东的纯债务额。

该账户记录的一般原则是：

首先，在进行第一笔记录之时，在开头冠以账户名称；接着，对经济业务进行分析，倘若为借方记录，就使用 dee dare 或者 deno dare 这样一些表示借方的用语；倘若为贷方记录，则采用 dee avere 或者 deno avere 这样一些表示贷方的用语。

其次，在进行第二笔记录时，不再记录账户名称，而仅以上述的区分借方贷方的用语开始；第三笔、第四笔……也是这样。

在进行最后一笔记录时，倘若为借方记录，以 anne avuto 或 annone avuto 这样的用语开始；倘若为贷方记录，则以 anne dato 或 annone dato 这样的用语开始。

简言之，倘若账户的最初记录为贷方 dee avere，则最后一笔记录以 anne avuto 这样的用语开始；倘若最初记录为借方 dee dare，则最后一笔记录以 anne dato 这样的用语开始。这些记账用语在上下叙述账户形式中，对于判别是借方记录还是贷方记录，发挥着重要的作用。一个账户究竟是以借方记录开始为好，还是以贷方记录开始为好，就像前述的应收款账户从借方记录开始，应付款账户则以贷方记录开始一样,应依账户的性质而定。

从记录形式、记录范围和记账符号考察,这种人名账户还不可避免地带着牙牙学舌的稚气,但它对复式簿记法的进一步健全,开创了一个良好的开端。

人名账户以后,佛罗伦萨人又把精力主要放到如何设置和运用物名账户上。

我们知道,十字军的侵略性东征的最终结果,是带来了意大利商业的空前繁荣。面对那数量愈来愈多、品种愈来愈复杂、周转愈来愈快的经营商品,佛罗伦萨的定商们认识到:倘若仍然按惯用的做法,仅仅依靠用于反映人的借贷关系的人名账户,已远远不能适应商业经营管理的需要;要对购销存过程中的商品进行反映与监督,就有必要在人名账户的基础上再设置各种物名账户,以反映物的增减变化。

于是,他们为使账簿体系得到进一步的发展,作出了种种努力。在这条探索的路上,商人里内里奥·巴尔多·菲尼(Riniero und Baldo Fini)兄弟先声夺人,他们在自己的商业账簿(1296~1305年)中,除人名账户以外,又成功地设置了靴帽、被服及杂货之类的物名账户。

这一点,现在看来,似乎是微不足道的改进,但它发生在13世纪末14世纪初的意大利,实足以惊世骇俗!

尽管,菲尼兄弟和以后的商人们的商品账簿在记录形式上仍为上下叙述式,较之1211年的银行总账,并没有什么实质性的突破。但是,从人名账户发展到物名账户,是意大利会计发展较为艰难的一步,同时也是较为成功的一步。

说它成功,主要有三个方面:

第一,它在记录人的债权债务的基础上,又将物的增减变化,也纳入了记录范围，从而开拓了账簿记录对象的新领域。

第二，借贷原义衍失，尔后逐渐转为纯技术符号。

内　容	在账簿中记录业务时的叙述方式	
	发生	清偿
有关债权业务	Ⅰ 他将要给我们 He Shall give us	Ⅱ 他已经给我们 He has given us
有关债务业务	Ⅲ 我们将要给他 He shall have from us	Ⅳ 我们已经给他 We have given him

这是当时一些商店对债权债务的发生与清偿的文字叙述。其中Ⅰ和Ⅳ相当于现在的借方内容；Ⅱ和Ⅲ相当于现在的贷方内容。显然这不是按借贷的原义，即债权（应收款）和债务（应付款）所能解释得了的。

第三，促成了拟人实务嫩芽的萌生。因为随着物名账户的出现，只有在物名账户中继续使用已为人们所习惯的借贷术语，将属于物名账户的账户通过拟人化作为人名账户看待，才能将人名账户和物名账户有机地联系起来，组成统一的账户体系。这种拟人思想后又推广于资本账户，促进了意大利式簿记的完善和推广。

三、热那亚式簿记

正当佛罗伦萨式银行簿记和商业簿记方兴未艾之时，在热那亚的土地上，也产生了独具特色的簿记法。这种被后世称为"热那亚式簿记"（Genoese System of bookkeeping）的会计方法一方面以古代罗马的会计为宗，另一方面师法银行业的优秀簿记技术。它剔除了佛罗伦萨式簿记中广泛采用的上下叙述的记账形式，而以简洁明了的左右对照的记账形式为其主要特色和成就。

热那亚式簿记的兴起,是与热那亚市政厅的蓄意创新分不开的。因为该簿记得以保存到现在的最古老的复式账簿,乃是1340年热那亚市政厅财务官(Massari)的两套总账,堪称热那亚式簿记的典型。

1327年,市政厅为了防止厅内官员徇私舞弊,决定以银行的记账法为楷模,对会计制度进行改革。因为那时候,银行的簿记技术尤为著名,早在14世纪初,就已形成为一套较为健全的复式记录体系。遗憾的是,这些银行的总账是什么样子,现在已不得而知。

热那亚市政厅1340年的总账反映的是本市的财政状况,由两套总账组成;一套由两名财务官记录;另一套由处于监督财务官立场的两名财务记录官(Maestri Ragionali)按原账抄录。在总账中,既有财务官账户、征税官账户、公证人账户之类的人名账户,也有反映胡椒、绢丝之类的物名账户,还有损益账户。而且,每一账页分割为左右两方,采用左侧为借方、右侧为贷方的左右对照的记录形式。从记录内容考察,这些总账包括从上年度结转过来的记录,但1340年以前的记录已不存在。据说是在1339年热那亚市民大暴动时散佚的。

这里,不妨列举一个财务官的总账:[⑥]

MASSARIA COMMUNIS JANUE DE MCCCXXXX.

MCCCXXXX, die Vige-sima sexta Augusti	MCCCXXXX, die Vige-sima sexta Augusti
1. Jacobus de Bonicha debet nobis pro Anthonio de Marinis valent nobis in isto in LXI.	Recepimus in racione expense Comunis Janue valent nobis in isto in CCXXXI et sunt pro expensis factis per

lib. XXXXVIIII,s.IIII.

2. Item die quinta septembris pro Marzocho Pinello valent nobis in isto in LXXXII.
　　　　lib.XII.s.X.

3. Item MCCCXXXXI die sexta Martij pro alia sua racione valent nobis in alio cartulario novo de XXXXI in cartis C.
　　　　lib.,s.XVI.
　　SUMMA lib LXII,s.X.

ipsum Jacobum in exercitu Taxarolii in trabuchis et aliis necessariis pro comuni Janue,et hoc de mandato domini Ducis et sui comsilii scripto mano Lanfranchi de Valle notarii MCCCXXXX die decimanona augusti.
　　　　lib.LXII,s.X.

1493年的热那亚
(the Nuremberg Chronicle)

译文大意：

1340年8月26日

1. 雅各布斯·德博尼恰为借方。安东尼奥·德马尔米斯在61页为贷方。

1. 49. S. 4.

2. 同。9月5日。马尔佐科·皮内洛在92页为贷方

1. 12. S. 10.

3. 同。1341年8月6日。他的账户对该账户的余额，在新总账的100页，为贷方。

1. , S. 16.

合计1. 62, S. 10.

1340年8月26日

雅各布斯为贷方。塔克雅罗利的军队为保护热那亚市所需的船和其他用品，这种支出在总账231页反映。该支出命令是由公爵及其会议发出的，该决议在1340年8月19日由记录人兰弗兰基·德瓦莱记录。

1. 62, S. 10.

可见，该账户的一般记录原则是：首先将借方记录在左页反映，贷方记录在右页反映。作为账户名称的雅各布斯·德博尼恰只在最初的借方记录时反映。"debet nobis pro……"或者"Debent nobis pro……"（负于我）系表示借方的术语，账户名称和借方术语在第二笔以下重复使用时，则以"Item"（同）取而代之。

贷方记录与借方记录相同。表示贷方的用语"Recepimus in……"（我受取）也只是在第一笔记录时使用，尔后重复时，以"Item"（同）取而代之。

这种左右对照的账户形式的出现，是会计管理的要求，经济发展的必然结果。随着交易笔数越来越多，人们对于上下叙述式记录，日渐感到不便。例如，

倘若对同一客户的债权分数次发生，又分数次结清，要将全部的发生和结清次数从上至下记在同一账面，已成为不可能的事。在这样的情况下，为了记录和管理的方便，人们便改变做法，将那些债权的发生部分只记录在账面一侧，而将债权的结清部分记录在同一账面的另一侧，这样，就使债权的发生和结清记录清清楚楚，让人一目了然。

不仅如此，左右对照的账户形式还为进行账户式计算，提供了场所。它要求将计算出来的余额加在相反的一侧，使其平衡，藉以进行平衡检查的账户式计算。所以，这种账户形式可以起到自我检验余额的作用。在此，我们可以清楚地看到古代罗马会计的深刻影响。

该财务官总账的另一个突出特点是：与佛罗伦萨式簿记一样，仍然以文字叙述式反映每笔经济业务，不像现在这样作成简洁明了的会计分录。记录要素包括：账户名称；表示借方或贷方的术语；详述经济业务的全部过程，对应账户的名称及其页数；在结尾处合计金额。而且，既无金额栏，亦无日期栏，数字均为罗马数字。

一部会计方法史告诉我们，按同类项目汇总经济业务这一观念，乃是总账成立的基本条件。没有它，就不会有总账的存在，而没有总账，就不会有我们理解意义上的簿记。一般地说，对于意大利式总账的发展，可以从记录的形式和记录的语法两方面去考察。在早期簿记发展过程中，意大利人往往偏重于记账的语法，而不太重视记录的形式，所以，正像我们在研究佛罗伦萨、热那亚和后述的威尼斯的总账时所发现的一样，那时候，三种类型的总账在表示借贷方的语法上各不相同，或曰："我应给他"、"他应给我"，或曰"负于我"、"我受取"。在术语尚未标准化的时代，这种辞句上的不同，是毫不奇怪的。它们的意义从根本上讲几乎完全相同。正是在早期重视语法的总账的基础上，总账的发展才越来越趋于重视记录的形式，往表格化方向迈进。当然，这待以后论述。

热那亚式簿记还有一巨大成就，这就是在账簿组织中，卓有成效地引进了损益账户。

这应从当时的经济发展特点说起。

14世纪中叶左右，正是资本主义性质的商品货币经济在意大利北方萌芽并初步成长的时期。"天下熙熙，皆为利来；天下攘攘，皆为利往。"在这样一个以追求利润为唯一目的的世界里，经商之人总是希望能以廉价购进商品，并以高价出售，同时按进价和售价分别在物名账户的借方和贷方加以反映。这样，待全部商品销售结束后，物名账户的贷方合计一般都大于借方合计。与人名账户、现金账户能轻易地结出余额，并将余额追加记在反方向，以求得账户借贷双方合计的平衡不同，这种物名账户却难以使自身借贷得以平衡。如果说，由于人名账户、现金账户所反映的金额不大，笔数不多，尚可进行平衡验算的话，那么，由于商品账户所反映的商品品种太复杂、购销次数太多、数量太大，因而要依靠账户自身对这些巨额的进销差价进行管理，就成为难办的事了。应通过什么样的途径、采用何种方法，才能使物名账户达到平衡，才能管理好那些随着商品的飞速周转像流水般滚滚而来的利润呢？这是当时盘绕在商人和金融家们脑际里的难题。一时间，他们曾感到苦恼、感到束手无策，但经过一番迷茫后，他们马上意识到：要想在售完全部商品后使所有的商品账户的借贷合计得以平衡，就应再单独设置其他的账户，以记录从物名账户上结转过来的余额，进而计算总的损益。适应这种损益计算要求而登上会计方法发展舞台的，乃是损益账户。

第三章 意大利的会计

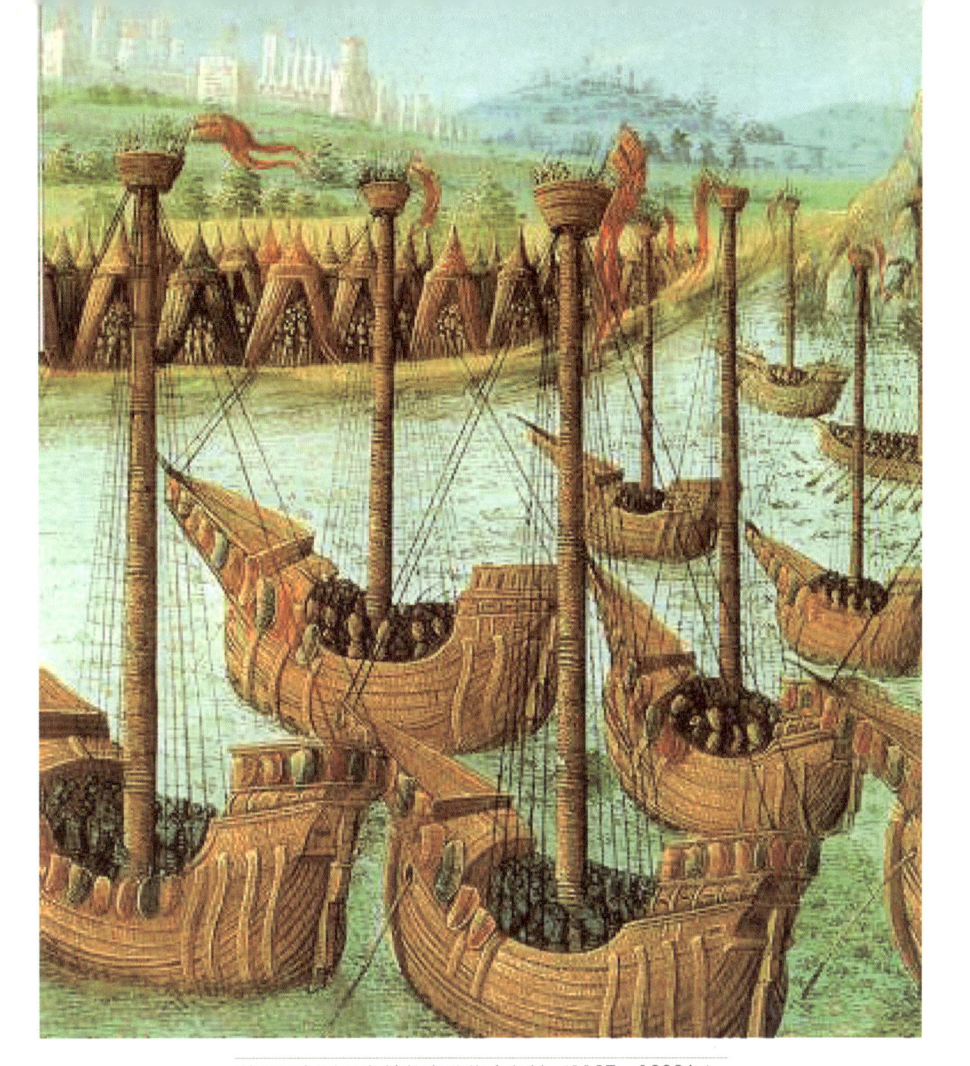

中世纪的会计

热那亚与世界各地的商业往来频繁（1187~1220年）

热那亚市政厅的财务官记录中，有这样一个胡椒账户，它是中世纪典型的商品账户，具有混合账户的性质，不仅反映因购进而发生的费用，而且还反映因销售而发生的损益。一般地说，是按各种不同的商品设户，在借方反映成本和费用，在贷方反映销售额，余额表示每种胡椒的损益。销售结束后，该余额都应往称为"兑换利润和经商损失"（Proventus Cambii et dempnum de rauba Vendita）的总损益账户上结转，并结账。①

当时，对于每一胡椒账户的借方记录和贷方记录，均开设了对应账户。这是

作为对应账户的胡椒账户和总损益账户的借方记录：⑧

Fol.73

MCCCXXXX die XXX Martii

1. Vendea piperis debit nobis，etc.　　　　　Recepimus，etc.

2. Item ea die pro ratione piperis valent nobis

an isto retro in presenti cartis LXXIIII.

· I.MCCLXXIIII, s. VIIII, d, VI.

　　　　Summa,etc.　　　　　　　　　　　　　　　Summa,etc.

译文大意：

73页

1340年3月30日

1. 胡椒销售为借方……。　　　　　　贷方……

2. 同3月30日，胡椒账户

在73页为贷方

1.1, 273，S.9.d.6.

　　合计，……　　　　　　合计，……

这是将胡椒销售损失从胡椒账户往损益账户结转的记录。⑨

Fol .37

MCCCXXXX,die X Marcii

1. Proventus cambii et dampnum de　　　Recepimus,etc.

rauba vendita debet nobis,etc.

2. Item ea die（7 nov.embris） pro dampno

[……]（illegible） Summa,etc.

Summa,etc.

1. 总损益账户为借方， 贷方，等等。

   对于销售损失。

2. 同。对于同日（11月7日）损失。……

   合计，…… 合计，……

综上所述，损益账户的出现，使意大利式账户体系更为健全。有了人名账户和物名账户，进而又有了损益账户，这样，就不仅能够反映债权和债务的增减变化、现金和商品的增减变化，而且还使反映经营成果变为可能，从而再一次扩大了账簿记录的范围。

四、威尼斯式簿记

如果说，意大利式簿记是在佛罗伦萨萌芽，并在热那亚发育和成长的话，那么，它成为以复式记账为纽带的自我平衡的账户体系，可以说就是在威尼斯。

上一节谈到，损益账户的出现，一方面导致了商品账户的平衡，另一方面又将经营成果纳入了记录范围。但由此又产生了新的问题，这就是损益账户无法自我平衡。或者说，它的问题不在于复式记账本身，而在于怎样把这种记录方式同账户的设置和运用相结合，从而更好地建立以复式记账为基础的会计核算体系。

资本账户正是在这样的情况下，肩负着使损益账户平衡，并使余额账户的编制成为可能的重任而出现的。其结果，意大利式簿记更趋完善、更趋成熟。此乃威尼斯商人的杰出贡献。

威尼斯式簿记中最有代表性的账簿有五：一是1406年威尼斯政府的总账；二

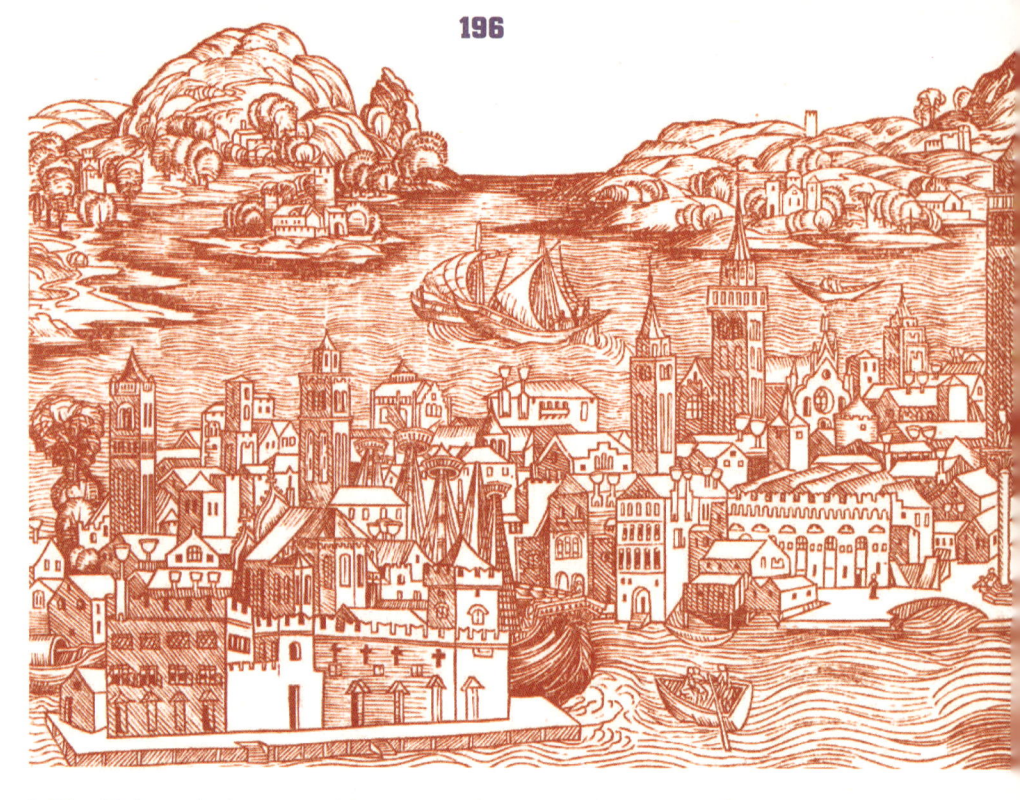

© The Hebrew University of Jerusalem & The Jewish National & University Library

是同年多纳多·索兰佐（Donado Soranzo）兄弟商会的总账；三是现珍藏于威尼斯公文库的安德烈亚·巴尔巴里戈（Andrea Barbarigo）商会的会计账簿；四是贾科莫·巴多尔（Giacomo Badoer）家的总账（1436～1439年）[⑬]；五是管理史上著名的15世纪中叶左右威尼斯兵工厂的会计账簿[⑭]。其中以巴尔巴里戈家的账簿为佼佼者。因为正是他们卓有成效地在当时流行的账簿体系中加进了资本账户乃至余额账户，并以有着严密对应关系的日记账、分录账和总账作为会计制度的基础，从而以最为完善的形式出现，引导整个威尼斯走上了比佛罗伦萨式簿记、热那亚式簿记更高水平的阶段。

据现有资料可知，巴尔巴里戈商会的会计账簿有：

（一）由巴氏亲手记录而成的附有按字母顺序的索引的总账（1430～1440年）。该总账的特征是：首先，将1430年和1433年度内损益账户的结余数额转入

第三章 意大利的会计

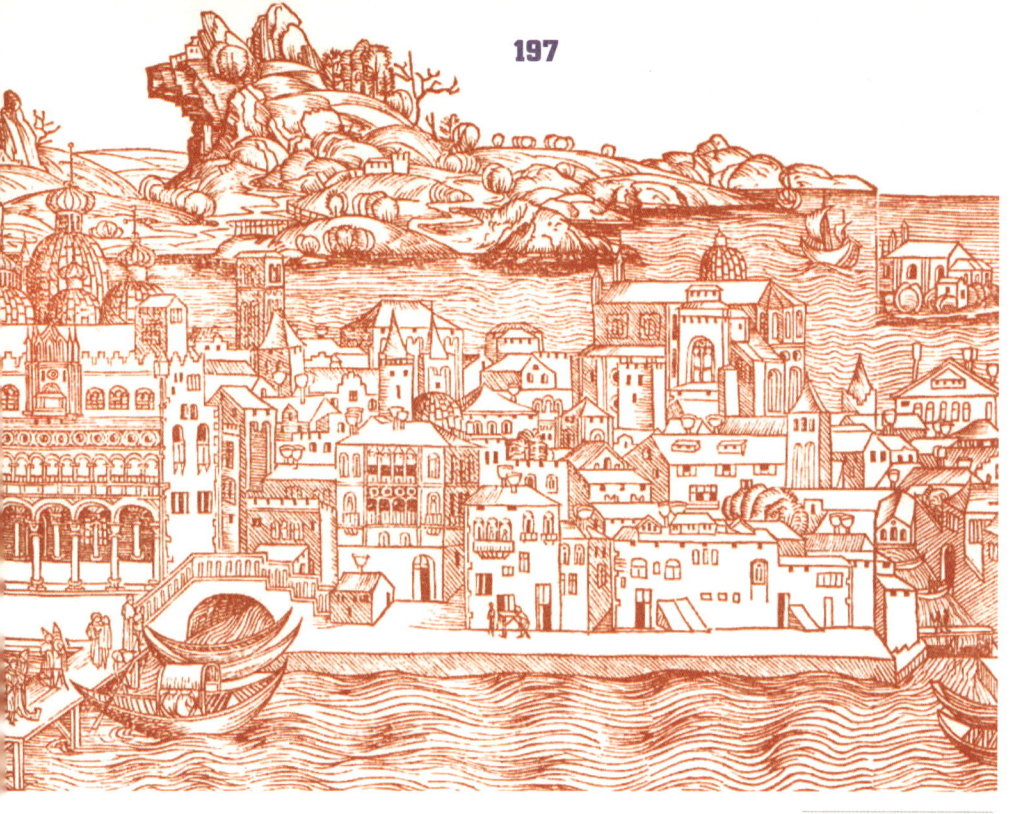

中世纪的会计

1493年的威尼斯地图

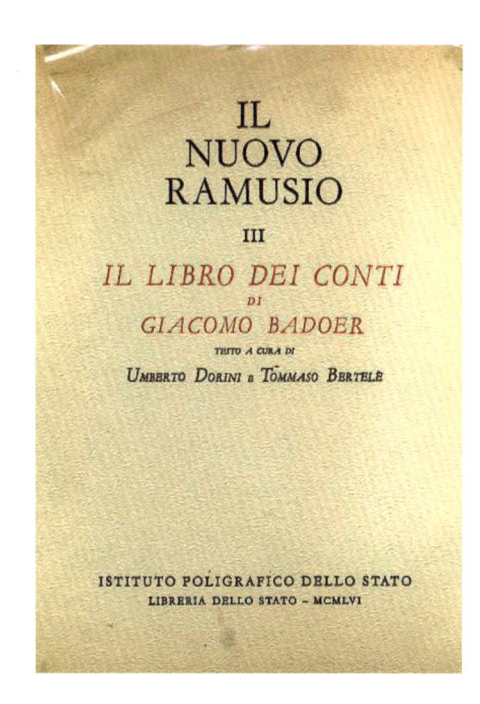

贾科莫·巴多尔记录
(Badoer, Giacomo. Il Libro dei Conti di Giacomo Badoer. Costantinopoli 1436 – 1440)

1434年度的损益账户,然后,又将该账户的结余数转入资本账户,再后将资本账户的结余数转入1434年度的余额账户内,从而使全部账户达到平衡。

(二)1440~1449年间记录的会计账簿。该账记得不怎么详细,也没有余额账户的设置。

(三)1456~1482年由巴氏的儿子尼柯记录的会计账簿。该账已结过账,并在1482年编制了试算表(即余额账户),而且,还进行了不定期的年度利润计算。

请看,这是当时的分录账:[20]

In Christi nomine in MCCCCXXX a di 2 zenaro in Venexia $\frac{18}{7}$ Per cassa de constanti A ser Francesco Balbi e fradelli contadi da ser Nicholo de Bernardo e fradelli e ser Matio e ser Zan de garzoni per nome de ser Armano per resto de zaferan duc 4,g.3,p.16 val.

lb.,s,viij,d.iij,p.16.

1430 a di 8 zenaro

$\frac{5}{14}$ Per ser Nofrio decalzi de Lucha A ser Francesco Balbi e fradelli per le bancho i de contar per mi.

lb.iiJ,s.,d.,p.o.

1430 a di 22 zenaro

$\frac{18}{18}$ Per spexe per mio conto A cassa ch'i o spexo per andar a Ferrara duc. $3\frac{1}{2}$

lb.,s.vij,d.o,p.o.

译文大意：

1430年1月2日威尼斯

$\frac{18}{7}$　　Per　现金；A塞尔·F·巴尔比兄弟……对于萨弗兰的余数

lb. s. 8. d. 3. p. 16

$\frac{5}{14}$　　Per　塞尔·N·德卡尔齐·德卢卡；A塞尔·F·巴尔比兄弟，对于应支付给我的债务

lb. 3. s, d. p. o.

$\frac{18}{18}$　　Per　自己的费用,A现金，对于F地旅行费$3\frac{1}{2}$d。

lb, s. 7. d. o, p. o.

可见，每笔借方记录和贷方记录还没有严格地分开，并以"Per"和"A"这样的前置词将经济业务分解为会计分录，其中Per表示借方，A表示贷方。虽然仍然是以叙述体详细反映经济业务，但较之佛罗伦萨和热那亚的场合，显然要简捷、有力得多。

在记录方法上，该分录账还有两大特点：①在左侧栏外空白处标明往总账结转的过账页码；上部数字为借方记录的总账页码，下部数字为贷方记录的总账页码。不过，在总账中只在最后标明对应总账及其页码，而没有标明分录账的页码，故无法采用逆查法，从总账往分录账审查。②设有金额栏，混用罗马数字和阿拉伯数字记录。

总账又如何呢？同样有突出的改进。

在巴尔巴里戈的总账中，不仅设有人名账户、物名账户和利润账户，而且还设有手续费账户、工资账户、家事费账户和资本账户，以

安德烈亚·巴尔巴里戈：《威尼斯商人》（1418～1449年）（Andrea Barbarigo, merchant of Venice, 1418-1449）

及余额账户。商品购销损益均在损益账户（utile e dano）上反映，该损益账户又与资本账户紧密相连。

比如：[1]

1434
Andreas Barbarigo entgegen Soll Ende Februar per Konto Saldo der Debitoren und Kreditoren. D. 149.

lb.443.11.6.25.

1430
Andreas Barbarigo Haben am 2. Januar fur Debitoren und Kreditoren,welchen Betrag mir meine Mutter gab,als ich zu handeln anfing Bl.1.

lb.20._____

1434
Am gleichen Tage（Ende Februar）von Gewinn und Verlust fur sich ergeben Gewinn.
Bl.143.

lb.228.13.6.
447.16.6.25

译文大意：

1434年
安德烈亚·巴尔巴里戈在2月末与借方贷方合计账户相对应，为借方，149页

lb.443,11,6.25

1430年
安德烈亚·巴尔巴里戈在1月2日对于所有的借主贷主为贷方，该金额是我开张经商时由母亲给我的。1页

lb.20._____

1434年
同日（2月末）由损益账户结转过来的利润。143页

lb.228.13.6
447.16.6.25

这是一个资本账户。

该账户的左侧反映的是1434年往借方贷方合计账户（Saldo de debitori e creditori）即余额账户结转的期末资本；右侧反映的是1430年的期初资本，该资本是安德烈亚·巴尔巴里戈的母亲在她的丈夫逝世后赠给儿子作为开业费的。紧接着记录的是1434年从损益账户结转过来的纯利润。

应特别重视的是，巴尔巴里戈家对于余额账户的设置，尤具意义。通过余额账户，所有总账的借方记录和贷方记录的余额，得到了统一的汇总反映。借助它，人们还试图利用贷方余额合计必然等于借方余额合计的原理，进行平衡试算，以验证账目记录的正确性。所以，余额账户实际上就是试算表，是资产负债表的雏形，是体现复式记录思想的财务报表发展的第一阶段。在后述的德国戈特利布的手里，这种余额账户有了进一步的发展。

所以，巴尔巴里戈家的账簿组织已形成为由日记账、分录账和总账组成的相互联系的不可分割的整体，又以过账记号和日期记录作为连接分录账和总账的纽带。尤其是，由分录账往总账结转采用的是复式记录。这就是在当时一般认为最为先进的商人簿记。

拿它与中国古代的"三账"组织体系相比，两者有相似之处，也有不同之处。不同之处主要表现在，在分类核算上，威尼斯要完善得多。因为在中国，由细流转记总清账，采用的是单式记录；而在威尼斯，由分录账往总账过账，采用的则是复式记录。

中西"三账"设置比较

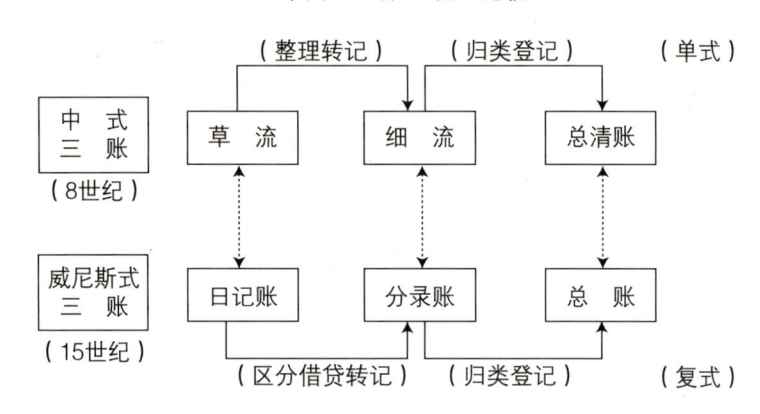

```
                  （整理转记）   （归类登记）   （单式）
  中式
  三账      草 流  ←――→  细 流  ←――→  总清账
（8世纪）      ↕         ↕         ↕
 威尼斯式
  三账      日记账 ←――→ 分录账 ←――→  总 账
（15世纪）
                （区分借贷转记） （归类登记）   （复式）
```

最后，我们还想谈到威尼斯式簿记对佛罗伦萨式簿记的影响。

如前所述，最初，在佛罗伦萨，银行家们和商人们在记账形式上均采用上下叙述式。进入14世纪80年代以后，佛罗伦萨式簿记才在威尼斯的影响下，进入到一个更新的历史阶段。以1382年托斯卡纳商人帕利亚尼（Paliano di Folco Paliani）的备忘账簿为起点，佛罗伦萨拉开了采用左右对照账户形式的帷幕。⑭

1382
Bartolomeo Chatanelli de'dare
a di 13 di dicenbre; li demmo
constanti fior. sesanta in suggello.
fior.60

1382
Bartolomeo Chatanelli de'avere
a di 14 di dicenbre; ci die in moneta
fior. sesanta.
fior.60

译文大意：

1382年
巴尔托洛梅奥·凯塔纳利在12月13日的60佛罗琳为借方
fior.60

1382年
巴尔托洛梅奥·凯塔纳利在12月14日的60佛罗琳为贷方
fior.60

人名账户—甲 (应付款)

	450	期初	600
期末	150		
	600		600

人名账户—乙 (应收款)

期初	700		400
		期末	300
	700		700

现金账户

期初	1000		800
	1400		450
	400		150
		期末	1400
	2800		2800

商品账户

	800		1400
买卖利益	600		
	1400		1400

损益账户

费用	150	买卖利益	600
净利益	450		
	600		600

资本账户

		期初	1100
		净利益	450
期末	1550		
	1550		1550

余额账户

现金	1400	甲(应付款)	150
乙(应收款)	300	资本	1550
	1700		1700

1262年3月12日发布的、保证向债权人支付5%利息的威尼斯政府法令。

据帕利亚尼本人宣称，这一新账户就是模仿威尼斯式簿记法而设计的。在该账簿中，金额栏的金额均以阿拉伯数字记录。此乃意大利式商人账簿的金额栏中最早采用阿拉伯数字的佐证。不过，这种左右对照的账户形式在当时尚不普遍，仅限于人名账户采用，其他的账户依然囿于上下叙述式记录。固然如此，在佛罗伦萨式簿记发展史上，它还是具有重大的意义。它受威尼斯式簿记法的熏陶，诞生在14世纪末期，是佛罗伦萨式簿记法更趋成熟的标志，到1400年左右普及开来以后，其影响又波及人名账户以外的其他账户。

从这个例子可以看出，佛罗伦萨式簿记、热那亚式簿记和威尼斯式簿记并不是彼此孤立存在的，它们相互独立，又彼此影响。正是这种作用和反作用，造成了整个欧洲中世纪会计方法发展最富有生气的局面。

在西方会计史上，威尼斯式簿记（Ventian System of Bookkeeping）实际上就是意大利式簿记（Italian System of Bookkeeping）的原型，是当时意大利簿记发展的最高峰。它集佛罗伦萨式簿记之精华，扬热那亚式簿记之所长，并加以创新，加以发展，形成为一套内容丰富、较为体系的簿记方法。这套方法后来通过卢卡·帕乔利的介绍，向世界各地传播，其触角所及之处，各个国家的会计发展无不为之而面貌一新。

所以，可以讲，威尼斯式簿记是对西方会计发展影响最大的簿记方法，就是对西方现代会计学也起着决定性的奠基作用，因而在西方会计发展史上占有极为重要的地位。

注　释：

① （美）M·查特菲尔德著：《会计思想史》（A History of Accounting Thought），中国商业出版社1977年版，第39页。

② （日）泉谷胜美：《人名账户的产生》，载于日本会计学会编辑《会计》杂志第128卷8月号第19页。

③ 同②第28页。

④ （荷兰）O·腾·海渥著：《会计史》（The History of Accoutancy）第2版，中国商业出版社1986年版，第33页。

⑤ （美）E·佩拉盖洛著：《复式簿记的起源和演进》（Origin and Evolution of Double-Entry Book-keeping, New York, 1938），第23页。

⑥ 同⑤第4页。

⑦ 同⑤第10～12页。

⑧ 同⑤第10～15页。

⑨ 同⑤第8页。

⑩ （比利时）E·斯德维林克：《威尼斯商人贾科莫·巴多尔家的总账（1436～1439）》（Le Grand Livre de Giacomo Badoer, Marchand Venitien（1436～1439））。

⑪ （美）克劳德·小乔治著：《管理思想史》（The History of Management Thought.1972），孙耀君译，商务印书馆1985年版，第43～51页。

⑫ 同⑤第35页。

⑬ （德）B·彭多夫著：《卢卡·帕乔利：簿记论》（Luca Pecili, Abhandlung uber die Buchhaltung. 1494. stuttgart, 1933），第13页。

⑭ 同⑤第25页。

第四章 法国和德国的会计

一、可贵的起点

843年凡尔登条约以后，西法兰克逐渐发展成为法兰西王国。从987年开始，法国又结束内忧外患频仍的局面，拥立法兰西公爵休·卡佩为王，进入了卡佩王朝的统治时期（987~1328年）。从此，法国经济以空前的规模和速度发展起来。

13世纪至14世纪，欧洲世界有两大商业贸易区。一个是南部的地中海以意大利北方城市，尤其是威尼斯、热那亚和佛罗伦萨为中心；另一个是北部的波罗的海和北海区，以佛兰德斯城市，特别是布鲁日为中心。这一南一北的商业中心又以法兰西东北部香槟伯爵领地中的"香槟市场"为汇合之地。所以香槟市场在13、14世纪内一直是西欧最大的国际市场和交换中心，所有由北至南和由东到西的商路，都在这里辏集。这种经济繁荣，继而又带动了全法兰西经济的发展。正是以这样的背景为契机和条件，法国的簿记方法在法兰西王国的基础上有了进一步的发展。

一般认为，法国最古老的会计记录是标明1320~1323年时期的里昂一家呢绒商的总账[①]。其特征是：以债权和债务为主要反映对象，并经常有关于保证人的记录，而且还设置了现在尚不明其内容的朱红色账（Paper Vermeil）。这位无名氏的探索，在当时就显得是卓有成效的。到佛卡尔魁（For calquier）的公证人和商人马特雷·泰拉尔（Maitre Teralh）的手里，法国簿记法有了新的突破。泰拉尔

欧洲古代算盘（1508年）

在1330～1331年记录的日记账虽然只反映信用交易，但在账簿格式的设计和经济事项的记录上，有了非常明显地改进。具体做法是，将日记账的每张账页分成三栏，其中左栏最窄，用于反映顾客的地址；中间栏次最大，不仅记载顾客姓名、商品名称、付款日期和交货日期，也记录关于保证人的解释和说明，还反映在顾客的支付能力存在问题时，公证人的保证和姓名；右栏记录付款条件或分期付款条件。在有的情况下，还需要保证人署名，以作为法庭上的证据。倘若顾客收到商品并已如数付款，就抹消中央栏的记录。

同时期的由卡尔卡松的呢绒生产者兼商人杰·萨维尔（Jean Saval）记录的日记账，与泰拉尔的记录颇为相似。

将上述史实结合在一起做综合分析，我们说，他们采用的记录方法虽不成熟，但对于早期的法国来说，还是一个可贵的起点。步入复式簿记运用阶段之前的会计，总是要有这么一个单式簿记的发展和运用过程的。

二、加入新式簿记的大合唱

复式簿记在意大利北方城市呱呱坠地，实乃社会文明和经济发展的必然。还应看到的是，当意大利人高唱起新式簿记的凯歌时，其他一些国家也不约而同地加入了这曲大合唱。比如，14世纪中叶左右的法国，就是如此。

这应该从波尼斯兄弟商会谈起。

F·波尼斯（Fréres Bonis）是在蒙托邦经营各种商品（主要是呢绒、香料和药品）的地方商人，而且还兼营金融业，办理存款和贷款业务，以赚取利息作为副业收入。他们的账簿（1345~1359年）在中世纪法国的商业记录中是首屈一指的。

首先看账簿组织。它由日记分录账（manuals，manuels）、总账和存款账组成。现存下来的，只有总账C和存款账。前者是为债务人而设，后者是为存款人和受托财产而设。一般地说，日记分录账用于按时间顺序反映各项经济业务，并分类向总账结转；总账用于反映债权总额、商品名称、交货地点、提货人姓名、交货日期、保证人姓名和契约。据总账C可知，当时还有总账A和总账B的设置，因为总账C的一部分记录就是从这两个账簿上结转过来的。存款账用于反映全部的存款业务和受托管理财产业务，只是对于债权记录，要往总账结转。

再看账户形式和记账符号。波尼斯兄弟商会采用的是上下叙述的记录方式，而且，已经使用固定的语句，来表现经济业务的性质和记录方向。那时是以"Item deu"表示借方，以"Enos a lu"或"Item devem a lhui"表示贷方[①]。不过，借方和贷方在账面上的位置并不固定，倘若账页的上部为借方，下部则为贷方；相反，倘若将贷方记在账页的上方，那么，借方就应记在账户的下页。

显然，这些记录中有了二重性这一新因素。在纳尔邦的商人雅克梅·奥里维埃家的会计账簿（1381~1392年）中，我们也可以找到相似的特征。

不过，奥里维埃（Jacme Olivier）家的活动范围远较波尼斯广泛，他不仅垄断地方市场，而且还定期参加近东贸易，甚至出资与其他商人一起组成合伙企业。所以，他们除按复式记账法、分借贷双方反映经济活动外，还在账簿组织上进行了一系列有益地改进。比如，他们不仅设置了人名账户，而且还设置了油账户、船舶账户和蜂蜜账户之类的物名账户。尤为重要的还有两点：一是为了向合

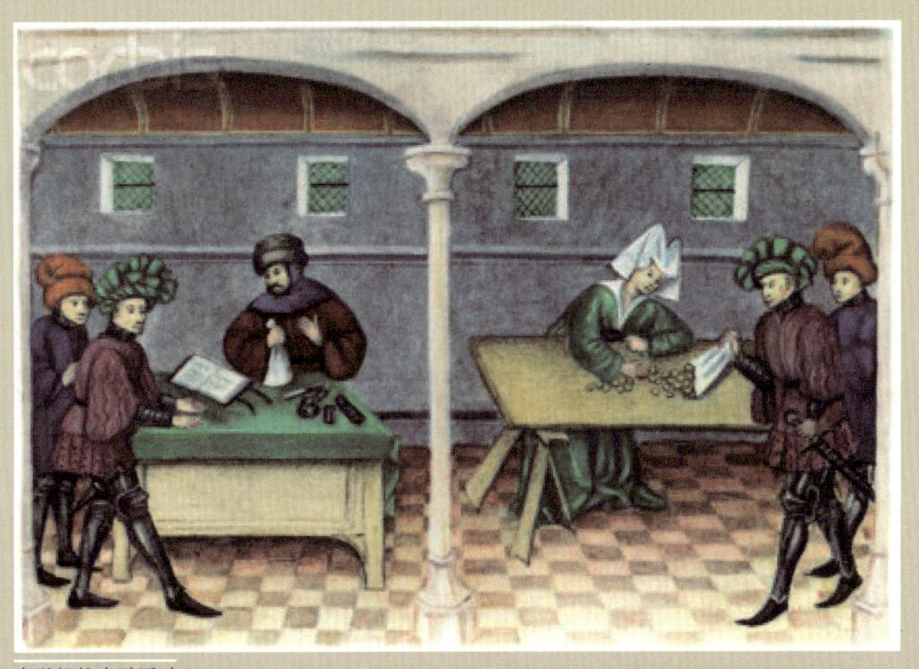

中世纪的金融活动

伙成员进行会计报告，按契约设置了各种账户；二是设置旅行账户，规定凡是送去参加近东贸易的商品价格和有关的装卸、运输费用，一律在该账户的借方反映，以表示它们就是在企业中运用的资本。

试图建立一套较为健全的账簿体系，并在记账方法中明确地引进二重性因素，这样设计会计制度，充分证明波尼斯兄弟和奥里维埃真不愧是拉开中世纪法兰西会计发展新时期序幕的先驱人物。他们不仅运用这套簿记方法得心应手地反映和监督着自己的购销业务及存货业务，而且还为中世纪法国会计史上复式簿记这个新的潮流铺下了一条宽广而平坦的前进道路。

三、经济发展的召唤

近代学者摩勒在《斯特拉斯堡的繁荣与十三世纪的经济革命》（1875年）一书中评价城市运动时指出："这项运动是一个经济革命，我认为它比任何后来的革命更为重要，甚至也比文艺复兴运动和印刷术的发明和罗盘针的发现，或比19世纪的革命和由此而产生的所有产业上的革命，更为重要。因为这些后来的革命，只是12～13世纪伟大的经济社会转化的从属的后果而已"。[①]

这话多少有点溢美。不过，城市的出现，对会计发展的深刻影响，我们倒是不应忽视的。

在10世纪左右的德国，作为世界上的一种新事物，城市开始露脸。优越的地理位置和丰富的自然资源使城市获得了重要地位。最初，这些城市都处于国王和领主的支配下。但随着生产力的不断发展，为了谋求城市自治权和垄断权，他们便于13世纪在莱因河流域、易北河流域和多瑙河流域结成了几个地方性的城市同盟，其中最著名的是以律伯克为盟主的由北欧近100个城市联合而成的汉萨同盟（Hanseatic League）。该同盟商业实力雄厚，在整个14～15世纪内，牢牢地掌握着北海贸易的霸权，几乎垄断了南北欧和东西欧的全部贸易。这种经济上的繁荣，自然召唤着当时的会计核算也应迈出相应的步伐。

下面，我们将要介绍的，都是汉萨城市的会计。

迄今为止，世界保存下来的德国最古老的会计账簿是维特博尔格（Hermann and Johann Wittenborg）家在1329～1390年间记录的一套商业账簿[②]。它一直

汉萨同盟商业

保管在律伯克的市立古文书馆，只是由于一个特别偶然的机会才被发现。报告者是莫尔沃（Mollwo）。1901年，他在莱比锡发表了《赫尔曼和约翰·维特博尔格家的会计账簿》一文，向会计界和经济界详细介绍了这套商业会计记录的内容。

据莫尔沃的报告可知，维特博尔格家是居住在律伯克的商人，他们的会计账簿是由主人赫尔曼、赫尔曼夫人和儿子约翰三人记录的，其中赫尔曼及其夫人记录的部分用的全是拉丁语，儿子记录的前半部分用的也是拉丁语，但后半部分用的是德语。这套商业账簿的特点是：一律采用单式账法反映会计事项；只由信用交易的记录构成，没有现金交易的记录；有时设置了反映债务情况的备忘录。据说为了维护自己的权利，维特博尔格家还公布了一部分账簿内容。这套会计记录与初期所有的账簿一样,都处于幼稚状态:对于每笔经济事项的记录,均采用文字叙述式的记录方法;没有严格地划分开商品交易和私人事项;反映的内容没有包括全部发生的经济往来业务。

与维特博尔格同时代的也是居住在律伯克的约翰·克林根贝格（Johann Klingenberg）家的总账具有大致相同的特征。现存的账簿是他在1331~1336年间记录的。

重视历史的会计史学家,都不应轻易忘掉这些早期的实干家们在会计方法上的成就,不仅不该遗忘,还应该看到,没有他们的努力,复式簿记的大厦在德国的建立,就是不可能的事。所以,我们还想谈谈托尔纳家的会计记录。

约翰·托尔纳（Johann Tolner）是活跃在罗斯托克市的商人,他们的会计账簿（1345~1350年）现藏于罗斯托克的市立古文书馆。报告者是柯普曼（Koppmann）,他于1885年在罗斯托克发表了《1345~1350年约翰·托尔纳家的会计账簿》一文,将这套总账的内容公布于世。

据柯普曼的报告可知,托尔纳家是一个由托尔纳本人、其父约翰、表哥柯普曼和韦特四人创办的家族合伙,其主要业务是从荷兰购进各种在德国畅销的纺织品,然后在罗斯托克市推销。该合伙企业用于反映经济业务的账簿比维特博尔格家的会计记录显然要更为进步,记录范围也扩大到各位出资人的权益计算。这颇似威尼斯的家庭合伙,但由于作为记录对象的经济活动过程仍很单纯,故尚未达到像威尼斯式簿记那样能较为体系地反映整个业务状况的水平。在这套会计记录中,还可以散见到有关结婚费用诸方面的记载。

最后,应特别提到的是,随着工商业的兴盛发达,在15世纪还出现了以经济业务的双重认识为基础，通过单式记录在账户上反映会计事项的记录方法。

比较有代表性的，是15世纪前半叶在德国北部城市但泽记录的约翰·毕斯兹（Pisz）家的商业账簿，现藏于但泽的国立古文馆，由斯拉斯金（W. Von Slaski）公布于世。这套账簿主要反映的是商品的购销。不再使用拉丁语和罗马数字，而代之以德语和阿拉伯数字。并且，同时采用上下叙述或左右对照的账户形式。尤为引人注目的是，对经济业务的双重认识已经在某种程度上按单式记录得到有体系地表现。例如，在左侧反映销售收入（单式记账），这同时就意味着应收账款的增加（复式表示）；到收回这笔账款时，则在同一页的右侧反映（单式记账），这同时就意味着应收账款的减少和现金的增加（复式表示）。⑤不过，购进与销售、现金·应收账款和应付账款·资本的各余额之间具有什么样的关系却不得而知。

这使我们想起了中国的"三脚账"。

大约产生于明代的"三脚账"亦称跛行账，它是在中国单式簿记基础上产生的一种不完全的复式账法。其记账规则之一，就是凡现金收付事项，只记录现金的对方，另一方明确为现金，故略去不记。

显而易见，毕斯兹家的记录方法与这种"三脚账"有异曲同工之妙。两者最明显的共同之点在于：省略记录现金科目，只反映其对方科目。这样，虽然只在账面上作成一笔记录，但另一笔略去的记录是现金，则是彼此心照不宣的。所以，这种记录法实际上还是体现了复式记账的精神。

这种记账法诞生在15世纪的德国，表明德国人已处在由单式簿记向复式簿记发展的过渡阶段了。

四、殊途同归

地理大发现以前的德国南部，商业亦曾呈现出炽热的生机，一些城市作为北方贸易区和地中海贸易区的中继地而空前繁荣。例如，奥格斯堡和纽伦堡，就是意大利丝织品和东方国家的香料及其他物产的集散地。

现藏于奥格斯堡市立古文书馆的14世纪后半期的累丁格（Runtinger）家的账簿，可以说就是这一时期经济发展的产物。从这套账簿中，不仅可以看到反映该家商品交易和汇兑业务的各种记录，而且还可以发现上下叙述和左右对照的账户形式。比如，在委托使用人办理汇兑业务时，应对该使用人设置账户，并在左页反映委托给使用人办的物品，在右页反映从使用人那里收回的物品（左右对照式）；又如，在委托使用人办理购进业务时，应在账页的上部反映支付给使用人的收购资金，而在同一页的下部反映从该使用人处收到的购进商品（上下叙述式）。在这里我们不难看出德国南部的记账水平较之同时期的北方是要高出一筹的。因为根据现有的资料考察，汉萨城市一直到15世纪以后，才有左右对照账户形式问世。不过，累丁格家的账簿采用的依然是单式簿记法，无论从账簿组织、分类核算看，还是从结算方法看，均不甚完善。

格尔德逊（Gelderson）的总账是在1367～1411年这段期间内记录的，由缝在一起的84页账页组成。最初是几册不同的账簿，后来才装订成一册。就账簿组织而言，除总账以外，还有销售账、应收款账。这些账户采用的均是上下叙述式。尔后不久，这种状况有所改变，并很快发展到与同时期毕斯兹的账法大致相同的水平。现藏于纽伦堡区立古文书馆的斯达克（Stark）家的账簿就是佐证。

该账簿除了反映购进和销售业务以外,还根据必要计算损益。例如,一笔购进业务发生后,则在左页上方反映购进额(单式记录),这同时就意味着应付账款增加(复式表示);倘若发生一笔销货业务,则在左页下方反映销售收入(单式记录),这同时就意味着应收账款增加(复式表示)。如果届期应付款和应收款发生减少,则在相对应的右页反映,并将增减差额作为计算日的余额记在账户的右侧[6]。但各余额之间具有什么样的联系由于史料缺乏,却不甚明确。

这种记录方法与毕斯兹家的极为相似。

所以,南方与北方一样,也执著追求会计方法的创新。殊途同归,使整个德国有可能利用会计技巧在更广范围内,去反映那个博大的社会经济生活。

所以,在中世纪,不止是意大利和法国,在德国,也出现了萌芽状态的复式记账法。只要经济发展到一定的"燃烧点",会计自然会吐出复式簿记的嫩芽,长出复式簿记的枝叶。

五、德国第一本簿记文献

由上述可知,通过不懈的努力,德国人正在把会计发展纳入复式簿记的轨道。不过,在15世纪中叶以前,德国的会计还只能说是处在向复式簿记发展的过渡阶段。之所以这么讲,是因为尽管在当时已经出现了左右对照的账户形式,但并没有在记录中明确地引进二重性因素,这种记录的二重性是通过单式记录·复式表示的形式迂回地表现出来的。直至15世纪末16世纪初,这样的状况才在商业实践的孕育下日渐明朗化。在这一段期间,虽然也出版了数册介绍商业计算知识的启蒙著作，而且，这些著作在传授统一换算各种通货的方法的同时，也直接或间接地涉及了簿记方面的内容，但最早设专章论述当时流行的复式簿记，并在德国出版刊行的，还是出生在埃尔富特的维也纳数学教师海因里希·施雷贝尔。

海因里希·施雷贝尔（Heinrich Schreiber），亦叫亨里库斯·格拉马托伊斯（Henricus Grammateus），1518年在维也纳完成了《新技术著作》（Ayn new Kunstlich Buech）一书，并在3年后出版于纽伦堡。本书虽然是一部数学文献，但其中"采用分录账、商品账、债务账的商人簿记法"（Buechhalte durch Zornal Kaps vnd Schuldtbuch auff alle Kauffmanschafft）一章却是为世界所公认的德国最早的簿记著作，就是在世界上，也可以称得上是仅晚于卢卡·帕乔利（1494年）出版的第二本簿记名作。在这一章里，施雷贝尔通过列举有代表性的经济业务实例，对当时德国盛极一时的账簿组织、记账规则和决算手续作了简明扼要的介绍。①

施雷贝尔首先介绍了由分录账（Zornal）、商品账（Kaps）和债务账（Schuldtbuch）组成的账簿组织。他指出，分录账是每天的经济业务的历史记录；商品账用于反映商品的购销业务；债务账用于反映对人的债权和债务。除分录账以外，债务账和商品账都是将每一账页分割为左右两方进行复式记录，其记账采用这样一种奇妙的规则，即凡是商品销售、债权·债务减少、现金增加均记入左侧；凡是商品购进、债权·债务增加、现金减少均记入右侧。在这里，所有的经济业务均被视为物的增减关系，这是与意大利式簿记按人的借贷关系认识经济活动的显著不同之点。施雷贝尔的这套账簿组织可以归纳为"分录账→总账"。换句话说，这套账簿组织实际上是由一册分录账和分割成两册的总账（商品账和债务账）构成的。⑧

接着，施雷贝尔介绍了10个记账规则，并列举了一系列实例进行了解释。这些记账规则基本上符合复式簿记的原理。

施雷贝尔还介绍了两种损益计算方法。第一种方法是：借助商品账和分录账计算商品进销损益；第二种方法是：将商品库存、现金收入和债权减去所有的现金支出和债务，其差额表现为利润或损失。而且，施氏还通过检查用第一种方法所得到的损益是否与用第二种方法计算所得到的商品销售损益相一致，来验证损益的正确性。⑨这种尝试在当时无疑是一种进步，表现了德国人在损益计算上不同凡响的智慧。

所以，施雷贝尔的簿记文献虽然较之帕乔利要晚27年才正式出版，但他的著作是根据当时德国的簿记实践独自进行论述的，丝毫未受帕乔利的影响。可以毫不夸张地说，在当时，再没有另一部著作更能代表受意大利式簿记影响之前德国簿记技术的最高水平，它对尔后德国会计的发展也有着深刻的影响。

德国最早的簿记著作

注　释：

①　（日）岸悦三著：《会计生成史》第4版，同文馆1978年版，第14页。

②　（日）片冈义雄、片冈泰彦译：《沃尔芙会计史》，法政大学出版局1977年版，第111页。

③　（美）汤普逊著：《中世纪经济社会史（下）》（Economic and Social History of The Miadle Ages（Ⅱ）），商务印书馆1984年版，第407页。

④　（日）井上清著：《德国簿记会计史》，有斐阁1980年版，第3页。

⑤　同④第7页。

⑥　同④第8页。

⑦　（日）林良治著：《德国簿记·会计学史》，税务经理协会1982年版，第17~18页。

⑧　参见美国会计史学家协会编辑：《德国最早的复式簿记著作》（The oldest Book of Double Entry Book-keeping in Germany），by Kiyoshi Inoue, Working Paper No. 24.

⑨　（日）片冈泰彦：《16世纪德国南部的损益计算》，载于日本会计学会编辑《会计》杂志第123卷2月号第2号，第220页。

"复式簿记是人类智慧的杰出发明之一"

小结

在欧洲中世纪史上,发生了两件重大的事件。一件是由东往西的蛮族大迁徙;一件是由西往东的十字军东侵。前者带给会计的影响,是打乱了西方会计迈大步继续前进的步伐,导致了会计发展的停滞不前;后者给会计带来的影响,是引起西方会计巨变,使之进入了复式簿记的产生和发展的新时期。

它表明,一个新生事物的孕育成熟,像任何历史的进程一样,总是有一段不平凡的经历。在意大利式复式簿记诞生之前,孕育着它的,不仅有文明古国的会计那样的兴旺发达、蒸蒸日上的时期,也有饱受中世纪早期的会计那样的令人难以忍受的阵痛的时期。但是,会计发展的浪潮总是奔腾向前的,一浪过去,新的一浪又开始。正如由于奴隶制经济管理和会计核算的需要,文明古国不约而同地迈进了单式簿记的运用和发展阶段一样,在新的经济发展形势下,人们又不谋而合地先后走上了创造和发展复式簿记的大道。这是世界会计发展的大趋势,是人类会计发展的共同点,是不以人的意志为转移的。

从此,我们可以明显地看到,官厅会计虽然在会计发展的舞台上作为主角活跃了数千年,但现在已不得不退而扮演次要的角色。在这一历史性转变过程中,以复式簿记为重要内容的民间会计崭露头角。因为较之官厅会计，民间会计以对现实经济生活的特殊敏感取胜，具有更迅速、更真实、更全面地传达社会经济生活的脉搏和时代风云的变化的特点。所以，在新的经济环境下，经过众多有志之士的挖掘和开拓，它的作用和职能得到了充分地表现，其重要性也愈来愈受到从事经济管理者的重视。

意大利式复式簿记的诞生，是东西方文明和经济发展的必然结果。它的结构之精巧，作用之巨大，赢得了许多会计史学家和经济史学家的称赞。德国经济学家M·韦伯（M. Weber）指出："复式簿记从技术角度看，是簿记发展的最高形态"。[①]英国经济学家J·A·休姆帕特（J. A. Schumpeter）指出："资本主义的行动使货币单位转化为合理计算费用和利润的工具。复式簿记是高耸的纪念塔。"[②]德国经济学家W·桑巴特（W. Sombart）指出："对资本主义企业的形成具有重要意义的，是复式的簿记的引进"。[③]连德国伟大诗人歌德也情不自禁地发出了"复式簿记乃是人类智慧的杰出发明之一"[④]的赞叹。

M·韦伯：复式簿记从技术角度看，是簿记发展的最高形态

注 释：

① ② （日）神户商科大学中村会编著：《会计学的方法》，1984年版.第6页。

③ （日）白井佐敏著：《会计思想史序说—复式簿记和损益计算》，白桃书房1980年版，第4页。

④ （日）林良治著：《德国簿记·会计学史》，税务经理协会1982年版，扉页。

第三篇

问渠哪得清如许，
为有源头活水来。

─近代的会计─

帕乔利雕像：没有数学，就没有艺术
Without mathematics there is no art

"Without mathematics there is no art."
Fra Luca Pacioli

Dedicated October 7, 2009
In recognition
of the establishment of
The Jerrold A. Glass
Chair in
Accounting and Economics
With special gratitude to
Jacqueline M. Glass

第一章

近代会计的奠基人——卢卡·帕乔利

随着欧洲史上"黑暗时期"的结束,一股会计发展的新浪潮奔涌而来。人们终于举起了复式簿记这一武器,去反映新的经济业务,去管理企业。而后,这种以"威尼斯式簿记"为代表的复式簿记法经卢卡·帕乔利之手得到总结,从而插上了强劲的羽翼,向新的天地飞腾起来。

一、勤奋的一生

卢卡·帕乔利(Luca Pacioli)于1445年诞生在意大利台伯河上游的一座名叫博尔戈·圣·塞波尔克罗(Borgo San Sepolcro)的小镇,在少年时代他就头角峥嵘,以天资聪颖、勤奋好学而深得当时已蜚声艺坛的画家彼得拉·德拉·弗兰切斯卡(Pietro Della Francesca)的赏识。弗兰切斯卡不仅是位著名画家,而且还是一位数学家,在数学方面同样有较深的造诣。所以,在这位知识渊博的老师的严格指导下,帕乔利受到了美术特别是数学方面的

Sansepolcro—帕乔利诞生地

卢卡·帕乔利（1445~1517年）

系统教育。不久以后，他又随同老师弗兰切斯卡来到距圣塞波尔克罗镇只有几公里远的乌尔比诺宫廷（Court of Urbino），在这里的私人图书馆攻读各种绘画和数学著作。可见，帕乔利的少年时代，是在勤奋好学、刻苦攻读中度过的。

不过，未满20岁的帕乔利对于生活道路的选择还是举棋不定的：究竟是为数学奋斗终生呢，还是献身于艺术王国？科学与艺术，定理与色彩，孰主孰从？他几度徘徊，反复思考，最终还是选定了数学事业。

1464年，帕乔利告别自己的故乡，来到了世界商业中心威尼斯，担任富裕的犹太商人安东尼奥·得·龙皮耶西（Antonio de Rompiasi）的家庭教师，专为他

安杰拉特瑞卡（Angiolo Tricca）油画：彼得拉·德拉弗兰切斯卡（Piero della Francesca）与卢卡·帕乔利（Pacioli）

的三个儿子讲授数学知识。那时，正值意大利和整个欧洲处于轰轰烈烈的社会大变革的年代，资本主义经济已在意大利北方诸城市暴芽、抽叶，商业经济管理的需要，使复式簿记日趋完善，其中以威尼斯式簿记法尤为著名。这种环境不能不对这位数学家的思想产生一定的影响，身在威尼斯，帕乔利目睹了这些变化，大大开阔了视野。他一方面认真做好家庭教师的工作，另一方面既从师当时著名的数学家、威尼斯的贵族多梅尼科·普拉加迪诺（Ser Domenico Pragadio），积极听他讲课，以丰富自己的数学知识，又对当时威尼斯商人们广泛采用的复式簿记法进行了认真地研究。在这里度过的6年生活，尤其是那种兼收并蓄的学习方法，使他学到了不少的数学知识和簿记知识，这对他后来编著《数学大全》，成为一个彪炳会计史册的会计学者，有着极为重要的意义。

25岁那年，帕乔利离开威尼斯，从此开始了漫游生活。在启程离去时，他把自己的第一本数学手稿，赠给了龙皮耶西的三个儿子。因为帕乔利在担任家庭教师期间，不仅教育好了这位商人的儿子，而且还精通了商业和簿记。正如他在自己的著作中陈述的那样："因为这位商人的缘故，我乘上了满载商品的航船"①。

后来，他受恩师弗兰切斯卡的推荐，来到了古城罗马，寄住在弗兰切斯卡的好友、66岁的列奥·巴蒂斯塔·阿尔贝蒂（Leon Battista Alberti）的家里。阿尔贝蒂在当时不仅是著名的大建筑家、语言学家和哲学家，而且还是受人尊敬的画家、诗人和音乐家。帕乔利从他的个人传授和手稿专著那里，学到了许多关于建筑方面的技术和关于音乐、绘画方面的知识。

帕乔利本来是一位有宗教心的人，所以，在罗马那段时间，也就是1475年左右，他加入了方济各会的修道院。在文艺复兴时期，对青年人来说，迈出这样的一步是很平常的，特别是对于那些不断寻求进步的教师和作家，则更不足为奇。因为只有这样，他们才能得到强大的宗教教会和教皇提供的有力支援，从而有助于自己教育水平的提高和获得高报酬的教师职位。作为一个修道士，帕乔利在一生中，都虔诚地信奉圣者的教理。

帕乔利最早担任数学教授，是在1475年的佩鲁贾大学。"他们聘请我3年时间，而我也努力地为学校工作。"②在1478年初，他为了维护教师的职权和尊严，带头要求校方增加薪水。学校考虑到帕乔利无论作为一个男子汉还是作为一名教师，都能给人以十二分的满意，于是很快就答应了要求。由于工作出色，帕乔利又被续聘了3年，其间还发表了一篇内容新颖的数学论文，引起一时的反响。

可是时运乖蹇，就在他事业上风顺扬帆之时，由于身体状况的原因，帕乔利不得不于1481年越过亚得里亚海，来到了阳光灿烂、气候宜人的城邦——达尔马提亚的扎拉，同年在当地发表了第三部数学名著。1482年，帕乔利又马不停蹄地回到了佩鲁贾大学，开始编写《数学大全》一书。尔后8年先后浪迹在罗马、那不

帕乔利钱币　　　　　　　帕乔利

勒斯、比萨、亚西亚、威尼斯等地讲授数学。至15世纪90年代初期，他来到乌尔比诺，一方面利用当地的图书馆充实自己已接近尾声的数学著作，另一方面着手准备出版工作。

1494年，年近50岁的帕乔利从乌尔比诺再次来到了当时的出版中心威尼斯，出版了自己潜心数年编著而成的主著《数学大全》，即《算术、几何、比及比例概要》（Summa de Arithmetica, Geometria, Proportioni et Proportionalita）一书，在当时大为轰动。出版商名叫帕格尼诺·德·帕格尼尼（Paganino De Paganini）。

《数学大全》是一部内容丰富的数学著作，其中有关簿记的篇章，是最早出版的论述15世纪复式簿记发展的总结性文献，反映了到15世纪末期为止威尼斯式簿记的先进方法。它的出版刊行，不仅是意大利数学乃至欧洲数学发展史上的光辉篇章，而且还有力地推动了西式复式簿记的传播和发展，培育了一代又一代的

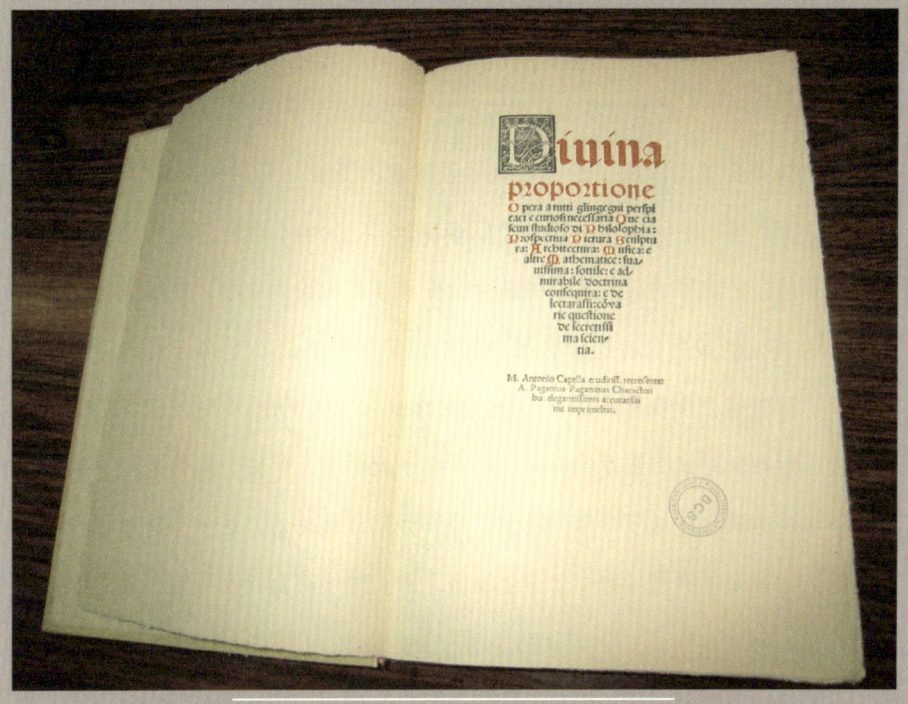

《神圣的比例》（De divina Proportione）扉页

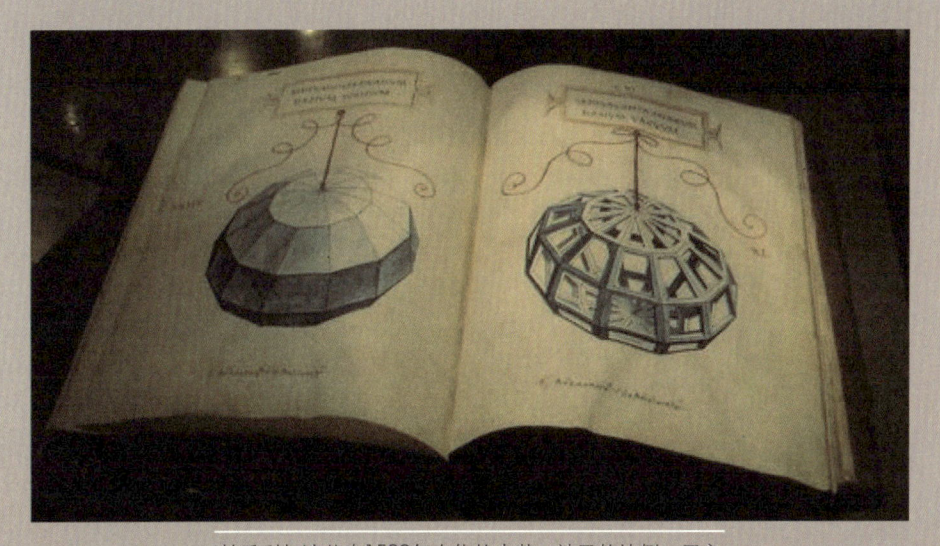

帕乔利与达芬奇1509年合作的专著《神圣的比例》正文

会计学者，为西方会计科学的建立奠定了坚实的理论基础。因此。本书不仅是数学家们学习的典范，而且还是会计学家们推崇至极的古典名著。

《数学大全》出版后，帕乔利赢得了普遍的赞誉，名声大振。1496年，他应著名公爵卢多维科·伊尔·莫罗（Ludovico il Moro）之邀，踌躇满志地来到了米兰。伊尔·莫罗的宫殿是当时名流会聚和学术讨论的中心，能够被邀请到这儿是一种莫大的荣誉。在这里，帕乔利结识了许多名流，尤其与著名的画家、数学家、雕塑家列奥那多·达·芬奇（Leonardo Da Vinci）交往密切。他们志趣相投，对数学都抱有浓厚的兴趣，经常在一起学习、研究，取长补短，在共同追求科学的道路上结成了深厚的友谊。还在他们见面之前，达·芬奇对帕乔利就慕名已久。据说帕乔利《数学大全》出版之时，达·芬奇曾专程跑到书店购买；相识之后，两人合作于1509年出版了《神圣的比例》（Divina Proportione）一书。该著作由帕乔利编著，达·芬奇插画60幅；而且，达·芬奇的画坛杰作《最后的晚餐》中采用的透视画技法，也是帕乔利从他的前师弗兰切斯卡那里学得并传授给达·芬奇的。

两位伟大的科学家相互学习、相互鼓励的精神，成为会计史上的佳话，值得我们追忆和学习。

直至1499年，帕乔利一直在莫罗公爵家讲授几何学。为了报答主人的盛情款待，达·芬奇为他雕塑了一座大型雕像，所需青铜量就是帕乔利运用数学方法计算出来的。1500～1505年，帕乔利担任比萨大学的数学教授，尔后住在罗马法王厅副记录官长的家里，将欧几里得的《几何原本》译成了拉丁文。1510年，帕氏回到久别的故乡博尔戈·圣·塞波尔克罗，并担任本地修道院的院长。4年后，教皇列奥十四任命他为罗马萨皮恩扎大学——基督教世界最有名望的大学——的数学教授。可见，在走过了漫长而崎岖不平的道路之后，暮年的帕乔利是在安逸、宁静的环境里度过的。

大约在1517年4月至10月之间，卢卡·帕乔利与世长辞，被安葬在他的祖祖辈辈安葬的地方——圣约翰纳教会。

二、不朽的文献

1494年11月10日，是世界会计发展史上值得大书特书的一年。在这一年，举世公认的出版最早的复式簿记著作《数学大全》在威尼斯出版印行，从而开创了会计历史的新纪元，迎来了会计发展的新时代。

卢卡·帕乔利的呕心沥血之作《数学大全》是一部系统化的、集合许多单篇的有关代数和几何学的数学文献，层层深入，最见条理。它由五部分组成：①算术和代数；②商业算术的运用；③簿记；④货币和兑换；⑤纯粹和应用几何。其中，论述复式簿记的是第三卷第九部第十一篇《计算与记录详论》（Tractatus Particularis de Computis et Scripturis）。这本书第1版刊行于1494年，1523年再版，现存达数十本之多。

《计算与记录详论》共有36章，现将其主要内容介绍如下：

1. 在论述威尼斯式簿记法之始，帕乔利列举了商人成功的三点必要事项：①有效地进行商业经营所必需的足够的现金和坚守信用；②敏捷的计算能力；③处理经济业务的能力，应精通"借方"和"贷方"。

2. 帕乔利接着指出，商人在从事经营事业之前，首先应尽可能详细地编制关于资产和负债的财产目录，而且，这种财产目录应在同一天编制完毕，资产按时

帕乔利复式簿记著作发表500周年纪念币

价估价。并强调，现金和贵重金属由于易于丢失，且价值大，应最先反映，这近似于现代财务报表中流动性配列的原则。

3. 帕乔利的会计制度是以日记账、分录账和总账这三种账簿为基础的。日记账（the Memorial）系原始记录账簿，用来详细反映每天发生的经济业务，其主要作用是将各种铸币换算为标准货币，故它的重要性远不如分录账和总账。那时候，有的商人将财产目录也在日记账中反映，但帕乔利劝告他们不要这样做，因为日记账须经许多人过目，倘若将财产目录亦在日记账中列出，就会泄露自己的财产秘密。

设置日记账的主要原因：

①当时，不仅是皇帝和国王，就是较大的领主、主教和共和国都有自己独立的造币所。面对这种货币制度和货币单位名目繁多的情况，就有必要设置日记账，按经济业务发生时的货币单位反映经济业务，然后再将它换算成统一的货币

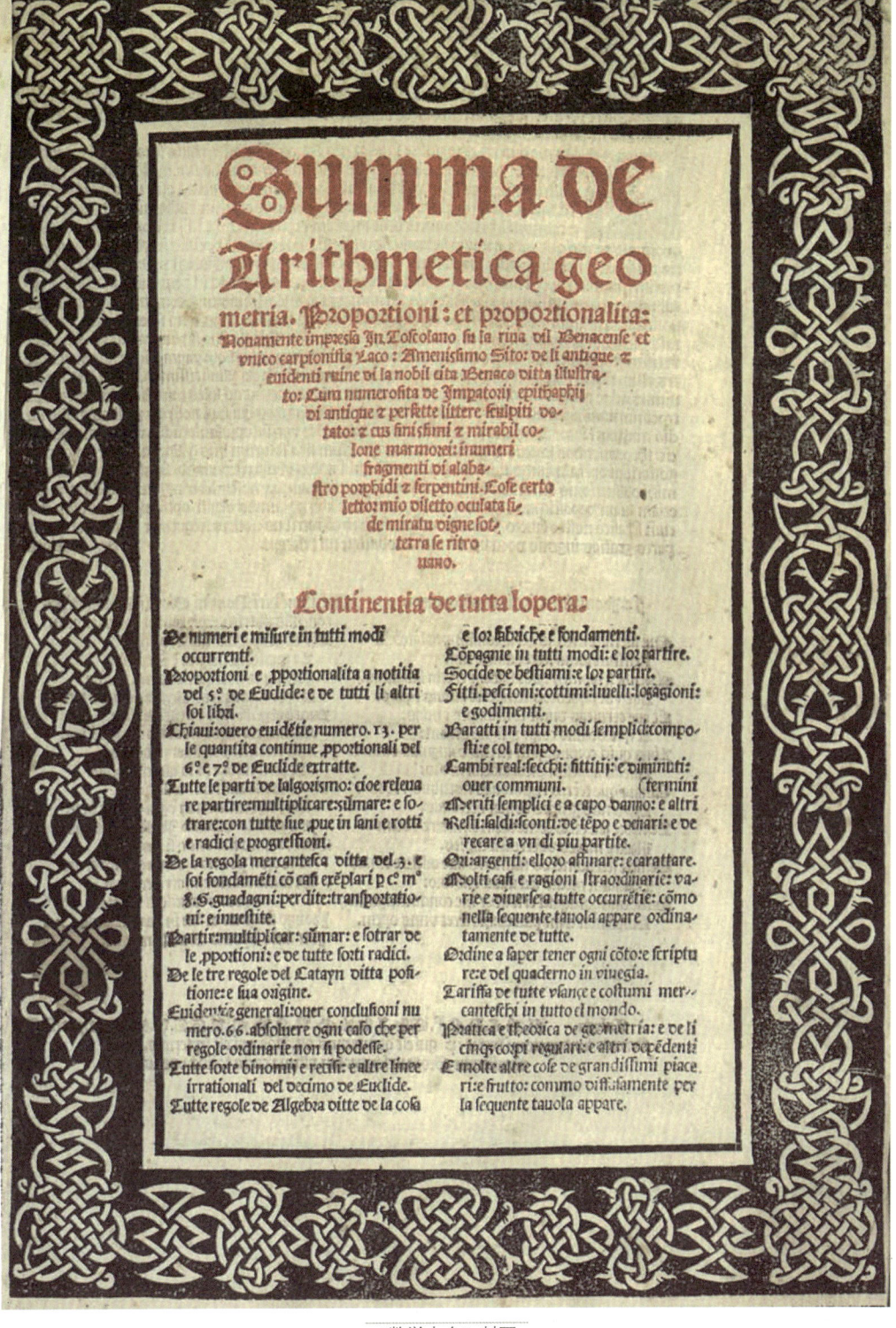

Summa de Arithmetica geometria. Proportioni: et proportionalita:

Nouamente impressa In Toscolano su la riua dil Benacense: et vnico carpionista Laco: Amenissimo Sito: de li antique e euidenti ruine di la nobil cita Benaco ditta ilustrato: Cum numerosita de Impatorij epithaphij di antique e perfette littere sculpiti dotato: e cui finissimi e mirabil colone marmorei: inumeri fragmenti di alabastro porphidi e serpentini. Cose certo lecto: mio dilecto oculata fide miratu uigne sotterra se ritrouano.

Continentia de tutta lopera.

De numeri e misure in tutti modi occurrenti.
Proportioni e pportionalita a notitia del 5º de Euclide: e de tutti li altri soi libri.
Chiaui: ouero euidetie numero. 13. per le quantita continue pportionali del 6º e 7º de Euclide extratte.
Tutte le parti de lalgorismo: cioe releuare partire: multiplicare: sumare: e sotrare: con tutte sue pue in sani e rotti e radici e progressioni.
De la regola mercantesca ditta del .3. e soi fondameti cõ casi exeplari p ce mᵉ S.S. guadagni: perdite: transportationi: e inuestite.
Partir: multiplicar: sumar: e sotrar de le pportioni: e de tutte sorti radici.
De le tre regole del Catayn ditta positione: e sua origine.
Euidentie generali: ouer conclusioni numero. 66. absoluere ogni caso che per regole ordinarie non si podesse.
Tutte sorte binomii e recisi: e altre linee irrationali del decimo de Euclide.
Tutte regole de Algebra ditte de la cosa e lor fabriche e fondamenti.
Copagnie in tutti modi: e lor partire.
Socide de bestiami: e lor partire.
Fitti. pesctioni: cottimi: liuelli: logagioni: e godimenti.
Baratti in tutti modi semplici: cõpositi: e col tempo.
Cambi real: secchi: fittitij: e uiminuti: ouer communi. (termini meriti semplici e a capo dãno: e altri Resti: saldi: sconti: de tepo e denari: e de recare a un di piu partite.
Oriargenti: elloro affinare: e carattare.
Molti casi e ragioni straordinarie: varie e diuerse a tutte occurretie: cõmo nella sequente tauola appare ordinatamente de tutte.
Ordine a saper tener ogni cõto: e scripture del quaderno in viuegia.
Tariffa de tutte usance e costumi mercanteschi in tutto el mondo.
Pratica e theorica de geometria: e de li cinq corpi regulari: e altri dependenti.
E molte altre cose de grandissimi piaceri: e frutto: comuo diffusamente per la sequente tauola appare.

单位，借贷分开记入分录账。

②将日记账的各项记录换算成标准货币记入分录账这一程序，无疑不是件容易的工作。没有复式簿记专业知识的人是不可能完成这一手续的。所以，经济业务一发生，首先由当事人（在多数情况下是没有簿记知识的佣人）把该笔业务在日记账中作原始反映，然后（当日营业结束时或周末等）再由有记账技能的簿记员（多是雇主）换算成统一的货币单位，往分录账结转。可见，日记账是作为往分录账结转的准备记录而设置的。后来，随着货币制度的统一，复式簿记技术的提高，日记账便日渐失去其赖以存在的客观基础，终至被收进分录账，作为分录账的"摘要"而存在着。从某种意义上说，日记账在当时发挥着相当于现代意义上的会计凭证的作用。

第二种普通商业账簿称作分录账（the Journal）。分录账是秘密账，其中有两种具有特定意义的用语：一个叫"Per"，另一个叫"A"（英语作"By"和"To"；德语作"Pen"和"An"）。Pen表示一个或数个借主，A表示一个或数个贷主。记账之初，一般均采用"Per"，因为记账是从借主到贷主进行的。区别借方和贷方是用两根细小的平行斜线//分割开来。

在正确地记完分录账之后，应转记于称之为总账的第三账簿。总账（the Ledger）是帕乔利论述的三种账簿中最具有现代意义的账簿。分录账中的每笔记录，至总账时均应作成两笔，即一笔记入借方，另一笔记入贷方；借方记录在左侧进行，贷方记录在右侧进行；每笔借方和贷方的记录均包括三项内容：①日期、金额和记录原因；②每笔记录均应是复式反映，即有借必有贷，详细一点说，就是总账中所有的借方记录，均应有相应的贷方记录；③在借方记录中应标明相对应的贷方记录的页数。

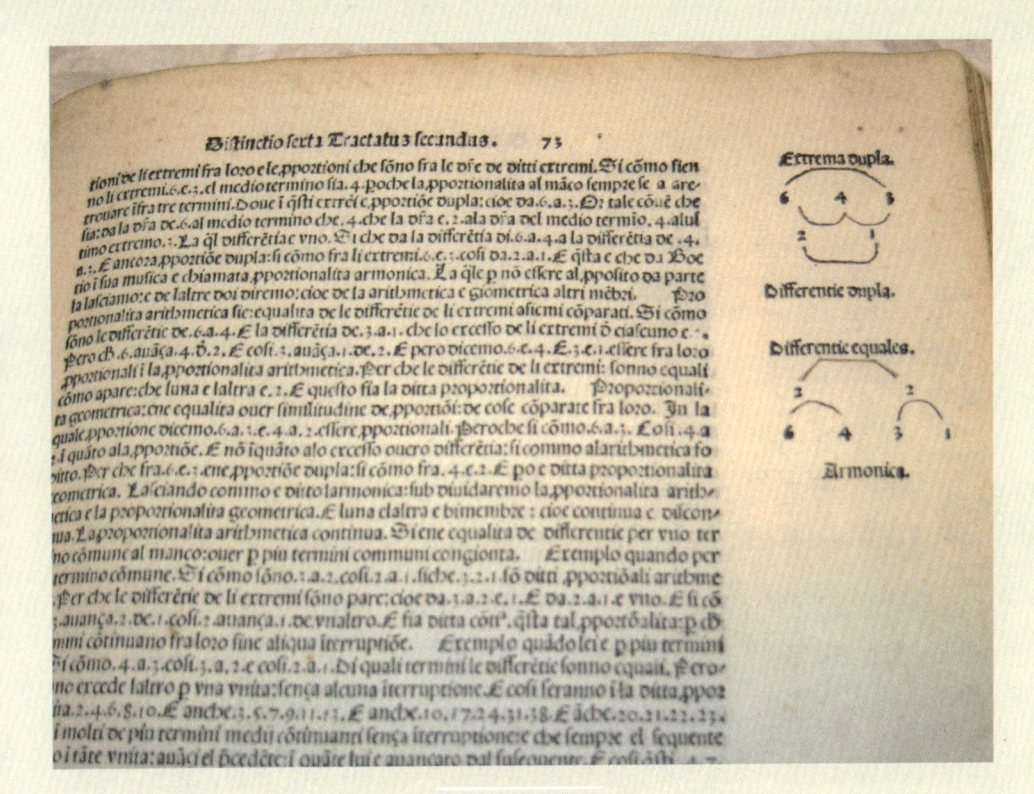

《数学大全》内容

  总而言之，帕乔利论述的这套账簿组织，对尔后发展起来的账簿组织起着决定性的影响，甚至连现代意义上的我们目前广泛采用的账簿组织，也不能不说是从这套组织脱变发展而来的。日记账 ⟶ 分录账 ⟶ 总账实际上就是今天"会计循环"中六个程序的基础，二者具有一脉相承的关系。所以，后世会计学者在将它称作原始的账簿组织的同时，又称之为基本的账簿组织，是颇有道理的。

  4. 帕乔利接着对营业费、一般家事费、临时费、现金账户、损益账户和资本账户作了论述，指出这些账户是商人随时了解资本状况和期末结账时的营业状况所不可缺少的。他在第三十四章中强调说，现金账户、资本账户、商品账户、动产不动产账户、债权人、债务人诸账户应定期结账，并往新总账结转，但家事费、小营业费、收支账户和所有的临时费账户不直接往新总账结转，而一律在旧总账——损益账户的借方汇总，然后损益账户再往资本账户结转。资本账户一般位于全部总账的最后位置，是其他账户的容器，通过分析这一账户的记录，就可以知道全部的资产状况如何。资本账户也应在一定期间内结账并转账。在往新总账结转时，既可以按合计进行，亦可按每笔记录进行。但一般地说，都采用第一种结转法，因为这样可以更为清晰地反映财产总额。

　　帕乔利还建议，在进行上述的转账之前，为了检验账簿记录的正确性，应把各个旧总账中所有的借方项目合计和贷方项目合计分别列在一张中间折有纵线的纸张的左侧和右侧，然后再分别汇总这些借方合计和贷方合计，进行"总计"（Summa Summarum）。倘若借方贷方的总计相一致，那么，就说明总账记录和决算是正确的。反之，倘若一方的总计比另一方的总计大，则说明总账记录有错误，这样，就必须努力查清导致差错的原因。这显然是指试算表（即余额账户）的编制。其中体现出来的贷方合计应与借方合计相一致的思想，成为目前借贷记账法的记账规则"有借必有贷，借贷必相等"的最早理论根据。A·C·利特尔顿教授对此极为欣赏，并给予高度评价，他说："从以前至现在，作为复式簿记的特色未有任何改变的是作为平衡验证手段的试算表。可以说，帕乔利对试算表的说明历经400余年仍然没有过时"[③]。

　　5. 我们从帕乔利的这部著作中，还可以看到萌芽状态的拟人学说。"Per"和"A"这一对分录用语，分别表示的是"借主"和"贷主"。在资本家最初以现金作为资本投入企业时，帕乔利解释说："为了弄清楚如何把财产转入总账和分录账，你必须记住两个术语；一个称为'现金'，而另一个称为'资本'。所谓'现金'，是指你手存部分或贮藏于钱包中部分；所谓'资本'，是指你拥有的财产总额。'资本'通常必须在你的商业用的总账和分录账中一开始就当作贷主记入，而'现金'通常必须当作借主记入"。即（借主）现金＝（贷主）资本。可见，"借主"和"贷主"的称呼，显然是把现金和资本两个账户都人格化了。这种拟人学说经意大利学派的努力，到17世纪末，形成为一套比较系统的拟人理论，进入18世纪以后，又发展到一个新的水平。

6. 在第二十六章里，帕乔利还论述了旅行会计。他指出，在自己亲自旅行的情况下，应准备盘存表、小总账和小分录账，发生一笔经济业务后，应在有关商品、现金、旅行资本和旅行损益的各种账户上反映；在委托他人旅行的情况下，则应按委托他人销售商品时和返回时两种情况分别加以核算。

除上述的以外，帕乔利对合伙冒险交易的记账方法、银行存款和取款的记录法等内容，也作了精辟的论述。

《数学大全》不仅作为会计名著值得一读，而且还因其浓郁的中世纪风格、流畅自如的笔调，而令人读起来妙趣横生，特别是时而可窥见到的祝福、向神祷告之类的宗教语言，栩栩如生地在人们眼前再现了帕乔利这位修道士对宗教的极度虔诚。这种宗教语言在摇篮期的簿记著作中时可发现，进而增加了文章的趣味性和古典风味。

当然，帕乔利的这本簿记著作在内容上并不是完美无缺的。这主要表现在：决算概念尚不明确，决算期也不固定，而且没有提及决算之时财产目录的编制，因而不可能达到资产负债表的编制水平。这是由中世纪社会经济发展水平所决定的。那时候的企业形态主要可分为两类：一类是以佛罗伦萨为代表的由许多出资人组成的合伙企业；另一类是以威尼斯为代表的由家族成员组成的家庭合伙。二者在都是按每种商品的种类和冒险交易的次数设户，并按分户计算法决出损益这一点上是相同的，但在期间损益计算和决算上却各不相同。在佛罗伦萨，由于采用的是合伙形态，属于合伙经营，所以有必要在合伙契约规定的期间内结账以决出损益，然后再按照各合伙人投入资本的比例在合伙人之间进行分配。只是这里的决算期并不固定，有1年一期的、2年一期的，还有5年一期的，故有"非定期损益计算"之称。在威尼斯，由于一般采用的都是家庭合伙，带有独资经营的性质，实际上没有定期计算损益之必要，所以，结账只是在旧账记满后或商人死亡时进行，尚未有统一的决算期。总而言之，无论是合伙企业也好，还是个人企业也好；它们均不像股份公司那样，具有连续经营、定期结出损益的性质，故它们没有必要在决算之时编制财产目录，更没必要也不可能编制资产负债表。这说明当时的威尼斯式簿记尚处在刚刚成长起来的阶段。

帕乔利油画局部

尽管如此，帕乔利的簿记著作犹不失为会计发展史上划时代的名著。一般地说，由于科学技术日新月异的发展，科学著作最容易为新的著作所淘汰，但帕乔利的《数学大全》历经几百年的考验而不衰，其中有关簿记部分对会计发展的影响之深之广，几乎没有任何一部著作能与之相比。它的许多内容熠熠发光，一直为后世会计各流派奉为圭臬，成为他们立论、阐发新观点的依据。

1494年，《数学大全》一书出版后，威尼斯市只给了它10年的版权。故10年满期后，卢卡·帕乔利只得将本书中有关簿记部分单独抽出来，名为《优秀的商人学校》（La Scuola Perfetta dei Mercanti；The Perfect School of Merchants），交出版商P·帕格尼尼在托斯坎尼再版发行。

三、时代的骄子

《数学大全》的呱呱坠地之声，是惊天动地、震憾人心的。正是从这时起，会计才摆脱实务的束缚，有资格称自己为科学；也正是从这时起，会计才走出中世纪，跨进了又一个新的时代。

由中世纪跨进了新时代！这就是《数学大全》开辟的会计发展的新纪元！

由中世纪跨进了新时代！这就是卢卡·帕乔利掀开的会计史卷的新篇章！

可以毫不过分地说，卢卡·帕乔利的出现，乃是会计发展史上光辉灿烂的里程碑。他像雅努斯神[①]一样有两张脸，一张脸面朝后，向中世纪会计作最后的顶礼膜拜；一张脸面朝前，向未来召唤，是会计发展新时代的领路人和导师。

我们应如何评价卢卡·帕乔利对于会计发展所作出的杰出贡献呢？

唯物史观认为，不是英雄造时势，而是时势造英雄。任何一位著名人物都是时代的产儿，他的发明、他的创造、他对人类所作出的杰出贡献，无不是在制约着他、影响着他的十分确定的前提和条件下进行的。

卢卡·帕乔利所处的时代，正是意大利文艺复兴蓬勃发展的欣欣向上的时代。恰如革命领袖恩格斯所言：

"这是一次人类从来没有经历过的最伟大的、进步的变革，是一个需要巨人而且产生了巨人——在思维能力、热情和性格方面，在多才多艺和学识渊博方面的巨人的时代。"⑤那时候，新兴的资产阶级以古希腊学术和艺术成就中蕴藏的民主思想、探索精神、理性主义及世俗观念作为精神食粮，呐喊着"人是衡量一切事物的尺度"的口号，打出了"人文主义"（Humanism）的大旗。他们满怀激情，为在意识形态领域中反对宗教神学，为使自己在政治上取代封建统治，进行了英勇无畏的战斗。其结果是，意大利半岛迎来了文学和艺术的空前繁荣，也迎来了科学发展的日益高涨，同时，一代巨人在成长。当时的代表人物有：政治思想家马基雅弗利；三大文豪但丁、彼特拉克、薄伽丘；号称"文艺复兴三杰"的画家达·芬奇和拉斐尔，以及雕刻家、建筑家米开朗基罗。同样，帕乔利也是这一时代造就的骄子之一。文艺复兴时代，是一个大动荡、大变革、大分化和大改组的时代。在这一时代里，资本主义性质商品经济在不断发展，新兴的复式账法在日益成熟。这种环境不仅充实了帕乔利的生活，潜移默化着这位数学家，也扩大了他的视野和胸怀，这就使他有可能接触到当时煊赫一时的威尼斯式簿记法，并有可能用数学家的眼光将它记录下来，加以传播，从而捷足先登，跃上"近代会计之父"的宝座。

可见，帕乔利之为帕乔利，他之所以享誉世界，并不是他天才性地发明了一套比较健全的复式簿记法，而完全取决于时代：时代的需要、时代的经验积累和会计传统。或者说，在于根据当时的经济管理和会计核算的需要，从前人和当代人应用簿记技术的各种实践中，把那套在当时公认为先进的簿记知识，从数学理论的高度加以归纳总结，从而有力地确定了"意大利式簿记法"在世界会计发展上不可动摇的指导地位。

一句话，意大利式借贷簿记乃是人类长期实践的结果，而卢卡·帕乔利仅仅是这一发明的总结人和传播者。

LVCA
PACIOLI

SVMMA

1494   1994

I CONCITTADINI
E
LE SCUOLE DI RAGIONERIA IN GIAPPONE
AL PATRIARCA DELLA COMPUTISTERIA
LAUDE ET GLORIA

帕乔利雕像

四、深远的影响

"在15世纪末,意大利因为保罗·托斯卡内利①、卢卡·帕乔利和列奥那多·达·芬奇诸人,所以在数学上和自然科学上是据有无可比拟的最崇高的地位的。而每一个国家的学者,就连雷吉奥蒙达努斯②和哥白尼也都承认他们自己是意大利的学生。"③

这是瑞士19世纪著名的历史学家雅各布·布克哈特(Jacob Burckhardt, 1818～1897年)在其著作《意大利文艺复兴时期的文化》(The Civilization of the Renaissance in Italy)一书中对帕乔利诸人在数学发展上的功绩,给予的高度评价。因为帕氏的著作《数学大全》的出版刊行,曾有力地打破了1202年出版意大利著名数学家莱昂纳多·菲博纳奇(Leonardo Fibonacci)编著的《计算之书》之后约300年,整个拉丁世界在数学上恹恹无生气的停滞不前的局面,从而将欧洲的数学向前推进了一大步④。

所以,作为一个数学家,帕乔利确确实实是伟大的。然而,作为最早出版的复式簿记文献的著者,帕乔利则不仅是伟大的,而且还是举世无双的。

我们知道,"地理大发现"乃是15世纪末世界历史上的一个重大事件。它不仅带来了西欧商业风起云涌的革命性变化,而且还为新兴的资产阶级分子开辟了新的活动场所。从此,欧洲贸易中心开始由地中海转移到大西洋沿岸,进而,一个到处是火和剑的资本主义创业时代也就随之来临了。正如以自然经济占主导地位的奴隶社会和封建社会需要有一套单式簿记法，来反映和监督自给自足的经济活动过程一样，资本主义的成长和壮大，客观上也需要有一套能满足资本主义经济管理和会计核算要求的更为科学的簿记方法。帕乔利的《数学大全》的问世，刚好能满足这种要求。所以，是在时代的会计经验和会计传统的基础上产生了威尼斯式簿记法，又是时代的需要使意大利式簿记在世界范围内传播和发展成为可能。

美国密切尔·查特菲尔德教授指出："①帕乔利通过宣传当时的优秀方法，扩大了改善会计实务的范围；②对教授法和教科书的写法影响甚大；③对今日的会计亦产生了深远的影响"。[⑪] 可以说，正是在帕乔利的簿记文献的影响下，才涌现出一批又一批才华横溢的从不同角度为意大利式簿记的传播和完善作出贡献的会计学者和数学家。他们遍布在世界各地，活跃在不同时期，其会计著作如雨后春笋、似群芳竞秀，令人眼花缭乱；正是在帕乔利的会计思想的熏陶下，西式复式簿记才在世界各国不断地传播着、变化着、发展着，形成了从中世纪到17世纪、19世纪乃至现在的各种不同分支和不同流派，对近代会计科学的问世和发展，产生了至关重要的影响[⑪]。举凡后世在会计方法上的各种创新，在会计理论上的许多学派，其思想渊源基本上都可以追溯于帕乔利的不朽著作——《数学大全》。

现将借贷复式簿记随风而起、依舵而转的历史发展趋势用"簿记会计文献著者数"列举如下表：[⑫]

簿记会计文献刊行著者数

年代＼国别	意大利	法国	德国	荷兰	英国	美国	合计
1500年以前	1						1
1501~1550	8	1	6	2	2		19
1551~1600	7		7	3	3		20
1601~1650	10	7	3	19	9		48
1651~1700	11	8	12	17（4）	30（1）		78（5）
1701~1750	5	16	11	13	64（1）		109（1）
1751~1800	7	21	30（8）	14（1）	101（4）	2	175（13）
小计	40	53	69（8）	68（5）	209（6）	2	450（19）
1801~1810	1	8	14	4	18	2	47
1811~1820	3	9	12	3	25	9	61
1821~1830	4	21（2）	19（1）	4	23（5）	8	79（8）
1831~1840	6	22（2）	15	10（1）	22	23	98（3）
1841~1850	3	8	21（2）	4	43（12）	24	103（14）
小计	17	68（4）	81（3）	25（1）	131（17）	66	388（25）
1851~1860	4	24（3）	29	5（1）	45（12）	26	133（16）
1861~1870	11	33（1）	32	3	37（2）	26	136（3）
1871~1880	29	22（3）	65	4	55（7）	59	234（10）
1881~1890	33	40（2）	71（1）	7	117（30）	106	374（33）
1891~1900	40	28	60（7）	8（1）	182（22）	113	431（30）
合计	117	147（9）	257（8）	27（2）	436（73）	324	1308（92）

显而易见，帕乔利对于意大利式簿记法的传播和发展，以及西方近代会计学的建立，其影响无疑是巨大、深刻且决定性的。倘若没有这位意大利数学家用他的不朽杰作，铸成黄金的链环，把意大利和德国、荷兰、法国、英国、美国、日本、苏联、中国，乃至整个世界紧紧地连接在一块儿，那么，就不会有近代意大利式簿记的传播和发展史，甚至不会有西方现代会计学。所以我们说，"近代会计的奠基人"（The Father of Modern Accountancy）这项桂冠，只能戴到卢卡·帕乔利的头上。

关于帕乔利的三个有争论的问题简介   附

围绕"近代会计之父"帕乔利,在会计史学史上尚有一些历来聚讼不决、难以遽断的问题,有待于人们去研究、考证清楚。现将它们简要介绍如下(仅供参考):

1. "计算和记录要论"非帕乔利创作说

意大利会计学者法比奥·贝斯塔(F. Besta)认为,较之帕乔利的著作晚49年,于1543年在英国出版刊行的奥尔德卡斯尔的簿记文献与帕乔利的簿记书在内容上几乎完全相同,故人们一直认为该书是帕乔利著作的英译本。但从细部考察,可以发现两者在许多地方有很大的差别。这是由于奥氏的著作不是帕乔利簿记文献的英译本,而是按一位无名氏的手抄本转译而来的。所以进而可以认为帕乔利的簿记文献并不是他自己的创作,而是他对无名氏的手抄本的剽窃。

英国会计学者P·科兹(P. Kats)从语言学的角度,也对奥尔德卡斯尔的英文译作和帕乔利的原著进行了比较研究。结果表明,奥氏的著作是从帕乔利以外的拉丁语·意大利语混合文书英译而来的。所以,他支持由贝斯塔代表的"计算和记录要论"非帕乔利创作说。

有的会计学者甚至更明确地说,卢卡·帕乔利的会计著作是对他的恩师弗兰切斯卡的会计思想的剽窃。因为有一幅名画描绘了弗兰切斯卡正在传授,帕乔利在旁边记录的情景。对此,现任国际会计史学家协会主席埃尼斯特·斯德维林克(Ernest Stevelinck)在第四届会计史学家国际会议上致开幕词时,发表了不同的意见。他与绝大多数会计史学家一样,坚持认为《数学大全》实实在在是卢卡·帕乔利的杰作。[13]

2. 世界上第一本复式簿记著作非帕乔利编著说

目前，人们均认为帕乔利是世界上最早的关于复式簿记的文献的著者。但也有人提出异议，认为唯有贝内代托·科特鲁侬（Benedetto Cotrugli）才享有这一崇高的荣誉。因为他在1458年就写成了《商业和精明的商人》一书，其中有一章简要介绍了威尼斯式簿记法，这较之帕乔利的簿记文献要早36年成书，但本书直到1573年才正式出版。倘若本书的成书年代可信的话，我们将帕乔利的簿记著作视为世界上出版最早的簿记文献，较为合适。

3. Pacioli和Paciolo之争

意大利于19世纪才开始统一。国家统一以后，语言才逐渐得到统一。而在统一以前，由于意大利各种方言的不同，导致《数学大全》著者姓名主要有Pacioli和Paciolo、Paccioli和Pacciolo、Paciuoli和Paciuolo[14]这三种区别。

但从会计和会计史名著，以及专业辞典来看，一般均采用Pacioli或Paciolo，很少采用Paccioli或Pacciolo、Paciuoli或Paciuolo。根据美国会计学者A·C·利特尔顿编著的《二十世纪以前的会计发展》一书和日本片冈义雄、片冈泰彦翻译的《沃尔芙会计史》等资料考察，目前国外会计学界采用Pacioli这一说的，在英语文献中有Paul Garner、R. E. Taylor、Geijsbeek、Crivelli、Murray、Edwards、M. Chatfield、Previts、Merino、Yamey、A. Enthoven；在德语文献中有Kheil、Sieveking、Jäger、Penndorf；在意大利语文献中有T. Zerbi、Narducci和Vianello；在日语文献中有平井泰太郎、泉谷胜美、黑泽清、井上清、岸悦三、滨田弘作。采用Paciolo这一说的，在英语文献中有A. V. Boursy、

Have、Roover、Row-Fogo、Kats、Woolf、Hatfield、Littleton；在德语文献中有Augspurg、Hugli、Drapala、Gomberg；在日语文献中有大森研造、片野一郎；在法语文献中有Dupont；在荷兰语文献中有Volmer、De-Waal；在意大利语文献中有Bariola、Gitti、Brandaglia、Vianello、Luchini、Besta。还有的学者认为：倘若说姓名，应采用Luca Pacioli；倘若只说姓，则只采用Paciolo 即可，如意大利的F. Melis、比利时的E. Stevelinck和R. Haulotte以及1982年成立的日本会计史学会（暂称）主要发起人、关西学院大学名誉教授小岛男佐夫®就是这一观点的代表人物。

对于Luca Pacioli（卢卡·帕乔利）和Luca Paciolo（卢卡·帕乔洛），究竟采用何者更为准确呢？我个人的意见是使用Pacioli较之Paciolo好。

因为卢卡·帕乔利在意大利史上是一位著名人物，他的名字在其故乡博尔戈·圣·塞波尔克罗是家喻户晓、妇孺皆知的。人们尊敬他，迄今仍亲切地称他为Fra Luca Pacioli；为了纪念他对意大利数学和簿记学所作出的巨大贡献，于1878年还特地为他建造了一座大理石纪念碑，竖立在市立美术馆，让人们瞻仰，题名为A Luca Pacioli；尔后又精心为他制作了一尊半胸雕像，安置在卢卡·帕乔利中学分校校园最优美的地方，题的名亦为Via Luca Pacioli。

详见①文硕"《数学大全》著者姓名初考"，《武汉财会》1984年第1期；②A. V. Boursy："The Name of Paciolo"，（The Accounting Review）July, 1943. No.3；③RAYMOND DE ROOVER："Pacioli or Paciolo"，（The Accounting Review）January, 1944. No.1；④R. EMMETT TAYLOR："The Name of Pacioli"，（The Accounting Review）January, 1944. No.1.

注　释：

①　（美）M·查特菲尔德：《会计思想史》（A History of Accounting Thought），1977年版，第44页。

②　（美）A·C·利特尔顿和（英）B·S·亚梅编集：《会计史论文集》（Studies in the History of Accounting），1956年版，第177页。

③　（美）A·C·利特尔顿：《二十世纪以前的会计发展》（Accounting Evolution to 1900），1966年版，第81页。

④　雅努斯（Janus），古代意大利的神。他的形象是一个有两副面孔的人物：一副看着过去，一副看着未来。在早期的雅努斯像上，他是长胡子的两面人，后来是不长胡子两面人。一副面孔年轻，另一副面孔年老。雅努斯的右手手指上画有300（CCC）这个数字，左手手指上画有65（LXX）这个数字，合计为一年的天数。

⑤　《马克思恩格斯选集》第3卷，第445页。

⑥　托斯卡内利（Toscanelli，1397~1482年），意大利医生和地质学家，据说哥伦布在1492年航行到美洲时曾用他所制的世界地图。

⑦　雷吉奥蒙达努斯（Regiomontanus，1436~1476年），德国著名的天学家和数学家。

⑧　（瑞）雅各布·布克哈特：《意大利文艺复兴时期的文化》（The Civilization of the Renaissance in Italy），何新译，商务印书馆1983年版，第286页。

⑨　周金才、梁兮著：《数学的过去、现在和未来》，中国青年出版社1982年版，第86页。

⑩　同①第49页。

⑪　卢卡·帕乔利的《数学大全》已被译成各国文字，在许多国家广为流传。

现代意大利语译本：

Vinceze Gitti. Fra Luea Paciolo, Torino, 1878.

德语译本：

Ernst Lubwig Jager, Luca Pacioli und Simon Stevin.Stuttgart, 1876.

Balduin Penndorf, Luca Pacioli, Abhandtung uber die Buchhaltung 1494, Stuttgart, 1933.

荷兰语译本：

J. Volmer en C. van Rijnberk, Paciolo's Verkandeling over de Koopmas boekhouding in het Nederlandsch overgebracht door I. V en v. R., Rotterdam, 1896.

俄语译本：

E. G. Waldenberg, Лука Пациоло, Petersburg, 1893.

英语译本：

J. B. Geijsbeek, Ancient Double-Entry Bookkeeping, Denber, 1914.

Pietro Crivelli, An Original Translation of the Treatise on Double-Entry Bookkeeping By Frater Lucas Pacioli, London, 1924.

R. Gene and Kenneth S. Johnston, Paciolo on Accounting, New York, 1963.

日语译本：

平井泰太郎稿"ぱちおり簿記書"研究、神户会计学编纂"会计学論叢"第四集，东京宝文馆。一九二〇年、七六~一九五页。

片冈义雄著"パチョーリ'簿記論'の研究"东京森山书店，一九五六年。

岸悦三著"会计前史"同文馆一九八三年。

本田耕一著"パチョーリ簿記論"现代書館一九七五年。

中国语译本：

陆善炽稿："巴舒里'计算与记录要论'汉译"，中国会计学社编纂《会计杂志》第六卷第四—六期，一九三五年。

波希米亚语译本：

Karel Peter Kheil, Luka Pacioli, Prag. 1933.

参见（日）体系近代会计学VI，《会计史和会计学史》小岛男佐夫主编，中央经济社1982年第2版，第21~22页。

⑫ 摘自（日）滨田弘作：《会计史研究序说》，东京多贺出版1983年版，第201页。

⑬ 参见澳大利亚和新西兰会计学会会计史组编集：《会计史通讯》（Accounting History Newslettert），1985年第10期。

⑭ 拉丁语名字为Lucas Paciolus，参见（比利时）埃尼斯特·斯德维林克（Ernest Stevelinck）和R·赫伦特（R. Haulotte）著：《会计名人画廊：资料144》（GALERIE des grands auteurs COMPTABLES），1956年，第11页。

此外，有的学者还采用Paciolus、Pacciolus和Paciulus。

⑮ （日）小岛男佐夫：《卢卡·帕乔利》，载于日本会计学会编辑：《会计》杂志第123卷2月号第2号。

（比利时）E·斯德维林克和R·赫伦特著：《会计名人画廊：资料145》（GALERIEes grands auteurs COMPTABLES），1957年，第27~33页。

（比利时）E·斯德维林克：《卢卡·帕乔利的各种形象》（The Many Facs of Luca Pacioli）（Accuntings Historian Journal）Fall 1986. Volume 13, No.2.

第二章 卢卡·帕乔利以后的意大利会计

一、帕乔利的追随者

"高楼喜见一花开，便觉春光四面来"。

卢卡·帕乔利乃是近代会计的奠基人。他的簿记文献问世以后，意大利会计界顿时呈现出一派生机勃勃的景象。当时，许多会计学者纷纷著书立说，一方面对帕乔利的会计学说给予热情的支持，大力地传播；另一方面又通过阐述各自的创新之见，使得意大利式簿记的内容更加充实丰富。

1525年，乔瓦尼·安东尼奥·塔利恩特（Giovanni Antonio Tagliente）首先站出来，出版了两本较为通俗易懂的簿记书。一本名叫《以威尼斯的惯例为基础的复式簿记法》（Considerando io Ioanni Antonio Taiente quanto e necessaria Cosa a li nostril magnifici），是为向商人介绍复式簿记知识而编著的，其特点是：就借方和贷方列举了实例，并说明了分录账的结转法，但没有提及总账。据德国著名的会计学者克海尔（C. P. Kheil）介绍[①]，塔利恩特非常熟悉帕乔利的著作，但他并没有按这位著名的修道士所提倡的方法编著，而力求独创。显然这一尝试是以失败而告终。

塔利恩特的第二本著作现藏于英国特许会计师协会的附属图书馆，但不是原本，而是复印本。本书鲜为人知，是为独资商人和手工艺家编著的，较之第一本簿记著作，它要简单得多，仅24页，以在每一页的上部列举记账规则、下部作说明为其特色。这种介绍方式比帕乔利的方式要通俗易懂，而且本书采用例解式，对簿记知识的大众化无疑起着很大的促进作用。塔利恩特的这两本著作广泛地为学校老师们所采用，是当时最受欢迎的簿记文献之一。

刚起步就写了两本簿记文献，可见塔利恩特是下了很大的决心，要宣传新式簿记的。

继塔利恩特的著作之后，威尼斯的数学和簿记教师多梅尼科·曼佐尼（Domenico Manzoni）于1534年在威尼斯出版了一本题为《威尼斯式总账和分录账》（Quaderno Doppio Con Suo Giornale）的著作。

16世纪末叶意大利地图

本书是在意大利人正为新式簿记高唱赞歌之时出版的，由两部分组成：第一部分是簿记理论的说明，系帕乔利著作的忠实翻译；第二部分是曼佐尼的独创，设有300道例题，说明分录账和总账的用法，其中分录账占篇幅20页，总账占46页。

我们知道，以前的账簿组织均是以日记账、分录账和总账为主要账簿的，但曼佐尼针对实际需要，将日记账降到了从属于分录账和总账的辅助账簿的位置上。也就是说，他所论述的主要账簿仅指分录账和总账而言，日记账只是作为辅助账簿来使用的。曼佐尼还介绍了诸如家事费、工资、建筑费、地租收益之类的小日记账（Libretti），

1534年的多梅尼科·曼佐尼
(Domenico Manzoni)

以汇总各种复杂的经济业务,并往分录账和总账结转,从而减化了记账工作,提高了会计效率。在登记分录账时有一个显著的特点,这就是附上相应的号码,并一起记入总账,以达到能从总账往分录账检查、核对之目的,同时,在总账记录的末尾,附上对应账户的页数,这样,就使分录账和总账之间、总账和总账之间,具有了相互牵制的联系。此外,曼佐尼对试算表也作了论述。他认为,试算表应按各种总账结账后的合计编制,故有"结账后的试算表"之称。

总之,曼佐尼的著作发表于帕乔利之后40年,也是国外会计文库中的典籍之一。它一方面深受帕乔利的萌泽,几乎处处闪现着帕乔利簿记的光彩,另一方面又弥补了帕乔利著作的许多不足,大大地发展了帕乔利和塔利恩特的簿记法,遂使威尼斯式簿记制度得以定型。本书于1540年、1554年再版2次,后又改题目为《按威尼斯式簿记法记录的按字母顺序排列的分录账和商人账簿》(Libro Mercantile Ordinato Col Suo Giornale E Alfabeto per tener conti doppi al modo di Venetia)分别于1564年、1565年、1573年和1574再版4次。荷、法、英诸国相继把它译成本国文字,在西班牙也有译本。而且,历代会计学家中,追其迹,宗其法者,亦不乏其人,足见其影响之甚广。可以这样讲,曼佐尼的这本著作对当时意大利式簿记的传播起到了推波助澜的作用,因而后人将本书和帕乔利的著作一起,同称为簿记学之典范。

乔瓦尼·斯福尔图纳蒂（Giovanni Sfortunati）受曼佐尼的鼓舞，在同一年也满怀信心地拿出了自己的著作。

这本颇有文学色彩的著作，名叫《新光》（IL Nuovo Lume）。

正如著者在"序言"中所言，该书介绍的是他在意大利和西西里等学校讲授数学的经验，实务性很强，并订正了旧版的一错误。

作为《新光》一书的补充，1539年，他在威尼斯出版了一本仅7页的小册子，其论述方式模仿塔利恩特，每页的上部列举记账规则，下部列举例题。接着，斯福尔图纳蒂一鼓作气，又出版了一本没有标明出版日期的簿记文献，题为《按全世界的习惯来指导复式簿记记录的新发明的方法》。这显然是为反对塔利恩特的簿记法而编著的，因为塔利恩特说自己的方式是依著名的威尼斯市的簿记惯例而定。斯福尔图纳蒂之所以宣称自己发明的簿记法适应于全世界任何一个地区，无非就是向人们表明他的方法较之塔利恩特更为先进，适应面更广。这两本小册子现藏于英国特许会计师协会的附属图书馆。据可靠资料可知，它们主要是为学校的儿童和一般大众而著的，价

《新光》（Nuovo Lume Libro di Arithmetica.Venice, Nicolo di Aristotile detto Zoppino 1534)

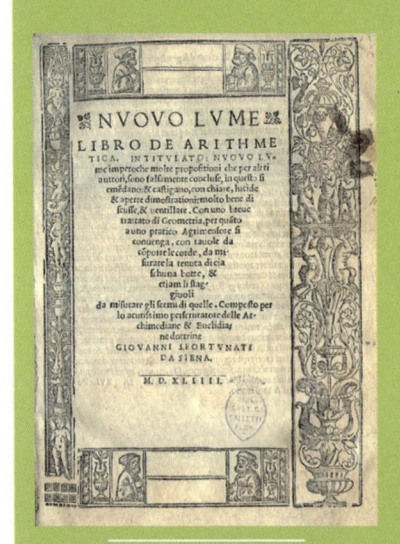

《新光》（1544年版）

古罗拉莫·卡尔达诺
(Girolamo Cardano，1501~1576年)

卡尔达诺（1539年版《算术和测量的非凡实践》封面）

格非常便宜，曾畅销一时，为意大利簿记史增添了新的异彩。

所以，我们可以说，与塔利恩特和曼佐尼一样，斯福尔图纳蒂也是卢卡·帕乔利的会计思想的追随者。

与塔利恩特和曼佐尼一样，斯福尔图纳蒂也是下定决心，要在意大利乃至全世界普及新式簿记法的。

"涓涓细流归大海"。在这些人的感染下，许多有识之士不约而同地聚集到了他们的身边。

较为著名的，首先当推卡尔达诺。

古罗拉莫·卡尔达诺（Girolamo Cardano）系米兰著名的数学家和医生。他的宣传新式簿记的著作是1539年出版的《算术和测量的非凡实践》（Practica Arithmeticae e Mesurandis Singularis）一书，其中第六十章《关于簿记手法》（De Ratione Librorum Tractandorum），按12个项目扼要地论述了复式簿记[②]：

它的主要内容是：①在项目1中，卡氏列举了对于商人来说尤为必要的四种账簿，即财产目录、日记账，分录账和总账；②在项目2中，卡氏指出，对于日记账、分录账和总账，应附上十字架记号、A记号和B记号等，使它们分别保持对应关系；③在项目3中，卡尔达诺提出了1账户学说的萌芽思想，对后世产生了一定的影响；④在项目4中，卡氏指出，应将资产（creditum）记在账簿的左侧，而将负债（debitum）记在账簿的右侧；⑤在项目5～9中，卡尔达诺对日记账、分录账和总账的转账法、记录法、错误修正法，损益计算法作了详尽地论述；⑥在项目10～12中，卡氏论述了从旧账往新账结转的记账手续和往来函件的整理和保管等内容。

应该承认，这本簿记著作的论述在当时是较为全面的。不过另一方面也应看到，卡尔达诺对复式簿记的理解有时是浮光掠影的，因为在他的著作中有些论述令人费解。

4年以后，也就是1558年，阿尔维塞·卡萨诺瓦（Alvise Casanova）在威尼斯出版了一本题为《明镜》（Specchio Lucidissimo）的簿记文献。该著作由3部分组成：①给威尼斯共和国公爵洛伦佐·迪·普廖利（Lorezo Di Prioli）的献词；②以与朋友对话的形式介绍复式簿记；③记账举例，包括分录账、索引和总账。

著者是一位簿记教师、威尼斯共和国的专家、共和国的财政会计官。

毫无疑问，他也是帕乔利和曼佐尼会计学说的崇拜者。

一般地说，这部著作系帕乔利和曼佐尼的嫡系真传，大部分是对帕乔利和曼佐尼的著作内容的继承，但也富有新意，这主要表现在两个方面：一是省略了日记账，仅采用特殊分录账和总账作为账簿组织，这种方法系卡萨诺瓦首创；二是提倡年度决算法，按这种方法，他的航海账户不是在冒险交易结束时结清，而是定期在年末进行，这一点也是卡萨诺瓦的主要贡献，在当时显得根有新意，它表明意大利人正在探索着结束分户损益计算法的运用时代。

以下，我们要介绍的是在会计史学上争论较多的人物——贝内代托·科特鲁依。

也许，他真是一位不幸者。

但对于这样一个早起的跋涉者，我们还是应尽量客观地给予评价。

贝内代托·科特鲁依（Banedetto Cotrugli）诞生于著名的意大利海港拉古萨。他的祖父米切尔和父亲雅各布在当地很有权势，经营盐场并主管货币铸造，还常被国王派往国外出任大使，为国家屡立功勋。生活在这样一个官僚贵族家庭，科特鲁依从小就受到良好的文化教育。他博学多才，酷爱法律和经济，非常关心政治，时常参加一些政治活动。1446年，与N·N·邦代纳利奥（Nicoletta Natale Bondenalio）小姐结婚，两人感情非常融洽，生有5个儿子和5个女儿。在他的政治生涯中，曾一度春风得意，担任过巡回审判官和总审判官，并经常被派往国外出任大使，后提升为第一国务大臣，还当过国王顾问。然而，仕途多坎坷，后来，拉古萨参事会以莫须有的罪名，将他流放国外。在悲剧色彩中，他客死异乡。

科特鲁依虽然早已去世了，但是，他在人类会计发展史上却投下了一个引人注目的身影。

1458年，科特鲁依携全家迁居那不勒斯。当时，资本主义经济已在意大利半岛萌芽并有所发展。商人们普遍认为有必要从理论上对已在意大

贝内代托·科特鲁依
(Banedetto Cotrugli)

卢卡·帕乔利
(Luca Pacioli)

利北方诸城邦广泛运用的复式记账法进行总结，以满足资本主义经济管理和会计核算的要求。科特鲁侬敏感地意识到了这一点。在大商人弗兰切斯卡·斯特凡尼的全力支持下，他以惊人的速度于1458年8月25日完成了《商业和精明的商人》（Della Mercatura e del Mercante perfetto）一书的编写工作。①该书由封面、目录、两篇献词和106页正文组成。正文又分4部分51章：第一部分论述商业的起源、形态和本质；第二部分论述定期市场和对宗教的态度；第三部分论述商人职业的重要性、经营能力和处世态度；第四部分论述商人私有财产和勤俭节约。其中第一部分第十三章专论复式簿记法。在这一章里，科特鲁侬强调了记录的意义和重要性，认为它是避免诉讼、纠纷和不和的重要手段，也是所有商业活动即债权债务、商品成本和损益等的备忘录；介绍了借贷用语、账簿记录和账簿组织（日记账、分录账和总账）；而且还对年度决算进行了较为详细的论述，指出每到年末，应核对总账和分录账，并编制余额试算表（这里没有提及损益账户和财产目录）。此外，科特鲁侬在第一部分第八章"债权回收方法"和第九章"债务支付方法"中，还指出对债权应每月检查，避免发生迟滞现象，对债务应履行支付义务，亦不得延宕时日。

《商业和精明的商人》封面

应该承认，科特鲁侬的著作确实是在1458年8月25日成书的，不幸的只是由于当时印刷技术所限，一直拖到1573年才正式印刷刊行。所以，现在一般认为该书的重要性并不在它本身的价值，而仅仅在于它是在帕乔利《数学大全》出版36年以前成书，即年代上的价值。**如果说科特鲁侬的《商业和精明的商人》称得**

上是世界上成书最早的会计著作,那么,帕乔利的《数学大全》就是世界上出版最早的簿记文献。

科特鲁依是西方会计发展过程中第一个意识到应将意大利盛极一时的复式簿记法以著作的形式总结出来,介绍给更多人们的人。他的所作所为,代表的是新兴资产阶级的愿望。他在书中体现的会计思想,在一定程度上达到了他所在的那个时代所能达到的最高水平,尤其是对年度决算的探索,在损益计算史上占有重要的地位。虽然《商业和精明的商人》一书完成后拖了100多年才正式印刷发行,但仍然受到意大利商人的高度评价。法国人琼·博伊龙(Jean Boyron)对它也非常推崇,并于1582年将它译成法文在里昂出版。

二、开拓新境界

意大利式复式簿记发展到16世纪80年代以后,进入了另一个新的阶段。当时,不少会计学者保持清醒的头脑,一方面以帕乔利的著作为基础,对意大利式簿记法作了许多重要的修正,另一方面开始对簿记进行理论方面的研究,并将复式簿记广泛地运用于大企业、修道院和官厅会计,从而为复式簿记的发展开拓了新的境界。这一时期的代表人物主要有唐·安杰洛·彼得拉和卢多维科·弗洛里。

唐·安杰洛·彼得拉(Don Angelo Pietra,1550~1590年)生于热那亚地区一个名叫莫涅利亚的地方。由于家庭、学校和社会上的浓厚的宗教气氛的影响,19岁那年,他出家进入柏纳里克特教团,做了一位虔诚的修士。从此,他整年不出院门,只是潜心修道和学习,尤其对经济管理感兴趣,并进行了深入的研究。几年后,担任曼托瓦附近的乔瓦尼·贝蒂斯塔修道院谷物仓库负责人和会计主管兼审计员。1590年7月在那不勒斯附近的莫底卡古诺修道院溘然长逝。他对会计发展的贡献突出地表现在:①试图将复式簿记运用于修道院之类的非营利企业,从而为复式簿记的发展，开拓了新的境界；②在意大利式簿记的百花园里，增植了会计报告这朵鲜花。

彼得拉的这些成就的取得，绝非偶然！

我们知道，卢卡·帕乔利在《数学大全》一书中介绍的意大利式簿记法，实际上就是在威尼斯地区盛极一时的威尼斯式簿记法。这种簿记法是意大利商人根据当时的经济管理和会计管理的需要，继承和发扬前人和当代人的先进的簿记技术而创造出来的，主要适用于商业企业。而且，由于在威尼斯，以家庭合伙的形式经商最为普遍，这就决定当时会计的主要目的是向商人自己提供有关资产和负债的资料，并不要求有一套可以向合伙人报告的符合统一标准的报表体系。所以，帕乔利没有提及修道院之类的非营利企业的会计，也没有对财务报表的编制法，作出明确的、详细的介绍。这是帕乔利簿记文献的不足之处。

这片荒无人烟的原野被始终保持敏锐头脑的彼得拉注意到了。丰富的管理修道院经济业务尤其是会计业务的实践经验，为他弥补这方面的空白，提供了源泉；宁静的修道院生活，又为他著书立说创造了极好的环境。1586年，《会计人员有规则地记录复式账簿的指针，即最有秩序的教育》（Indrizzo degli economi o sia ordinatissima instruitione da regolatamente formare qualunque scrittura in un Libro doppio）一书在曼托瓦正式问世。1824年，本书又由朱塞佩·雷纳（Guiseppe Reina）整理、修订，改名为《柏纳里克特教团的修道士，热那亚人，安杰洛·彼得拉神父从理论上和实务方法上对记录复式簿记账簿的指示》在米兰再版，在这本由67章组成，分理论说明和分录账、总账举例说明两部分的文献中，彼得拉对非营利企业会计和财务报表编制法，作了许多有创见性的介绍。

首先，看他的修道院会计。彼得拉不仅介绍了试算表（即余额账户）、修道院总账、分录账和各种辅助账簿，而且重视它们之间的联系，指出：所有的辅助账簿均应

在月末往分录账结转；总账应在年结账，并与分录账核对，应根据总账，编制试算表。在这里，彼氏提出了以复式簿记为基础的修道院的账簿组织，并大力主张年度决算。

再看他的会计报告理论。彼得拉明确地将所有主和经济活动主体（企业）分别看待，强调了代理人会计的必要性，从而提出了自己的会计报告的理论。他指出，所有的修道院账簿，每年应向修道院长报告4次，以接受他的审查。为此，他建议，负责会计管理业务的修士均应根据修道院账户（即资本账户）、损益账户和余额账户编制会计报表。在这里，彼得拉提出了资本计算书、损益表和资产负债表的雏形。

彼得拉的会计著作

应该说，彼得拉是成绩斐然的。他的研究所得，一方面大大地丰富了会计科学的宝库，另一方面为意大利式簿记的传播和发展开辟了新的途径。他不拘守前人成说的创新精神，更是给继起的会计学者以有益的启示。虽然学如积薪，后来者居上，彼得拉的成就与后世许多会计学者相比未免略逊一筹，但是作为一个划时代的开拓者，他的成绩还是值得后人为之立传的。

跟在16世纪意大利会计的巨匠彼得拉后面，并将他论述的会计报告理论发展到一个新的水平的，是修道士卢多维科·弗洛里（Lodovico Flori，1579~1647年）。

卢多维科·弗洛里诞生于1579年。获得哲学、神学和法学的学位后，于1610年加入了伊俄兹斯会（Compagnia di Gesu）。不久又来到西西里亚，在这里，他辗转过23所修道院，然后定居巴勒莫。1647年9月24日去世。

弗洛里的传世之作是《附例解的家庭用复式簿记理论》，1636年出版于巴勒莫。本书立论精辟，除仿效、发展了彼得拉的会计报告思想和继承年度决算，以及试图将复式簿记应用于私人或家庭会计以外，在其他诸方面也发展了意大利式簿记法。

比如：

在这本簿记文献中，弗洛里从理论上论述了盘点和决算整理，并对费用、收益的期间分配、分配标准和盘存资产的估价，作出了尤为精详的说明。例如，弗氏认为，应通过财产盘存，正确地进行损益计算和财产计算，详言之，就是对所有的财产进行盘点，并将它们作为开始分录记入分录账，然后往总账结转。在这里应注意的是，它只反映现金、债权、盘存资产和债务，而不将固定资产作为记账对象。而卡尔达诺认为，应将固定资产编入财产目录，但不作成分录在分录账中加以反映。

弗洛里的簿记专著（1636年）

在本书中，弗洛里指出，应力求让任何人都能通过账户捕捉到经济业务的全过程，并且学会将费用和收益正确地分配到其发生期间。这在当时是第一次。

弗氏还提及了试算表。他认为，编制试算表的目的有二：一是发现差错，验证总账的正确性；二是把握财务状况的手段。

而且，弗洛里还就年末财务报告和必要时临时的财务报告作了论述。在论述年度末财务报告时，著者介绍了余额账户和损益账户、损益表和借贷对照表。对于余额账户，借方分为债权部分和有形财产部分，贷方分为负债部分和资本部分；对于损益账户，借方分为费用部分和纯利润部分，贷方分为销货收益、估价收益部分和其他部分；借贷对照表是主要的财务报表，其附属明细表为残存财货

明细书和资本明细书；损益表亦为主要财务报表，其附属明细表为销货收益、估价收益明细书。早在17世纪上半叶就提出以损益表和借贷对照表为主要财务报表的报表体系，这是弗洛里对复式簿记的发展作出的重大贡献。

正如佩拉盖洛（E·Peragallo）所言：在19世纪以前，这本杰作具有最高水平的地位[⑤]。梅利斯（F. Melis）也给予了高度评价，他说，该文献的水平是19世纪以前意大利簿记著作的最高峰[⑥]。所以，弗洛里是意大利式簿记的忠实继承者，同时又是意大利式簿记的得力创新者，他继往开来，踏着时代发展的节奏，给意大利式簿记法，输入了新鲜的血液。

弗洛里专著（1633年）

三、工业会计的曙光

意大利式簿记是发展着的。

到16世纪，意大利式簿记法逐渐从商业领域向工业领域渗透，所以，这时的意大利工业会计呈现出未之前闻的新气象。

关于这方面的典型史料，现存有拉法埃洛·迪弗朗切斯科·迪梅迪奇合伙企业（Raffaello di Francesco di'Medici & co.）的会计记录。

根据合伙章程可知，该企业创立于1531年2月1日，解散于1534年1月31日，由拉法埃洛（Raffaello）和他的徒弟基亚里西莫（Chiarissimo）、巴廖尼（Baglioni）三人组成，旨在制造和销售纺织品，以赚取利润。其中拉法埃洛投资

2400佛罗琳、基亚里西莫出资1200佛罗琳，巴廖尼既没有出资现金，也没有出资机械设备，而是以劳力，即经营管理的能力作为合伙的投资，相当于1050佛罗琳，所以，投资总额约为4650佛罗琳。合伙企业的损益是根据每一个合伙人投入资本的比例来进行分配的，即拉法埃洛应得总利润额的51.67%；基亚里西莫应得25.83%；巴廖尼应得22.5%。这表明每个人的所得收入与其出资额的多少有着重要关系。

合伙章程还规定，企业的经营管理原则上由巴廖尼负责，他不仅拥有雇用、指挥和解雇职工的权利，而且还承担根据提高企业的经济效益的需要来设计会计组织的义务。为了本企业的繁荣，他必须拿出所有的时间和精力，做一个踏踏实实、诚诚恳恳的经营者，不得参与其他的贸易活动，否则，就课以100佛罗琳的罚金，且这笔罚金划归拉法埃洛和基亚里西莫。拉法埃洛和基亚里西莫不受该条款的制约，他们可以随便参加其他的各种冒险交易活动。显而易见，在这里，所有权和管理权在一定程度上是处于分离状况的。

该合伙企业在复式簿记法的运用上具有以下的特征：

在企业里，建立了较为严密的内部控制制度。按该制度，作为经营管理的负责人，巴廖尼应负责会计制度设计，主管企业全面的会计核算，但具体进行会计业务的会计员是由另外两名合伙人任命的，并且还是拉法埃洛的儿子，名叫朱利亚诺（Giuliano）。此外，拉法埃洛也享有插手经营事务的权限，并负责登记总账，以对由巴廖尼记录的会记总账，进行控制。

该企业以8种账簿作为账簿组织：①日记账；②分录账；③总账；④现金账；⑤工资总账；⑥染色工账；⑦织布工账；⑧纺毛工账。

其中：

日记账（quadernaccio）系叙时反映以羊毛为主的购进事项的账簿，不仅反映原料的种类、质量、付款条件，而且还反映一捆、一袋的重量和单价。一般而言，日记账的记录均应归纳整理记入分录账，但也有极个别的记录，由日记账直接记入总账。

分录账只反映购进和销售，不如日记账记录详细，直接往总账结转。

总账（Libro grande）亦称债务人和债权人账（Libro debitore e creditori），不仅日记账和分录账，就是所有的其他账簿，均须往这里汇总。

现金账（Libro di entrata e uscita e quaderno di cassa）分成两部分，每一部分又细分为收入部和支出部。

工资总账（Quaderno dei manifattori）是辅助总账，不由会计员朱利亚诺记录，而由经营负责人巴廖尼记录。

染色工账（Libro tintori e leboranti）、织布工账（Libro dei tessitori）和纺毛工账（Libro dei filatori）是特殊分录账。例如：

纺布工账[①]

Rinaldo di Giuliano della Magna

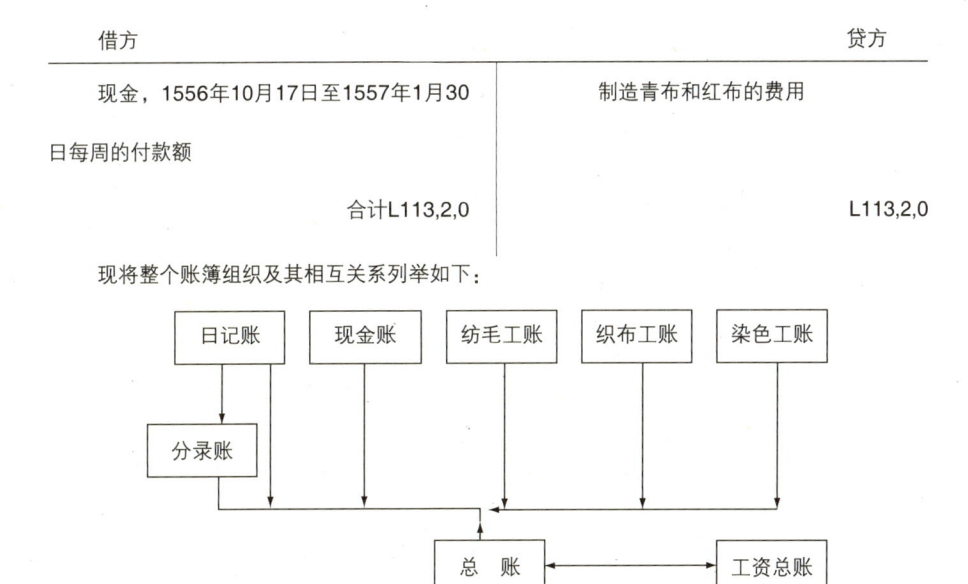

借方	贷方
现金，1556年10月17日至1557年1月30日每周的付款额 合计 L113,2,0	制造青布和红布的费用 L113,2,0

现将整个账簿组织及其相互关系列举如下：

```
日记账    现金账    纺毛工账   织布工账   染色工账
  │         │         │         │         │
  ▼         │         │         │         │
分录账 ─────┤         │         │         │
            ▼         ▼         ▼         ▼
           总  账              工资总账
```

令人惊讶的是，该企业已认识到了将设备的原始成本在其经济寿命内分期转销为费用的折旧概念。这是成本会计的新进步。例如，在1531年设立合伙企业时，全部设备的估价额为fl.28.11.5，在一次清算时摊提折旧额为fl.3.11.5，并打入成本，尚未折旧的设备净额fl.25.0.0继续使用。

当时，为计算成本和利润，还使用了羊毛账户、经费账户和纺织品账户，纺织品账户的借方反映从羊毛账户和经费账户结转过来的借方余额，其贷方反映销售，贷方余额为利润，这一部分按合秋契约规定的比例在合伙之间分配。

纺织品账户[®]
Raffaello di Francesco de'Medici & Co
1534年

羊　毛	fl.3,899.19.0	销　售	fl.12,838.5.2
染色费	1,967.12.5		
染色材料	219.12.2		
生产费用	5,196.14.9		
杂项费用	0.1.4		
	11,283.19.8		
利　润			
拉法埃洛	803.0.10		
基亚利西莫	401.10.5		
巴廖尼	349.14.3		
	fl.12,838.5.2		

可见，拉法埃洛·迪费朗切斯科·迪梅迪奇合伙企业在工业会计上表现出来的新起色，乃是意大利式簿记法在工业上成功运用的结果，同时也是工业会计发展的新曙光。所以，意大利人不仅是以运用复式簿记为特征的银行会计、商业会计和修道院会计的开拓者，而且还是同样意义上的工业会计的开拓者。

注　释：

① （日）片冈义雄、片冈泰彦译：《沃尔芙会计史》，法政大学出版局1977年版，第128页。

② （比利时）E·斯德维林克和R·赫伦特著：《会计名人画廊：资料151～152》（GALERIE des grands auteurs COMPTABLES），1957年版，第21～23页。

③ （荷兰）O·T·海渥著：《会计史》（The Histroy of Accountancy）英译本，第2版，1986年，第40页。

④ （日）岸悦三著：《会计前史——帕乔利簿记著作的解明》，同文馆1983年版，第254页。

⑤ 同④第278页。

⑥ 同④第278页。

⑦ 摘自（日）岸悦三：《会计生成史》，同文馆1975年，第157页。

⑧ 同⑦第163页。

第三章 意大利式簿记在德国的传播和发展

一、摄取异域营养

马克思和恩格斯在《共产党宣言》中指出:"随着资产阶级的发展,随着贸易自由的实现和世界市场的建立,随着工业生产以及与之相适应的生活条件的趋于一致,各国人民之间的民族隔绝和对立日益消失了"。① 16世纪的德国,在方兴未艾的文艺复兴运动和马丁·路德金的宗教改革运动的冲击下,与整个西欧在政治、经济和文化上的接触确实日益增多起来,而且,资本主义的经济关系有了明显的发展。所以,这时,意大利式簿记也开始在德国会计发展的征途上,留下深深的痕迹。这种痕迹乃是德国近世会计区别于中世纪会计的根本标志。

施瓦茨于1518年记录的手记,可以说是反映这种痕迹的最早证据。

马蒂豪斯·施瓦茨(Matthaus Schwarz,1497~1574年),1497年2月20日出生于现在的德国城市奥格斯堡,父亲是当地一位小有名气的葡萄商人。他刚满14岁就被迫跟随父亲四处奔波,从事各种交易活动。到17岁那年,父亲为了让他深造,才把他送到意大利进修。在意大利,施瓦茨虽然仅呆了两年,但收获甚大,他不仅饱览了米兰、热那亚和威尼斯诸城邦的秀丽风景,尤其是威尼斯式簿记的独特优点启发了他的智慧,将他的主要兴趣引到了会计领域。所以,他于1516年归国后,没有按父亲的期望去继承家业,而是应聘来到了在德国近代经济史上赫赫有名的富格尔家,干起了记账员的工作。第三年,写出了关于簿记的第一手记。到1550年,施瓦茨又写出了关于簿记的第二手记。这两本手记的原稿

施瓦茨（左）和富格尔

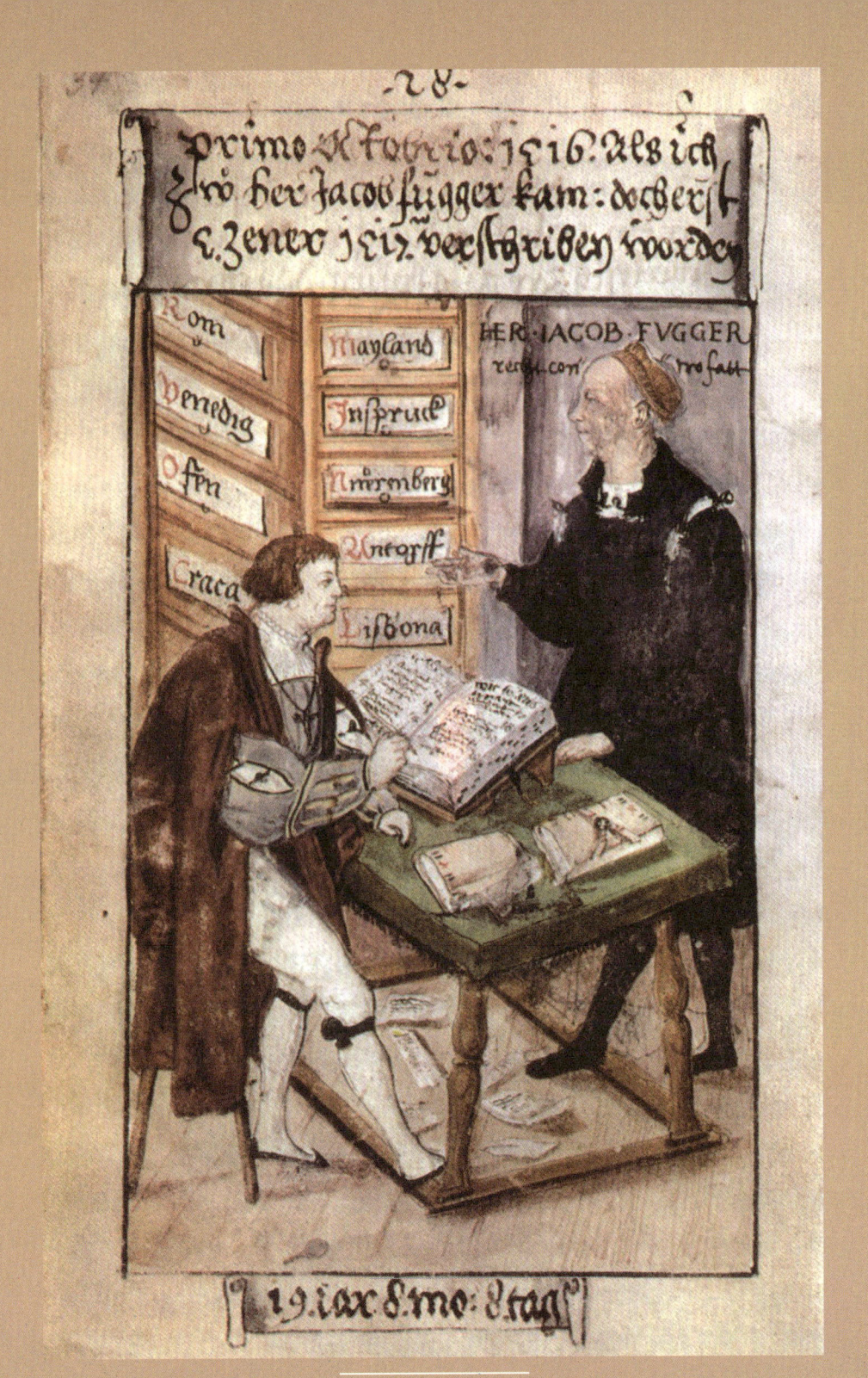

均已散失，现存于世的，是两件合订复印本，一本藏于维也纳奥斯托里亚国立图书馆（Ostereichische Nationalbibliothek）；另一本藏于波兰的格旦斯库图书馆（Biblioteka Gdanska）。在这里，笔者仅介绍第一手记的内容，因为它与我们论述的题目关系更为密切，通过它，可以窥见到意大利式簿记法是如何对早期德国会计实务施加影响的。

这应该先从雅各布·富格尔家说起。

雅各布·富格尔（Jakob Fugger）家族是奥格斯堡的大银行家，在15世纪和16世纪内一直兴旺发达，因而在当时德国的社会经济生活中，据有极为重要的地位。他们手中积聚了大量的货币和财富，不仅从事远隔地商业，在里斯本、安特卫普、里昂、威尼斯、米兰、罗马和但泽等地设立了分店和营业所，而且雇用工人和添置设备，在德国的采矿业中，按资本主义方式组织生产和销售，甚至还向深为财政不景气而苦恼的皇帝和诸侯发放高利贷，左右着德国的政治。

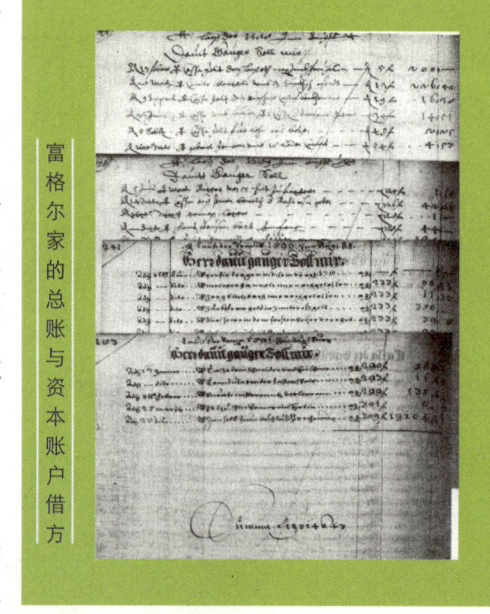

施瓦茨毅然到这里担任会计员，证明他是一个很有远见的青年，其有关簿记的手记正是他在富格尔家族边实践边研究的产物，由什么是簿记、意大利式簿记和德国式簿记三部分组成。

施瓦茨在"意大利式簿记"一节中，对记账规则、转账规则、决算手续和第三账簿作了较为详细的论述。他在介绍账簿组织时指出：分录账的主要作用是将各地不同的度量衡和货币统一换算为威尼斯标准货币和度量衡，并将经济业务分

施瓦兹的签名（1534年）

解成分录。记录要素包括年份、日期、借方、贷方和金额。债务账是一种总账，采用左右对照的账户形式，左侧为借方，右侧为贷方，并通过"过账记号"与分录账结为一体，摘要内容包括年月日、对应科目和金额等。计算账亦称第三账簿，采用左右对照的账户形式，记录要素包括店名、日期、摘要和金额，实际上它是一种关于资本的辅助总账，其主要作用是对意大利式簿记和后述的总账式簿记起连接作用。

尤为重要的是，施瓦茨还明确地指出了分录账的记账规则：现金、商品和债权的增加在借方反映，其减少在贷方反映；债务的增加在贷方反映，其减少记入借方。如下图所示：

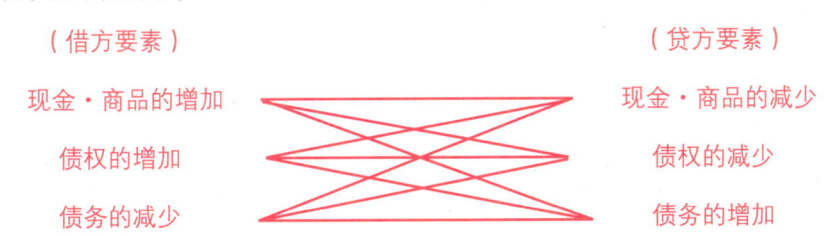

（借方要素） （贷方要素）

现金·商品的增加　　　　　　　　　　　现金·商品的减少

债权的增加　　　　　　　　　　　　　　债权的减少

债务的减少　　　　　　　　　　　　　　债务的增加

在论述德国式簿记法时，施瓦茨采用的是与施雷贝尔一样的分录账、债务账和商品账（Capus）来反映各项经济业务。在这里，无论是债务账和商品账，均发挥着总账的作用。这就是一般所谓的分割总账制，系典型的德国式簿记法。其中商品账既发挥记账作用，而且还像意大利式簿记中的计算账一样，发挥着连接德国式簿记和总账式簿记的双重作用。它们的记账规则是：

		借方内容	贷方内容
债 务 账		"借方"栏	"贷方"栏
商品账	总店和分店	"支出"栏	"收入"栏
	商品	"收入·商品收取"栏	"支出·商品发送和货币收入"栏

可见，德国式簿记的分录形式并不像意大利式簿记那样，一律采用"借方……贷方……"。也就是说，只有债务账才统一以"借方"和"贷方"作为记账符号，而商品账则使用"收入"和"支出"作为记账符号。

总账式簿记是决算用簿记，意大利簿记中的计算账和德国式簿记中的商品账均应往该簿记进行综合结转，以进行一年一度的总决算。这样，通过总账式簿记法，意大利式簿记和德国式簿记互为一体，形成一个密切联系的簿记体系。

总而言之，施瓦茨的簿记法正日渐为世人所重视。写专著论述的有之，设专章介绍的有之，发表论文研究的更有之。它在德国会计发展史上的重要意义在于：它根源于德国式簿记，在这个基础上又摄取了意大利式簿记的营养，并以前者为主，后者为宾，从中得道，试图将它们糅合和创新，自成体系，这种思想在当时是很有启迪意义的，为继之而起的簿记改良作了准备。

但效果不是很理想，还导致了一系列消极因素的出现，与帕乔利的簿记著作相比较，主要表现在：

①如前所述，帕乔利提及的账簿组织是指日记账、分录账和总账而言的，这里的日记账仅仅是经分录账结转的预备记录簿，并不是必不可少的。而施瓦茨论述的意大利式簿记也包括三册账簿，即分录账、债务账（二总账）和计算账，但三者相互依存，必不可少，尤其是计算账，它是连接意大利式簿记和总账式簿记的重要环节，这就使得他的账簿组织不如帕乔利的简单而科学。

②在作成分录和转账之时，帕乔利提出应统一以"借方"和"贷方"为符号进行，而施瓦茨虽然也将这种拟人化作为自己的意大利簿记和德国式簿记的特征，并提出了与帕乔利大致相同的记账规则，但在施瓦茨论述的德国式簿记中，并不都是使用借贷用语，除此以外，还兼用收入和支出这对记账术语，这样，又

富格尔像（1520年）

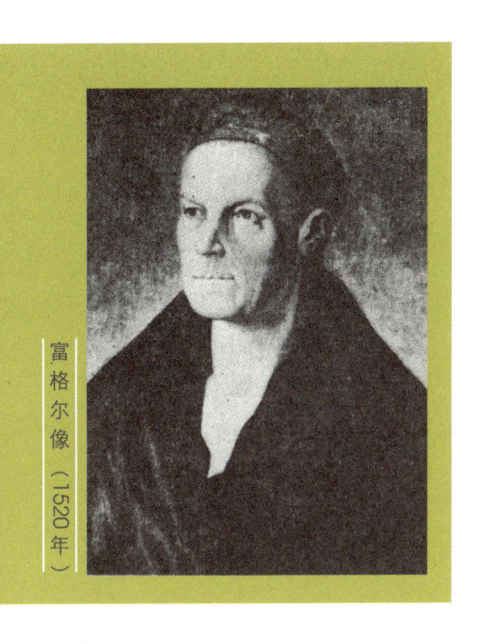

使得有些记账规则隐晦难懂，不好理解。

③决算之时，帕乔利指出应设置集合损益账户，以汇总从各商品账户结转过来的销售损益，其差额再往资本账户结转，尔后，资本账户又结转到新账户，其数值的正确性，通过编制试算表来验证。但施瓦茨没有在意大利式簿记中设集合损益账户，而是将商品销售损益直接由商品账户往资本账户结转，然后，通过将不包括现金在内的资产和负债结转到资本账户，并将现金和资本的账户余额结转到各自的新账户，来验证数值的正确性。所以，这种验证方法远不如试算表验证法简便易行。

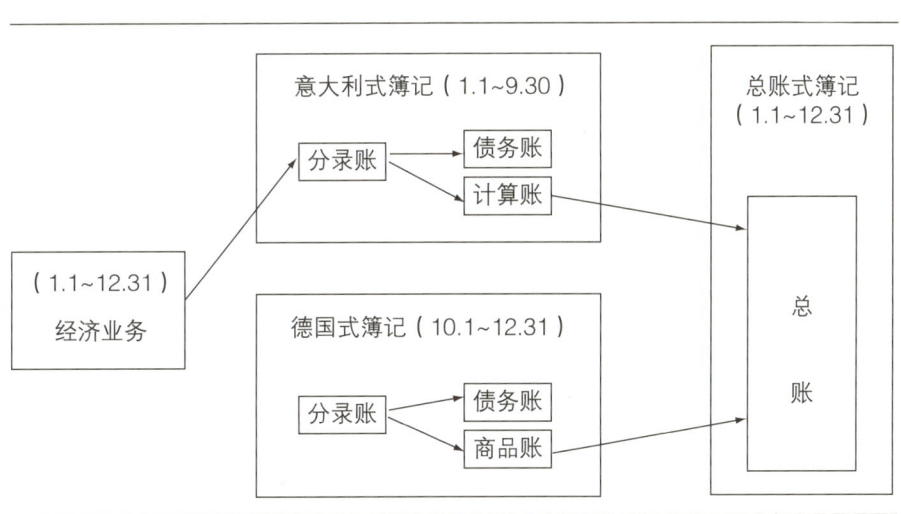

威尼斯分店的账簿组织②

```
                    ┌─ 意大利式簿记（1.1~9.30）───┐      ┌─ 总账式簿记 ─┐
                    │                              │      │  (1.1~12.31) │
                    │   分录账 ──→ 债务账          │      │              │
                    │         ╲─→ 计算账           │      │              │
┌──────────────┐    └──────────────────────────────┘      │              │
│ (1.1~12.31)  │                                          │      总      │
│  经济业务    │                                          │      账      │
└──────────────┘    ┌─ 德国式簿记（10.1~12.31）──┐         │              │
                    │                              │      │              │
                    │   分录账 ──→ 债务账          │      │              │
                    │         ╲─→ 商品账           │      │              │
                    └──────────────────────────────┘      └──────────────┘
```

二、可喜的第一步

实际上,施瓦茨的手记并没有充分地反映出富格尔家族在自己的会计核算中运用复式方法的水平。

如前所述,富格尔家族的时代,正是资本主义经济在西欧各国逐渐发展的时代。虽然从整体上看,这时的德国经济由于"地理大发现"、牢固的行会制度、政治割据和农奴制的恢复等因素的影响,已开始走下坡路,但富格尔家族不同,他的影响势力跨出了德国国境,其分支机构遍布西欧,所以,那些设在经济发达地区的海外分店,也在不同程度上接受着意大利式簿记法的影响。从这一意义讲,富格尔家的簿记,同样紧跟上了会计发展的新浪潮,并体现了新时代资本主义的精神。

首先,看账簿组织。

富格尔家的账簿组织与意大利式的账簿组织基本相同,其主要账簿是分录账、人名总账和商品总账,下设许多辅助账簿,如现金出纳账、记录账、营业费账、备忘账和票据

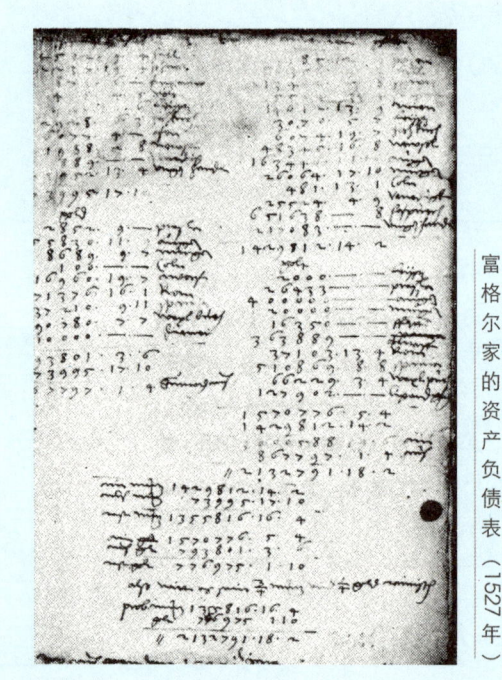

富格尔家的资产负债表(1527年)

账等。分录账是序时记录，具有备忘性质，反映"为什么、何地、经营什么"、"是否诚实地进行会计核算"，并往商品总账和人名总账结转；人名总账反映的是债权和债务，借方为"Soll uns"，贷方为"Soll wir"；商品账户用于记录财物和商品的购进和销售，也反映货币的收入和支出。

其次，看损益计算。

迄今尚完整地保存着1527～1553年编制的财产目录。据这些史料可知，富格尔家先后进行了5次大决算：一次在1527年；一次在1533年；一次在1539年；一次在1546年；最后一次在1553年。可见，除1527年是间隔17年才进行损益决算外，其余的基本上都是6年或7年的期间损益计算。因为当时奥格斯堡的城市法明确规定，任何一位银行家、商人，每隔6年均得提出有关财产税的申报单。

当时的期间损益计算的程序是：根据实地盘存，编制财产目录和余额账户。按"积极财产（收入）－消极财产（支出）"的公式，计算本期的资本，然后，再比较本期资本和上期资本来计算期间利润。[③]

例如，在1527年的大决算中，其损益计算手续可分为三个阶段：

第一阶段，将各地分店报送上来的决算资料按资产和负债分类，并折算成总店统一规定使用的货币单位。其中负债在"支出账"中记录，资产在"收入账"中记录。

第二阶段，对资产进行估价。

第三阶段，将各个分店的负债和资产合计汇总记入"余额账户"，然后，将两者的差额作为资本，最后，用期末资本减去期初资本，得出利润，在出资人之间分配。

因此可以说，这种期间损益计算法既不同于施雷贝尔，也不同于戈特利布，在富格尔家的利润管理上是一种极为有效的手段。而且，"余额账户"以不同于帕乔利论述的"试算表"的姿态出现，表现出总账往财务报表方向发展的第二个阶段。因为帕氏论述的"试算表"毕竟仅仅是一种验证总账余额正确与否的手段，而这里的"余额账户"在这一基础上又加进了损益计算的目的。

富格尔家在成本核算上同样是成绩斐然的。当时，他们设置了一整套会计账簿用于成本计算，其中以"矿山和铸造所账户"（Mine and Foundry Account）和"冶炼厂账户"（Smelter Accounts）尤为重要。前者主要用以记录材料费和劳务费；后者的借方反映营业费，贷方反映装运事项，并汇总计算生产总成本，决定各种矿石的销售利润。④

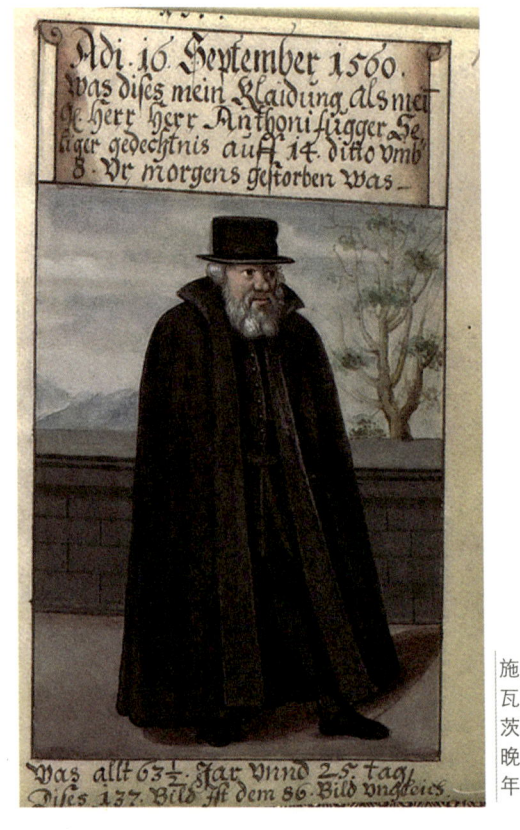

可见，正是富格尔家在突破德国固有的会计方法，探索新道路，走向意大利式簿记法的历史过程中，首先跨出了具有实质性进展的一大步。

施瓦茨的手记乃是富格尔家会计核算水平的反映，所以，他的簿记法中存在的不足之处，在富格尔家的会计实务中同样存在。尽管如此，他们敢于从国外接受先进的会计的精神，还是值得倡导的。而且，意大利式簿记法的引进，使德国人看到了来自亚平宁半岛的新式簿记的优点。从此以后，德国迈开有力的步伐，毅然走上了对意大利式簿记加以改良的道路。一般认为，16世纪的德国簿记史，就是意大利式簿记的改良史。

三、在彷徨中改良

1531年，德国纽伦堡出版刊行了由约翰·戈特利布（Johann Gottlieb）编著的《简明解德国簿记》（Ein Teutsch Verstendig Buchhalten）一书。

该簿记文献出版在纽伦堡并不是偶然的，与其经济背景有着密切的关系。16世纪初，一位德国人感慨万千地说："为什么纽伦堡几乎同所有的欧洲国家保持商业往来并且把自己大量贵重的金银器、铜器和青铜器、宝石制品、木器销往所有国家呢？因为那里汇集的财富之多，难用言词表达。"尤其是，纽伦堡与意大利北方诸城市有着极为频繁的经济往来关系。当时，意大利人经常来纽伦堡定居，德国人也从纽伦堡到意大利安家落户。据说在1228年，纽伦堡人还在威尼斯设立了一个称为"Fondaco dei Tedeschi"的商馆。⑤因此，意大利式簿记法对在纽伦堡土生土长的戈特利布产生了深刻的影响。这可以说是他在论述德国簿记的著作中所以触及意大利式簿记法的主要原因。

戈特利布在这本簿记著作中采用的是德国传统的会计账簿，即分录账、债务账和商品账（不叫Capus、Kaps，而叫Gütterbuch）。其中商品账和债务账均属总账，故严格地说，这套账簿组织采用的是二账簿制，深受意大利式簿记法的影响。戈氏在论述商品账时指出：凡是购进均在借方反映，凡是商品销售均在贷方反映，决算时的商品库存均在贷方，贷方余额为利润。著者还确定了分录规则和转账规则，明确指出："在分录账中，应首先反映与账簿（总账）左页（借方）相对应的部分，然后反映与账簿右页（贷方）相对应的部分"[⑥]；总账中的商品购进在商品账的左页反映，债务的发生在债务账的右页反映。显然，这比施雷贝尔论述的同一套账簿组织要先进得多。但是，戈特利布的这本著作者未提及决算、损益账户和费用账户，此乃本书的缺陷。

弥补了戈特利布的不足的是埃哈特·冯·埃伦博根（Erhart Von Ellenbogen）。他于1537年出版了一本关于商业核算的簿记著作。虽然他所论述的账簿组织仍然是分录账、商品账和债务账，德国色彩较浓，但本书有一个鲜明的特点，这就是通过列举经济业务实例，有创新地说明了由施雷贝尔论述的损益决算法。其方法是：首先，在商品账的末尾汇总各账户的销售损益，两者的差额表现为纯利润，然后，通过将"现金收入、债权余额、库存商品"的合计减去"现金支出、债务余额"的合计所得差额，与上述的纯利润进行对比分析，来验证记账和决算的正确性。

将埃伦博根的损益计算法进一步发展、提高和完善的，是戈特利布于1546年出版的新著《两种精巧的簿记》（Buchhalten, Zwey Künstliche vnnd verstendige Buchhalten）。本书是戈特利布的作品中最足以代表他自己的会计思想观点的作品。

著者在这本书的"序言"中云："本人曾在14年前出版过一本簿记著作（尽管尚未提及决算），受到一致的好评。……尔后，许多朋友希望我能对决算、记账的验证和决算报表作出说明。故笔者写出这本书，试图作这一方面的尝试。"[⑦]正如题目所示，戈氏在自己的著述中详细地介绍了两种簿记法：一是在前半部分

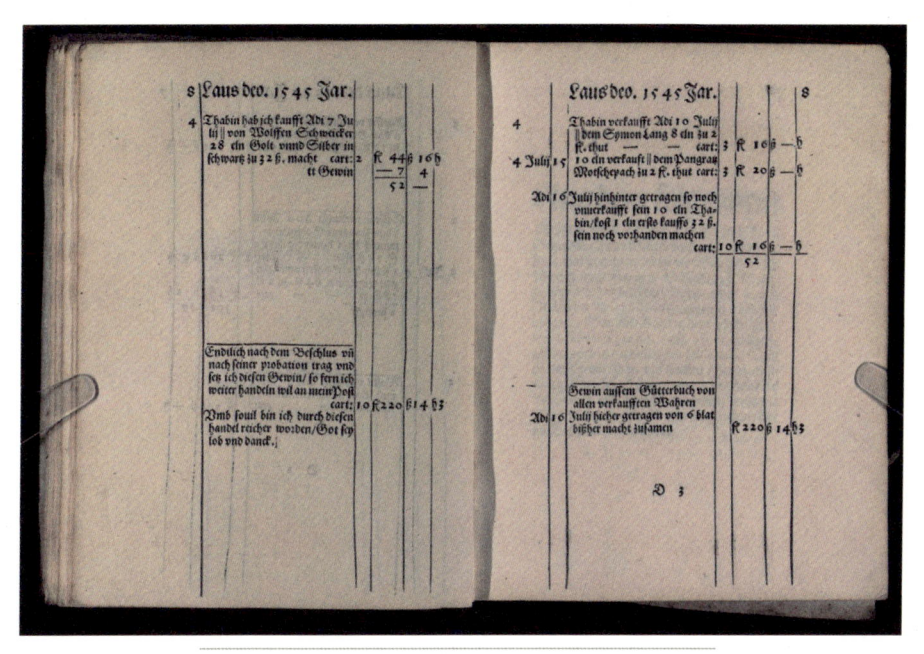

戈特利布1546年出版于纽伦堡的新著《两种精巧的簿记》

论述的由出资人（戈特利布）自己记账的资本主簿记法；另一是在后半部分论述的由代理记账者（戈特利布）替出资人（汉斯）记账的代理人簿记法。可见，这两种簿记法的根本区别在资本是"我戈特利布自己的"，还是"我的主人（汉斯）的"这一点上。

在这本书中，账簿组织与第一本著作一样，也是采用二账簿制，即一册分录账和两册总账。著者在解释总账时说："在它的前半部分反映现金、债权和债务，这一部分称之为债务账；同一账簿的后半部分反映商品，这一部分称之为商品账。所谓总账就是指这两部分而言。"⑧戈氏还列举了两组由分录账、债务账和商品账、决算组成的例题，且全部以阿拉伯数字记账。戈特利布的分录账采用的是左右对照的账户形式，记账规则是：凡是资产的增加、负债的减少、费用的发生均记入左侧（借方）；凡是资本和负债的增加、资产的减少、收益的发生均记入右侧（贷方）。

戈特利布的分户损益计算是在商品账中进行的。在第一例题中，是按各类商品通过用销售收入和商品库存的合计额减去购进支出的合计额来计算商品销售利润，然后再将算出的利润结转到损益账户；在第二例题中，商品销售利润和损失、费用均往损益账户结转，进而计算纯利润。

戈特利布的期间损益计算是在决算之时进行的。所有的现金、资本和债务账的余额，均应往决算用的余额账户汇总。其中在左侧列现金、债权和商品，在右侧列（期初）资本和负债。这种余额账户与帕乔利论述的"试算表"不同，它不仅验证总账记录的正确性，而且还有分析地将总账各余额按资产、资本和负债分类，以进行损益计算和转账。这种余额账户可以说是富格尔家的余额账户的进一步发展。

余额账户[⑧]

神1545年	神1545年
为了商业或计算，7月17日，对现存的全部财货进行了清查。即：	为了商业或计算，7月17日，我对所有应运于商业的财货进行了清查。
现　金……2229fl.10.3	我戈特利布的自有财产
应收款……20fl.—.—	2000fl.—.—
商　品……16fl.—.—	注意（！）其他的货主
	双方合计　44fl.16.—
	2044fl.16.—
	所得纯利　220fl.14.3
总计……………………2265fl.10.3	总计……………………2265fl.10.3

显而易见，该账户是根据"资产－（负债+资本）=纯利润"这一公式编制而成的。尤为精彩的是，戈氏还通过分析该余额账户所反映的纯利润是否与前述的损益账户的纯利润相一致，来验证两种损益计算的正确性。所有这些，均表现了德国人在损益计算上的新水平。因为当时的德国，由于深受意大利式簿记法的影响，损益计算一般都是采用分户计算法，尚处于分户损益计算阶段。但戈特利布的这本著作深受富格尔家的影响，不同俗常地详细论述了到17世纪才普及开来的期间损益计算，这是值得击节赞赏的，因而亦受到后世会计学者的高度评价。

总而言之，从《两种精巧的簿记》这本杰出之作，已足以看出戈特利布不愧为当时德国会计界的一名巨手。他的著作在会计史上的意义，突出地表现在以复式簿记组织为基础的损益计算上，而这种损益计算的先进和新颖，是使他的著作在德国会计发展史上具有重要地位的主要因素。所以，戈特利布在损益计算史上享有盛名，那自是当然而且已然了。再者，我们从戈氏的簿记文献中，还不难窥见到意大利簿记实务的深刻影响，但这种影响又不是全面的。例如，在该书中尚未统一采用可以说是意大利式簿记法鲜明特色的借贷用语，对于应收款和应付款的发生，左侧——Sol，Sol mir（借方）；右侧——Fur，Sol haben（贷方）；但对于应收款和应付款的减少，则没有使用借方和贷方用语，而是使用收入（hat zalt）和付出（hab ich zalt）用语。这表明在当时德国尚未将全部的经济业务均视为人的借贷关系，仍有一部分被视为物的增减变化。

德国人就是这样在彷徨中对意大利式簿记进行着改良。

在以后的日子里，由于意大利式簿记著作的影响，这种改良运动发展到一个新的高潮。

四、在改良中前进

意大利式簿记著作最早介绍到德国,是在1549年。这一年,在纽伦堡出版了《复式簿记》(Zwifach Buchhalten)一书。著者是曼佐尼的传人、刚从威尼斯回到德国的沃尔夫冈·施魏克(Wolffgang Schweicker)。

B·彭多夫(B. Penndorf)先生曾一针见血地指出:"帕乔利的论文在1534年为曼佐尼所剽窃,施魏克又死死地抱住了曼佐尼的著述。"[⑧]言下之意是说,施魏克簿记文献只不过是曼佐尼著作的机械翻译而已。我们认为,这种意见并不全面。因为施氏在翻译曼佐尼的著作时,是考虑到了德国的实际需要的,并成功地将德国式簿记法和意大利式簿记法有机地结合了起来。

《复式簿记》一书由3部分24章组成:第一部分(15章)举例讲解分录作成法;第二部分(8章)举例说明总账的记录法和转账法;第三部分(1章)举例说明新账记录。该文献不仅以例题丰富为特色,不仅对损益计算(尤其是余额账户),提出了自己的独特见解,而且还非常详细地介绍了借贷记账符号。尤其是,他第一次提出对于分录账和总账,均应在借方项目标上Für,在贷方项目标上An。作者指出:左手即借方,右手即贷方,借方、贷方的原义已经衍失,而仅仅是一对表示左侧和右侧的记账符号。这对德国没有完全采用借贷概念的复式簿记法,有着较为深刻的影响。

可见,这本编译著作的主要意义,在于从形式和内容两方面将德国式簿记又向意大利式簿记法推进了一大步,因而在当时大受欢迎,至为轰动。

到1565年,教师雅各布·卡尔特布鲁纳(Jacob Kaltenbrunner)的一本题为

《复式簿记》

　　《新会计书》的簿记文献在纽伦堡问世。这本书共分为两部分，是作为学校的教科书而编著的，其中，第一部分介绍算术规则，为帮助学生们记忆，还配有音韵和谐、朗朗上口的诗；第二部分介绍簿记，对包括商品账在内的三种古老的德国式会计账簿作了说明，同时就这些账簿列举了许多例题。

　　1570年，但泽出版了一本名为《两账簿的意大利式簿记》（Buchhalten Durch zwey Bücher nach Italianischer Art vnd weise）的著作。著者是但泽算术教师萨巴

斯丁·卡姆马斯菲尔德（Sebastian Gammersfelder）。该书深受荷兰人英平和德国人施魏克的影响，展现了作者在宣传和完善意大利式簿记方面的成就。

在这部著作中，账簿组织和损益计算始终是他考虑的最中心的问题。他认为，作为正规化的簿记必须设置分录账（Jornal）和总账（Hauptbuch），根据必要，可以另设日记账（Memorial）、备忘账（Brieffbuch）和小经费账（Vnkostbüchlein）。而且，他在书中还介绍了两种损益计算法：一是分户损益计算法，即在处理完某一损益项目后，马上计算损益，并往损益账户结转；二是期间损益计算法，即在营业结束时计算经营成果。此外，对借方（Schuldner）和贷方（Glaubiger），以及三个记账规则也进行了较为详细的说明。还有一点同样引人注目，即这本书自始至终采用阿拉伯数字。这一点较之施魏克要进步。因为施氏只是在金额栏才采用阿拉伯数字，而在摘要栏仍采用罗马数字记录。《两账簿的意大利式簿记》以其较为完善的内容在德国首次发行后，风行一时。B·彭多夫指出，这本书乃是"16世纪最优秀的德语簿记著作。"[1]

卢卡·帕乔利的簿记著作出版100年之际，也就是1594年，在汉堡出版了《复式簿记》（Buchhalten fein kurtz züsamen gefasst und begriffen）一书，著者是从比利时逃亡到德国，并定居汉堡的数学教师帕西尔·格森（Passchier Goessens）。

这本书的特色主要表现在五个方面：[2]

①以经济业务为中心，举例说明了复式簿记法；②列举了开始财产目录（资产和负债的明细表）；③借贷用语仅仅是一对记账符号；④决算是按大陆式决算法进行的；⑤将总账科目固定标在每一页的最上方，从而使总账趋于体系化。美

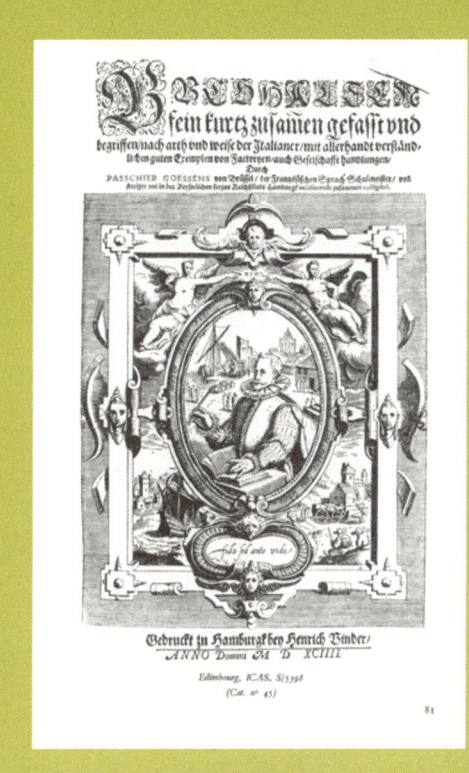

帕西尔·格森的簿记文献

中不足的是，本书举例太多，仅介绍分录账就列举了317个实例，理论和解说则显得太少。尽管如此，它仍不失为我们了解当时簿记发展情况的珍贵资料。

综上所述，德国的复式簿记发展到16世纪90年代，经过众多会计学者几十年的改良，已从不很成熟发展到比较成熟，从不太健全发展到比较健全了。但应该看到，这时的德国式簿记法尚未完全为意大利式簿记法所取代，甚至到1610年在纽伦堡出版的尼克劳斯·沃尔夫（Nicolaus Wolff）的著作中，都还可以看到德国源流的"商品账"。由此可见，即令在外来的意大利式簿记法遍及德国的17世纪初期，传统的德国式簿记法依然占据着一定的地位，这是扎根于自己国土的结果。

但进入17世纪后半期以后，随着德国资本主义经济的进一步发展，传统的德国式簿记终于招架不住意大利式簿记的猛烈进攻，而彻底为之所取代。从此，意大利式簿记法浸透到整个德意志国土，成为人们普遍欢迎的记账方法。

异域会计的营养就是这样催生着德国会计发展的新浪潮。它充分表明，尽管德国人在追求新的记账方法、探索着前进的时候也有过苦恼、彷徨乃至固执，但他们总还是追随着时代前进的。

这一时期发表的著名簿记文献有：

①克里斯托夫尔·阿哈蒂乌斯·哈格（Christophor Achatius Hager）的《关于特定代理业和公司交易的簿记》（1660年）一书。它的突出特点是：意大利式簿记完全取代了德国的会计账簿；而且，著者不囿于传统方法的窠臼，除日记账、分录账和总账以外，还对秘密总账、现金出纳账、费用账、余额账等作了通俗易懂的说明。此外，在讲解记账规则时，采用问题解答的形式进行。

②簿记员乔治·尼克劳斯·舒尔茨（Georg Nicolaus Schurtz）的《普通簿记教程》（1662年）一书。这本书内容与哈格的著作大同小异，不仅讲解了日记账、分录账和总账的用途，而且列举实例，对各种辅助账簿也进行了说明。10年后，他又编著并刊行了一本更为出色的著作，名叫《资料新编》，系一本关于专业用语的百科辞典。附在最后的"简单的修订或复习"一节，是对《普通簿记教程》的补充。

③商人、簿记员保罗·赫尔姆林（Paul Hermling）在但泽出版的《健全的簿记》（1685年）一书。它的主要特色是：以意大利式账簿组织作为基础；列举大量的例题深入浅出地讲解了会计账簿的记录方法；简明扼要地解释了外文专业用语和索引。

五、成本会计思潮的兴起

进入17世纪后半期以后，虽然意大利式簿记法成为德国唯一的记账方法，但一直没有再呈现出改良簿记阶段的活跃气氛。尔后随着农奴制度的改革、关税同盟的建立、尤其是产业革命和资产阶级革命的兴起，德国会计才再次恢复活力，以新的姿态登上会计发展的舞台。

这是经济发展的必然结果。

当资本主义的风暴急速地席卷着德国大地的时候，一部分具有时代精神的学者们，不仅对簿记理论和资产负债表理论进行了热烈的争论，而且在成本会计上也进行了深入而广泛的研究，并贡献出一大批内容丰富的文献。正是因为时代对成本会计思潮的孕育和学者们的推动，围绕成本问题的研究，一时才显得很有声势。德国会计发展自从增加这个新因素，便有了新的内容、新的特点和新的前景。

在19世纪，首先起来研究成本会计的，是约翰·米夏埃尔·洛伊赫斯（Johann Michael Leuchs）。

1804年，洛伊赫斯积极出版了《商业体系论》（System des Handels）一书。著者以企业价值的流向为基础，对成本要素进行了系统地分类，并采用了"近的费用"和"远的费用"的概念，从而提出了"直接费用"和"间接费用"的区分法。本书在当时影响很大，1822年在纽伦堡出版了第3版。

1843年，C·D·福特（C. D. Fort）在莱比锡再版了《单式和复式簿记在工业企业中的应用》（einfache und doppelte Buchhaltung in ihrer Anwendung auf gewerbliche Unternehmungen）一书。在本书中，著者认为，成本核算的目的有二：一是确定价格；二是在年度末计算损益，并主张设置"工厂经费账户"（Fabrikunkostenkonto），以汇总间接费用，按单个产品进行计算，不过，各种产品之间摊配间接费用时，尚无科学的摊配标准，而是按估计的标准进行。

到1863年，阿道夫·布施（Adolph Busch）以与福特同声相应之意，在莱比锡发表了《铸造厂和机械生产经营的组织和簿记》（Die Organisation und Buchführung des Eisengie β erei-und Maschinenbau-Betriebes）的第二版。这本书的主要论题是间接费用的摊配问题，而且，与福特一样，其介绍的摊配标准仍然是按经验估算的，并不科学。

在C·G·戈特沙尔克（C. G. Gottschalk）的著作中，德国的成本会计表现出明显的进步。戈氏在1865年出版的《会计核算制度的基础及其在产业设施上的应用——尤其是矿业经营、制炼工厂、制造工厂》（Grundlagen des Rechnungswesens und ihre Anwendung auf industrielle Antstalten, inbesondere auf Bergbau, Mütten – und Fabrik – Betrieb）一书中，对特别费用（spezialaufwand）和一般费用（generalaufwand）的概念进行了较为详细的论述，并相应设置了特别账户和一般费用账户，指出：特别账户用以反映工厂某部门或各部门的会计事项，一般费用账户用以记录非特别账户反映的有关经营的各种应负担费用。

紧跟在戈特沙尔克后面，一起为成本会计的发展作出贡献的著者先后有

J·C·库尔采勒·萨诺伊尔（J. C. Courcelle-Seneuil）和阿尔贝特·巴勒维斯基（Albert Ballewski）。

1869年，萨诺伊尔撰写并出版了《农工商经营的理论与实践》（Theorie und Praxis des Geschäftsbetrieles in Ackerbau, Gewerbe und handel）一书。这本书将成本划分为特别成本（besondere kosten）和一般成本（allgemeine kosten）为特色，指出：为生产单个产品而消耗的费用称为一般成本，而与整个经营有关，且不易确定为个别费用的成本，则叫做一般成本。

巴勒维斯基是因在马格德堡出版《机械厂的成本核算》（Die Calculation fur Maschinenfabriken）一书而在德国成本会计史上占有一席地位的。该书再版于1880年。著者首先引进了"一般经费"（General-Unkosten）的概念。这一概念相当于现在的"间接费用"，是指那些在计算时无法直接确定的支出和付给。最后，还将成本计算的形态分为特殊（成本）计算和汇总（成本）计算两部分。此外，本书还提出了间接费用的摊配标准。①

当然，上述对成本问题展开论述的学者们都无力对成本会计的内容和结构勾勒出一个清晰的轮廓。我们今天还不惜笔墨给予介绍，是想肯定，除了打破传统的会计方法外，他们毕竟筚路蓝缕，开拓了德国会计发展的新领域。

如果说19世纪创作的这些著作，尚不能说都是些内容很成熟的作品的话，那么，进入20世纪以后，人们已开始注意在成本会计的体系化和标准化上下工夫了。

最早承担起这一历史重任的，是弗里德里希·莱特讷（Friedrich Leitner）。

莱特讷的惊人之作是出版于1905年的《工业经营的成本核算》（Die Selbstkostenberechnung industrieller Betriebe）。这本书用丰富的例题对间接费用的分类法和摊配标准进行了系统的论述，并确立了按部门进行成本核算的制度，对当时的实务，发挥了较大的指导作用，因而畅销一时。从此以后，德国的成本会计研究，进入黄金时期。

1906年，德国机械工业协会（Verein Deutscher Maschinenbau-Anstalten, VDMA）召开总会，正式宣布设置一个专门研究成本核算问题的委员会。三年后，该委员会在柏林公开发表了《机械厂的成本核算》（Selbstkostenberechnung für Maschinenfabriken）文件，使机械行业的成本计算，走上了正规。而且，经济制造委员会（Ausschuβ für die Wirtschaftliche Fertigung, AWF）在1920年提出了《成本核算基本方案（草案）》（Grundplan der Selbstkostenberechnung），接着在第二年10月向全国发行了决定版。该方案旨在统一成本核算方法和各种成本概念，总结了以前所有的关于成本核算的成果，从而确立了实际成本计算制度，在德国成本会计史上起到了改天换地的作用。⑱

注　释：

① 《马克思恩格斯全集》第4卷，人民出版社1965年版，第487～488页。

② 摘自（日）井上清：《德国簿记会计史》，有斐阁1980年版，第80页。

③ （日）林良治：《德国簿记·会计学史》，税务经理协会1982年10月版，第26页。

④ （美）P·加纳：《成本会计的历史发展》（Historical Development of Cost Accounting），（The Accounting Review），1947年第4期，第386页。

⑤ （日）片冈义雄、片日泰彦：《沃尔芙会计史》，法政大学出版局1977年版，第131页。

⑥ 同②第21页。

⑦ 同②第23～24页。

⑧ 同②第24页。

⑨ （美）A·C·利特尔顿：《二十世纪以前会计发展》（Accounting Evolution to 1900），1966年版，第128页。

⑩ 转引自（日）白井佐敏著：《会计思想史序说》，白桃书房1980年版，第65～66页，另参见（比利时）E·斯德维林克和R·赫伦特著：《会计名人画廊：资料163～164》（GALERIE des grands auteurs COMPTABLES），1958年，第33页。

⑪ （日）白井佐敏著：《会计思想史序说》，白桃书房1980年版，第105页。

⑫ （比利时）E·斯德维林克和R·赫伦特著：《会计名人画廊：资料194》（GALERIE des grands auteurs COMPTABLES），1961年，第25～28页。

⑬ （日）平林喜博：《德国19世纪的成本会计文献》，载于日本会计学会编集《会计》杂志，第127卷，5月号，第80页。

⑭ （日）神户大学会计学研究室编：《成本会计手册》，税务经理协会1977年版，第127页。

第四章 意大利式簿记在荷兰的传播和发展

一、一拍即合

荷兰也是接受意大利式簿记法的先驱者。早在16世纪中叶左右，意大利式簿记就以其独特的结构和内容，汇成一股潮流涌入荷兰的经济领域，整个会计界都无法抗拒它的强劲的冲击波。

处在大西洋岸边的荷兰何以这么快就接受了新式簿记的影响呢？

1611年位于Rokin旁的阿姆斯特丹交易所。依照伦敦交易所建造的这座建筑有一个敞开的院子，周边是供人们避雨用的走廊。走廊两旁有出售印成合约格式纸张的商店为了说清楚这个问题，在此需要补叙一下荷兰当时的社会和经济背景。

亚当·斯密曾经指出，"美洲的发现及绕好望角到东印度通路的发现，是人类历史所记载的两件最大而又最重要的事件"，其中，"发现美洲大陆的重要性不仅在于它能够提供大量的贵金属，而且在于它能够为欧洲商品提供新的、永葆兴旺的市场。"它最重要的后果之一，是"把商业活动推到了一个光辉灿烂的境地。"①尼德兰经济正是随着地理大发现后，世界国际贸易中心渐次从地中海转移到大西洋沿岸各国，而迅速繁荣起来的。

表现尤为突出的，是北方的荷兰、西兰和南方的佛兰德尔、不拉奔。

荷兰的阿姆斯特丹是北方的最大城市。该市地理条件优越，西与英国、北与波罗的海沿岸、东与俄国，均有着频繁的贸易往来关系，因而捕鱼业和航海业的水平，在当时可谓是首届一指的。据1560年统计，全年通过杜德海峡的尼德兰船只共计1400艘，其中就有1050艘属于阿姆斯特丹所在的荷兰省。相传阿姆斯特丹就是在青鱼骨头上建设起来的。

安特卫普是南方最大的城市。自从14世纪初叶开设定期市场（Messe, Fair）以来，该城市就成为尼德兰有名的市场之一。进入16世纪后，又在国际上树立起了"欧洲最大的贸易中心和世界银行信贷中心"的形象。几乎每天都有五六千不同国籍的商人麇集于此，在城内的商品交易所大厦中，进行各种大宗商品的交换。例如，一个设立于1531年的规模巨大的交易所（Bourse）在开业时就明确表示：本所"不管任何人种和语言，面向所有的商人开放，"②因而繁荣一时。还有1000多个外国的贸易商务办事处，也在这里设立了分支机构。当时的证券交易所和银行更是热闹非凡的地方，以至于西班牙国王、葡萄牙国王和英国女王都竞相在这里安插代理人。这些代理人从国王那里获得了最广泛的全权，能够在交易所凭票据、抵押以及用其他手段按自己观察的风色来借贷任何数目和任何期限的款项。

所以，尽管16世纪前半叶的尼德兰是西班牙的属地，但商业和信贷业一直处于蓬勃发展的状况。这就为意大利式簿记法的传播创造了条件，同时为其发展，提供了广阔的天地。

显而易见，意大利式簿记与荷兰结缘，确实是由当时的资本主义经济发展所决定的。双方"火候"一到，便一拍即合了。

二、优秀的"二传手"

1543年，荷兰第一本新式簿记译著《新教程》（Nieuwe Instructie）的问世，犹如一股巨大的潜流破地而出，在荷兰会计界呼啸奔突，盘旋升涌，剧烈地震动着以往平静如水的会计领域。掀起这股巨流的龙头——克里斯托弗尔，以大无畏的改革勇气，带头向本国固有的簿记法宣了战。**多么壮烈！多么激动人心！**

简·英平·克里斯托弗尔（Jan Ympyn Christoffels, 1485~1540年）系安特卫普的商人，绸缎布匹商行会的成员。年轻时曾周游各国，去过西班牙和葡萄牙，也到过意大利，在"水上之城"威尼斯呆了12年之久。当时，对于一个多少有些文化修养的人来说，了解意大利的风俗和文化，通晓意大利的语言，都是绝对必要的，直到17世纪，人们都还保持着这样的传统。所以，作为一个精明商人，克里斯托弗尔居住在威尼斯的那段时间，威尼斯式簿记法对他有着深刻的影响。尤其是1509年，他与卢卡·帕乔利在威尼斯的会见，更坚定了他向荷兰人们介绍意大利式簿记法的决心。1519年，34岁的克里斯托弗尔回到了祖国，定居在安特卫普。

Nieuwe Instructie

Ende bewijs der loeffelijcker Consten des Rekenboecks/ ende Rekeninghe te houdene nae die Italiaensche maniere/ allen Cooplieden/ Rentmeesteren/ Tollenaren/ Assijsmeesteren/ zeer nut ende profytelijck: Informerende eenen pegehelijcken/ hoe hy zekere ende perfecte Rekeninghe houden sal met dobbel boecken nae der manieren voorsz. Waer duer elck by hem seluen lichtelijck in allen sinen saken eñ affairē groote experientie crighen sal.

¶ Ghetranslateert met grooter diligentien/ vut die Italiaensche tale in onser spraken duer Jan Ympyn Christoffels (saligher memorien) Coopman van Antwerpen: Ende nu ter liefden eñ profyte des ghemeynen Weluaerts eerst Vtghegeuen int Jaer M. CCCCC. XLIIJ.

¶ Cum Gratia J Preuilegio/ vier Jaren lanck duerende/ soot blijct by der Copien van die Keyserlijcke Maiesteyt verleent.

《新教程》（1543年）

克里斯托弗尔深深懂得介绍新式簿记的改革意义，所以，他通过仔细分析帕乔利和曼佐尼的簿记著作，决定以译著的形式，有继承也有创新地向祖国人们灌输意大利式簿记法的新思想。令人遗憾的是，当凝聚着他多年心血结晶的《新教程》一书刚脱稿，还没来得及印刷发行的时候，他由于过度劳累，已神志不清，不久就与世长辞了。

《新教程》一书堪称编译名作：第一部分介绍复式记账方法，共29章；第二部分列举关于财产目录、分录账、总账的记账实例和关于总账的索引，均以意大利式簿记的先驱者创立的方法为基础，一方面受帕乔利《数学大全》的影响，相当一部分系转译而来，另一方面又深受曼佐尼簿记著述的影响，"分录账和总账的格式基本上是对曼佐尼的模仿"。

在这本书中，克氏强调了复式簿记的作用。他在"序言"中指出："意大利式簿记乃是一门非常有权威的技术和学问。"并说："复式簿记是解决商人纠纷的极为有效的手段；按复式记账法记录的账簿具有极强的作证能力。"

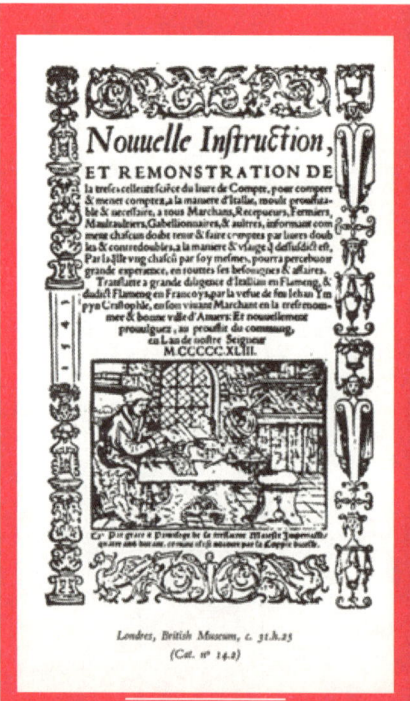

《新教程》法译本

在这本书中，译著者受曼佐尼著作的启发，基本上全是通过列举实例来介绍复式账法，收到了理论联系实际和通俗易懂之效。

在这本书中，克里斯托弗尔在某些方面克服了帕乔利著作的不足，从而发展了帕乔利的会计思想。比如，他第一个明确地在总账内设置余额账户，促进了总账内部账簿体系的完善，使之具备了自己闭锁性和自我验证性。又如，他在论述财产目录时，对现金以外的全部财产，一律使用货币进行计价，并换算成统一的货币单位，按资产和负债项目予以反映。

在这本译著中，克氏还对期间损益计算法进行了较为详细地论述。不过，这种期间损益计算尚不是定期性进行的，所以，我们充其量只能说克里斯托弗尔的簿记文献，只是从非定期的期间损益计算向定期的期间损益计算过渡的著作。

这本内容新颖的《新教程》由克里斯托弗尔的遗孀安娜·斯文特（Anne

《新教程》与帕乔利的会计思想一脉相承

Swinters）作发刊词，于1543年在安特卫普发行后，获得了广泛而热烈地欢迎，会计界到处都是支持新式簿记法的人。同年，该书再次由安娜·斯文特译为法文出版，1547年，又被弗朗西斯·布赖恩特（Francis Briant）译成英文在伦敦发行，对法国和英国的会计发展，也有着重大的影响。

所以可以说，《新教程》一书的编译成功，不仅使英平名震遐迩，而且还使帕乔利和曼佐尼的簿记思想，赖有他的这本译著而传布益广。它不仅将荷兰人从狭小的圈子里，带到了一个崭新的会计世界，而且还大大地打开了法国人和英国人的眼界，使他们更深切地体会到了世界会计发展的大趋势。这本书的出版年代——1543年，被许多著名的会计史学者称为"簿记史上重要的一年"。

克里斯托弗尔不愧是会计发展史上一名优秀的"二传手"。

三、会计方法发展的新势头

客观事物是运动的、变化的，人们的认识也必须随着世界本身的发展和实践的发展而发展。资本主义经济进展到16世纪的荷兰，给当时的传统的会计技术以较大的冲击，从而使会计发展，表现出新的势头：意大利式单一分录账制再也无法满足经济核算和管理的需要，人们加以改革，逐渐在实务中推行起复合（分割）分录制来了。

我们知道，当时的荷兰，商品经济有了突飞猛进的发展。贸易活动的繁忙和复杂化使记账工作量的无限增加和有限的人的记账能力的矛盾愈来愈尖锐。为了克服这一矛盾，人们逐渐改变了以前只由1名或2名簿记员负责记账的方法，开始让许多人分担各项会计业务。具体做法是，首先，将日记账分割成销售账、购进账、现金出纳账和普通分录账，并按分录账的记账规则在这些账簿上反映经济业务，使之分录账化，然后再由这些账户直接往各总账结转。

这就是在安特卫普尤为盛行的复合分录账制和特殊分录账制。

荷兰人在会计方法上迈出这么一步是很不简单的。这是会计发展的必然，也是经济发展的必然。它不止给荷兰本国的会计实务以重大影响，而且，该法由韦丁顿介绍到英国去后，不久便在英国商人之间广泛采用起来，并有了突出的改进。例如，英国商人针对当时的商品贸易中发生最频繁的业务是商品的购销，以及相应的现金收支、存款存取和票据收发，便为这些业务设置了特别的日记账，即购进账、销售账、应收票据账、应付票据账和现金出纳账。另外，还有普通日记账，用以反映账户间的转账、差错的订正和决算分录等。这样，通过这些已分录账化的日记账，基本上可以做到全面地反映一切经济事项。这些日记账每月往总账综合结转一次，从而大大地节省了记账劳动。这是曾经在英国盛极一时的账簿组织，故称之为英国式簿记，也是发展了的意大利式簿记与英国经济实际混合揉杂起来的产物。

尤为重要的是，后人受此启发，对分割总账也进行了有益地尝试。

但是，进入16世纪中叶以后，由于西班牙的反动统治，荷兰同英国的贸易往来中断、银行家蒙受了巨大的损失、许多手工工场相继破产、再加上各种捐税的负担，导致荷兰经济处于相对停滞状况，故这一时期的会计发展进入缓慢的乐章。1573年，米切尔·柯依纳特（Michel Coignet）在安特卫普出版的荷兰语僧院会计著作，1582年，巴塞洛米厄斯·克卢特（Bartholomeus Cloot）出版的《意

《意大利式簿记简便法》（1582年版）　　　　尼克劳斯·彼得里的簿记著作

大利式簿记简便法》（Corte maniere ende Stilom boeck te houden），1590年梅勒马（Mellema）出版的簿记文献，几乎没有任何新的内容，甚至连比较著名的由尼克劳斯·彼得里（Nicolaus Petri）出版于阿姆斯特丹的关于算术、几何和簿记的教科书（1588年，1595年）除强调编制期末试算表，试图按科目对分录账加以分类，引进"经费账"，在上面汇总应过入分录账的现金总额，以及论述复合（分割）分录账制值得一提外，其余的，也没什么特别突出的成绩可言，更谈不上堪与克里斯托弗尔相提并论，平分秋色。

四、与时代合拍：成本会计的尝试

16世纪的资本主义，是商业资本占优势的时代，工业资本还处在初期阶段，即工场手工业时期。意大利是这样，德国是这样，荷兰也不例外。所以，当时，固定资产在工业和商业中并不重要，在人们的心目中，折旧也不是一个重要的概念，而且，虽然在成本计算技术中引进了复式簿记法，但并不存在一套较为成熟的成本核算体系。

普拉廷印刷厂的成本核算，就是这样告诉我们的。

普拉廷印刷厂是法国人克里斯托弗尔·普拉廷（Christopher Plantin）1555年在安特卫普创办的。1563年以后，该厂改为合伙企业，由普拉廷与四位商人共同经营，最盛期印刷工多达数百人，不仅印刷一般的著作，也出版有关宗教的各种读物。1567年，普拉廷又解散合伙，由自己独自生产营业。1589年他逝世后，该厂一直办到1876年才关闭。

该印刷厂在会计核算上的特点主要表现在：

①引进了意大利式簿记法，不仅有分录账和总账的设置，而且有各种辅助簿的设置。在这些辅助簿中，主要有反映工资支付情况的工资账和反映装订工人关系的装订车间记录账。

②建立了一套简单的关于成本核算的账户体系。具体做法是：按每本出版的书籍设置总账，并采用相当于个别成本计算法的方法，在这些账户上详细反映生产特定书籍所耗用的纸张成本、劳务费和其他各种生产费用；待书本印刷结束后，再将这些账户的余额往称为"库存本账户"（Book in Stock）的产品账户结

转。根据1565年4月26日编制的试算表可知，当时还将材料账户、在产品账户和库存本账户作为统制账户来运用。

③在成本核算过程中，同时以货币和实物作为度量单位，但以前者为主，后者为辅，二者相互配合，共同反映着各项经济业务和生产过程。

可见，荷兰的成本会计的水平与当时的工业经济发展的状况是相吻合的。当时的荷兰，毕竟是从事对外贸易的商业资本远较工业资本占优势的国家。所以，当英国资本主义经济的发展，首先冲破重商主义的防线，开始大规模地雇用工人从事大机器生产，成为工业革命的先驱的时候，靠商业资本而树立起经济优势和霸权地位的荷兰，便无可奈何地落到了英国的后面，沦为第二流的国家。马克思曾就此指出："荷兰作为一个占统治地位的商业国家走向衰落的历史，就是一部商业资本从属于工业资本的历史"⑤。在这样的历史条件下，成本会计发展的中心，也就自然而然地转移到了到处是机器喧嚣声的英国。

普拉廷（Christophe Plantin）像

手写的合约。合约规定交付2手荷兰东印度公司的股票，每手价值500弗兰德镑。1611年，在荷兰东印度公司成立初期，商人一般用私人或工人的合约来完成远期交易

1610年手写的期货合约，规定上一年签订的一份远期合约的转让。在阿姆斯特丹，期货合约早于印制的远期合约。对于商人来说，只要在两份复写的合约之一上描述远期交易就足够

WY ondergheschreven van weghen de Camere der Oost-Indische Compaignie tot Enckhuysen, bekennen by desen ontfanghen te hebben vanden E. *Jan Brouber tot Amsterdam by transport van* *Jack Jacobs Godolops* de somme van — *Vijf hondert gl carent*

ende dat voor reste van — *Sest Duijsendt gl Capitaels* daer mede de voornoemde *Jan broubere* inde voorsz. Compaignie gheregistreert staet te herideren opt Groot-boeck vande voorsz. Camere folio — 322. Synde hier mede de voorschreven *somme van Sest Duijsendt gl capitaels* — daer mede de voornoemde *Jan broubere* — inde voorsz. Compaignie voorde eerste Thien-Iarighe Rekeninghe participeert, ten vollen opghebracht ende betaelt: Ende voorts gheannulleert ende te niete ghedaen alle de Recipissen, over de betalinghen opde ghemelde partye ghedaen, voor desen ghegheven. Actum den 7 *novemb.* *Ao 1606.* *Jn Amsterdam*

Bartolt Steenhuijsen
Fransoys du Gardijn

荷兰东印度公司1606年9月7日的股份收据。它表明，阿姆斯特丹股东Jan Brouwer付清了他在Enkhuizen商会分期付款购买荷兰东印度公司的1股6000荷兰盾股本中的最后500荷兰盾

五、承上启下的人物——西蒙·斯蒂文

16世纪末至17世纪初，乃是欧洲近代史上一个重大的分水岭。在这一时期，欧洲经济的重心发生了决定性的移位。自中世纪以来，一直繁荣不衰的意大利、尼德兰南部、德国南部、西班牙和葡萄牙到这时已彻底没落下去，西北欧各国（尤其是荷兰、英国和法国）成了争夺海外霸权的主角。从此，欧洲开始了它的重商主义时代。一场血淋淋的世界商业战，也就继之而发生了。

西蒙·斯蒂文像

拉开这一新时代序幕的，是16世纪后半期爆发的荷兰独立战争。这是世界历史上第一次取得胜利的资产阶级革命，它以洪流破堤岸之势，迅速冲垮了西班牙的统治地位。尔后，荷兰又通过设立东印度公司和西印度公司，在世界各地进行了残酷的殖民掠夺。

马克思在评价荷兰的殖民掠夺时指出："荷兰……经营殖民地的历史，'展示出一幅背信弃义、贿赂、残杀和卑鄙行为的绝妙图画。'……他们走到哪里，那里就变得一片荒芜，人烟稀少。……这就是温和的商业！"[6]

独立战争的胜利，安特卫普的陷落，尤其是殖民掠夺，为荷兰经济的繁荣，创造了极为有利的条件，也提供了无以数计的原始资本。自17世纪开始，荷兰迎来了资本主义经济发展的黄金时代，它不仅垄断了东印度贸易，而且独占了西南

西蒙·斯蒂文像

欧与东北欧之间的贸易。阿姆斯特丹也取代安特卫普,成为当时世界商业和国际信贷的中心。该国经济发展的特点,表现在它的对外贸易超过工业上,有"全世界海上马车夫"的雅称,所以,马克思称之为"17世纪标准的资本主义国家"。①

可见，荷兰在17世纪堪称是世界上资本主义最为发达的国家。

在这样的历史背景下，在整个17世纪，荷兰成为意大利簿记传播和发展的中心。这一时期，荷兰出版了许多优秀的簿记著作，例如亨德里克·瓦宁亨（Hendrick Waninghen）于1609年出版了一本题为《意大利簿记的保箱》（Tresoor vant Italians boeckhouden）的论著，较之前人更为详细地介绍了复式簿记的记账技术，为簿记学的成立作出了一定的贡献。该书在英国也畅销一时，对法国和德国同样有不同程度的影响。但这些会计著述中能突破旧的樊篱，体现反传统的革新精神，对后世会计发展影响深远的，还是要数西蒙·斯蒂文编著的《数学惯例法》。

西蒙·斯蒂文（Simon Stevin，1548~1620年）1548年诞生于普鲁士，是一位私生子，父亲安东·斯蒂文（Anton Stevin），母亲是一位淫荡的女人，名叫卡塔里娜（Catharina）。他年轻时，在安特卫普一个贸易商行担任会计员和出纳员，不久以后，转到普鲁士法兰克街的财政局担任同样的工作。一踏入社会，就生活在会计的环境里，耳濡目染，斯蒂文逐渐熟悉了许多会计理论和实务知识。1571年，他暂时放弃会计工作，踏上了去欧洲的旅途。在游历波兰、斯堪的纳维亚、比利时等国以后，他移居尼德兰，在幽静、美丽如画的莱顿大学主授数学，开始埋头钻研学问。莱顿大学是1575年为了纪念莱顿市民在面临西班牙军队重重围困时表现出来的勇敢精神而创办的，是新学科和共和国各种人才的摇篮。在校园里，他第一次结识了当时还是学生、后来担任荷兰共和国主席的奥兰治·摩里斯（1567~1625年）王子，并成为他的家庭教师、挚友和顾问。时势造英雄。荷兰战胜西班牙获得独立后，百废待兴。

1592年，在摩里斯主席的鼓励下，斯蒂文毅然走出书斋，担任堤防监督官，一年后，调往海军司令部工作，不久，提升为财务总监。在任职期间，他凭着自己高人一等的理财能力，将国家财政重新纳入了正规，为振兴荷兰经济作出了重要的贡献。这些经历为他后来编著王子簿记著作，提供了实际素材。1614年，已逾60岁的斯蒂文与他爱恋已久的卡塔里娜·克莱（Catherine Krai）女士结婚，开始了幸福的新生活。在婚后的6年时间里，生有4个孩子。然而，就在他安度晚年、享受天伦之乐之时，衰老和疾病双双在他身上投下了阴影。1620年，斯蒂文逝世，享年72岁。

斯蒂文的王子簿记（法译本）

与帕乔利一样，西蒙·斯蒂文也是以博学多才见称于世的大师。在他的一生中，发明过运河的水闸，撰写过建筑学的专著，而且，对数学和有关数学的科学也有重大的贡献，著有《数学惯例法》（Wisconstighe Ghedachtenissen）（荷兰版）一书。它是一本有关数学、力学、地理学、航海术、会计学、音乐、军事和天文学的百科全书。该书由：①宇宙进化论即世界描写（Cosmographie ou description du Monde）；②几何学应用（Pratique de la Géométrie）；③重量测定技术（Art Pondéraire ou de peser）；④透视法（Perspectives）；⑤论集（Meslanges）五卷组成。其中第五卷"论集"又细分为以下六部分。①算术摘要（Notes arithmétiques）；②王子簿记（Livre de Compte de Prince）；③声乐理论（Théorie de l'Art du Chant）；④房屋建设（Construction des Maisons）；⑤战争艺术（Art de la Guerre）；⑥各种记录（Differentes notes）。1605年，该书的拉丁语版"Hypomnemata Mathematica"出版。1608年，该书的法语版"Memoires Mathematiques"出版。⑧

斯蒂文与以往的任何簿记著者的显著不同之处表现在：他全力在荷兰境内推广意大利式簿记法，并企望用这种新式簿记法去管理王室财政，以巩固王室财政的基础，促进新生国家荷兰经济的发展。除此以外，他又十分关心效率，并将简化记账业务，作为改革的基础。正因为如此，他的著作才与卢卡·帕乔利的会计文献齐名，甚至较之帕氏的著作具有更为系统、严谨的形式和更为丰富、新颖的内容。

根据有关资料可知，斯蒂文的簿记文献"非属正确的领地和王子簿记"（Verechting van Domeinen en de Vorstelyke Boeckhouding）（荷兰语）除"序言"以外，由介绍商业簿记的第一部分和介绍将复式簿记运用于公共会计的第二部分组成。前者称作"意大利式商人簿记"（Livre de Compte de marchand）；后者称作"意大利式王子簿记"（Livre de Compte de prince）。

第二部分由意大利式领土簿记（10章）、意大利式王子支出簿记（8章）、意大利式临时（战时）财政簿记（2章）和特别财政的支出簿记（7章）等组成。最末是"古代簿记探测"。

最能体现斯蒂文对复式簿记的发展作出贡献的,是第一部分。

现将这部分的主要内容简介如下:

①分录更为简单而明确。例如,斯氏在第1章列举了15道例题,介绍了分录的作成法,进而提出了"A debet par B"的分录形式。这表明分录正在摆脱叙述性语言的束缚,往记号化发展。

②清醒地认识到了财产系统账户和资本系统账户,从而提出了朴素的2账户学说的思想。这是著者以自己与摩里斯主席对话的形式简述的(第5章),系斯蒂文的又一贡献。当然,斯氏自己并没有明确地采用"财产系统账户"和"资本系统账户"的用语。

③斯蒂文不仅以日记账、分录账和总账作为自己的簿记法的主要账簿,而且还在辅助账中引进了现金账和经费账。他认为,辅助账的各项目不应分项结转,而应按日或按月汇总后再一起结转,这样,就大大地节省了记账劳动量。例如,家事费原则上应按月汇总后过入分录账,但对那些可以马上结清的债权和债务,则只记入日记账,而不再在分录账中反映。

④著者还腾出篇幅,对代理人会计进行了论述。他介绍说,商人在将商品和银委托代理人推销商品和银时,应借记旅行账户,贷记商品账户,代理人在出售这些商品时,应借记商品,贷记旅行账户。

⑤斯氏在本书中论述的总账,具有划时代性。因为正是从他开始,总账才表现出向表格化发展的倾向。

1604~1608年的总账

Notes Debet			Year 1600		
0	Jan.	Per Capital fol.3	144	0	0
28	Mar.	Per David Roels fol.15	95	4	0

Notes Credit			Year 1600		
30	May.	Per Peter de Witte fol.10	334	16	0
4	Aug.	Per Peter fol.16	620	0	0

注：上表为总账借方，下表为总账贷方，实为一个总账。

可见，该总账已具备了表的格式，只记录日期、过账记号和金额，而不像以前那样注重于使用叙述性的词句。而且，借方（debet）和贷方（credit）显然已成为区分左右方的符号。这种做法对英国影响极大，为达伐纳继承了下来。所以可以说，斯蒂文是总账发展的转折点。

⑥斯蒂文簿记著作的最大特点是极力主张年度决算，明确提出损益账户应在年末结账，并摆脱当时惯例的羁绊，首次在总账以外编制资本的状况表和损益的证明表。状况表的借方反映期末负债和资本，贷方反映期末资产。此乃英国式资产负债表的原型。损益的证明表用于验证状况表的正确性，在贷方反映收益，在借方反映费用和期间损益。可见，在总账以外，另外再编制资本的状况表和损益的证明表，这样，就在它们之间形成了以损益计算为纽带的相互牵制关系。这是斯蒂文对意大利式簿记的发展所作出的杰出贡献之一。在这里，资本的状况表和损益的证明表，一般可视为现代意义上的资产负债表和损益表的前身。不过，它们均是在结总账之前编制的，所以，这说明斯蒂文虽然极力主张年度结算，提出了英美式决算法的最初思想，但在具体方法上仍不甚完善。

为了帮助读者更明确地理解斯蒂文所主张的年度决算，现用图表示如下（设期初的资产为A，负债为L，资本为C；期末的资产为A'，负债为L'，资本为C'，并设费用为E，收益为R，期间损益为ΔC）：

期初的资本账户

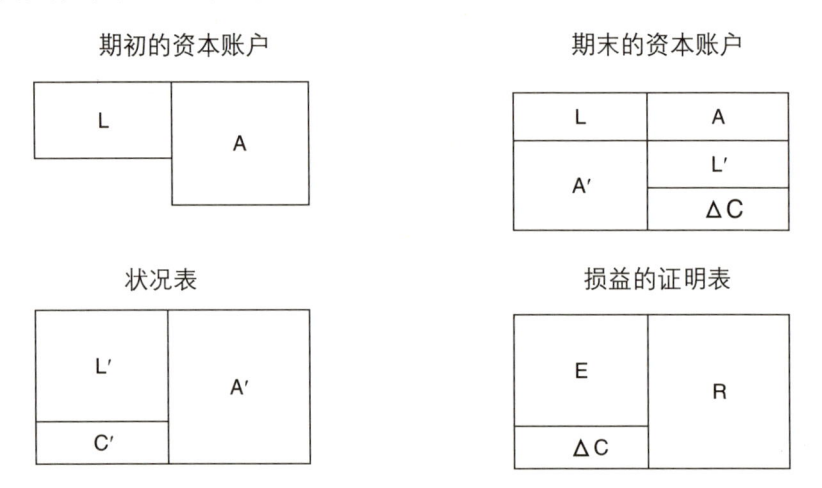

L	A

期末的资本账户

L	A
A'	L'
	ΔC

状况表

L'	A'
C'	

损益的证明表

E	R
ΔC	

毋庸置疑，这种损益计算思想是英平提倡的损益计算法进一步发展的产物，尤其是提出在总账以外单独编制资本的状况表和损益的证明表的做法，标志着财务报表的发展又进入一个崭新的阶段。

总的来说，斯蒂文的《数学惯例法》乃是继《数学大全》之后近代会计史上第二座里程碑。它上承源远流长的传统会计方法，下开后世会计发展的新序幕，为继起的会计发展打开了无数法门。这本近代簿记法的先驱读物的内容是那样的丰富，以致有人说它在会计发展史上具有近似于帕乔利的著作在会计方法上的水平。日本国岸悦三教授评价说"17世纪斯蒂文论述的复式簿记反映了当时的经济状况，具有更为新巧的内容，从而往现代的形态迈出了巨大的一步"。20世纪初期英国著名的会计学者沃尔芙也指出："斯蒂文的著作较之先驱者们有了很大的

斯蒂文的立像（建于1864年矗立在普鲁士街道）

进步，它奠定了17世纪初叶整个欧洲科学簿记的基础"[⑪]。荷兰著名的簿记史学家O·腾·海渥（Ten Have）将他与英平相比较，指出："法兰芒会计学派（The Flemish school of accounting）支配着16世纪。……该学派的两个伟人是法兰芒学派最早的著者英平和最后的著者斯蒂文。英平将威尼斯会计学派的知识传播到荷兰、法国和英国。斯蒂文则为复式簿记提供了新的展望，远远地超过了以往任何一位著述家们"[⑫]。德·威尔更是推崇备至，甚至将斯蒂文与帕乔利相比肩，指出："19世纪以前的会计理论的发展都是建立在帕乔利和斯蒂文的会计著作的基础之上的"[⑬]。

当然，斯氏固然不如帕氏，但他的著作的问世，无疑被认为是有力地提高了西式簿记的水平，好似为17世纪的会计输入了新的血液，引来了新的生机。它不止给法英诸国复式簿记的发展以促进，而且还把原来并不为人重视的荷兰会计史，提高到了可以与意大利、英国和美国相提并论的地位。

所以可以说，斯蒂文乃是在新的经济形势下发展和丰富意大利式簿记法的杰出代表，帕乔利学派的会计思想，就是通过他的双手与那个狂飙突进的时代相衔接和融合的。他的名篇佳作是会计发展新时代的预言之歌，也是又一个翻天覆地的新浪潮来临的前奏曲。

注　释：

① 转引自（特立尼达—多巴哥）艾里克－威廉斯著：《资本主义与奴隶制度》，陆志宝、彭坤元、张晓华译，北京师范大学出版社1982年版，第48页。

② （日）石坂昭雄、船山菜一、宫野启二等著：《西洋经济史》，有斐阁双书1980年版，第80页。

③ （美）M·查特菲尔德著：《会计思想史》（A History of Accounting Thought），纽约，1977年版，第55页。

④ （日）岸悦三著：《会计生命史》，同文馆，1978年版，第25页。

⑤ （德）马克思：《资本论》第三卷,第372页。

⑥⑦ 《马克思恩格斯全集》第23卷，人民出版社1972年版，第820页。

⑧ （比利时）E·斯德维林克和R·赫伦特：《会计名人画廊：资料205》（GALERIE des grands auteurs COMPTABLES），1962年版，第28页。

⑨ （比利时）E·斯德维林克和R·赫伦特：《会计名人画廊：资料209》（GALERIE des grands auteurs COMPTABLES），1962年，第31页。

⑩ 同④第123页。

⑪ （日）片冈义雄、片冈泰彦译：《沃尔芙会计史》，法政大学出版局1977年版，第136页。

⑫ （荷兰）O·腾·海渥博士著：《会计史》（The history of Accountancy）英译本，第2版，1986年，第59页。

⑬ 同⑧第55页。

第五章 意大利式簿记在法国的传播和发展

一、先驱者们：门赫和萨维纳

资本主义经济的发展如风助火势，使意大利式簿记在法国也迅速传播开来，并发展着。在这种新的记账方法的锐猛攻势面前，法国人表现出非常明智开朗的态度，他们毅然放弃了本国固有的不甚成熟的复式记账法，转而采用从佛罗伦萨和克里斯托弗尔的法译本那里学得的新式簿记。

这确实是需要勇气和胆量的。

我们认为，一个好的记账方法，首先应该具有科学性。也就是说，运用这样的记账方法，可以客观地、真实地反映企业的经济活动，可以提供正确的、完整的会计资料，可以加强会计管理。此乃取舍记账方法的最根本的标准。

法国在中世纪时期形成的复式账法，不能说满足这一条件。至少可以说，它远不如意大利式簿记法科学。所以，在新式簿记的冲击下，它的被淘汰，就是不可避免的了。

这是应该交代清楚的问题。

瓦伦丁·门赫

当然，事物的发展都不是直线上升的，法国人继承和发扬意大利式簿记也有一个过程。

先看瓦伦丁·门赫。

瓦伦丁·门赫（Valentin Mennher）是继英平之后，奋起介绍新式簿记的勇士。他的诞生地是德国巴伐利亚州的肯普滕，后移居安特卫普，在当地讲授数学和簿记。1550年，他发表了《简单的实践》（Practique brifue）一书。这是一本论述数学和簿记方法的专著，为会计史学家们认为是用法语撰写的继英平之后的第二本簿记文献。

不过，这本书介绍的，并不是"威尼斯式簿记法"，而是代理人簿记，在更大程度上受着佛罗伦萨式簿记法的影响。

美国会计学界的高峰A·C·利特尔顿教授在论述"分录的发展"时曾将早期的分录，分为两大类型：[①]

第一类型：威尼斯式，商人安德烈亚·巴尔巴里戈家，卢卡·帕乔利。

Per X——， A Y——

（BY X——，to Y——）

第二类型：佛罗伦萨式，金融家梅迪奇

第一种：A is debtor

　　　　B is Creditor

第二种：A is debtor to B

第三种：A owes to B

门赫论述的，属于第二类型。在表示借方时，分两种情况：在主语为单数时，为est debiteur；在主语为复数时，为Sont debiteurs。在表示贷方时，也分两种情况：est crediteur（单

《简单的实践》加泰隆语译本

数）；sont crediteurs（复数）。

所以，经门赫的介绍，这种分录形式在法国、荷兰和德国等地广为流传，尤其是为荷兰的斯蒂文所继承和发展以后，对现代分录表示法，产生了较为深刻的影响。可以说，现代的分录与这种分录形式，有着一脉相承的关系。

此外，这本书的特点还有：以分录账、债权债务账（总账）和商品账为主要账簿，并建立了转账关系；所有的经济业务一律以阿拉伯数字反映，没有采用罗马数字，等等。

《簿记示范和技巧》（第1版）

西班牙的安迪奇·罗卡（Antich Rocha）曾将门赫的这本著作译成加泰隆语，在西班牙影响甚大。

最早论述复式簿记的法国人，是皮耶雷·萨维纳（Pierre Sauonne）。

他是一位多产的数学家，阿维尼翁人。1565年出版过《算术》（Arithmetique）一书，1583年在里昂出版过《处理中空方阵的军事秩序的教程》一书，均大获成功。《簿记示范和技巧》（Instruction et Maniere de Tenir Livres）是他的成名之作，1567年出版于安特卫普，1581年再版于里昂，第三版发行于1588年，第四版发行于1608年。[①] 这本书由献词、致读者、复式簿记解释、总账A、索引、余额试算表、销售账A、分录账、备忘账A和总账B组成，深受佛伦式簿记影响，是法国早期簿记史上的杰作。

在介绍复式簿记内容之前，著者介绍了复式簿记的意义。他指出：准确地把账记好，对于商人的信用来说，是尤具意义的；复式原则记录的账簿一般都具有较强的证据力，对企业管理和公共秩序的维护，均可以发挥重要的作用。

著者在这本书中除设例讲解了合伙簿记以外，还致力于推进账簿组织的改革工作。在本书的第二版中萨氏指出："我只论述在记账时要求设置的、必要的三种账簿，即总账（Grād Liure）、销售账（Liure de vente）和购进账（Liure d'achet）。"③ 在这里，分录账是销售账和购进账，用以详细反映商品数目和金额；总账用于反映每笔业务的合计额、付款条件、付款日期和往来客户。而且，还通过记录"过账记号"，来明确总账和分录账的联系。对于销售账来说，分子表示借方，分母表示贷方；对于购进账来说，分子表示贷方，分母表示借方。

著者在提及决算时指出：应通过编制库存商品的盘存表来进行损益决算。他还重视企业的安全性、支付能力和流动性，重视债权和债务的分析。

此外，这本书还有一点引人注目，这就是探索着提及了销货折让和进货折让。这些都是现代的课题。萨氏在当时就注意到了这方面的问题，可称一绝。

总的说来，这本簿记著作的诞生，在法国的影响，持续了40多年。这不仅是因为它的许多思想确实大大地丰富了意大利式簿记的内容，而且也因为它迎合了当时法国资本主义经济管理的发展需要。所以，萨维纳在那时的成就和名声虽然不及帕乔利和斯蒂文高，但他的作品在法国簿记发展过程中，还是据有一定地位的。我们很难想象，一部没有萨维纳的法国早期簿记史，会是什么样子。

通过16世纪数位先驱者们的努力，意大利式簿记在法国深深地扎下了根，从而为17世纪法国会计发展的黄金时代的来临，奠定了坚实的基础。

拉丁文

| Debent dare | Debent habere |

意大利文

| Dare | Avere |

法文

| Doit | Avoir |

德文

| Soll | Haben |

英文

| Debit | Credit |

路易十四带领科尔贝和他的兄弟菲利普参观葛培林工厂（1667年）

路易十四带领科尔贝和他的兄弟菲利普参观葛培林工厂（1667年）

二、自张新帜的创造

谈到法国会计的黄金时代，首先应该介绍一下法国的路易十四时代。而谈到路易十四时代，又应该先看一看整个17世纪法国历史的发展。

进入17世纪以后，法国资本主义逐渐摆脱了封建桎梏的束缚，开始迅速发展起来。法国统治者为了能与英国和荷兰争夺世界霸权，接连采取了一系列有助于壮大本国经济实力的措施。自亨利四世时代起，国家开始全面执行重商主义政策，到路易十四时代，在财政大臣科尔贝（Colber）的直接领导下，这种政策发展到了顶点。当时，科尔贝不仅利用国家的人力、财力和物力大力发展对外掠夺事业，同时还采取各种措施，以发展本国的资本主义经济。④ 商事王令就是重要措施之一。

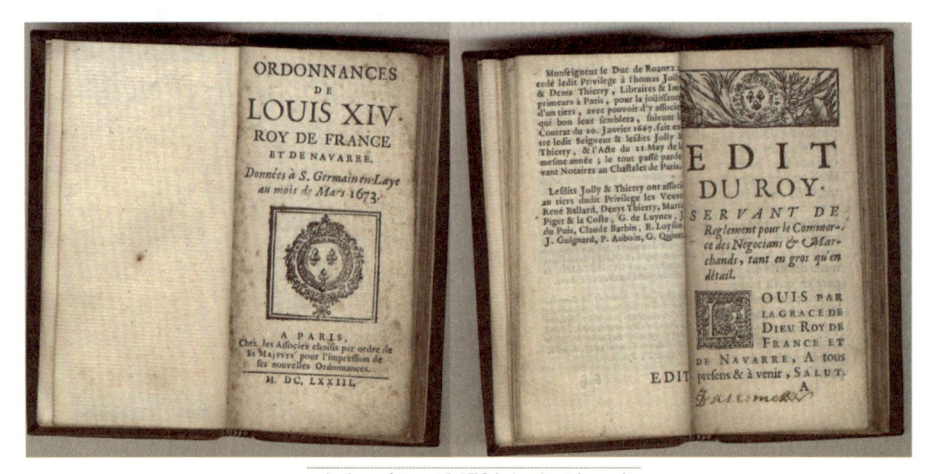

《商事王令》（1673年）扉页与正文

《商事王令》（Ordonnance de Commerce）是1673年3月23日由路易十四署名同意公布并执行的，正式名称是《作为商人的商业规则而发生作用的法兰西和纳瓦拉的路易十四的王令》（Ordonnnance de Louis XIV. ROY DE FRANCE ET DE NAVARRE, Servant de Reglement pour le Commerce des Marchands），亦称《商人法典》（Code Marchand）或《萨瓦里法典》（Code Savary），由序言和王令组成，共12章，122条。

在这部王令中以第三章设置簿记和会计条款为最多。现简要介绍其主要内容，并略加分析如下：⑤

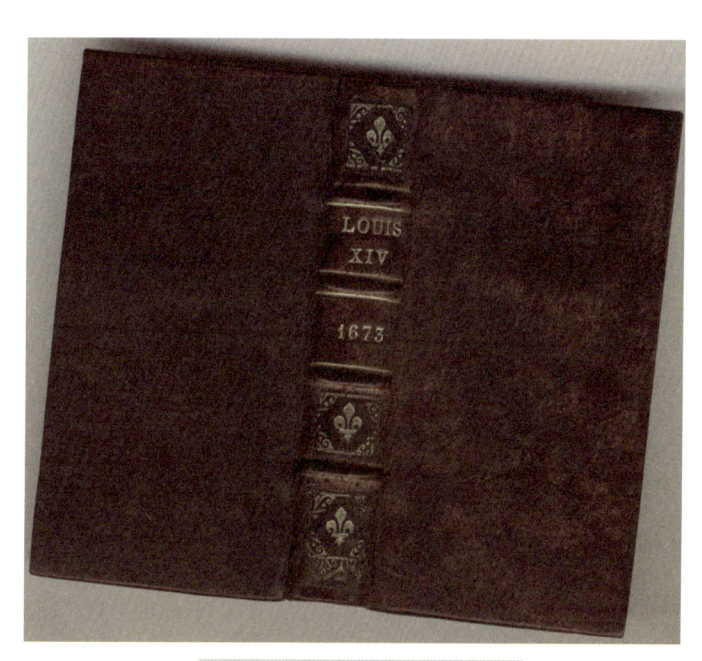

《商事王令》（1673年）封面封底

第一条规定，每一个批发商和零售商，均应设置反映自己的经济业务的账簿。

第二条规定，兑换商和金融家应设置并认真记好日记账。因为该账是发生纠纷时最有证明力的资料。

第三条和第四条，要求商人、兑换商和银行家的各种账簿，均得由商事裁判官或市长署名同意，并在第一页明确记载账簿的种类、页数和内容。兑换商和银行家的账簿设置情况，还须在商事裁判所书记局或市厅备案。

第五条规定，各日记账应进行序时记录，不得留空白。

第六条规定，所有的商人、兑换商和银行家应在本王令公布后6个月以内设置新的日记账，编制新记录，同时按上述要求，由商事裁判官署名。必要时，可以照抄旧账。

第七条规定，所有的批发商和零售商均应保管好往来信件，并加以整理，记入复写簿。

第八条规定，所有的普通商人应做好财产目录，用以反映6个月内全部动产和不动产、债权和债务。而且，每2年应核对、调整一次。

第九条规定，除财产合并、公司分割和解散的情况以外，裁判所不得要求、命令商人们公布和提出自己的各种日记账和财产目录。但第十条规定，在大商人、普通商人同意的情况下，或者在对方申请以此作为证据的情况下，裁判所可以命令他们将有关纠纷的日记账和记录，提交出来。

除第三章以外，其他章节也有关于会计的条款。如第一章除规定了商人学徒的学徒期外，对于那些希望成为商店主的学徒，要求他们必须懂得相应的单式簿记和复式簿记知识，否则，不得从学徒提升为店主。又如，第十一章规定，破产时倘若发现未设置账簿，应视为欺诈破产；欺诈破产者以死刑处之。

我们知道，传统的商法，一般旨在保护债权人，但法国商事王令以近代商法之父的崭新面貌出现，不仅规定商人有设置账簿、编制财产目录的义务，以保护债权人，使其避免因欺诈破产事件而蒙受损失，而且还考虑到了以会计为主要内容的企业经营管理的一面。

可以说，商事王令的制定，乃是复式簿记发展史上一件极为重大的事件。这种自张新帜的创造，不仅使商业账簿的设置和财产目录的编制第一次成为近代国家经济法规的重要内容，而且，以此为契机，资产负债表制度也随之在股份公司的会计核算中广泛采用开来，从而大大地丰富了法国会计核算的内容。

日本明治大学教授森川八洲男先生指出："法国商事王令是会计发展史上最早将编制财产目录义务法制化的商法。正是因为该规定，使法国会计享有世界上公布会计制度的先驱这样的荣誉。"他甚至认为，法国簿记的渊源可以追溯到16世纪中叶，尤其是1543年论述复式簿记的英平簿记著作法译本的问世，而法国会计的起源就是1673年的《商事王令》。⑥

德国动态论确立者休马勒巴赫（Schmalenbach）更具体地指出：该王令关于倒闭和资产负债表的条款是受当时发生的许多欺诈破产事件的影响而制定的；这些欺诈破产者惯于弄虚作假，所以，通过法律的形式，强制他们编制财产目录，可以有效地防止舞弊行为。⑦而且，他还将该商事王令和受其影响而制定的一系列大陆系商法中体现的会计思想理解为旨在保护债权人而进行财产核算的"静的资产负债表观"（Statische Bilanzauffassung）的原始形态，并将它作为自己大力提倡的"动的资产负债表观"（Dynamische Bilanzauffassung）的对立命题。

不久以后，该法又为欧洲各国的商法所继承和发展，对世界会计发展也有着显著的贡献和影响。例如，在该王令的影响下，普鲁士一般国法（1794年）、拿破仑商法（1807年）、希腊商法（1835年）、荷兰商法（1838年）、土耳其商法（1850年）、塞尔维亚商法（1860年）、英国公司法（1862年，1908年）、比利时商法（1872年）、挪威商法（1874年）、瑞士联邦商法（1881年）、意大利商法（1883年）、罗马尼亚商法（1887年）、西班牙商法和葡萄牙商法（1888年）、瑞典商法（1909年）都增设了应编制财产目录，并根据财产目录编制资产负债表的条款。

所以，随着近代商法的制定和完备，随着由此而引起的估价争论的展开，近代会计的理论日益丰富，也日趋完整，呈现出崭新的面貌。

德国动态论确立者休马勒巴赫
Johann Wilhelm Eugen Schmalenbach

三、走上独创之路

不错，路易十四时代的会计，自商事王令公布以来，呈现出崭新的面目和活跃的风姿。这已是一个趋势，一个发生状态。但是，要稳定这个趋势，助长这个发生状态，还得加上艰苦的工作和多方面的努力。为了使全体国民透彻地理解王令的精神实质，雅克·萨瓦里和克劳德·伊尔桑承担起了逐条解释商事王令的任务。

先说雅克·萨瓦里。

萨瓦里（Jacques Savary，1622年9月23日～1690年10月7日）出身于一个贵族家庭，早年丧父，自幼随母亲生活。他的母亲是一位很有教养的贵妇，在她的亲手培养下，萨瓦里兄弟从小就受到良好的教育。1650年，萨瓦里与一位富商的女儿结婚。1675年，发表了《完善的商人》（Le Parfait Negociant）一书。此书是著者根据王令起草委员会的劝告编写而成的王令注释书。

萨瓦里在这本书的"序言"中指出：

"本书论述的绝大部分内容，都是根据我自己的经验写成的。根

《完善的商人》（1679年版）

LE PARFAIT NEGOCIANT
OU
INSTRUCTION GENERALE
POUR CE QUI REGARDE LE COMMERCE
des Marchandises de France, & des Païs Etrangers.

POUR la Banque, le Change & Rechange.
POUR les Societez ordinaires, en commandite, & anonimes.
POUR les Faillites, Banqueroutes, Separations, Cessions, & abandonnemens de Biens.
POUR la maniere de tenir les Livres Journaux d'achats, de ventes, de caisse, & de raison.
Des Formulaires de Lettres & Billets de Change, d'Inventaire, & de toutes sortes de Societez.
Comme aussi plusieurs Pareres ou Avis & Conseils sur diverses matieres de Commerce, très-importantes.

Par le Sieur JACQUES SAVARY.

Enrichi d'augmentations par le feu Sieur JACQUES SAVARY DESBRUSLONS.

HUITIE'ME EDITION.

Revûë & corrigée sur leurs Memoires, & nouvellement augmentée des Edits, Declarations, Arrêts & Reglemens intervenus depuis la précedente Edition, sur le fait du Commerce, & des Manufactures; ensemble de la Vie de l'Auteur.

Par M. PHILEMON-LOUIS SAVARY Chanoine de l'Eglise Royale de Saint Maur, son Fils.

TOME PREMIER.

A PARIS, RUE SAINT JACQUES,
Chez CLAUDE ROBUSTEL, à l'Image Saint Jean.
M. DCC. XXI.
AVEC PRIVILEGE DU ROY.

《完善的商人》（1715年版）

LE PARFAIT NEGOCIANT,
OU
INSTRUCTION GENERALE
Pour ce qui regarde
LE COMMERCE DES MARCHANDISES
de France, & des Pays Etrangers.

TOME SECOND.

CONTENANT LES PARERES OU AVIS ET CONSEILS sur les plus importantes matieres du Commerce, avec la resolution des questions les plus difficiles, sçavoir sur les banqueroutes & faillites; des Lettres & Billets de Change; des ordres sans datte & sans expression de valeur; des signatures en blanc; des novations des Lettres & Billets de Change; de celles qui sont tirées ou acceptées par des femmes en puissance de mary, de minorité des tireurs, des differentes societez; de la competence des Juge & Consuls; & sur plusieurs autres questions touchant le fait du Commerce.

Ensemble plusieurs Arrests des Parlemens, rendus conformément à ces Pareres.

Par le Sieur JACQUES SAVARY.

SECONDE EDITION.

Revûë, corrigée & augmentée de trente-neuf nouveaux Pareres, recüeillis & redigez sur les Manuscrits de l'Auteur.

Par les soins du Sieur JACQUES SAVARY DES BRUSLONS, son fils.

A PARIS,
Chez CLAUDE ROBUSTEL, près la Fontaine S. Severin, à l'Image saint Jean.
M. DCC. XV.
AVEC APPROBATIONS ET PRIVILEGE DU ROY.

《完善的商人》（1721年版）

SAVARY REGIS CONSILIARIUS JACOBUS

Sans estude et sans art, tu decides en maistre,
Et tes decisions sont pleines d'Equité.
Ton Livre sert de Regle, et fait assez connaistre,
Ce que peut le bon Sens, joint a la probité.

Coypel junior pinxit — E. delinck sculp. C.P.R.

+ 1690.

Lp 44-53²

+ 1690. 1690

Savary (Jacques) Conseiller du Roi.

萨瓦里（1622～1690年）像

据需要，还插进了旧王令的条款和新王令的条款。由于对于1673年3月公布的新王令的理解，需要有特别的知识，所以，笔者认为有必要作详细的论述。"⑧

我们认为，"他山之石，可以攻玉"。对于引进新的会计方法和新的会计思想来说，不生剥活吞，使之与本国的实际情况紧密地结合起来，是极为重要的。如果说上述会计学者和商人还没有达到这个境地的话，那么，萨瓦里在这方面倒是努力了一下子的。

在书中，萨氏从两个方面对商业账簿进行了论述。一是试图通过法律形式来维持国民经济秩序，认为商业账簿对于债权和债务关系有较强的作证能力；二是从企业经营的角度论述了商业账簿在经营管理中的重要性。接着，又结合王令，较为详细地论述了账簿的设置和簿记的基本记录法，等等。例如，著者在谈到设置账簿的意义时指出：设置账簿不仅可以维持事业经营的秩序，有利于企业的经营管理，还可以防止代理人和使用人的舞弊行为。

而且，萨氏强调：公司应采用复式簿记法反映经济业务，只有这样，才能较为容易地计算公司出资者的权益，才可以知道哪种商品可以获得最大的利润，才可能判断经济业务是否可以继续经营下去。并指出，复式簿记并不像人们想象的那么难，只要稍下工夫，谁都可以精通。一般地说，必不可少的账簿是分录账（Journal）、总账（Livre extrait ou de raison）、反映资本的秘密账（Livre que l'on appelle secret）和收发信件备忘簿。

著者还以纺织行业为例，对中型企业的会计核算方法进行了论述。他指出，这类企业应设置9种账簿，即购货账、往来客户总账、应收款账、顾客总账、现金收入账、现金支出账、现金账、商品库存账、染色账和负债存根账。其中，前四种账簿和负债存根账主要用于债权和债务管理；现金收入账、现金支出账是分录账，现金账是总账，三者主要用于现金出纳管理；商品库存账用于商品库存管理，并据此编制财产目录。

萨氏对小型企业的会计核算法也作了介绍，指出，这类企业的商人应设置购货账、应收款账和现金账。

尤为重要的是，萨氏在解释王令第三章第八条时指出，商人应根据王令，每半年编制一次财产目录（Inventaire），用以反映本期内全部的动产、不动产和债权债务，并每两年核对、调整一次，其目的在于：商人一旦破产，便可以提供有关经营状况的资料。这种财产目录相当于现在的财产目录和资产负债表，不仅反映资产、负债和资本，也反映本期利润。也就是说，财产目录包括资产负债表在内。

资产负债表叫做"现在的财产目录的余额表"，附在财产目录的后面，是财产目录不可缺少的构成因素。关于该表的编制法，萨瓦里在书中指出：

"编制最终的财产目录之后，为了知道利润和损失，应作成资产负债表（balance）。为此，就应准备纸张，……在纸张的上方标明'现在的财产目录的余额表'名称。然后，在借方侧，列举财产目录中的商品，与我有关（若为公司，则是与公司有关）的债权、现金，并计算、记录其合计额；在贷方侧，反映与我有关（若为公司，则是与公司有关）的负债和资本，再计算、记录其合计额。"⑨

现在财产目录的余额表⑩

借方		贷方	
现在财产目录上列示的商品、债权和现金		现在财产目录上列示的负债	L10,023.1
合计……………………	L35,434,2.1	自己资本…………	L20,000
动　产			
金　块………………⎫	L4,480	1672年9月1日至	
家具估计额…………⎭		1673年9月1日	
不动产		的利润……………	L5,411.1.1
房屋估计额…………	L15,000		L35,434.21
资产合计额…………	L54,914.2.1		
减去财产目录			
记载的负责…………	L10,023.1		
纯资产合计…………	L44,891.1.1		

根据已署名的财产目录编制、计算
巴黎 1673年9月1日　　Pierre Jacques

可见，该表的期间损益是通过"（商品+债权+现金）-（负债+资本）=利润"公式计算的；个人的支付能力和担保能力是通过"营业用资产（商品＋债权＋现金）＋私用资产（动产、不动产）-负债＝个人的全部纯资产"公式计算的。

该书出版以后，在当时至为轰动。1679年、1693年、1697年、1713年、1721年、1736年、1752年、1757年、1777年先后有版本问世。此外，该书还被译成德语、荷兰语、意大利语、英语在世界各地广为流传。

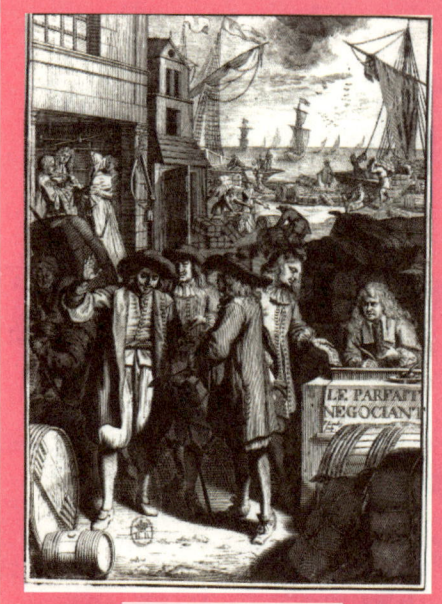

《完善的商人》卷首图片

从会计发展角度看，该书最为突出的意义在于，它以王令为依据，较为详细地介绍了财产目录的编制法。这种财产目录最初包括资产负债表的内容，但后来资产负债表独立出来，形成为大陆式资产负债表。

无怪乎有人说，法国簿记走上独创之路，是从雅克·萨瓦里编著的《完善的商人》开始的。

紧跟着萨瓦里，树立旗帜，摆开阵势，来解释和发展商事王令的，是克劳德·伊尔桑（Claude Irson）。

法国《商事王令》于1673年3月制定并公布以后，财政大臣科尔贝就第三章"大商人、普通商人和银行家的账簿和记录"一些条款的有关问题，请教当时著名的会计学者伊尔桑。伊尔桑在逐一解答后，将这些解答题目整理成书，献给了科尔贝。

这本书出版于1678年，由第一卷和第二卷构成：第一卷论述分录账；第二卷论述总账。

这本著作在当时的影响是很大的。这是因为：①它出版的及时性；②它确实有了新的内容。

（一）这本书以法令、学说和惯例为基础，全面地论述了法律与簿记，尤其是复式簿记的关系。

以前，英平和萨瓦里都指出过复式簿记在解决纠纷上的作用。伊尔桑发展了他们的观点，他一方面认真地研究了法令中的账簿各条款、案例中有关簿记的事件和法学家们的学说，另一方面又旁征博引了许多复式簿记学者的会计思想和商业界知名学者的论述，有深度地阐明了法律与会计的关系，指出二者之间有着十分密切的联系，应该相辅相成，互为巩固。

（二）这本书对单式簿记和复式簿记进行了比较分析。

在这本著作中，伊氏较为系统地研究了在当时的实务中广为采用的簿记，并将它们归纳为两种单式簿记法和一种复式簿记法，然后，又通过分析两种方法的优缺点，得出了复式簿记较之单式簿记要科学的结论。因为在他看来，无论是以收入和支出作为记账符号的单式簿记法，还是以借方和贷方作为记账符号的单式簿记法，它们均不实用，要检查出存在的差错也不是件容易的事。

（三）著者根据自己的实际经验，提出了几条很有特色的记账法则。

这些法则是：①应设置分录账和总账；②账簿均应装订成册，以作为有利的证据；③账簿记录必须明了，不得复杂且不明确；④账簿应是真实的；⑤不得省略记录任何收入；⑧应及时记录发生的每笔经济业务，不得拖延。

（四）伊尔桑在这本书中还介绍了分录账的分割及年度决算法。

著者指出，在经济业务复杂的情况下，应设置现金日记分录账、购货日记账和销货日记账。这是指分录账的分割。而且，伊氏受萨瓦里的影响，举例介绍了年度决算法，指出：欲知每年的损益情况，应编制以商品、现金、债务和债权为重要内容的汇总平衡表（Bilan general）；一年内的全部经费，在期末均得过入分录账，然后转记总账。

（五）在这本书中，伊尔桑还提及了折旧问题。这在当时的历史条件下，是一种进步现象，也是这一时期法国会计的新成就。

可见，伊尔桑的这本著作乃是继萨瓦里之后在解释商事王令上也作出贡献，因而也占有一定地位的名篇。

一个会计学者，对于本国的会计事业，寄予了那么大的希望和热情，他的成就怎么可能不受人称赞呢？

四、大陆派的有功之臣

我们还想提到德·拉·波特。

德·拉·波特（De la Porte），检查人，簿记专家，数学家。1685年，他在巴黎发表了一本题为《商人和簿记员指南》（Le Guide Des Negocians et Tenevrs de Livres）的著作。

本书以300道问题解答的形式，多方面介绍了复式账法的内容，从而又掀起了一阵宣传新式簿记的热潮。

在这本书中，波特热情洋溢地介绍了复式

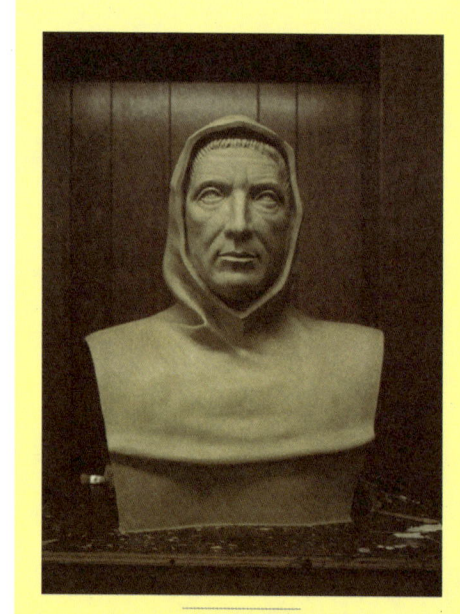

帕乔利雕像

簿记的实用性和教育意义，指出："复式簿记法在当世是颇为盛行的。虽然还说不清楚它发明于何时，是否正确，但可以说它是意大利人的杰作"。⑪"这门科学在市民生活的有益学问中，是最必要、最重要，且最有用的科学之一"。⑫可见，著者最初并不知道还有卢卡·帕乔利这么一个人，他在"复式簿记的产生和发展"一节中认为，复式簿记书的出版是在印刷术运用以后，即1530年以后。不过，在1798年增订版的序言中，他提到了帕乔利和他的复式簿记著作。

在这本书的序言中，著者有创见地介绍了1673年路易十四的《商事王令》。他说，每个商人均有设置商业账簿的义务，法律所以作这方面的规定，其主要目的是：要求商人们在反映经济业务时，必须按规定的记录方式、统一的秩序进行；确立商人们善良和诚实的意识，防止舞弊行为。而且，著者还通过讲解《商事王令》的有关条款，告诉人们，通过设置账簿，可以收到两方面的效果：在企业内部，可以有利于企业管理；在企业外部，可以确立社会和国民经济的秩序。从这种意义上强调会计的作用，表明著者对簿记意义的理解是相当深的。

在这本书中，波特还试图从理论上对会计账簿进行分类。他认为可以将账簿分为企业主（即商人）、实体财产和往来客户三部分。比如，他认为企业主的账户应由资本、损益、经费、手续费和保险费组成。

在账簿组织方面，波氏也作了详细地介绍。他指出，应将分录账和总账作为主要账簿，根据需要，也可设置日记账。其中分录账的记录有两种方法：一是设一本分录账；二是将分录账分割为若干本，一本是购货日记账，一本是销售日记账，一本是现金日记账，还有一本是反映其他经济事项的备忘日记账。这种特殊分录账制度是法国账簿组织的特色之一，在当时的会计实务中广为使用，影响甚

财政大臣科尔贝（Jean-Baptiste de Colbert）像

大。后来，这套账簿组织又有所发展，成为以特殊分录账、普通分录账及总账为主要账簿的账簿组织。如分录账有购进账、销售账、现金出纳账、应收票据账、应付票据账和普通分录账；总账和辅助总账有商品库存账、往来客户账，分录账定期往总账结转。此乃著名的法国式簿记法（französische Buchhaltung）。

而且，他在解释有关财产目录的规定时指出：在盘点时，应以盘存的时价来估价商品和船舶，并列举了财产目录。其中资产负债表的格式是：①

资产负债表　Balance

借方	我的资产	负债	贷方
店内的商品	L21,472	应付委托手续费	
委托商品	L7,000	应付工资	L350
汇票、汇总证书	L9,000	汇兑证书	L4,600
良质债权	L17,700	应付款	L2,950
现金	L1,138	负债合计	L7,900
不动产	L22,500		
动产	L8,500	纯资本	L79,410
资产合计	L87,310	合计	L87,310

根据我的财产目录，本日我的资本为　L79,410
　　　　　　　去年我的资本为　L71,410
　　　　　　　　　　　利润　　 8,000
根据署名的财产目录作成、计算。巴黎1712年12月31日

可见，波特总结了萨瓦里、伊尔桑以来编制资产负债表的经验，通过自己的努力，又赋予资产负债表以更新的内容和格式。

郭道扬教授说："他是大陆派簿记中的有功之臣"。事实证明他是受之无愧的。波特的著作不仅给后来的账簿分类和账簿组织提供了新的启示，也为人们进一步认识资产负债表的编制法树立了新的楷模。所以，它自1685年出版以来，在国内不断再版，并被译成各国文字，对大陆式簿记法的发展产生了较大的影响，为复式簿记的普及和发展作出了贡献。

五、工业会计的黄金射线

18世纪末,在欧洲,爆发了具有伟大历史意义的法国大革命。这是继17世纪英国革命和18世纪美国独立战争以后又一次更为彻底和深刻的资产阶级革命。它以排山倒海之势,扫除了封建制度的障碍,促成了从大革命以后至19世纪70年代以前法国资本主义工业生产的巨大发展。从此,资本主义制度最终在法国得以确立。正是在这样的政治和经济日益兴旺的氛围中,法国会计向着工业会计,集中了它的目标。

我们首先想到了安塞尔姆·佩恩（Anselme Payen）。

他的成本会计思想主要是通过自己的杰作《关于工厂簿记管理的论述》（1817年,巴黎）（Essai sur la tenue des Livresd'une Manufactures）表现出来的。在这本书中,他以马车工厂的3台马车的制造过程为例,对产品成本的计算方法,进行了详细地介绍,从而给法国的会计,引进了成本核算的因素,成为法国工业簿记的先驱者和开拓者。

这本书的主要特色,可以概括为以下几个方面：

（1）在进行成本核算时,设总账和分录账两套账,不设日记账。而且,这两套账均分成两组：一组为"金钱总账"和"金钱分录账"["en argent"（in Money）]；另一组为"物品总账"和"物品分录账"["en nature"（in Kind）]。试图通过这两套账的相互配合,来达到成本核算的目的。

（2）在编制物品分录时,采用复式记录的方法,按产品种类计算成本,然后通过验证合计是否一致,来审查全部计算过程的正确性。例如：

物品分录账（Journal in Kind）

马车（1号）………	305		
马车（2号）………	102	木工	407
马车（1号）………	475		
马车（2号）………	400	铁匠	875
马车（1号）………	440		
马车（2号）………	310		
马车（3号）………	222	伐木工	972
马车（1号）………	340		
马车（2号）………	100		
马车（3号）………	205	车轮修造工	645
马车（1号）………	70		
马车（2号）………	65		
马车（3号）………	55	马具工	190
马车（1号）………	345		
马车（2号）………	200		
马车（3号）………	30	油漆工………	575
	3,664		3,664
工厂仓库		将产品移交	
马车（1号）………	1,975	仓库，便解	
马车（2号）………	1,177		3,664
马车（3号）………	512	除了责任………	
	7,328		7,328

（3）在编制金钱分录时，应进行关于债权债务和收入支出的记录。这些分录单刀直入地反映了从劳动和材料到产品、从产品到现金，以及从现金到工人的价值运动关系。详细一点说，这种价值运动关系是：工厂雇用木工、铁匠、伐木工等，从事马车生产，对此承担债务；仓库接收完工的马车，对此承担债务；倘若将马车出卖给买主，则买主应以现金清算债务，然后从现金中等支付各位工人的应得报酬。用著者佩恩的话来说，就是："工厂是第一债务者，仓库是第二债务者，买主是第三债务者，现金是第四债务者，工人是第五债务者"。像这种工业簿记一样，简明扼要地反映生产和销售过程中劳务的变动和价值的运动，是很易

于为人们所理解的。例如：

金钱分录账（Journal in Money）[①]

借　　　方	贷　　　方	利润	损失
经营责任……………3,664	木工　　　　　　407		
	铁匠　　　　　　875		
	伐木工　　　　　972		
	车轮修造工　　　645		
	马具工　　　　　190		
	油漆工　　　　　575		
	3,664		
仓库收到三轮马车……3,664	解除经营责任　　3,664		
A　购进马车1号………2,045	仓库解除了对马车1号的责任……1,975 ⎫	70	
B　购进马车2号………1,095	仓库解除了对马车2号的责任……1,177 ⎬3,664		82
C　购进马车3号………　637	仓库解除了对马车3号的责任……　512 ⎭	125	
现　　金………………3,777	购者A,B,C………………………3,777	195	82
支付给上述工人………3,664	现　　金………………………3,664		
18,546	18,433	195	82

（4）接着，佩恩介绍了金钱总账和物品总账。他指出，一般地讲，金钱分录均应过入独立的金钱总账，物品分录均应过入物品总账。从今天的观念看，金钱总账是不甚完善的，虽然通过它，也可以反映出利润，但它的绝大部分仅仅是单纯的人名账户或票据账户，没有资本账户和损益账户的设置。这种账户只是财务方面的记录，是一种财务总账，至于作业方面的记录，应另设物品总账反映。物品总账是一种计算产品成本和销售成本的作业账户，根据该总账，可以编制"物名总账汇总表"，进而据此计算经营总费用、资产库存余额和利润。

（5）著者还介绍了两种利润计算法：一种是通过比较销售收入和产品成本计算利润；另一种是通过比较资产和负债进行利润的计算。而且，还运用平衡原理，通过分析二者的利润是否相等，来验证利润计算的正确性。

由上述不难看出，佩恩的许多成本会计思想确实是闪耀着智慧的光芒的。

A·C·利特尔顿教授在在评价佩恩时指出："佩恩的成本核算的目的观被会计界公认是无懈可击的——尽管他并没有发明出一套持久且顺利地实现这一目的所必要的实际方法。人们对他在工业会计方面取得的卓越成就感到惊叹不已……甚至在比他晚五六十年的浩瀚的成本核算文献中所缺乏的东西，也意想不到地被他早就发现了"。①

如果说，近代会计的成就之一，是使财务账户和作业账户相互体系化，从而可以全面地反映经济业务内部的价值运动的话，那么，佩恩在这方面有着举足轻重的开拓性的贡献，值得人们重视和宣传。

不应遗忘的杰出人物有还两位。

一位是C·A·基尔博（C. Adolphe Guilbault）。就对会计发展的贡献而言，在他的诸本著作中，应以1865年在巴黎公开出版的《工业会计和管理概论》（Traitē de Comptabilitē et d'Administration Industrielles）一书为最，1877年在巴黎出版的《工业经济理论》（Traitē d'Economie Industrielle）次之。这两部著作共同展示了基尔博披荆斩棘，要开拓工业会计新领域的勇气。

他在《工业会计和管理概论》的第一部分，首先将账簿分成人的账户（Comptes Particuliers ou Personnels）和一般账户（Comptes qēnēraux）两大类，并将一般账户进一步分为反映资本形态变化的"资本一般账户"（Comptes qēnēraux du Capital）和反映资本增减变化的"经营一般账户"（Comptes qēnēraux d'exploitation）两种。接着，他在第二部分设"成本"一章，对估价问题进行了较为详细地论述。他强调应按取得成本在财产目录和资产负债表上反映各种财产，从而提出了估价的一般原理，也就是说，提出了成本主义的思想。在

这种思想的指导下，他不仅对库存资产估价和固定资产估价两个问题进行了深入地探讨，而且对折旧问题，也提出了自己的见解。⑱

还有一位是F·迪迪尔（F. Didier）。他是因1885年在《公司杂志》（Journal des Societes）上发表了论文《对于工业公司财产目录的研究》（Etude Sur l'Inventaire des Sociētēs Industrielles）而载誉史册的。⑲ 这是一篇以工业企业的财产目录、资产负债表和估价问题为论述中心的著名论文。在这篇论文中，迪迪尔介绍了为什么要编制年度财产目录，提出了工业企业资产负债表编制法的新方案，并详述了自己的财产估价理论。该论文一方面继承和发扬了传统会计的优秀方法，另一方面又以新的内容，丰富了当时的法国工业会计，可以说具有强烈的时代色彩和创新精神。

C·A·基尔博和F·迪迪尔的著作和论文影响、教育了当时一大批会计学者。他们把目光投向工业会计领域，在19世纪，发表了一系列的以工业会计为主题的著作和论文。这种趋势，确实显现出一条向上升展的黄金射线！

基尔博《工业会计与管理概论》（1865年版）

注　释：

① 　（美）A·C·利特尔顿著：《二十世纪以前的会计发展》（Accounting Evolution to 1900），1966年版，第108~117页。

② 　（比利时）E·斯德维林克和R·赫伦特著：《皮耶雷·萨维纳》（Pierre Savonne），1959年。

③ 　（日）岸悦三著：《会计生成史》；同文馆1978年，第4版，第85页。

④ 　（日）石坂昭雄、船山莱一等著：《西洋经济史》，有斐阁双书1980年版，第125~135页。

⑤ 　同③第200~204页。

⑥ 　（日）森川八洲男著：《法国会计发展史论》，白桃书房1978年版，第11页。

⑦ 　同⑥第14页。

⑧ 　同③第214页。

⑨ 　同③第276页。

⑩ 　同③第282页。

⑪ 　同③第318页。

⑫ 　同③第319页。

⑬ 　同③第342页。

⑭ 　（美）S·P·加纳著：《1925年以前成本会计的演讲》（Evolution of Cost Accounting to 1925），亚拉巴马大学出版社1976年版，第44页。

⑮ 　同①第325页。

⑯ 　同⑭第45页。

⑰ 　同①第330~331页。

⑱ 　同⑥第107~108页。

⑲ 　同⑥第132页。

第六章 意大利式簿记在英国的传播和发展

一、传播的途径

16～17世纪，乃是英国历史上从封建制度开始迅速地向资本主义制度转变的时期。地理大发现带来了英国商业和航海业的飞跃发展；"羊吃人"的圈地运动对正在形成的资本主义生产关系产生了巨大的推动作用；专制王朝奉行的重商主义政策，又吸引着商人和贵族阶级将自己的巨额资本，抛向海外市场和殖民扩张事业。资本主义的惊雷正在滚过不列颠岛国的上空。

时代的要求不同了！

当时英国的农业

油画：西班牙舰队与英国船只（1588年8月）

  在这样的历史转折关头，一些明智的簿记教师和数学家，尤其是那些奋斗在经济第一线的商人，非常敏感地察觉到英国固有的单式簿记法，已与新的经济形势的发展需要相悖。于是，他们勇敢地站了出来，试图借助于历史的契机，在会计方法上探索新路子，力求让本国的会计发展与时代合拍。终于，英国经济发展的潮流，将英国卷出了在很长一段时期内为中世纪封建制经济服务的单式簿记的门槛。

  这首先应归功于引进意大利簿记法的先驱者们。正是他们在社会变革中猛醒，看见了意大利式簿记的优越性，从而为英国会计的发展，带来了无限的生机。

  一旦意大利式簿记冲开英国的大门，便迅速成为促进英国经济发展的活跃因素，势不可挡！

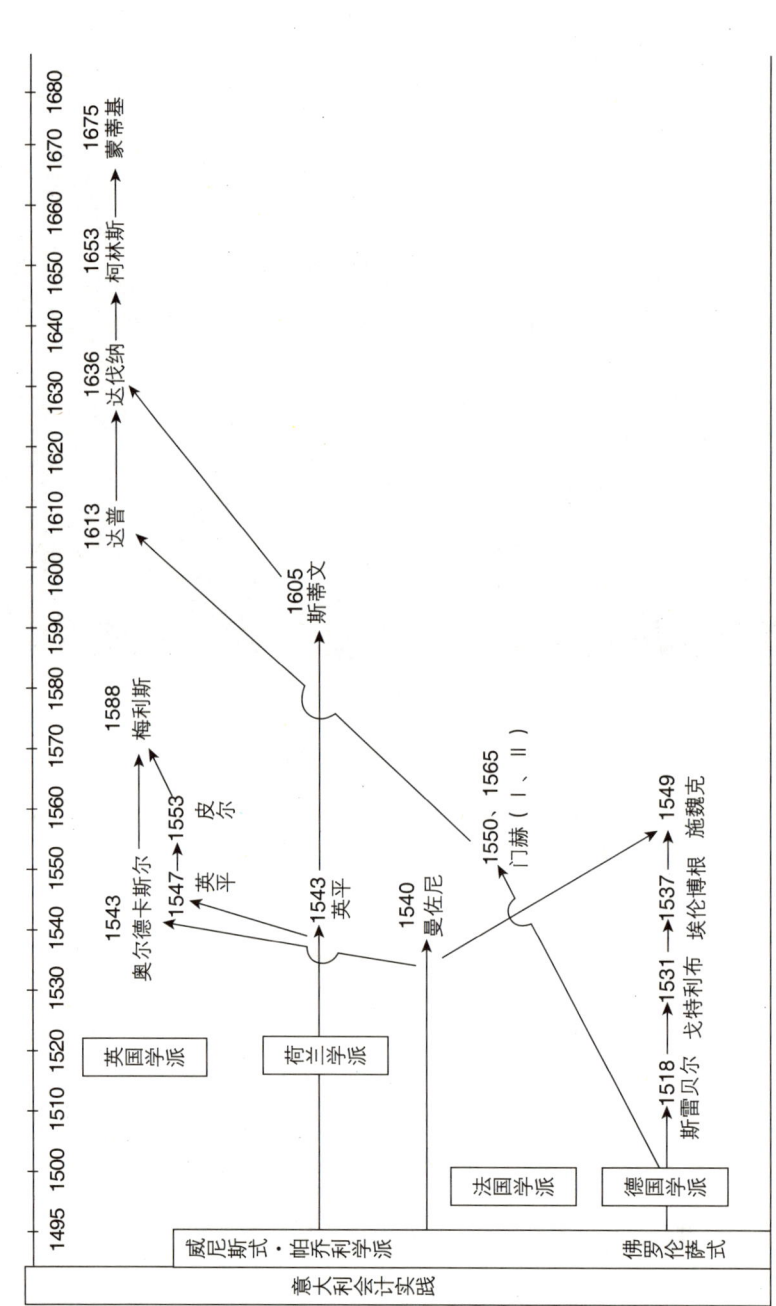

近代英国簿记会计学的宗谱

年份	事件
1495–1680	时间轴

意大利会计实践
- 威尼斯式·帕乔利学派
- 佛罗伦萨式

英国学派
- 1543 奥尔德卡斯尔 → 1547 → 1553 皮尔 英平
- 1588 梅利斯

荷兰学派
- 1543 英平
- 1540 曼佐尼
- 1605 斯蒂文
- 1613 达普 → 1636 达伐纳 → 1653 柯林斯 → 1675 蒙蒂基

法国学派
- 1550、1565 门菲（Ⅰ、Ⅱ）

德国学派
- 1518 斯雷贝尔 → 1531 → 1537 埃伦博根 戈特利布 → 1549 施魏克

意大利的簿记账法是经以下四条途径向英国传播的：①

① 威尼斯式·帕乔利（1494年）⟶ 曼佐尼（1540年）⟶ 奥尔德卡斯尔（1543年）⟶ 梅利斯（1588年）；

② 威尼斯式·帕乔利（1494年）⟶ 英平（1547年，英译本）⟶ 皮尔（1553年）⟶ 梅利斯（1588年）；

③ 威尼斯式·帕乔利（1494年）⟶ 英平（1543年）⟶ 斯蒂文（1605年）⟶ 达伐纳（1635年）；

④ 佛罗伦萨式⟶ 门赫I（1550年）⟶ 梅哈II（1560年）⟶ 皮达兹（1575年）⟶ 达普（1613年）。

从对英国意大利簿记的传播和发展的影响角度看，前三条途径的重要性显然比第四条途径更大。也就是说，英国复式簿记传播和发展史在更大程度上是受着威尼斯簿记和荷兰会计实务的影响，而佛罗伦萨式簿记的影响则甚微。所以，在这里，我们只介绍第一、第二和第三条途径。

二、热情引进新式簿记的思想和实务

英国第一本簿记著作是由商人兼算术、簿记教师休·奥尔德卡斯尔（Hugh Oldcastle）编写的《有益的论文》（A Profitable Treatyce）一书。

该书是由印刷厂商约翰·高夫（Johan Goughe）在伦敦出版的。日期为1543年8月14日。因其书早已散佚，故关于此书的内容，有各种各样的说法。根据1588年出版的由约翰·梅利斯（John Mellis）编著而成的《简单的指导和方法》（A Briefe Instruction and Maner, London）一书可知，奥尔德卡斯尔簿记著作的结构、体系和内容，系忠实地继承了"意大利式簿记"或"威尼斯式簿记"的传统，酷似1494年出版刊行的卢卡·帕乔利的簿记文献。例如，这本书第一章

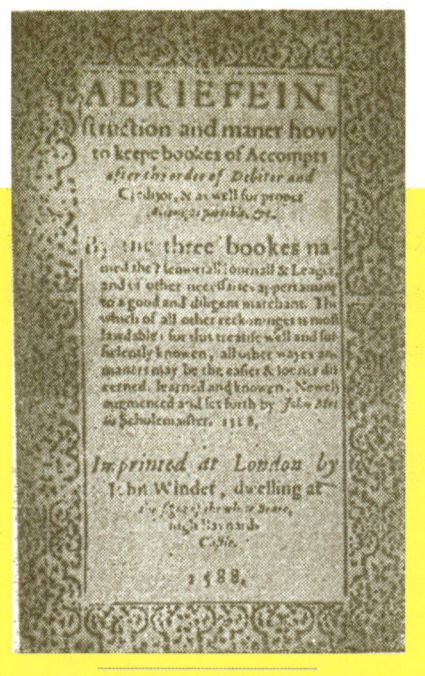

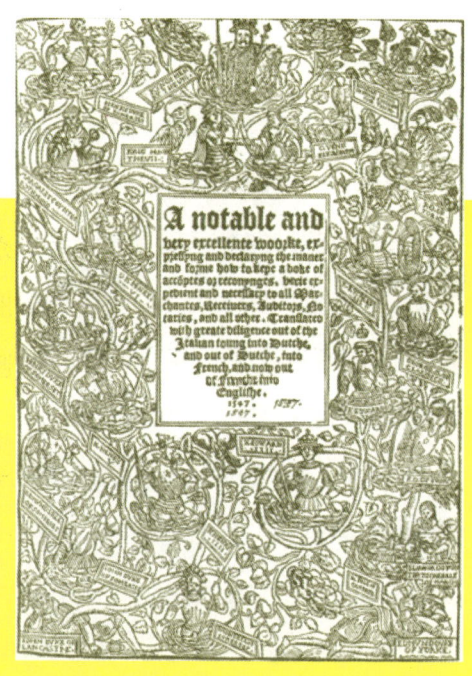

《简单的指导和方法》　　　　　　　　《著名的和非常优秀的著作》（1547年）

论述的就是典型的意大利式簿记法，其主要内容分为"财产目录"（Inventory, Invetnar）和"记账整理"（Disposition, dispone）两部分，详细地介绍了日记账、分录账和总账的使用方法；而且，这本书介绍的试算表的编制法，也与帕乔利的完全相同。奥尔德卡斯尔指出："查明账簿余额是必要的，为此，就需要有一张由左右两页组成的纸张，并从中向将它们区分开来。在账页的右侧分列所有总账的贷方余额，在左侧分列其借方余额。倘若借贷双方的合计额一致，则证明账簿记录是正确的"。[②]

但是，奥尔德卡斯尔的著作并不是对意大利式簿记文献的低级模拟，依葫芦画瓢，而是从当时英国本身的国情出发，在不同程度上恰到好处地把那些适合英国经济管理和会计核算要求的部分，转译了过来。在引进和学习外国簿记知识方面，英国会计学者这种善于取他人之长补己之短，但又不囫囵吞枣的精神，是英国会计能够急速起飞的一个主要原因。而且，对后来的会计学者，也起到了良好的带头作用。

历史表明，在对待会计遗产这一问题上，分清什么是符合本民族经济发展需要的，有利于本民族会计健康发展的东西，什么是不符合本民族经济发展需要的，妨碍本民族会计健康发展的东西，是非常重要的。如果只凭个人或几个人的兴趣和爱好，或者是为了哗众取宠、赶时髦而随意照搬，绝不会受到人们的欢迎。

奥尔德卡斯尔的举动，顺应了会计发展的潮流，所以，他的大力引进，不是孤立的。

1547年，英国第二本簿记著作，也就是荷兰克里斯托弗尔簿记书的英译本在英国出版。题目为《著名的和非常优秀的著作》（A notable and very excellente woorke）。

本书是由英国的布赖恩特根据法译本转译过来的，现存于莫斯科列宁图书馆。法译本后面列举的记账实例在英译本中删去了。

一般而言，克里斯托弗尔的这本簿记文献与奥尔德卡斯尔的簿记书一样，也是以帕乔利的簿记著作为底本的。日本会计学者久野秀男教授曾将这三本簿记著作的主要章节的题目作了比较，发现三者有惊人的相似之处。但作为商人的克里斯托弗尔毕竟与作为数学家的帕乔利不同，他的著作更重视实用性，重视复式簿记在实际商品交易中的运用，从而弥补了帕乔利簿记著作在这方面的不足。

《如何把账记好的方法和格式》（1553年）

《简单簿记教程》（1567年）

不仅如此，他的英译本在英国流传开来以后，对詹姆士·皮尔（James Peele）产生了尤为深刻的影响。

詹姆士·皮尔是现存最早的由英国人自己编著的英语簿记文献的著者。他是一位商人、簿记实干家，曾经当过一家医院的书记，也是伊丽沙白女王时代著名的剧作家乔治·皮尔的父亲，其簿记著作有二：一本1553年出版于伦敦，书名为《如何把账记好的方法和格式》（The maner and fourme how to kepe a perfecte reconyng）；另一本出版于1569年，书名为《借贷会计入门》（The Pathewaye to Perfectnes in th'accomptes of Dibitour and Creditour）。前者是由20页的正文、财产目录、分录账和总账组成的小册子。正文共11章，均是短小精悍的短文，系忠实地继承传统的意大利式簿记法的文献。它深受荷兰英平的影响，但又不是机械地继承，而且，对于分录规则，采用的是在英国盛极一时的拟人说，并以诗歌形式论述，生动有趣，读之琅琅上口，易于传诵和理解。后者由献词、序言、商人和教师的问答、教师和学者的问答组成，对东印度公司的书记约翰·卡本特（John Carpenter）的著作，有启蒙意义。

比皮尔影响更大，在引进荷兰会计实务方面作出更大贡献的是约翰·韦丁顿（Johan Weddington）。他于1567年在安特卫普出版的一本簿记著作，乃是由英国人编著但在国外出版印行的英文著作，名为《简明簿记教程》（A Breffe Instruction）。这本书从财产目录出发，对分录账和总账作了详细地介绍，并且摆脱传统的意大利式簿记法中单一分录账制（三主要账簿制度）的羁绊，第一个向英国介绍了复合（分割）分录账制。这显然是深受荷兰簿记实务的影响。

此外，这本书还颇具开拓精神：它第一次将负债区分为流动负债和固定负债两部分；首次在商品账中设置了出量栏和收量栏；首次列举实例解释应计和递延项目；而且，还是最早使用阿拉伯数字的英文教科书。①

遗憾的是，现存的韦丁顿的簿记著作已脱落不少，故今日我们所看到的，已不是它的全貌了。

将荷兰会计实务的引进推向最高潮的，是会计教师理查德·达伐纳（Richard Dafforne）。他的大著《商人宝鉴》（The Merchants Mirrour）执笔于阿姆斯特丹，并在1635年出版于伦敦，而后再版数次，是英国最早再版的复式簿记著作。该书由献词、著作介绍、古代簿记概观、对簿记教师的忠告和正文组成，以柏拉图式的对话形式，详细地介绍了簿记基本知识。由于著者曾长期在荷兰居住，对荷兰簿记了如指掌，故他的作品带着浓厚的荷兰味。他在这本书的"序言"中就直言不讳地指出：他的著作只受西蒙·斯蒂文会计文献的影响。

这本书的主要内容表现在以下几个方面：

（一）正文是250个问答题目，分商业会计基础和记账实例两部分。前者是规则部分，以问答的形式详细地介绍了商业簿记；后者是交易例题部分，按财产目录、日记账、分录账的顺序介绍了记账的具体内容和手续，然后又以后两页的篇幅对总账作了简明扼要地论述。

（二）达伐纳在介绍总账时指出：Mirror（宝鉴，即镜子）就是指总账而言；总账乃是真实地、明了地反映我们的财产状况的镜子。

如果将他的总账与西蒙·斯蒂文的总账作一比较，我们就会发现，两者无论在记账内容上，还是在记账格式上，均极为相似。达伐纳没有采纳斯氏的以

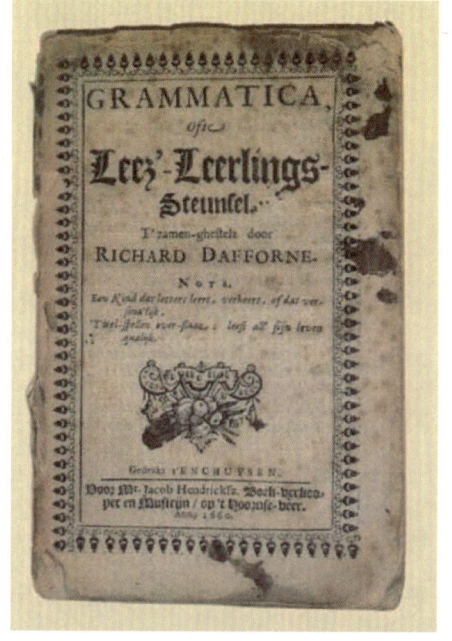

达伐纳不仅是簿记专家，也是语言教师
图为1660年版语法教材

"Per"作为区别借贷的前置词，而是以英译的"to"和"by"来分别表示借方和贷方，同时，还采用了英语术语"Cash is Debitor to Stock"，这是从梅利斯那里学来的。所有这些，均表明在进入17世纪以后，经斯蒂文和达伐纳诸人的努力创新，总账中叙述性的词句开始减少，而呈现出表的格式。这可以说是总账发展的一个转折点。因为在整个16世纪，由于会计发展基本上尚处在翻译和传播意大利式簿记的时期，故总账发展深受意大利簿记的影响，具有这样两个特征：①记录仍然采用你应给我、我应给你之类的套词。例如，梅利斯就是将总账中"de dare"和"de habere"这对术语，直译成英文"ought to give"和"ought to have"。②对于每一笔经济业务，必在总账上作成借贷两方，详加反映，但还不是按项目分

类汇总反映借方项目和贷方项目。这种状况到斯蒂文及其继者达伐纳的手里才逐渐有所转变。

（三）达伐纳还对以试算表为基础的多栏式财务报表进了说明，基中第一栏是合计试算表，第二栏是余额试算表，第三栏是包括资产和负债在内的借贷对照表，从而为财务报表的发展作出了独特的贡献。

所以，达伐纳所论述的会计方法体系乃是传统的威尼斯式，它一方面深受斯蒂文的会计思想的影响，并带上新的特点，另一方面又对约翰·柯林斯（John Collins，1653年）和A·利西特（A. Liset，1660年）产生了深刻的影响。一般认为，达伐纳的簿记著作堪称英国继承和发展意大利式簿记传统的第一个顶峰。

三、大张旗鼓地宣传

在英国历史上，17世纪可以说是资产阶级革命运动风起云涌的时代。但这一股潮流从1642年开始，就随着反动统治阶级的疯狂反扑而时低时高，直到1688年资产阶级政党以政变方式实现了"光荣革命"，资产阶级革命才得以取得最后的胜利。这是一个值得纪念的日子，因为它推翻了旧的封建专制的统治，宣告了一个新的社会政治制度的诞生，为资本主义经济发展扫除了障碍。

在这一时期，也涌现出一批才华横溢、激情满怀的会计学者。他们生活在资产阶级革命的滚滚洪流中，较之前人更深刻地认识到了在英国本土全面推广意大利式簿记法的必要性，也更深刻地体会到了资本主义经济的发展要求有相应的意大利式簿记法与之配合的迫切性。所以，他们纷纷著书立说，大张旗鼓地介绍复式簿记，宣传复式簿记，为意大利式簿记在英国生根、开花、结果，作出了积极的贡献。这些继承、补充、修改和完善传统簿记的各种著作，其影响虽然均未超越卢卡·帕乔利和西蒙·斯蒂文的簿记文献，但对扩大和延续"意大利式簿记法"的影响，也是不无功劳的。

1653年，约翰·柯林斯（John Collins，1625~1683年）的簿记著作在伦敦与读者见面，题为《商人会计入门》（An Introduction to Merchants Accounts），是一本以分录账和总账为中心，并以记账举例占绝大部分的小册子。出版人与达伐纳的簿记书一样，也是尼古拉斯·伯恩（Nicholas Bourn）。在生前，著者柯林斯主要以一位知识渊博的数学家而闻名，出版过数册数学著作。而今，他的数学家的名声为其会计学家的名声所掩，已鲜为人知。

斯蒂芬·蒙蒂基

斯蒂芬·蒙蒂基（Stephen Monteage）也是很有干劲的。他于1675年在伦敦出版了《正确地运用会计的简要指南》（A Short Instruction for the attaining the Right use of Accounts）一书，较为详细地介绍了分录日记账和总账。

饶有趣味的是，著者在书中指出："据我所知，许多拥有贵重财产的人在死后，其财产均会受人算计，而且其遗孀和亲戚都会为债务和债权人所追逐，甚至受骗。所以，倘若丈夫是商人，妻子就担任簿记员这样一种荷兰人所采用的方法是值得学习的。"⑥

除这本书以外，蒙蒂基于1683年还出版了一本簿记著作，名为《租金收集人的会计入门》（Introduction for Rent Gathers Accompts），在当时亦有一定的影响。

同年，罗伯特·柯林森（Robert Colinson）的簿记著作在爱丁堡出版。这本名为《精明的会计人员》（The Perfect Accomptant）的著作是在苏格兰出版最早的簿记文献，深受达伐纳和蒙蒂基的影响。它简明扼要地介绍了日记账、分录账和总账，并以问题解答的形式，列举了244道问答题；而且，借方和贷方已不是以"Debitor"和"Creditor"表示，而是采用比较现代的用语"Debet"和"Credite"。显然，这种表示法已与现在我们采用的"Debit"和"Credit"（Dr. Cr.）更为接近了。但没有提及财产目录的编制。

我们再看18世纪初期几位比较著名的会计学者。

首先是罗杰·诺思（Roger North，1653～1734年）。他于1714年在伦敦出版了《绅士会计》（The Gentleman Aceomptant）一书。从整体上看，该书通篇自始至终均采用传统的主要账簿制度，即日记账、分录账和总账。而且，著者还试图将复式簿记法应用于农业会计。

诺思之后，是亚历山大·麦吉（Alexander Macghie）。

亚历山大·麦吉于1718年在爱丁堡出版了《簿记说明原理》（The Principles of Book-keeping explain'd）一书。著者在第一章定义中，生动地论述了意大利簿记的目的、借方和贷方的意义、主要账簿的体系、现金出纳账和其他各种账簿、三账簿体系等等；在第二章中，介绍了主要账簿（即日记账、分录账和总账）的记账方法和记账规则；在第三章中，讲解了各种总账的整理以及余额表和损益表；不过，这两种表的主要目的是验证，还不是现代意义上的资产负债表和损益表。在第四章中，简明扼要地介绍了内外商社的簿记。此外，该书还以"Dr."和"Cr."分别表示借方和贷方。

可见，麦吉的著作已具备了作为"簿记教科书"的体裁和体系，行至后述的约翰·梅尔，又发展到一个新的高度。由于柯林森、麦吉和梅尔均是苏格兰的教师，故后人称他们为"苏格兰讲坛派"。可以说，他们的著作，使代表18世纪前半叶的"簿记教程"的体系，确定了下来。

1731年，是英国会计史上一个丰收之年。这一年，英国出版了两本较为著名的簿记著作。

一本是亚历山大·马尔科姆（Alexander Malcolm）编著的《簿记论文》或《商人会计》《A Treatise of Book-keeping, or Merchants Accounts》。该书受罗杰·诺思的影响较大，其中对资本账户和损益表、余额表的论述尤为出色。另一本是理查德·海斯（Richard Hayes）编著的《近代簿记》《Modern Book-keeping》一书。这本书第一章介绍了改良意大利式簿记法，简单明确、通俗易懂，并有几分独创性。因为它一反以前以较长篇幅介绍各种会计账簿的惯例，而独自对这些账簿的实际用途作了颇有特色的说明。不过，本书实际上仍然没有跳出意大利式簿记法的框框。

4年后，也就是1735年，赫斯特克拉夫特·斯蒂芬斯（Hustcraft Stephens）的《意大利式簿记》《Italian Book-keeping》一书在伦敦发行；第二年在都柏林也发行过一次，与后述的梅尔的簿记著作（1736年）一起，成为爱尔兰早期著名的簿记文献。这本书详细地列示了资产和负债的内容，并对同时代出版的三本著作所论述的资本账户和金额账户作了对比分析。而且，大陆式借贷对照表和英国式借贷对照表编制法的介绍，在全书中最见精彩。

继达伐纳之后将引进意大利式簿记法推向又一高潮的，是爱丁堡的簿记教师约翰·梅尔（John Mair, 1702~1769年）。他于1736年在爱丁堡出版的《簿记法》《Book-keeping Methodiz'd》一书，系为世界所公认的"最完美的意大利式簿记的典型"。

第六章 意大利式簿记在英国的传播和发展

近代的会计

斯蒂芬斯《意大利簿记》（1735年）

著者在这本书的序言中，根据"部分的总和必然等于全体"的公理，简明扼要地介绍了第一等式"财产（构成部分）=资本（全体）"和第二等式"资产（effects）－负债（debts）=纯资本（neat stock）"，从而确立了资本等式。这比德国的会计学者雪尔（J. F. Schur）提出的有名的资本等式"A－

梅尔1736年版《簿记法》后来于1773年改名为《现代簿记》

P = K"（1914年）要早约180年，是梅尔会计著作的精粹所在。富尔顿（J. W. Folton）对此颇为赞赏，指出："梅尔巩固了簿记理论的基础。"⑤这里所说的簿记理论，直接讲，就是指"资本等式"。该等式后被凯利（P. Kelly）和克龙赫尔姆（Cronhelm）继承下来，影响尤大。

著者在第一部中，以开业财产目录为出发点，非常详细而出色地介绍了日记账的性质和记录方法。

梅尔在第二部中，专论分录账，像蒙蒂基一样，也提出了将日记账和分录账合并为分录日记账的设想，但他在分录日记账的格式上作了重大地改进。

在第三部中，梅尔对总账作了介绍，指出总账乃是所有账簿的核心，分录账

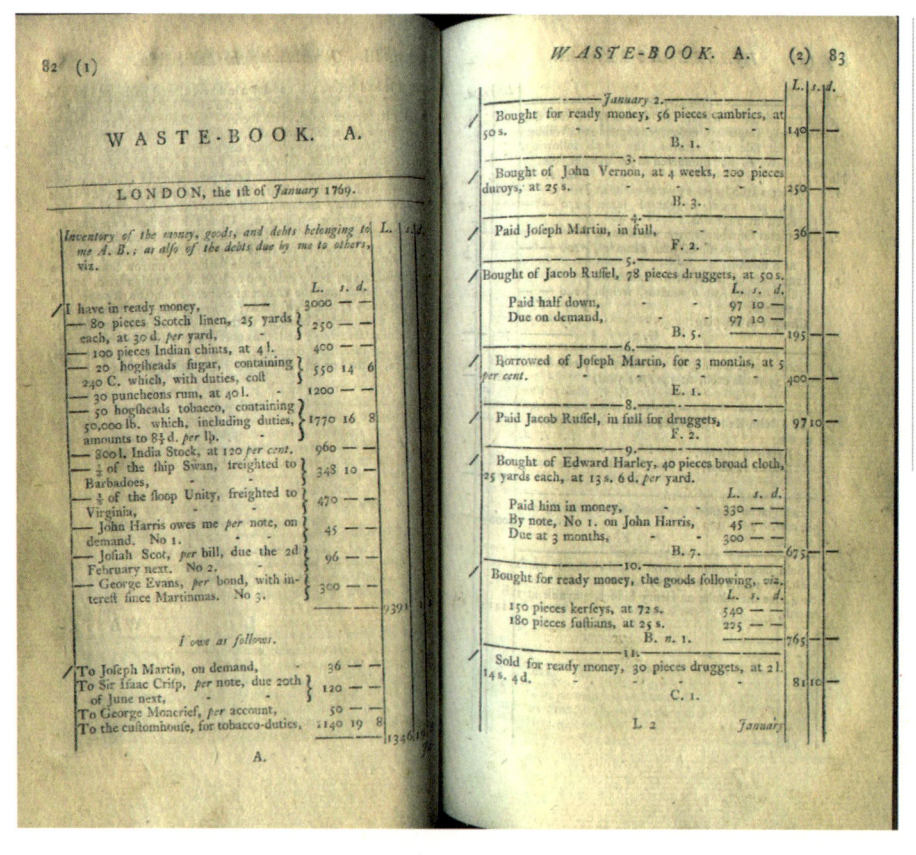

只是总账的预备和准备账簿。此外，他强调了定期决算制度的必要性，并以较大的篇幅对损益表和余额表进行了说明。

该书的不足之处是没有提及复合（分割）分录账制度，而仍然采用单一分录账制度。

尽管如此，该书承之于意大利式簿记法，使簿记教科书的内容和体系更加完善，所以，它曾再版14次，发行数量之多，影响范围之广，在英国史无前例。而且，该书的第六版（1760年）于1775年被译成挪威语出版，据说还是挪威第一本意大利式簿记文献。美国第一任总统乔治·华盛顿在少年时期也以它为簿记教科书，从中受益匪浅。

约翰·梅尔真不愧是意大利式簿记法的最好继承者、理论派的杰出代表。在他的手里，英国的复式簿记理论迈进了一大步。

四、举起改革的旗帜

我们认为，会计发展过程中对于异域先进的会计技术的继承和借鉴固然是十分重要的，但继承和借鉴只是手段而不是目的，其目的是为了促进本国会计事业的发展。因此，应该在批判地继承借鉴的基础上不断地革新创造。没有革新创造，就谈不上会计的发展。

每个时代的会计都是由当时社会文明和经济发展的水平所决定的。一旦社会文明和经济发生了变革，反映和监督这个社会经济的会计就不能不产生相应的变化。

从18世纪60年代起，英国的社会经济面貌开始发生深刻的变化。第一次工业革命浪潮的兴起，极大地促进了资本主义经济在英国的发展。会计改革，便被置于浪峰之上，其锋芒所指，是那些已不适应英国经济发展的簿记方法。于是，一批有识之士奋起为会计方法的革新呐喊助威。到19世纪末期，这种呼声达到高潮，终于，他们掀起了一场轰轰烈烈的传统簿记的改革运动。首先树起改革大旗的杰出代表是本杰明·布思（Benjamin Booth），而后又有优秀的旗手爱德华·托马斯·琼斯。

本杰明·布思是活跃在纽约和伦敦的大商人。1789年，他的名著《健

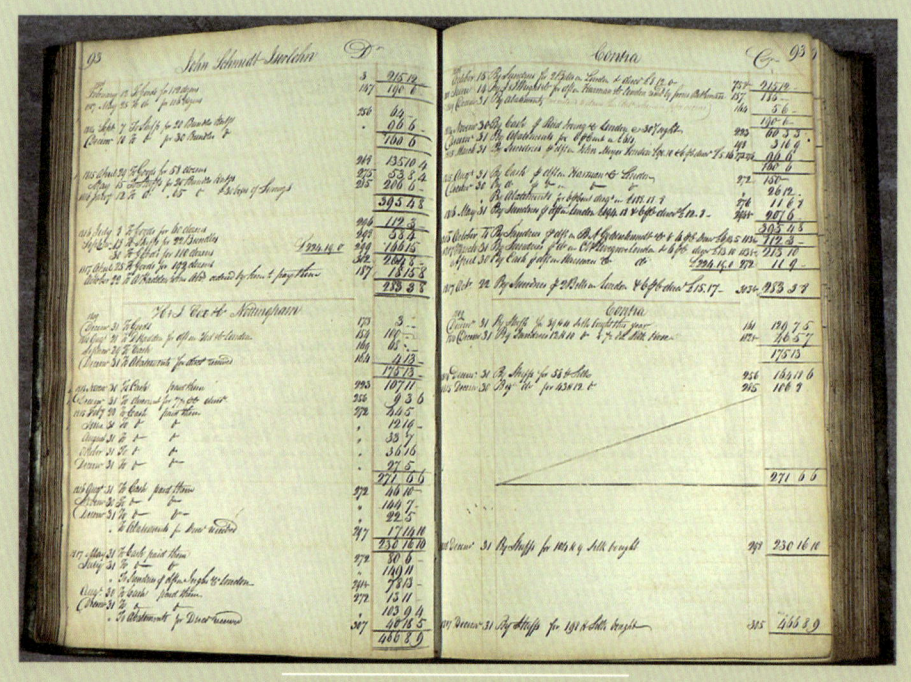

布思《健全的簿记体系》（1789年）

当时英国诺丁汉某股份公司的复式总账

全的簿记体系》（A Complete System of Book-keeping）在伦敦出版刊行。这是一本反映英国18世纪后半期簿记发展水平的优秀文献。

如同前述，忠实地继承意大利式簿记传统的英国簿记书进入18世纪以后，经麦吉、马尔科姆、斯蒂芬斯，再到"苏格兰讲坛派之雄"梅尔的手中，无论在内容和体系上，可以说均到达了一个顶点。但布思开实践派之端，与梅尔别立旗帜，自成一派，极力主张改革，为英国会计的新发展，准备了基础，而后继作尤多。

布思介绍说，他的簿记是根据纽约和伦敦30年间会计实务经验，并加以改良、创新的产物。全书共247页，有以下三大特点：

一是，提出了复合分录账制和月份综合分录账制相结合的账簿体系，即他自己一再强调指出的"新法"（New Mode）和"改良法"（Improved Method），其具体内容是：

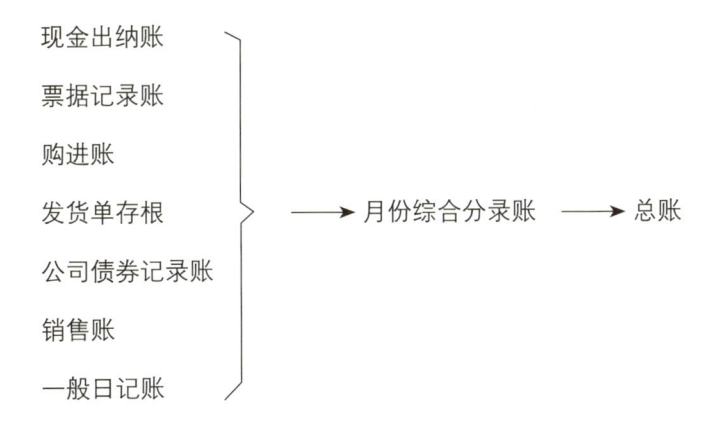

现金出纳账
票据记录账
购进账
发货单存根　⎬　⟶　月份综合分录账　⟶　总账
公司债券记录账
销售账
一般日记账

可见，在韦丁顿的著作中看到的复合（分割）分录账制在这里得到了进一步的发展。这种改革思想对后世影响极大，到了19世纪，帕特里克·凯利（Patrick Kelly，1801年）、P·戴汉（P. Deighan，1807年）、詹姆士·莫里森（James

Morrison,1808年)、艾萨克·普雷斯顿·科里(Isac Preston Cory,1839年)、本杰明·富兰克林·福斯特(Benjamin Franklin Foster,1843年)诸人都投奔到了这面旗帜下,或充实、或损益、或发展、或修订,促进了这种复合分录账法的发展。

另一点是,他对总账的格式进行了有益地改良,通过他的努力,总账从传统格式的桎梏中解放了出来,而开始采用具有现代风格的标准式("T"式)。

最后一点是,在这本书第29页,著者还提到了在当时实际业务中广泛采用的年度决算法。它表明,定期损益计算在英国已成为风气。

如果说布思的贡献在于对复合分录账制、总账格式和年度决算法的发展,毋宁说最可贵的,还是他那种能依据时势,以推动簿记变化的革新创造精神。18世纪初叶著名的学者凯利曾把它列为"自己唯一利用的文献",并给予高度评价,指出:布思的簿记著作从商人的立场打破了旧的惯例,具有启蒙性质。⑥

布思的出现,标志着英国会计已开始从传统会计中脱颖而出,并以崭新的姿态跨上了往会计学方向奔腾的骏马,其本人也腾跻于会计学家之列。

梅尔与布思两人,一个是传统派、理论派和学者,一个则是改革派、实践派和商人,他们恰恰代表了当时英国簿记领域内,理论与实践这两个截然不同的走向,分别是18世纪前半叶和后半叶的著名人物。

约翰·梅尔	本杰明·布思
1736年	1789年
爱丁堡(苏格兰)的学者	伦敦(英格兰)的商人
传统的意大利式簿记的完成者、理论派的代表	传统的意大利式簿记的改革者,实践派的代表
单一分录账制的继承者	复合分录账制的倡导者

继布思之后,以更坚决的态度起来改变意大利式簿记,在簿记理论的展述上表现了鲜明的创造改革精神的会计学者,是布里斯托尔的爱德华·托马斯·琼

《琼斯的英国式簿记》封面（1796年版）

斯（Edward Thomas Jones）。他在18世纪末期编著了一本博得世界声誉的文献，这就是发行于1796年的《琼斯的英国式簿记》（Jones's English System of Book-keeping）。第二年这本书又在纽约出版，最后一版即16版印行于1882年，深受人们的赞扬。

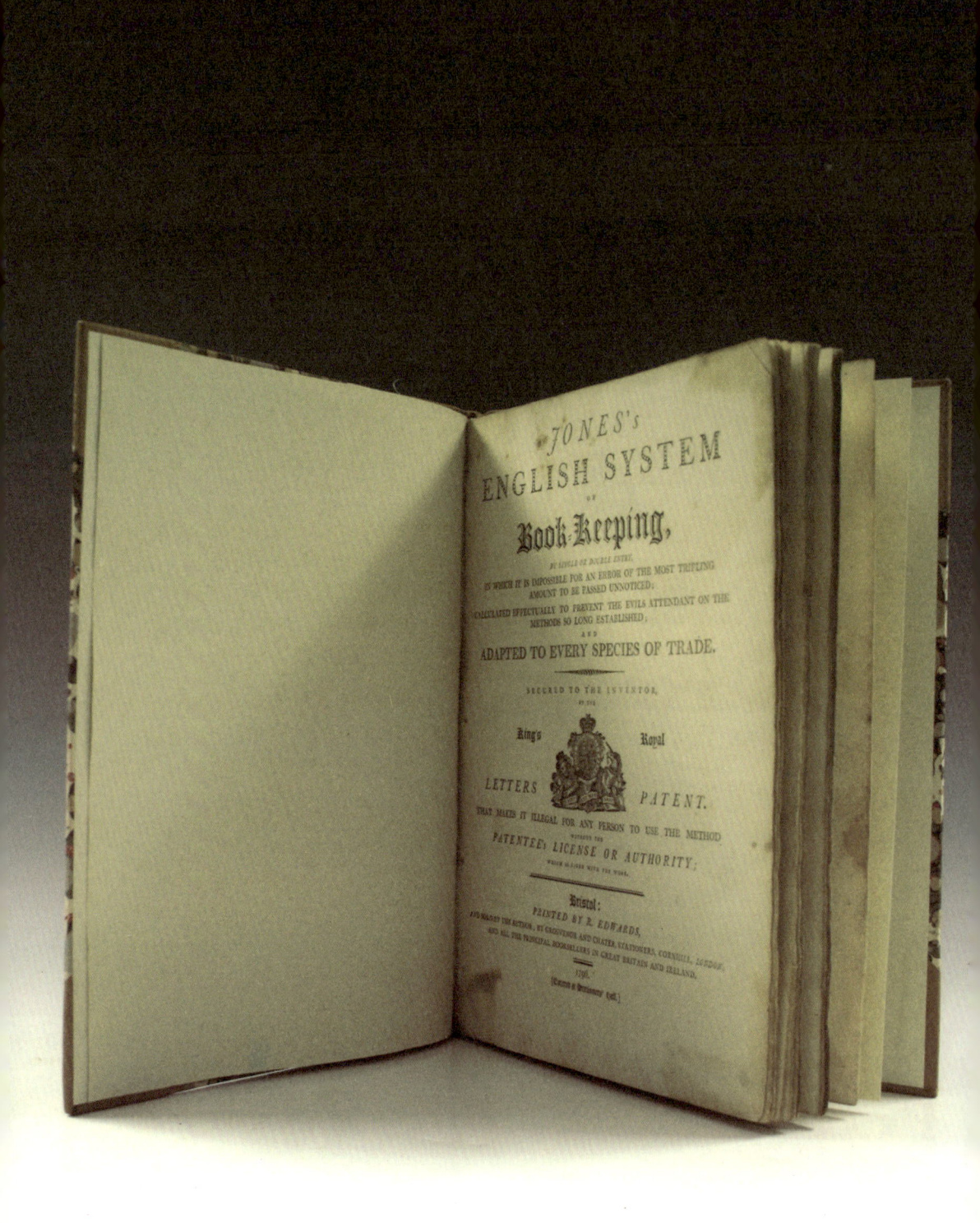

《琼斯的英国式簿记》扉页（1796年版）

这本簿记著作是一本只有100页的小册子，正文只有29页，从量上讲，本书页数不多，乍看极为平常，但从质上讲，这又是一本内容丰富且新颖的珍贵文献。在书中，琼斯以不取媚世俗的勇气，猛烈地抨击了传统的复式账法，极力宣传自己的改革之道，读之令人精神振奋。正是由于这一特点，他这部著作就比其前人的同类著作要高出一头，成为英国会计发展过程中引人注目的要籍。

现将该书的主要内容介绍如下：

1. 日记账是琼斯"英国式"的一个主要特色。他提倡在左侧设"借方金额栏（1）"，在右侧设"贷方金额栏（2）"，在中央设"借方和贷方的合计栏（3）"；这样，（1）栏和（2）栏的合计，必然等于（3）栏；而且，商品的购销均不作反映，期末库存通过"借方金额栏（1）"的合计减去"贷方金额栏（2）"的合计求得。在这样的情况下，一般只能知道损益的绝对额。

2. 不设损益账户、余额账户，而只设现金账户、应收款账户、应付款账户和资本账户四种。

3. 没有各种辅助账簿的设置。

4. 将分录账的金额栏分为借贷两栏，这是琼斯的独到见解。

5. 总账采用四栏式，各栏反映的是月份合计额。

这本书在英国出版后，立刻在会计界刮起了一阵强大的旋风。人们瞠目而视，智者见智，仁者见仁，众说纷纭，马上也有几本著作出版，极力为意大利式簿记辩护，列举新方法的缺点。如：

1796年，T·K·戈斯内尔：《意大利式簿记法解释》；

1796年，J·科利尔：《复式簿记的辩护》；

1797年，J·H·威克斯：《簿记改良》；

1799年，W·富尔顿：《英国和印第安人的簿记》；

1801年，P·凯利：《簿记原理》；

1813年，M·鲍尔：《簿记》。

尔后，又有E·W·克龙赫尔姆（1818年）、R·兰福德（1822年）和T·巴特斯比（1878年）。

其中，R·兰福德指出："依笔者之见，游离于意大利式簿记之外的方法和能与意大利式比肩的方法是根本不存在的"。⑦所以他师承梅尔，极力反对琼斯式簿记和布思的"改良法"、"新法"。甚至还有人这样攻击琼斯的方法，说："试图脱离常规的唯一著者是琼斯。但是，他的尝试与其说是有用的，毋宁说是故弄玄虚"。⑧

不过，当时有的会计学者不像这些人一样说得那么绝对和偏激，他们分析问题一分为二，尚能对琼斯的簿记书给予公正地评价。例如，著名学者詹姆斯·米尔（Jame Mill）于1796年发表了一本题为《琼斯的英国式簿记之研究》（An Examination of Jones English System of Book-keeping）的著作。他一方面热情洋溢地赞扬了琼斯的革故鼎新的精神；另一方面又非常诚恳地指出了琼斯著作的不足。他说："琼斯全然不知一年内商品的购销金额，只了解商品的库存额，所以无法相互对照，以

《琼斯的英国式单式与复式簿记》
(Jones's English System of Book-Keeping, by Single or Double)

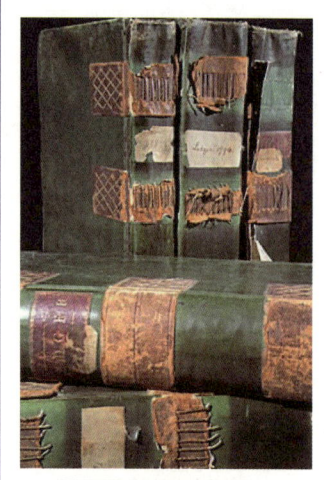

1787～1797年诺丁汉某股份公司的系列总账

检查贪污之类的事情"。⑨

一些会计史学者也能比较客观地评价琼斯。J·R·福戈（J. Row Fogo）指出："虽然本书自身并没有多大的价值，但它间接对簿记的发展有着极大的影响。因为本书的出版刊行，使世人对簿记给予了从未有过的广泛的关心。"⑩我国的郭道扬副教授也指出："尽管经过一切鼎沸而激烈的争议，多数学者认为意大利式簿记较优于琼斯的英国式簿记，然而，琼斯簿记法研究的独到之处却为学者所公认，而且，自琼斯的这一著作问世，英国簿记名声大震。"⑪

这些不一棒子打死的评价，是公允的，也是后人在对待会计方法创新问题上所应持的态度。

总而言之，琼斯的著作不仅以观点新颖见长，而且以内容丰富著称，出版后虽然毁誉不一，甚至遭到一些权威人士的攻击，而且由于会计方法设计上的缺陷，最终也没有在英国本土上全面推广，但作者在意大利式簿记经众多的学者多方开拓，大行于世，已难乎为继的情况下，还能改弦易辙，自出机杼，俨然同传统簿记法分庭抗礼，这种勇气却是难能可贵的，也是英国会计发展的一个迷人之处。

扬弃理论派和实践派，对辩证地展开理论和实践作出贡献的人物是帕特里克·凯利（Patrick Kelly）博士。他的出版于1801年的成名之作《簿记原理》（The Elements of Book-keeping），乃是19世纪初叶最有

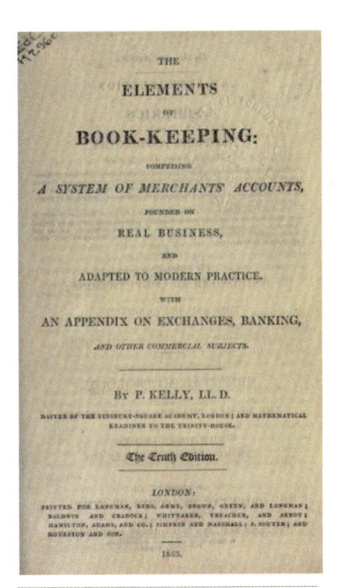

凯利《簿记原理》（1833年修订版）

名的簿记文献，而且与威廉·杰克逊（William Jackson）的《簿记》（Book-keeping，1785年）一起，对美国会计发展也产生了极大地影响。

凯利博士出生于1756年，是当时著名的数学家、天文学家，他的统计学著作，迄今仍当作教材被广泛采用。

凯利在其主著的"前言"中指出："一方面涌现出许多不注意改良实务而只论述簿记理论的教师们，另一方面又涌现出一大批忽视论述簿记原理而大力提倡实务改良的商人们，这两派簿记学专家们的业绩都是极为有益的，综合二者的观点，乃是本书的目的。"㉒显然，我们可以将凯利的簿记著作排在英国会计发展的这个位置上：

（传统派、理论派）J·梅尔 ╲
　　　　　　　　　　　　　　　P·凯利
（改良派、实务派）B·布思 ╱

凯利著作的主要内容是：

（一）"前言"共10页，介绍了簿记的起源和卢卡·帕乔利的簿记书，接着按时间顺序列举了奥尔德卡斯尔以来著名的英国古典簿记著作书名及其作者姓名，具有小史特点。

（二）正文共168页，详细介绍了单式簿记、复式簿记、意大利式簿记和以实务为基础的改良簿记组织。然后指出：单式簿记主要适用于零售企业，复式簿记主要适应于大型企业。

（三）扼要地介绍了余额表和损益表。

凯利的簿记著作，前言加上正文总共才178页，无论怎么讲，也不能称为巨著，但从质上看，它以融合和调和理论派、实践派的姿态出现，毅然把英国会计带上了理论与实践紧密结合的道路。此乃英国会计发展的一种新现象。

五、改革运动的深入发展

如果说16～18世纪是贸易的世纪的话,那么,19世纪就是工业生产的世纪。

工业革命的高涨,工厂制度的确立,尤其是股份公司的不断涌现,客观上要求有一套基于传统簿记但又具有更新内容的会计方法的诞生。因为产生并发展于商业革命的意大利式簿记法,这时已愈来愈表现出对于以广泛使用蒸汽机为主要内容的工业革命的不适应性。在这样的情况下,英国的会计学者们除继续从深度上对商业簿记进行探讨以外,还展开了对折旧问题和工厂成本问题进行理论研究。

这种敢于根据经济形势的发展需要,在会计方法上标新立异的精神是非常可贵的。过去他们是这样,现在,他们仍是这样。那么执著,那么有毅力和热情,正是

1838～1843年银行簿（Bank book, 1838～1843）

会计事业的希望。我们认为，意大利式簿记在英国的传播和发展之所以那么轰轰烈烈，蓬蓬勃勃，其主要原因之一，就是他们自始至终较好地处理了继承与革新的关系。实际上，这种革新和创造，本身就是对意大利式簿记的最好的继承。

F·W·克龙赫尔姆（F. W. Cronhelm）就是在这方面成绩突出的会计学者。他的簿记著作出版于1818年，名为《簿记新法》（A New Method of Book-keeping），系19世纪屈指可数的名著。

克龙赫尔姆《簿记新法》
（1818年版）

在"序论"中，克龙赫尔姆明确地提出了他的复式簿记理论，他说："簿记，乃是通过记录财产，随时反映所有主的资本全体价值及其组成部分价值的技法。……部分的总和必等于全体。这一等式是簿记的根本原理。"⑬"在簿记中，不同部分构成财产全体，资本账户反映所有的资本；现金、商品和人名账户反映各构成部分。"⑭这种主张有力地确立了会计责任，奠定了今日资本等式的基础。

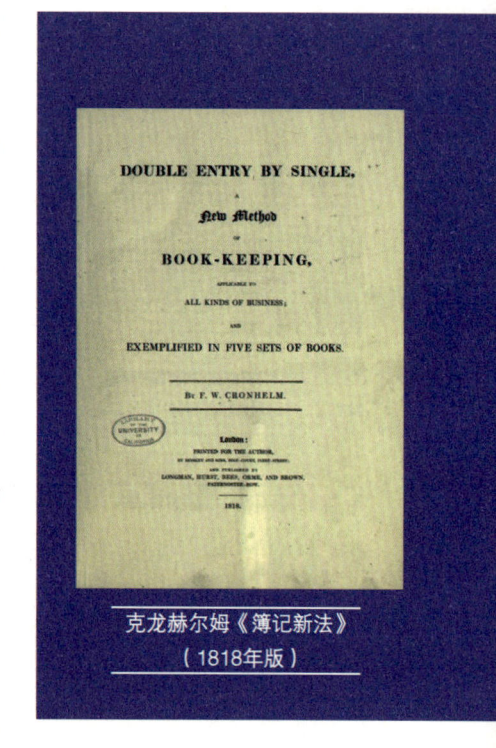

著者在书中还提出了"积极财产"和"消极财产"的概念。他说："为了更准确地表示上述理论，现采用代数形式论述。倘若以a、b、c等表示积极部分或借方部分，以l、m、n等表示消极部分或贷方项目，并以s表示资本或资本主的纯财产，那么，根据部分的总和必然等于全体的原理，可得以下等式：

$$a + b + c, \text{etc.} - l - m - n, \text{etc.} = \pm s$$

用a、b、c等表示的现金、商品、应收票据之类的财产叫做积极财产

（Positive Property），用 l、m、n 等表示的应付票据和其他应付款账户称作消极财产（Negative Property）。"⑧这一资本等式是开始从传统的拟人说中彻底摆脱出来的物的两账户学说，溯其起源可追到1736年的理论派代表约翰·梅尔。

而且，著者尤为关心怎样才能简化分录账往总账的转账事务，所以，他提出了自己的新论，主张省略分录账，从日记账直接往总账结转。显然，这种方法与传统的开业财产目录 ——→ 日记账 ——→ 分录账 ——→ 总账的做法是不同的。

最有新意的是，著者以第二部分为范例，详细介绍了零售商人的账簿、批发商人的账簿、制造业者的账簿、贸易商行的账簿和银行的账簿。一般地说，克龙赫尔姆的账簿体系是以商品账为中心的。该账户的借方反映购进额和购货费用（对应记录在现金出纳账的贷方反映），贷方反映销售额（对应记录在现金出纳账的借方反映）；到期末，则在该账户的贷方反映库存商品和原料的盘存额，其余额为损益，最后应结转到资本账户。

所以，可以讲，克龙赫尔姆的著作是一本完美地融合簿记理论和实践的内容丰富的杰作。它不仅在理论上将商业会计提高到了一个新的水平，更重要的是在工业会计的研究上同样作出了典范，从而使复式簿记在传统的商业会计之外，在工业经济活动中，也找到了它们的位置。

克龙赫尔姆不愧是敏感地捕捉到工业会计的问题所在的先觉者。

《实用会计论文》（A Practical Treatise on Accounts）也包含着浓郁的时代气息。著者是一位法庭律师，名叫艾萨克·普雷斯顿·科里（Isac Preston Cory）。

该书1839年出版于伦敦，它有两点尤为突出：

第一，提倡在总账以外，单独编制资产负债表。显然，这种资产负债表已不再是一种验证手段，而纯粹是用于公布财务状况和经营成果的财务报表。这是大型合伙企业、股份有限公司大量涌现的结果。因为那些关心经营成果、关心自己投入的资本的运用情况的合伙人、股东和债权人不可能直接查账,所以,他们转而要求企业编制与账簿记录相分离的财务报表,以获取有用的企业经济信息。A·C·利特尔顿说得好:"产生独立的财务报表的根本动机,是获得关于资本的报告"。⑧

一般而言,最初的财务报表有两种:一种是类似达伐纳论述的以试算表作为基础的多栏式报表;另一种是总账借方余额和贷方余额的直接抄写。科里论述的是关于破产的资产负债表,属于第二种。虽然这种报表也不乏真实性和明了性,但在项目的分类和格式上尚不尽合理,没有达到现在编制资产负债表的水平。尽管如此,科里仍是开创资产负债表运用新时代的优秀著者。

第二,著者指出:意大利式复式簿记是极为单纯的,任何人均能理解。但随着经济业务的增多,仍然采用传统的意大利式簿记已成为不可能,这样,对商人来说,就不可避免地产生了分割账簿的必要性。所以,科里不仅支持采用复合分录账制度,而且提倡采用分割总账制,同时还主张对账簿格式进行改革。

生活在工业革命的时代,他的著作确实是新意盎然的。

4年后,在克龙赫尔姆的影响下,由本杰明·富兰克林·福斯特(Benjamin Frankiln Foster)编著的名为《复式簿记解释》(Double Entry Elucidated)的优秀簿记教程在伦敦出版发行。3年前,B·F·福斯特还编著并出版了《簿记理论与实务》(The Theory and Practice of Book-keeping)一书。《复式簿记解释》一书分理论和总账的分析两部分。在书中,著者对那些在讲授簿记原理时,不注意理论方面的传授,只让学生机械地、反复地做练习题的老师,提出了严厉地批评。他认为只有将理论与实践结合起来,才能使学生真正理解簿记科学。笔者认为这种思想是很有意义的。那些只会机械地记账,而对会计理论一窍不通的人,不可能成为一个好的会计人员。

尤为突出的是这本书的近代性极为鲜明，它继承了梅尔和克龙赫尔姆所提倡的资本等式，并加以恢弘变化，从而使它彻底摆脱了拟人说而具有鲜明的物的二账户学说的性质。

例如，著者指出：

"簿记乃是反映全体价值及其各组成部分的价值的方法，是记录财产的技术。"⑰

"全体必然等于部分的总和，或者说，各构成部分的总和必然等于全体。这是数学的公理。唯有这一公理，才是构成传统的意大利式簿记的基础"。⑱

福斯特《复式簿记解释》（2010年版）

"构成商人资本的各部分叫做资产（Assets或Effects）和负债（Liabilities或Debts），两者的差额称为纯资本或财产。"⑲

福斯特的资本公式是：

$$\underset{(资本的各构成部分)}{财\ 产} = \underset{(资本的全体)}{资\ 本}$$

$$\underset{资产}{\overset{积极}{\downarrow}} - \underset{负债}{\overset{消极}{\downarrow}} = 资\ 本$$

而且，在第二部"总账的分析"中，作者用时代的眼光阐述了总账的意义。他指出：簿记的真髓，就在于按各种不同的项目设置总账，以分类和整理财务事实；所谓复式簿记，简而言之，只不过是将分散在各原始记录账簿的各个财务事实，分类记入总账的手段而已。这是对达伐纳总账思想的进一步发展。

这本书还对独立于总账的损益表和资产负债表进行了论述。尤其是资产负债表很有特色，比科里介绍的要进步得多。它不是借方和贷方余额的简单罗列，而是有分析地将资产列在表的左方，将负债和资本列在表的右方。这是大陆式资产负债表。

这种大陆式资产负债表不久以后便被废除。因为出于保护股东和债权人利益的目的，1855~1856年和1862年的公司法一再要求每个企业均得在左方列资本和负债，在右方列资产。所以，这种形式的"英国式资产负债表"开始在不列颠岛国盛极一时。一般认为，现代的财务报表主要就是以英国19世纪的经验为基础而确立起来的。

日本国会计学者久野秀男教授在评价这本书时指出："福斯特的簿记文献与其说是商人簿记的实务指导书，毋宁说是以学生为对象的簿记教程，和当时首屈一指的启蒙书之一。"[20]

我们说，福氏的许多会计思想确实是很有魅力和新意的。在开拓英国近代簿记的道路上，他算得上是一位成绩显赫的先驱者。

最后，笔者还想介绍介绍英格利斯。

19世纪中叶左右，W·英格利斯（W. Inglis）的簿记文献《单式和复式簿记》（Book-keeping by Single and Double Entry）在伦敦问世。它只是一本小册子，其突出价值表现在它提到了固定资产的折旧，并介绍了一套新的账簿组织。

英氏的这本著作对日本影响很大，与《银行簿记精法》和《账合之法》齐名的《商家必用》就是以本书为原典由加藤斌（1844~1914年）先生译出的。[21]

六、准备企业会计时代的来临

郭道扬教授在论述企业会计诞生时，有这样一段精彩的论述："旧式银行会计的岁月过去了，代之而来的是新银行会计的发展；为贩运性商业服务的商业会计的席位取消了，代之而起的是近世商业会计的演进；庄园会计随着封建主经济的消亡而消亡，农业会计则随着农场经济的兴起而兴起，而工业会计则在机器工业的喧嚣声中成长起来。"[②]

充满感情的论述，把人们带到了一个到处是希望和阳光的会计世界。

是的，20世纪以后企业会计的兴起，确实标志着会计发展正在步入又一个黄金岁月。

实际上，从19世纪70年代起，英国人就着手准备迎接企业会计时代的到来了。在19世纪末那段时间里，以成本核算为重要内容的工业会计开始呈现出新的面貌。当时的代表人物有托马斯·巴特斯比、埃米尔·卡克和 J·M·费尔斯、G·P·诺顿、J·S·刘易斯。当英国成本会计还在襁褓之中的时候，正是他们这些极富献身精神的创新者，为工业会计的飞跃发展，在大声疾呼着、尽力奋斗着……

首先亮相的人物，是曼彻斯特的会计员托马斯·巴特斯比（Thomas Battersby）。

他1878年3月1日在当地发表了一本名为《优秀的复式簿记人员》（The Prefect Double Entry Book-keeper）的簿记著作。该书除在账簿组织方面采用复

支票簿（1809）

合分录账制以外，还对股份有限公司的簿记进行了探讨。其具体内容是：①提出了"主要成本"或"第一成本"的概念。巴氏认为，所谓第一成本，一般地说，指的是直接材料费和直接劳务费的合计。而且，还按"主要成本法"（Prime Cost Method）在各个成本核算对象之间摊配费用。这种方法的正确性虽然不是很高，但简便易行，因而在当时深受财会人员的欢迎。②论述了直接费用和间费用的划分法则。③著者还介绍了"正规的折旧制"，认为应将折旧费作为主要成本的项目之一。

巴特斯比的簿记著作虽然只有48页，但它是现代成本会计的先驱文献。

深受巴特斯比的影响，进一步在成本会计上作出贡献的人物是埃米尔·卡克和J·M·费尔斯（Emile Garcke and J. M. Fells）。他们密切合作，于1887年在伦敦编著并出版了《工厂会计》（Factory Accounts）一书。这本书系为后人所公认的近代工业会计的杰出文献。

这本书没有介绍商业簿记，而是专论工业会计，试图在复式簿记中引进成本核算因素。所以，这本书不仅颇为精确地论述了工业会计中特有的辅助账，如产品总账、工资总账、各种设备总账等，而且还以论述间接工厂费、一般工厂费、

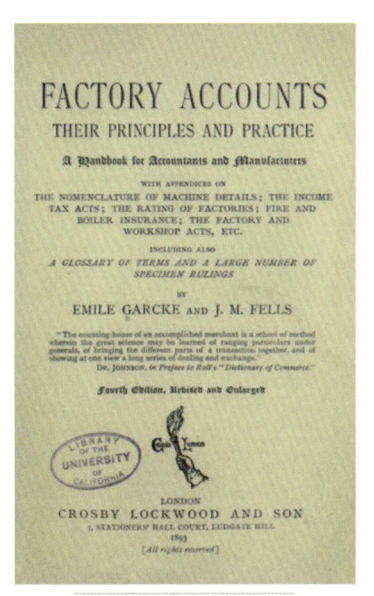

间接费、经常费、开办费、一般费、工厂费等匠心独运而称著。不仅如此，两位著者还极力主张按生产成本对企业的库存产品进行估价，并对经营组织和近代工厂组织作了透彻地论述。此外，在"补论"中，特地介绍了"所得税法"、"火灾、汽罐保险法"和"工厂法"。

可见，工业会计史上的名著《工厂会计》所展现的新内容，乃是巴特斯比成本会计思潮进一步发展的产物。

紧接着，1889年，G·P·诺顿（Geo. P. Norton）也在伦敦出版了《纺织工厂簿记》（Textile Manufacturers Book-keeping）一书。这位著者以经营账（trading account）和生产账（manufacturing account）作为成本核算的主要账簿。他指出：经营账是详细地分类反映最终利润的报告书，生产账是根据有关资料而作成的生产成本报告书。而且，对费用的分类和摊配等内容也进行了积极地探讨。

G·P·诺顿之后，是J·S·刘易斯（J. S. Lewis）。他和上述成本会计论述者一样，

《工厂会计》（1889年版）

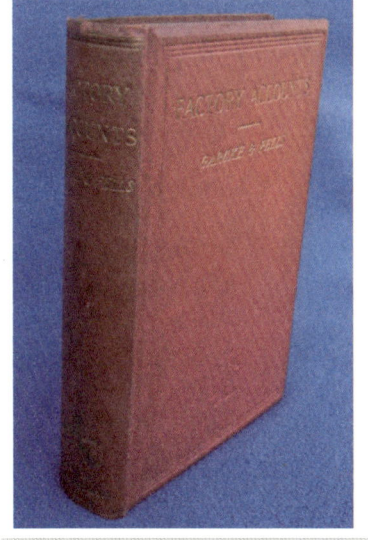

《工厂会计》（1976年版）
FACTORY ACCOUNTS TEIR PRINCIPLES AND PRACTICE（1976年版）

在英国工业会计诞生时期也表现出众,成果累累。

1896年,刘易斯在伦敦出版了《工厂的商业组织》(The Commereial Organization of Factories)一书。这本书内容丰富,其中尤以论述间接费用为突出。

我们知道,20世纪的成本会计与19世纪的成本会计的显著区别,在于间接费用采用不同的处理法。刘易斯主张,应按商业会计中费用账户的做法,将开办费用账户中反映的实际费用,直接往损益账户结转,并进一步指出,所有的开办费、折旧费、工厂和建筑物维修费、租税、销售费用,均应分类汇总在损益账的借方反映;将产品运送仓库时,则应以直接成本记入产品账户的借方。另外,他还对当时会计实务中盛行的费用处理方法提出了自己的不同意见。

可见,这些会计学者们对成本会计的贡献是各有千秋。他们同心协力,携手共进,一起冲破前人主论商业会计的樊篱,将触角深深地延伸到了工业会计这一更为广泛的领域里去了,从而迎来了企业会计发展的新曙光。

诺顿《纺织工厂簿记》
(1900年第4版)

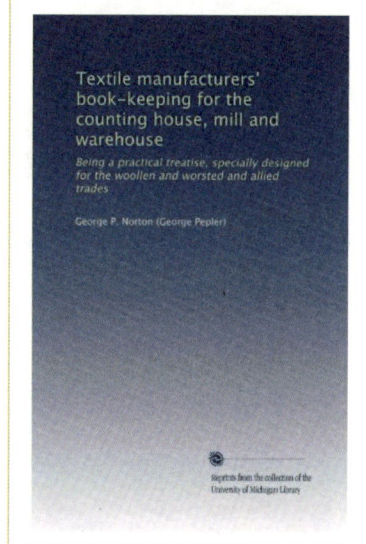

诺顿《纺织工厂簿记》(现代版)

注　释：

① 摘自（日）滨田弘作著：《会计史研究序说》，东京多贺，1983年版，第135~136页。

② （日）久野秀男编著：《英美（加）古典簿记著作发展史的研究》，学习院，1979年版，133页。

③ （美）M·查特菲尔德著：《会计思想史》（A History of Accounting Thought），1977年版，第56页。

④ （日）片冈泰彦、片冈义雄译：《沃尔芙会计史》，法政大学出版局1977年版，第141页。

⑤ 同②第197页。

⑥ 同②第239页。

⑦ 同②第230页。

⑧ 同②第229页。

⑨ 同④第145页。

⑩ 同②第234页。

⑪ 郭道扬著：《会计发展史纲》，中央广播电视大学出版社1984年版，第434页。

⑫ 同②第238页。

⑬ ⑭　同②第255~256页。

⑮ 同②第256~257页。

⑯ （美）A·C·利特尔顿：《二十世纪以前的会计发展》（Accounting Evolution to 1900），1966年版，第153页。

⑰ ⑱ ⑲　同②第269页。

⑳ 同②第273页。

㉑ （日）西川孝治郎著：《日本簿记史谈》同文馆，1974年，第3版，第33页。

㉒ 同⑪第478页。

第七章 意大利式簿记在美国的传播和发展

在太空中，有些星本来暗淡无光，并不为人注目，可是突然间竟能发射出万丈光芒，把银辉洒满天上与人间。这种星就是天文学上所说的超新星。

美国堪称世界会计发展过程中一颗光辉灿烂的超新星。当意大利孕育出复式簿记之时，这个国度的印第安人尚沉睡在原始公社制时期，其会计发展可以说是极为落后的。然而不出500年，它不仅把德国、法国和荷兰诸国甩到后面，而且还神奇般地超过当时作为会计发展中心的英国，跃到了世界的最前列，时至今日，依然保持着这样的优势。

真是"芳林新叶催旧叶，流水前波让后波"。不能不说是一个奇迹。

下面，让我们掀开历史的画卷，领略一下意大利式簿记在美国传播和发展的风云变幻吧！

一、春风，从西欧吹来

从17世纪初开始，北美洲逐渐沦为英国的殖民地。这些殖民地的社会经济制度是极为复杂的，不仅有资本主义和半封建的租佃制，甚至有野蛮的奴隶制，所以，它们的会计发展，同样是不平衡的。

在不发达地区，由于商品货币经济落后，人们一般都是采用物物交换。不过，这种物物交换又不都是你给我甲商品，我当时就给你乙商品这样一种现场交

《五月花号公约》（The Mayflower Compact 1620)

易，占绝大多数的是经过相当一段时间后再结算的以物易物。美国人一般称之为以簿记为媒介的物物交换（Book-keeping Barter）①。按这种结账方法，当事人双方都需要一种作为债权、债务备忘记录的人名账户。交易的一方在收到他所需要的商品时，立刻将该项交易额记入自己的账簿，等到以后对方要求得到金额大致相等的货物时，再在账簿上进行结算。例如，倘若牛奶农场主每天送奶给一位裁缝，他可以不为对方会不会付款一事而烦恼，甚至不必把它放在心上，因为裁缝会自觉地在自己的账本上加以记录。以后，当牛奶农场主需要一套新服装时，他就去裁缝那里定做。幸运的是几年后，双方的账目都会对应勾销。这样，就在双方之间避免了那种往往会带来不愉快的现金结账。

此乃美国在殖民地时代形成的一种会计惯例。它不仅广泛地应用于国内贸易，在与国外进行贸易结算时也经常采用，甚至到合众国业已独立的19世纪，都仍有相当一部分地区采用。足见该会计方法在美国的影响之深之广。

发达地区的会计发展表现为多层次，除上述的以簿记为媒介的簿记以外，还有按

荷兰		法国		英国	美国	
1603 J. Coutereels	1631, 1710 1718		1623			
1605 S. Stevin	1607, 1608 1617		1608			
				1622 G. Malynes		
1627 J. Weingha	1647, 1672 1698		1615			
				1635 R. Daffone		
1639 H. Waninghen	1652, 1657 1672, 1680					
1641 J. Belot		1645 C. Boyer	1642			
1643 D. Cock	1652, 1659 1663, 1680		1652	1652 J. Collins		
		1676 J. Savary	1701, 1757 1763	1675 S. Monteage		
				1678 J. Vernon		
		1685 H. de La Porte	1699, 1704 1716, 1748 1758, 1769 1770, 1782 1783, 1787 1798	1695 E. Hatton		
				1701 S. Snell		
				1714 R. North		
				1715 E. Webster		
		1706 S. Ricard	1709, 1721 1743, 1781	1718 A. Malcolm		
				1735 H. Stephens		
				1736 J. Mair		
		1746 P. Giraudeu	1754, 1756 1764, 1769 1793, 1802	1751 M. Clare		
				1758 B. Donn		
		1754 Carront		1764 W. Gordon		
				1765 D. Dowling		
				1774 W. Kelly		
				1777 T. Dilworth		
				1777 C. Hutton		
				1777 R. Hamilton		
				1777 J. Sedger		
				1795 E.T. Jones	←	1797
				1798 C. Buchanan	1796 W. Michell	
					1799 W. Cobb	
				1801 R. Kelly	1803 T. Tuner	1809
				1807 J. Morrison		
				1810 R. Goodaire	1814 J. Bennett	
				1812 W. Power		
				1818 F.W. Cronhelm	1821 T.H. Goddard	
				1821 R. Langford	1821 G. Jackson	
					1823 I.I. Hitchcock	
					1827 L. Preston	
					1830 C.C. Marsh	
				1830 G. Jackson	1831 J. Robinson	
					1836 B.F. Foster	
					1838 J.C. Colt	
					1838 N. Harris	
				1840 B.F. Foster	1839 J.H. Shea	
					1843 B. W. Foster	
					1845 Samuel & Crittenden	
					1846 J.A. Bennet	
					1846 G.N. Comer	
					1846 P. Duff	
					1847 G.J. Becker	
					1848 Fulton&Eastman	
					1849 T. Jones	
					1852 I. Mayhew	
					1852 J.H. Palmer	
					1858 Hanaford & Payson	
					1859 Smith & Martin	
					1860 Bryant, Stratton & Packard	

荷兰、法国、英国、美国簿记作者数：1600～1860年

意大利式簿记法反映的会计记录和审计行为。

当然，毋庸置疑，这样的会计行为和审计行为是随着大批移民的涌进而实行起来的。在这些移民中以英国人为最多，其他的还有法国人、荷兰人、德国人、意大利人、奥匈帝国人、俄国人和波兰人。这些人来自资本主义已相当发达或比较发达的国家，且有资产阶级上升时期的冒险精神。他们雄心勃勃，决心在北美洲这块未得到开拓的沙漠上建设一块连一块的绿洲。一般地说，为开办企业，发展经济，这些人都掌握着丰富的会计知识。

反映清教徒商人采用复式簿记法记录经济业务的最早证据，见于《罗伯特·凯伊纳的自辩书》（The Apologia of Robert Keayne，1659年）[②]。据此可知，当时在清教徒商人之间广泛采用关于债权债务的三种账簿。这些账簿均按复式记账法予以反映。

到18世纪初期，随着商业贸易活动范围的扩大，公认为"最佳方法"的意大利式簿记法在美国以庞大的规模盛行起来。会计史学家和经济史学家发掘出一大批反映这一时期经济业务的日记账、分录账和总账。以新英格兰汉考克（Hancock）家的账簿记录（1724～1775年）最为典型。英国著名的会计学者梅尔在自己的专著《簿记法》第七版中，以"香烟殖民地（即美国殖民地）的特产和商业——商人记账举例"为题，详细地论述了在北美发达地区盛极一时的借贷记账法。为了处理大量的金钱和商品，商人们还

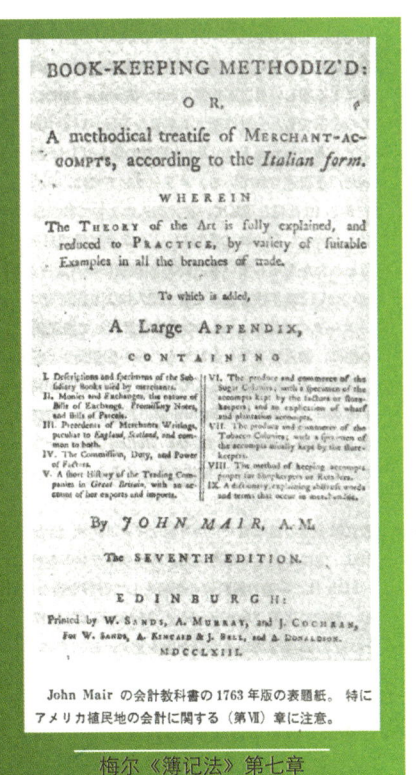

梅尔《簿记法》第七章
专门论述美国的商人簿记法

经常聘请会计师担任会计主管。一般认为,布朗·蒂姆斯(Browne Tymms)是美国最早从事实务工作的公共会计师。1718年,他在波斯顿的报纸上,登出了下述关于公共会计实务的广告:"布朗·蒂姆斯(男)居住在波斯顿城南纽贝利街制靴业爱德华·奥克斯家。本人愿为商人和制靴业者记账。"① 由此可见,早在18世纪初叶,在殖民地的美国,与英国一样,也存在专门记录、解释、审查他人之财务记录和为其他行业提供专业服务的公共会计师。尔后,会计师们如雨后春笋般涌现,他们争先恐后地在各大城市挂牌开业,公开办理会计业务。这显然是受英国的影响,同时表现了美国会计发展的盛况。

从一起步,美国就重视会计教育事业。在18世纪初期的一些学校,作为职业教育的一环,与速记、航海术和测量术一样,意大利式簿记法也是热门科目。这种"文书学校"的发源可以追溯到1709年的新英格兰。18世纪末,美国人出版了一本名为《校长的助教》(Schoolmaster's Assistant)的教科书,由许多人共同执笔完成,其中有一节介绍了关于商业和实务计算的簿记技术。该书流行于各学校,深受师生们的欢迎。1731年,纽约的乔治·布劳内尔(George Brownell)以"商业会计"教师的身份刊出广告,在殖民地

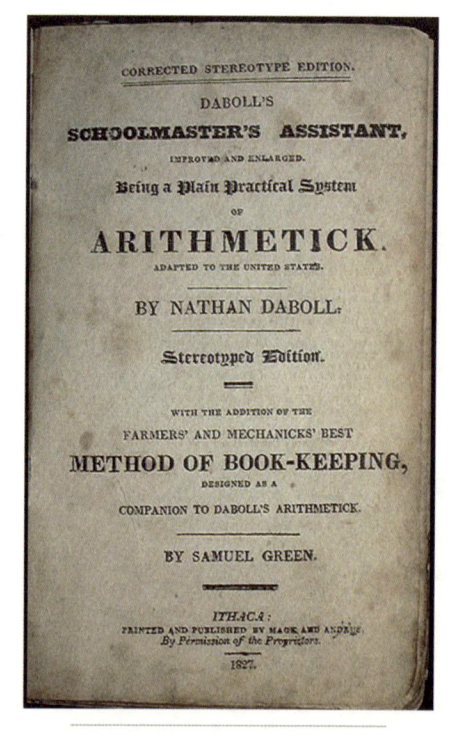

《校长的助教》教科书(1827年版)

范围内招生。1774年，纽约的拜尔利和戴（Byerley and Day）也登出了讲授"意大利式簿记和最完善的会计事务所的实务"的广告。在普利茅斯殖民地，为了教育子弟读写计算，特聘了莫顿（Morton）担任教师，讲授课程虽与复式簿记没有直接关系，但内容已涉及商品价格的计算法、共同经营者权益的计算法、支付和汇兑的日期平均法。

通过以各种方式进行不懈地努力，到独立战争时，意大利式簿记法作为内部管理的手段，已经在美国普及开来了。

从西欧诸国吹来的新式簿记之风，就是这样启迪着人们的头脑，吹拂着北美辽阔的大陆。

二、领袖们和会计

美国的领袖们，重视会计知识和技能，并能身体力行，这种精神迄今仍深深地印在人们的脑海里，成为会计史上的佳话。

首先，看华盛顿。

华盛顿（Washington，1732～1799年）是一位很有天才的政治家。在他的领导下，美国摆脱英国的殖民统治，走上了独立自主的金光大道。华盛顿因此而成为民族独立的革命领袖和美国的第一任总

华盛顿
(George Washington，1732～1799年)

统,为美国人民称为"合众国之父"。

可见,华盛顿总统在政治上不愧是一位杰出的领袖。殊不知,他曾经还是一位精通会计技术的种植园主。13岁之前,他就对簿记产生了浓厚的兴趣。旺盛的求知欲,使他在那时就对各类商业文件、法律文件、汇票、期票、契约和债券进行了认真地研究,并把它们抄录成册,爱不释手。正是依靠早年这样的自学,他才掌握了律师们起草文件的技能、养成了商人们随时记账、毫厘不爽的习惯,终身受用不尽。因此,直到今天,我们通过他的费用账户、庄园账户和日记、书信还可以看到,他的各个庄园的经济业务,他和管家们与外国代理人办理的经济业务,他同政府的往来账目和他的金钱交易事项,都由他亲自一一记录在账簿中。据美国著名的会计史学者G·J·普雷维特和B·D·梅里诺介绍,在华盛顿的私人藏书中,他最喜欢阅读的书籍之一,是苏格兰会计学家、传统簿记法的最好继承者、理论派的杰出代表约翰·梅尔编著的《簿记法》一书的修订本《近世簿记或者商人复式记录》(Book-keeping Moderniz'd or Merchant Accounts by Double Entry)。在国会图书馆中,迄今还保存着他在总统任期内用于反映私人费用的"总账A"和"总账B"。④

华盛顿以后,应该介绍杰佛逊。

托马斯·杰佛逊(Thomas Jefferson,1743~1826年)是作为"第一个人权宣言"的北美《独立宣言》的

托马斯·杰佛逊
(Thomas Jefferson,1743~1826年)

起草者，杰出的资产阶级民主主义者，同时也是大力推广复式簿记的倡导者，对本国会计事业的发展，寄予了极大地关心。他像华盛顿一样，也亲手记账，其反映内容极为广泛。例如，1776年7月4日他按复式记账法在会计账簿上详细地反映了两笔商品的购进业务和对慈善事业的资助情况。

在《独立宣言》上署名的还有乔治·泰勒（George Taylor）、查尔斯·卡罗尔（Charles Carroll）和罗伯特·莫里斯（Robert Morris）。他们都是会计事业的热心支持者。泰勒从小受到良好的教育，曾担任一个工厂的会计员，负责全厂的会计核算，具有会计师的才能。工厂主死后，他与其遗妻结婚，成为新的工厂主。卡罗尔家庭最富有，他家的账簿，记得明明白白，达到了相当高的水平。当然，对于美国会计发展贡献最大的，还是莫里斯。当时，他担任政府的财务长官，负责管理议会的资金。在朋友海姆·萨洛蒙（Haym Salomon）的帮助下，他一手制定了"财务会计制度"，为本国会计事业的发展，作出了卓越的贡献。

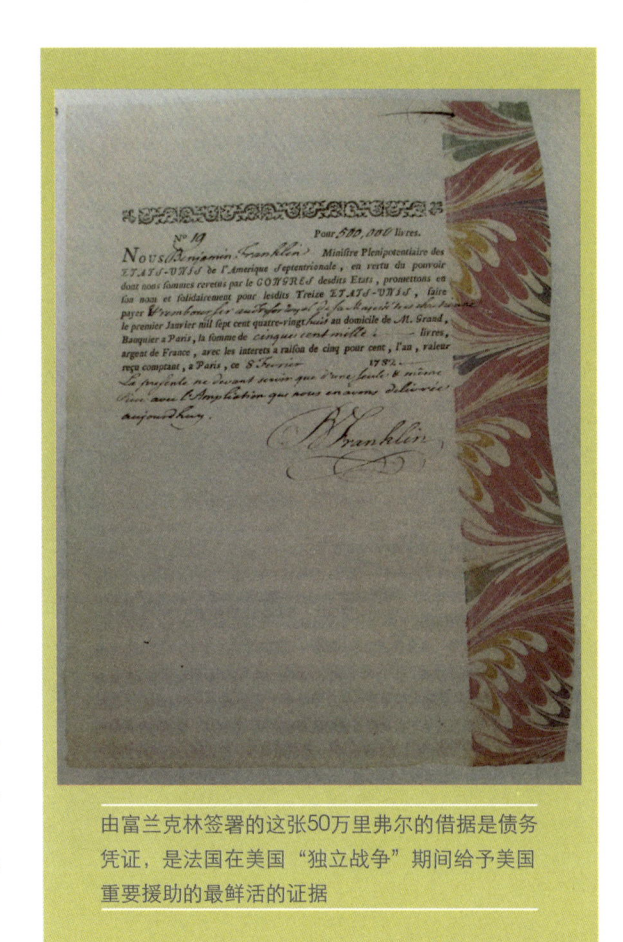

由富兰克林签署的这张50万里弗尔的借据是债务凭证，是法国在美国"独立战争"期间给予美国重要援助的最鲜活的证据

美国领袖林肯也是值得介绍的。

他经常说，自己不善于理财。实际上，这不过是谦虚之词而已。

1836年12月5日，他以财政委员会主席的身份在州议会上报告说，本州预算不仅收支平衡，而且结余2743美元18美分，完全有支付能力。

1837年的一天，邮政部的一名审计人员来到斯普林菲尔德，审查一笔林肯担任纽萨勒姆邮务员时经手的几美元零几美分的账款。林肯从容不迫地拿出一个纸袋，把里面的钱认真地清点了一遍。其结果与这位审计人员查询的数目完全相同。最后，审计人员接过钱，写下收据，非常满意地离去了。

这可以说都是他熟悉财务会计技术的佐证。

亚伯拉罕·林肯（Abraham Lincoln，1809～1865年）

三、会计教育的热浪

独立战争以后，美国建立了大资产阶级和种植园主的联合政权，疯狂地对外扩张，使北美的大片肥沃土地，纳入了美利坚合众国的版图。南北战争的结束，又为进一步发展资本主义扫除了障碍。从此，资本主义经济犹如汹涌澎湃的洪流，震撼着美国的大地。

如果说，独立战争以前的会计教育在美国会计教育史上仅仅是序幕的话，那么，这一时期的会计教育，已进入精彩的场面。

最初，那些热心于普及会计教育的学者们由于条件的限制，只能以私人的名义，在自己的住宅内，举办各种不同形式的会计知识讲座。以后，由于各方面的支持，社会需要的增长，他们便相继在繁华的商业地区建立了专门的会计教育机关。

当时，比较著名的会计教员有詹姆斯·贝内特（James Bennet，1788～1863年），他是因在纽约出版了《美国实用簿记体系》（The American System of Practical Book-keeping，1820年）一书而闻

南北战争以后的会计教育

名遐迩的。作品热情赞颂了新式簿记的优越性，同时也表现出创新的锋芒。

我们认为，对于一个会计学者来说继承传统的会计思想并不困难，难处在如何熔裁变化，以收袭故弥新之效。

贝内特基本上做到了这一点。

他在这本书的序言中指出："这一有用的发明是意大利人的功劳。英国的商人和会计师对他们许多不明确的地方，进行了大幅度地改良"。但是，英国人编著的簿记著作"并不一定可以在合众国的商业中广为采用。"⑤所以，著者力求根据美国经济管理的要求，来改良经英国人改良的意大利式簿记法。因而，他的簿记著作被后人称为"美国式"（The American System）的珍贵文献。

贝内特专著
《美国实用簿记体系》

贝内特在这本书的第十二版中指出：他教授的对象，是那些在参加讲座之前，对会计知识一无所知的数以千计的人们；这些学生来自13个国家⑥。基于他对美国会计教育的贡献，1835年以前纽约市的"人名录"中，按"簿记教师"的身份收录了他的名字。

早期的另一名教育家和著作者是美国人托马斯·特纳（Thomas Turner）。他认为，发展美国会计事业最有效的途径之一，是进行会计教育，以培养一批又一批会计专业人才。所以，他亲手创办会计学校，亲自招收有一定实践经验的学生，并亲自编写教材，堪称是一位卓有成效的会计教育家。他在1804年的教科书中指出："只要

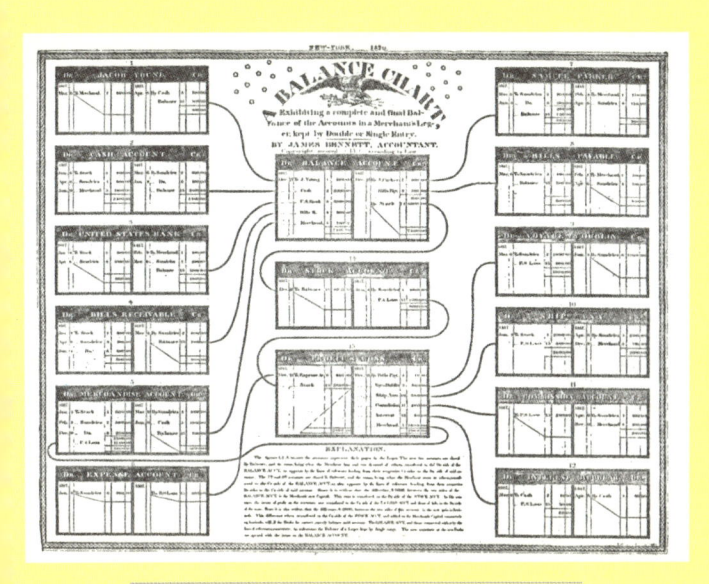

贝内特介绍的资产负债平衡表，其中各项目反映了1817年的经济业务。该平衡表一直使用到1845年

是高等学校的学生，花几个月的时间，就可以充分地掌握会计原则的基础和会计方法知识。"[⑦] 这本书列举了一组关于个人事业和合伙事业的账簿。

可见，这两位教师在致力于会计教育方面的贡献都是值得后人重视的。前者讲授的，整个说来，是当时在新英格兰盛极一时的会计方法，他尤为强调教育学校学生的必要性。后者开设会计讲座的目的，是教育"勤劳"学生，即有实干精神的学生，使其具备最基本、最实用的会计知识，他尤为重视会计知识的实用性，因而他创办的学校，可以说是实务专科学校的先驱形态之一。

进入19世纪以后，以满腔热血投入会计教育事业，并硕果累累的会计学者主要有琼斯、福斯特、科尔特、帕卡德、索尔诸人。尤其是19世纪末期，随着各大学相继设置会计学科，方兴未艾的会计教育，又"更上一层楼"。

先看看那些活跃在19世纪的会计教师。

托马斯·琼斯（Thomas Jones，1804~1889年）是公认的具有近代意义的会计教科书之父，他对所有主会计的精辟论述，他在发展总账和财务报表上的贡献，是他的杰作《簿记和会计职务》（Book-keeping and Accountantship，1859年），所以被公认为美国会计教育走上近代化道路的起点的主要因素。

在这本书中，琼斯通过列举20道例题，较为详细地介绍了日记账、分录账和总账这一传统的三账簿体系，其中对总账的论述尤为出色。因为以前，教师们都将讲授账簿组织的重点摆在分录账上，而琼斯却以总账为讲授的重点。

他指出："簿记的基本作业乃是以账户的形式处理日记账所反映的事实，这些账户构成全部的总账。""这些总账可以分成目的各不相同的两种类型：一种是第一次账户（Primary accounts）；另一种是第二次账户（Secondary accounts）。"⑧接着强调说："反映每笔经济事项的复式记录，均是二组账户系统的必然归结。"⑨

琼斯还在第一次账户系统的后面列举了资产负债表（Statement of Resources and Libilities），在第二次账户系统的后面列举了损益·原始资本计算书（Statement of the Gains, Losses and Original Capital）。显然，这是以动态的物的二账户系统学说为基础来论述财务报表的。

这，可以说就是托马斯·琼斯的独创性。

G·J·普雷维特和B·D·梅里诺在评价他时指出："琼斯即便算不上是在19世纪前半叶最早论述所有主会计的著者，也可以给他以独特的位置，称之为先驱性的解说者。"⑩

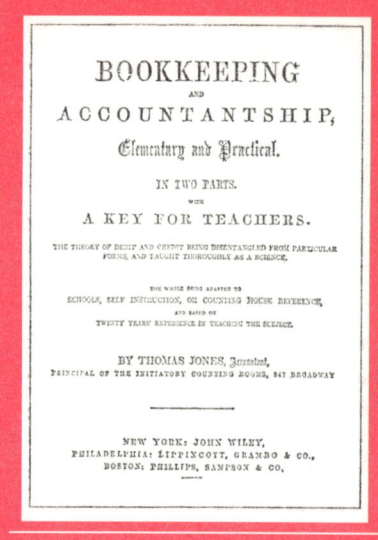

琼斯专著《簿记与会计职务》（1859年）

纽约琼斯专著首页

琼斯的总账

LEDGER.

Received.				CASH.			Paid.
1982				1982			
Nov.	1	On hand commencing	3,000 00	Nov.	2	Paid	2,000 00
″	6	Received	3,000 00	″	5	″	750 00
″	7	″	700 00	″	10	″	350 00
″	12	″	985 00	″	11	″	35 00
″	14	″	200 00	″	13	″	50 00
				″	15	″	2,485 00
				″	19	″	57 00
		Total received $7,885				Total paid $5,727	

Received.				BILLS RECEIVABLE.			Disposed of.
Nov.	1	On hand commencing	4,000 00	Nov.	11	Disposed of 2 notes	3,000 00
″	7	Received	1,800 00	″	12	″ ″ ″ ...	1,000 00
″	18	....	1,500 00				
		Total received $7,300				Tot. dispes'd of $4,000	

Redeemed.				BILLS PAYABLE.			Issued.
Nov.	15	Redecmed	2,500 0	Nov.	4	Issued	2,500 00
				″	5	″	750 00
				″	9	″	4,000 00
				″	17	″	2,800 00
						Total issued $ 10,050	

Dr.				JOHN THOMPSON.			Cr.
Nov.	8	....	1,300 00	Nov.	3	....	1,800 00
″	17	....	2,800 00	″	16	....	2,800 00
		Total $4,100				Total $4,600	

Dr.				JAMES BROMN.			Cr.
Nov.	1	....	1,000 00				

RESOURCES.			LIABILITIES.	
Merchandise, valued at	8,500 00	Bills Payable unredeemed		7,550 00
Schooner Wave	4,300 00	John Thompson, owing to		500 00
Cash on hand	2,158 00	him Total		8,050 00
Bills Receivable on hand	3,300 00		$9,258 00	
James Brown owes us	1,000 00		18,050 00	
Total	19,258 00	Present worth $11,208 00		

再看，赛拉斯·S·帕卡德（Silas S. Packard）1826年出身于俄亥俄州的一个贫困家庭。他自青年时代起，就勤奋学习，成绩优秀。他一生献身于商业教育，创办了许多实务性专科学校，而且，还培养了一大批对实务教育有着浓厚兴趣的年轻女性。他是一位实干家，同时也是一位优秀教员，在50多年的教师生涯中，他不仅编著了许多关于商业的著述，而且还撰写了会计和簿记教科书。这些教科书在当时颇受欢迎，不断再版，一直使用到20世纪初，不止对美国，甚至对加拿大和日本，亦产生了影响。

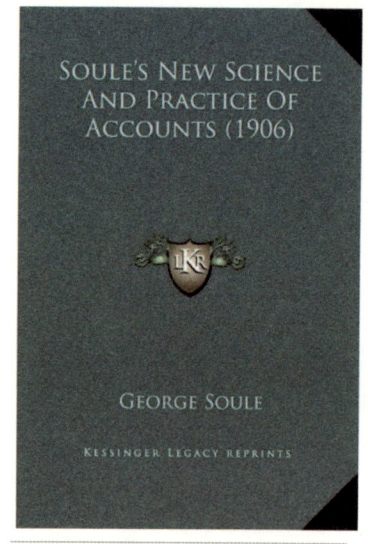

索尔《会计科学与实践》（1906年版）

与帕卡德相呼应，乔治·索尔（George Soulē）战斗在美国南部。他积极地创办实务专科学校，像帕卡德一样，也亲自组织编写会计教科书。他的大作《会计科学和实践》（Science and Praetice of Accounts）以同时论述私人企业会计和股份公司会计而为人交口称赞。因为当时所有的财务会计教科书都有一个共同的缺点，就是没有把拓荒的锄头，伸到股份公司会计的园地。而索尔的这本书已有涉猎，只是论述得并不深入。

有的史学家说，帕卡德是美国东部实务教育的创业者。同样，我们还可以这样说，索尔乃是美国南部实务教育的创业者。两位对于会计教育的贡献都是不可低估的。

要说会计教师中，生活充满坎坷最多的，还是科尔特。这个人在会计发展上有所建树，最后却因杀人罪而被政府推上了绞刑台。

约翰·考德威尔·科尔特（John Coldwell Colt，1810～1842年）1810年出生于康涅狄格州。共有8个兄弟，他排行第一。成名之作是《复式簿记科学》（The

Science of Double Entry Book-keeping），1837年出版于辛辛那提。

本书由三部分组成：

第一部分　学校教科书的内容；

第二部分　面向教师和书记的内容；

第三部分　面向实务的格式。

这本著作的成功，使科尔特名噪一时。

令人惋惜的是，这位会计学者在一次与同伴的争吵中，失手将对方杀死。为逃避罪行，竟将尸体装进箱子，沉入河里。不久以后，事情败露被逮捕。经判决，以死刑处之。

说起来还有一点罗曼蒂克。在死刑执行日，科尔特笑容满面地抱着提前出生的孩子与他的未婚妻卡罗琳·亨肖（Caroline Henshaw）在众多朋友和弟弟面前，举行了简单的结婚仪式。然后，昂首阔步地走上了绞刑台。

真是别具一格的刑场上的婚礼。

有趣！太有趣了！

不管怎样，上述会计学者在美国会计的学步期都抱着同一目的，那就是：力求通过出版教科书，以期收讲授会计知识之功，又见提高经商之人的管理素质，促进本国经济发展之效。

中国古语："百年树人"，就是这个意思。

可以说，正是因为这些热血沸腾的会计学者们和创业者们的共同努力，对自己选定事业的执著追求，美国的会计教育才犹如六月热浪，呈现出多彩的面貌，从而为美国会计的腾飞，奠定了雄厚的基础。

作为会计教育的发展，在19世纪的一些高等学校里，对会计理论和实践也重视起来。

这样，就大大地提高了会计科学在人们心目中的地位。

1883年，宾夕法尼亚学院所属的瓦顿学校（Wharton School）第一次设置了会计课程，并组织编写了会计讲义，学时为两年。据当时的学生回忆说，该大学会计班共12名学生，教科书主要有两本：一是塞尔登·霍普金斯（Selden Hopkins）的《证据簿记手册》（Manual of Exhibit Book-keeping）；二是C·C·马什（C. C. Marsh）的《银行簿记和合股会计的理论》（Theory of Bank Book-keeping and Joint Stock Accounts）。

同时期，芝加哥大学亦设置了商业·政治系，后改称为商业·经营系。1898年和1899年只有10名学生，3年后，增至89名。在这里，会计是学生学习的重要科目。会计教师亲自编写教科书，并组织学生根据德国人J·F·雪尔的会计著作，对单式记录和复式记录的有关问题，进行了热烈地讨论。

当时，广为学校采用的教科书还有：

①《美国的会计人员》（The American Accountant，1789年）。本杰明·沃克曼（Benjanmin Workman）著，系为会计史学者们所公认的美国出版最早的复式簿记教科书。该书第二版后由R·帕特森（R. Patterson）修订，于1796年在费城出版刊行。

②《新而全的簿记体系》（A New and Complete System of Book-keeping，1796年）。这本书也是在费城出版的，著者为威廉·米切尔（William Mitchell，1763～1854年）。这是一本共454页的大著，目录为序言、账簿组织（零售企业）、账簿组织（内外贸易行业）、辅助簿和账簿组织。

③《健全的簿记体系》（A Complete System of Book-keeping，1789年）。著者是曾被流放在美国，并长期从事会计实务和研究工作的布思。虽然这本书出版于伦敦，但据布思自己介绍说，他的著作是根据纽约和伦敦两地30年的会计实务经验，并加以改良、创新的产物。这样一本由英国簿记改革派首领撰写的名著，在美国流传开来以后，备受欢迎。

米切尔《新而全的簿记体系》
（1796年版）

昌西，李《美国会计人员》

④英国人威廉·韦斯顿（William Weston）编著的教科书（1754年）。这本书出版于英国，是专为那些准备赴美创业的英国年轻人而著。在这本共260页的作品中，韦斯顿详细地介绍了年度计算法，指出应每年结账一次，并通过分别合计借贷记录来验证其正确性。

⑤《美国的会计人员》(American Accomptant, 1797年）。这是一本由美国人昌西·李（Chauncey Lee, 1763～1842年）编著的关于复式簿记的重要文献。在书中，作者试图对英国人戈登（Gordon）介绍的意大利式簿记法进行改良，与布思的著作一样，自始至终，洋溢着鲜明的革新精神。

⑥W·H·里奇蒙（Wellington Harrison Richmond）编著的《综合簿记体系》（A Comprehensive System of Book-keeping, 1846年）。该书虽然内容较为丰富，不仅详细地介绍了日记账、分录账和总账，而且还提及了试算表，但结构不甚严密。

⑦《单式簿记的实务课程》（A Course of Practice in Singleentry Book-keeping, New York, 1853年）和《复式簿记科学》（The Science of double-entry Book-keeping,

美国早期簿记普及书

BRYANT & STRATTON'S COUNTING HOUSE BOOK-KEEPING:

CONTAINING A
COMPLETE EXPOSITION OF THE SCIENCE OF ACCOUNTS,
IN ITS APPLICATION TO
THE VARIOUS DEPARTMENTS OF BUSINESS;
INCLUDING
COMPLETE SETS OF BOOKS,
IN
WHOLESALE AND RETAIL MERCHANDISING,
FARMING, SETTLEMENT OF ESTATES,
FORWARDING, COMMISSION,
BANKING, EXCHANGE, STOCK BROKERAGE, ETC.

WITH FULL EXPLANATIONS AND APPROPRIATE REMARKS ON THE CUSTOMS OF TRADE; AND EXAMPLES OF THE MOST IMPORTANT BUSINESS FORMS IN USE.

BY
H. B. BRYANT, AND H. D. STRATTON,
AND
S. S. PACKARD,

NEW YORK:
IVISON, PHINNEY, BLAKEMAN & COMPANY,
1868.

SEVEN-ACCOUNT SYSTEM OF BOOK KEEPING

By C. O. E. MATTHERN,

INTRODUCING AN ORIGINAL SYSTEM OF RECORDING MERCANTILE TRANSACTIONS UNDER SEVEN ACCOUNTS, FOR THE PURPOSE OF KEEPING CONSTANTLY IN VIEW THE CONDITION, OR STATUS, OF THE BUSINESS, WITHOUT CONSIDERING IN DETAIL THE INDIVIDUAL ACCOUNTS.

ALSO: A TREATISE ON THE FIRST PRINCIPLES.

Explained by the Introduction of certain Conditions of Facts, as the Basis of every Transaction, embraced in a General Formula for what and when to Debit or Credit.

PART I.

CHICAGO.
MAX STERN, GOLDSMITH & CO., Typographers.
1876.

MESERVEY'S BOOK-KEEPING

SINGLE ENTRY.

FOR GRAMMAR SCHOOLS.

A. B. MESERVEY, Ph.D.,
PRINCIPAL OF THE NEW HAMPTON LITERARY INSTITUTION, NEW HAMPTON, N.H.;
AUTHOR OF BOOK-KEEPING, SINGLE AND DOUBLE ENTRY.

BOSTON:
PUBLISHED BY THOMPSON, BROWN, & CO.,
23 HAWLEY STREET.

MESERVEY'S BOOK-KEEPING,

SINGLE AND DOUBLE ENTRY.

BY
A. B. MESERVEY, Ph.D.,
PRINCIPAL OF THE NEW HAMPTON LITERARY INSTITUTION,
NEW HAMPTON, N.H.

BOSTON:
PUBLISHED BY THOMPSON, BROWN, & CO.
23 HAWLEY STREET.

PRACTICAL BOOK-KEEPING:

A TEXT-BOOK
FOR THE USE OF SCHOOLS;
CONTAINING
A FULL TREATMENT OF THE SUBJECT OF BUSINESS PAPERS, A COMPLETE COURSE IN SINGLE ENTRY BOOK-KEEPING, AND A SHORT COURSE IN DOUBLE ENTRY.

BY
ELIPHALET ORAM LYTE, A.M., Ph.D.,
PRINCIPAL AND PROFESSOR OF PSYCHOLOGY AND PEDAGOGICS, STATE NORMAL SCHOOL, MILLERSVILLE, PA.; AND AUTHOR OF "GRAMMAR AND COMPOSITION," "SCHOOL SONG BOOK," ETC.

PHILADELPHIA:
CHRISTOPHER SOWER CO.,
614 ARCH STREET.
1891.

MAYHEW'S PRACTICAL BOOK-KEEPING

EMBRACING
SINGLE AND DOUBLE ENTRY,
COMMERCIAL CALCULATIONS, AND THE PHILOSOPHY AND MORALS OF BUSINESS.

"Deliver all things in number and weight, and put all in writing that thou givest out or receivest in." Ecclesiasticus xlii. 7.

BY IRA MAYHEW, A.M.,
AUTHOR OF "MEANS AND ENDS OF UNIVERSAL EDUCATION."

BOSTON:
CHASE, NICHOLS AND HILL,
43 WASHINGTON STREET.
1861.

Philadelphia，1830年》两书。这是前述的C·C·马什编著的另外两本教科书。这两本著作在当时极受欢迎，再版数次，影响达50年之久。前者讲解单式簿记，除例题、记账举例和说明以外，对商业文件和算术也进行了详细地论述。此外，还介绍了由7种账簿组成的账簿组织和试算表。后者讲解复式簿记，通过列举例题，有分析地介绍了复式簿记的基本方法和商业文件、商业文例，以及商业算术知识。尤为重要的是，这两本教科书的1871年版，曾被"明治维新"时期日本的文部省看中，作为簿记教科书，对日本国的簿记教育，产生了较大的影响。但这是后话，暂且不表。

四、一面镜子：商人月刊

"亨特的商人月刊"犹如一面映照着19世纪美国会计发展的镜子。

我们这么说，绝不是什么夸大之言。因为通过它，确确实实能察知当时美国会计的大致面貌。

"亨特的商人月刊"（Hunt's Merchants' Magazine）是由弗里曼·亨特（Freeman Hunt）在1839年7月创刊的，一直办到1870年12月。F·亨特是文学硕士、美国·伦敦统计协会、纽约历史协会和纽约、波斯顿等商人图书馆协会的名誉会员。在当

《亨特的商业月刊》创始人
Freeman Hunt （1804～1858年）

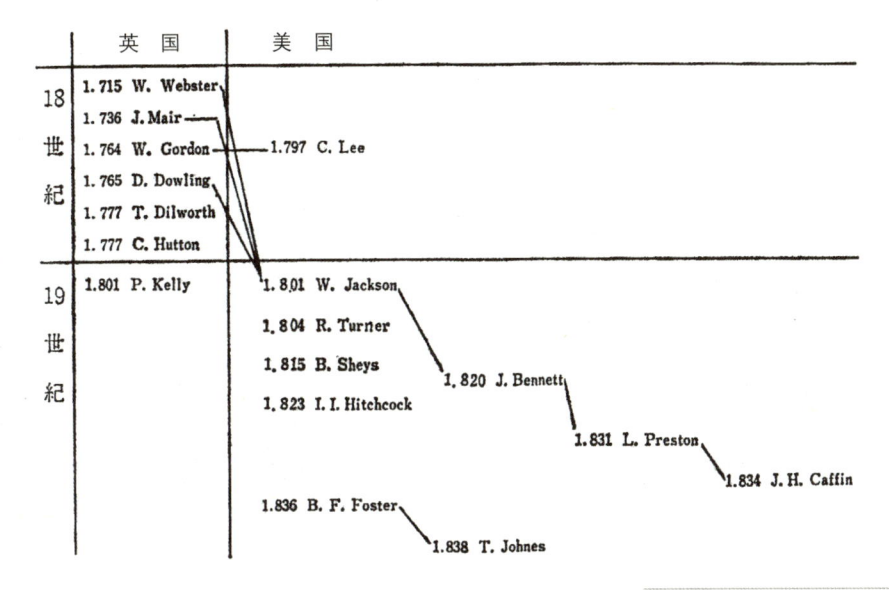

	英 国	美 国
18世纪	1.715 W. Webster 1.736 J. Mair 1.764 W. Gordon 1.765 D. Dowling 1.777 T. Dilworth 1.777 C. Hutton	1.797 C. Lee
19世纪	1.801 P. Kelly	1.801 W. Jackson 1.804 R. Turner 1.815 B. Sheys 1.823 I. I. Hitchcock 1.820 J. Bennett 1.831 L. Preston 1.834 J. H. Caffin 1.836 B. F. Foster 1.838 T. Johnes

英国簿记思想对美国的影响

时，他可以说是美国第一流的实务界定期刊物的编辑者。他坚信，企业是科学，同时也是艺术。

这本杂志，并不是会计专业刊物，所以，除会计文章、书评和报道以外，还发表了许多有关商业、经济、法律和统计的文章。

有关会计的文章主要有：

1. 《会计人员的疑问》（1841年3月号，第275～277页）；
2. 《簿记诗》（1841年11月号，第463页）；
3. 《会计人员的问题》、《记账员的疑问》（1841年12月，第567～569页）；
4. 《记账的富裕商人》（1845年12月号，第583页）；
5. 《商人教育和会计学校》（1857年12月号，第701～705页）；
6. 《关于商人会计的各种问题》（1859年2月号，第263页）；
7. 《簿记——它的利用·必要性·简明格式》（1863年10月号，11月号，

CXVI.

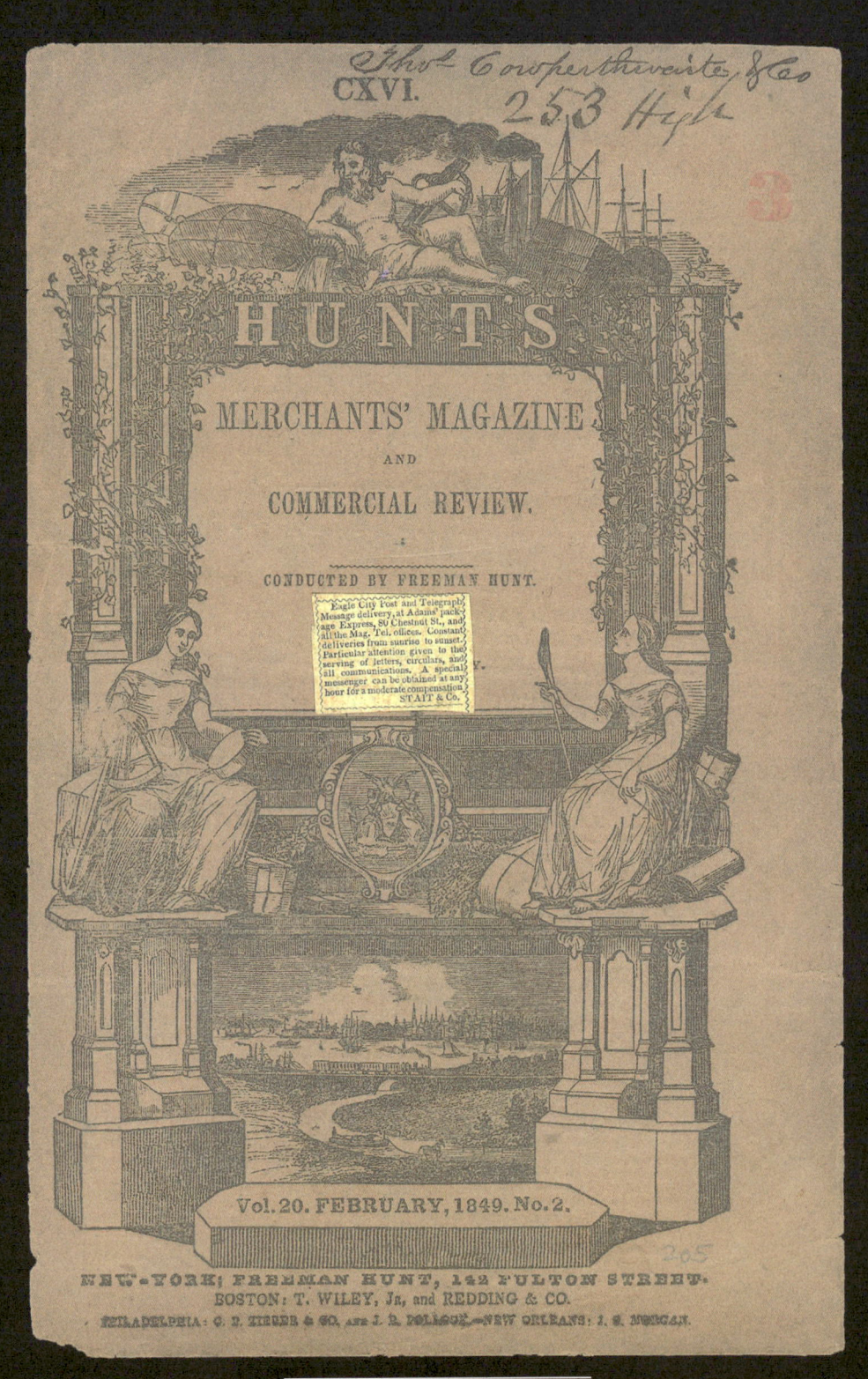

HUNT'S
MERCHANTS' MAGAZINE
AND
COMMERCIAL REVIEW.

CONDUCTED BY FREEMAN HUNT.

Eagle City Post and Telegraph Message delivery, at Adams' package Express, 80 Chestnut St., and all the Mag. Tel. offices. Constant deliveries from sunrise to sunset. Particular attention given to the serving of letters, circulars, and all communications. A special messenger can be obtained at any hour for a moderate compensation.
STAIT & Co.

Vol. 20. FEBRUARY, 1849. No. 2.

NEW-YORK: FREEMAN HUNT, 142 FULTON STREET.
BOSTON: T. WILEY, Jr. and REDDING & CO.
PHILADELPHIA: G. B. ZIEBER & CO. and J. B. POLLOCK.—NEW ORLEANS: J. C. MORGAN.

第275～281页，第362～365页）；

  8. 《铁道行业营业报告书的分析》（从1865年开始连载，共20期）。

  该月刊还以"书的交易（介绍或评论）"（The Book Trade（Notices or Reviews））为题，介绍和评论各种新出版的文献。被介绍的会计著作主要有：

  1. 《复式簿记科学》

  （J. C. Colt，The Science of Double Entrg Book-keeping Simplified）（1839年11月号，第462～463页）。

  2. 《关于簿记的简要论文》

  （B. F. Foster，A Concise Treatise on Book-keeping）（1840年8月号，第164页）。

  3. 《普雷斯顿的簿记论文》

  （Lyman Preston，Preston's Treatise on Book-keeping）（1844年5月号，第490页）。

  4. 《簿记的实用体系》

  （B. W. Foster，A Practical System of Book-keeping）（1845年12月号，第590页）。

  5. 《有关复式簿记的介绍和实践论文》

  （A. F. and S. W. Crittenden，An Inductive and Practical System of Double Entry Book-keeping）（1846年11月号，第225页）。

  6. 《有关单式和复式簿记的介绍及实践论文》

  （S. W. Crittenden，An Inductive and Practical Treatise on Book-keeping by Single and Double Entry）（1851年6月号，第791页）。

  7. 《簿记的实用体系》

  （L. S. Fulton and G. W. Eastman，A Practical System of Book-keeping）（1851年8月号，第271页）。

  8. 《簿记和会计职务》

  （T. Jones，Book-keeping and Accountantship）（1849年11月号，第587页）。

9. 《簿记简法》

（G. N. Conter, A Simple Method of Keeping Books）（1851年3月号，第400页）。

10. 《簿记第一课》

（J. H. Palmer, First Lessons in Book-keeping）（1852年12月号，第773页）。

11. 《达夫的北美会计人员》

（Peter Duff, Duff's North American Accountant）（1854年8月号）。

12. 《银行簿记和合股会计的理论与实务》

（C. C. Marsh, The Theory and Practice of Bank Book-keeping and Joint Stock Accounts）（1857年10月号，第525页）。

《亨特的商人月刊》

这本杂志还特设了会计新著的书评栏。以下扼要介绍的是其中的三篇书评。

B·F·福斯特的簿记著作深受克龙赫尔姆（1818年）、汉密尔顿（1777年）、B·布思（1789年）和T·琼斯的影响，被公认为当时水平最高的教科书，因而发行量极大。该杂志向人们介绍说：这本书"不仅对商人，而且对学生，也是有益的指针。"

普雷斯顿的簿记著作可以算是19世纪初叶出版的优秀文献之一。该杂志对这本书通过举例介绍由单式簿记向复式簿记转换的方法，给予了高度的评价。

该刊对A·F=S·W·克里坦登的著作也作了评价，指出："这本优点很多的著作是在五六年前发表的，可以说是最为完善的。"他们的簿记著作，"是关于簿记学理论和实践的当今最完善的业绩之一，可以将它运用于大型企业。"⑪

而且，该刊还为不同观点的会计理论家提供争鸣的场地。现在，当我们翻开这本月刊时，当年H·R·哈特菲尔德和T·琼斯、J·W·赖特和B·卡里克等人唇枪舌战的场面，仿佛又浮现在眼前。

五、新的发展方向

一个时代会计发展的要求，以及一个相似的工业革命的环境，也许就是19世纪各国的会计学者勇于论述成本会计的主要因素。

反正，美国就是这样的。

1807年的禁运法案和1812～1814年的英美战争，乃是美国工业发展的一个重要转折点。它标志着美国已丢开包袱，走上了独立发展资本主义工业的道路。正是在这样的声势愈来愈大的工业革命的冲击下，曾经盛极一时的殖民地商业会计的运用时代开始谢幕，美国的历史，又转向了一个新的发展方向，这就是股份公司会计的运用和发展的时代。

如何对成本进行核算和管理，这是新时代给会计发展提出的一个新难题。在当时的美国，是有那么一批人在这方面下了一番工夫的。

你看：

约翰·弗莱明（John Fleming）的《复式簿记》（Book-keeping by Double Entry, Pittsburgh, 1854）通过一些简单的例子，对工业簿记作了初步地介绍，其中

以论述"工厂账户"（Factory Account）尤为著名。

工厂账户[⑦]

建筑物成本	××美元	棉布等的销售收入	××
棉花购进支出	××	托销棉布等	××
职工工资	××	余额（库存额）	××
购煤支出	××		
书记员工资和费用	××		
损益	××		

显而易见，该账的借贷差额反映由不动产产生出来的损益，因为年度末的库存额是在不动产账户的贷方反映的。

再看：

德怀特·S·道（Dwight. S. Dow），是当时另一位会计学者。他的著作《簿记》（Keeping Books）1882年在纽约一问世，遂引起会计界的重视。

他说："簿记员应设置名叫制造账户（manufacturing account）的账户，并按相同于商品账户的方法，记录该账户。……也就是说，在制造账户的借方，反映购进的原料和雇用的劳动力等，在其贷方，则记录减少额（产品销售收入）。"[⑧]但没有提及制造费用。

除著作以外，那时候，一

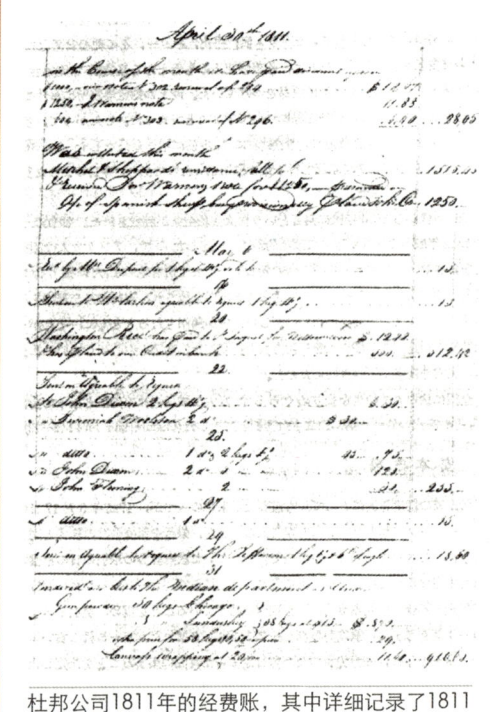

杜邦公司1811年的经费账，其中详细记录了1811年5月29日与thomas jefferson的交易

些会计杂志也对成本会计进行了热烈地讨论。例如，A·O·基特里奇（A. O. Kittridge）在1880年《簿记员》（The Book-keeper）杂志第10期上对叫作"成本项目"（Cost item）的账户和制造人账户（Manufactures' Account）作了详细介绍。他指出，成本项目账户主要是从现金出纳账的特别栏中过入的，其余额表示"迄今为止的产品成本会计。"但是，他并没有将成本项目账户与制造人账户之间的关系说明清楚。而且，他对经费的论述前后矛盾，更没有将它分成工厂费用和一般费用。

不久，《簿记员》杂志的主编也挥笔上阵。他以令人信服的事实，强调了详细反映成本的必要性，并指出，就一个工厂的会计制度来说，一般应包括三项记录：一为反映原料成本的记录；二为反映由原料变为产品时的成本记录；三为计算生产收益的记录。

当然，事物的发展总有一个呀呀学舌的阶段。美国成本会计的发展亦是如此。上述关于成本核算的文献无论从数量方面还是从质量方面去考察，与同时期的英国比较起来，仍显得落后，不能说已达到自成体系的程度。

1885年，是美国成本会计走向成熟的一年。这一年，一位名叫亨利·梅特卡夫（Henry Metcalfe）的军官在纽约出版了《产品成本》（Cost of Manufactures）一书。他是一位出类拔萃的有影响的会计学者，自从该书出版刊行，他的权威地位马上得到了全国的公认。会计协会还特邀他出席在纽约召开的学术研讨会，向各位代表作了关于成本核算的专题报告。

《产品成本》一书反映了时代的脉搏。在书中，梅特卡夫介绍了一种新颖的成本表（Cost Sheet）的记录和计算法。而且，还首次提倡使用卡片来反映成本。显然，这种卡片式记录较之用账簿作为原始记录的场合，要更便于迅速地对原始资料进行分类，并编制表式记录和汇总表。但是，这本书主要是围绕政府的兵工厂的经营进行论述的,故未提及企业资本和利润。尽管如此,他的名著还是从成本会计方面奠定了美国会计史的坚定基础。正是在他的努力下,美国成本会计的发展,发生了一次大的转变。

A·C·利特尔顿教授曾经指出:"实际上,可以不过分地说,成本核算程序的形成,有着伟大的功绩,它可以与创造按复式记录原则进行的簿记相媲美。"⑱从这种意义上说,美国与英国、德国和法国诸国一样,在成本会计的发展上,也是富有开拓精神的先驱者,因而对西方会计发展的贡献,同样是巨大的。

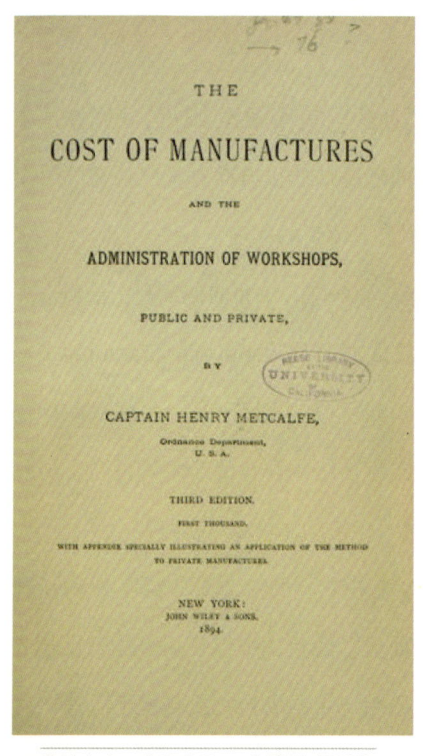

梅特卡夫《产品成品》(1894年第2版)　　　　梅特卡夫《产品成品》(1907年第3版)

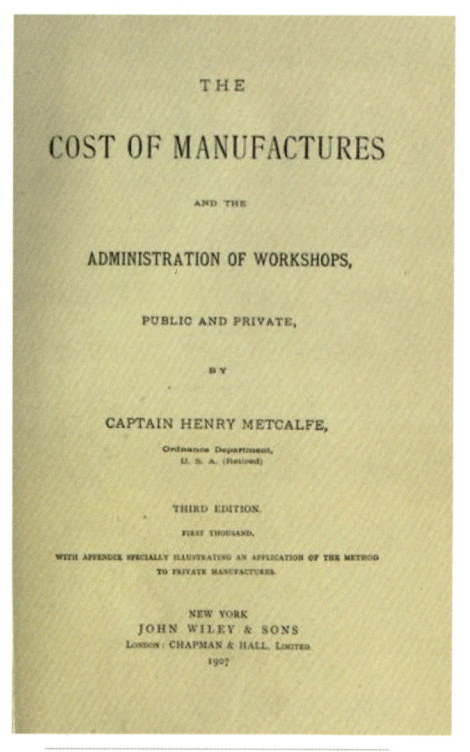

注　释：

①　（美）A·C·利特尔顿和（英）B·S·亚梅编集：《会计史论文集》（Studies in the History of Accounting），1956年版，第275~278页。

②　（美）G·J·普雷维特和B·D·梅里诺编著：《美国会计史》（A History of Accounting in America），1979年版，第5页。

③　同②第9页。

④　同②第19页。

⑤　（日）久野秀男著：《英美（加）古典簿记著作发展史的研究》，学习院，1979年版，第327页。

⑥　同②第26页。

⑦　同②第28页。

⑧⑨　（日）久野光朗著：《十九世纪中叶美国簿记会计发展状况》载于日本会计学会编集：《会计》第127卷1月号，第17页。

⑩　同②第49页。

⑪　同⑧⑨第15~16页。

⑫　（美）S·P·加纳著：《1925年以前成本会计的演进》（Evolution of Cost Accounting to 1925），亚拉巴马大学出版社1976年版，第67页。

⑬　（美）A·C·利特尔顿：《二十世纪以前的会计发展》《Accounting Evolution to 1900》1966年版，第356页。

⑭　同⑫⑬第359页。

第八章 西式簿记在日本的传播和发展

一、初浴欧风美雨

当资本主义的凯歌不断地在欧美诸国的大地上奏响,世界的面貌为之改观的时候,当意大利式簿记在德、法、荷、英、美各国迅速传播,并有了突出的进步的时候,日本岛国还在做着停滞、太平和孤立之梦。

但是,日本国的有识之士不愿意看到自己的国家就这么沉默下去,帝国主义列强也不甘心放弃这块嘴边的"肥肉"。

1853年,美国海军准将M·C·佩里(M. C. Perry,1794~1858年)率四艘军舰开入幕府的咽喉浦贺湾,用武力强迫日本政府打开"国门",从而将日本国从梦幻中惊醒。

在轰轰烈烈的"攘夷倒幕"和"明治维新"运动的影响下,明治天皇向全国公布了"五条誓文":(1)广兴会议,万机决于公论;(2)上下一心,盛行经纶;(3)文武一途以至庶民,名遂其志,人心不倦;(4)破旧有之陋习,基于天地之公道;(5)求知于世界,大振皇基。①

所以,大刀阔斧地对旧有的社会、政治制度进行改革,对旧有的经济制度进行改革,在当时已是人心所向,成为一股不可抗拒的洪流。人们向欧美学文化、学技术、学管理甚至学生活方式,已是蔚然成风,达到狂热的程度。

我们知道,日本民族具有特殊的、虚心善学先进民族思想和文化的品质和习

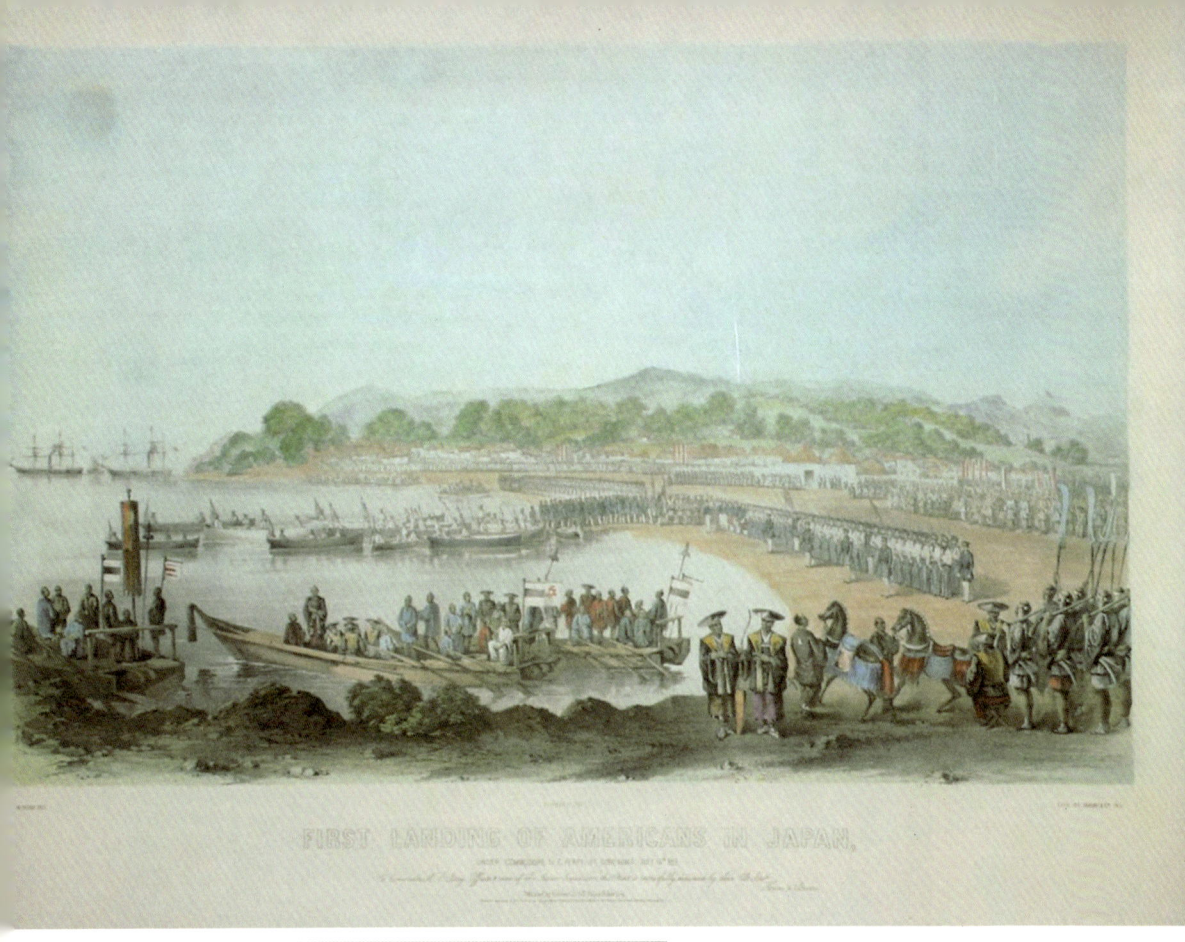

美国海军准将佩里带领美军首次登陆日本

惯。在古代，他们如同吮吸自己母亲的乳汁一样全盘接受当时世界上最为发达的汉民族的文化思想。但是到近代，当通向西方的大门打开，他们的眼光转向世界的时候，他们领悟到了西方文明的妙处。于是，他们又把自己的求知之手，伸向欧美国家。

我国的会计史学者郭道扬教授在结合会计发展，谈到这一点时，也不胜感慨地说："曾经在'大化革新'之时拜中国为师，学习中式会计的日本人，从'明治维新'开始，毅然掉过头去，拜欧美诸国为师，学习并引进借贷复式簿记。过去的老师，今日却变成学生。光绪年间，中国政府反倒派遣留学生到日本去学习新式簿记了。"②

日本明治维新

这就是历史!

铁的事实告诉我们,社会经济落后的结果,必将是政治制度的落后、科学技术的落后、经济管理的落后和会计发展的落后。

当时的明治政府深刻地认识到了这一点。所以,他们比较正确地分析了世界政治和经济的发展形势,开始有步骤地在全国推行"殖产兴业政策",旨在建设近代资本主义的产业和经济结构。为此,他们一方面积极地效仿西方国家的管理办法，移植欧美的近代工厂制度，大规模地引进和兴办官营模范工厂，并以重金聘请外国专家来日本工厂担任顾问和技术指导，另一方面抓紧在全国各地选拔优秀人才出国考察，以学习欧美的企业管理经验。当然，向欧美学习先进的会计方法、聘请会计专家担任企业财务顾问，是其中重要的组成部分。

明治元年，国家领导经济建设的机构是大藏省。几经变化，大藏省最后定为七官制：议政、行政、神祇、会计、事务、外国和刑法。其中"会计官"是为适应新形势而设，统辖七个司：出纳、用度、邮递、营缮、税银、货币和民政。后又决定把商法司也划归会计官领导。明治二年二月，会计官的权限更加扩大，统管租税、用度、秩禄、贡献、金银货币、仓库、检地、营缮、矿山等各种事务，并且直接领导造币局、监督司、出纳司、用度司、营缮司和矿山司。同时，政府还专门作出决定：将原来归外国官领导的通商司亦划归会计官领导。①

这些都是政府会计。应该肯定，他们是积极的，而且是非常积极的。

在企业会计方面，他们也是这样。那时候，荷兰、英国、美国、法国、德国和葡萄牙均是他们学习的目标。因为这些人心里非常清楚，资本主义的经济管理

纸币局

和会计核算，不可能再靠日本固有的记账方法去完成。

于是，他们尝试着在实务中引进了西式簿记法。

这里，我们先以横须贺制铁所为例，考察西式簿记在日本企业管理中的运用情况。

横须贺制铁所（明治四年四月改为横须贺造船所）是在德川末年，由法国政府援助而建设和经营起来的。到明治年间，由于政府重视，其规模迅速扩大，业务更加复杂化。

为了加强企业的会计核算，提高企业的经营管理水平，该制铁所在会计方面进行了一系列地改革。例如：①聘请法国人担任会计主任，较为著名的有梅勒尔（Mereier）；②派遣业务能力较强的稻垣喜多造和伊东荣去法国学习和研究会计法，其中包括商社会计法、账簿会计法、银行会计法和有关工业的会计法；③制定了横须贺造船所业务分工章程，明确规定会计和出纳是重要组成部分；④改革账簿组织，设两套由出纳日志、日本货币大账、洋货出纳大

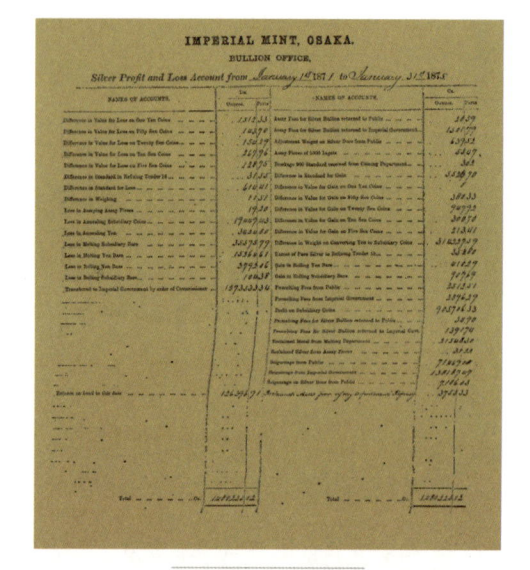

造币局的收支计算书

横须贺制铁所

维森特·E·布雷盖
（Vicente E. Braga，1840～1911年）

账、保续计算大账（财产总账）和辅助簿组成的账簿组织，一套由日本人用日文记录，一套由法国人用法文记录；⑤创办学期为4～5年的学校，规定在一年级必须讲授簿记学，而且，还专门配备了簿记教师。

再看造币局在自己的业务中引进西式簿记的情况。

造币局是明治政府最早引进欧美先进国家的制度和技术的单位，也是日本国最早的近代大型工厂之一。

该局属于开放型的，他们在大藏省的支持下，聘请了葡萄牙维森特·E·布雷盖（Vicente E. Braga，1840～1911年）担任会计主任。

布雷盖出生于香港。在日本任职期间，他一方面致力于政府会计组织的设置，另一方面亲自编写簿记教科书，全力以赴地向日本官民讲授西式簿记原理，并且培养了一批学生，其中不少人后来成为日本国借贷记账法的积极推行者。

他极力推行的账簿组织是：

Voucher ⟶ Waste Journal ⟶ Journal ⟶
General Ledger ⟶ Daily Balance ─────┐
　　　　　　　　　　　　　　　　　　　│
　　⟶ Profit & Loss Account
　　⟶ Balance Sheet

其中，Voucher是反映所有的金、银收支的凭证；Waste Journal有两种：一种是双方式，即左边反映借方金额，右边反映贷方金额，中间为摘要栏；另一种为单方式，即左上方为日期栏，左下方为摘要栏，右边为借方·贷方金额栏；Journal为"日记簿"；General Ledger为总账；Daily Balance是反映每天的总账余额的试算表；根据上述记账整理的结果，应定期编制损益账户（Profit & Loss Account）和平衡表（Balance Sheet）。

初浴欧风美雨，日本国的会计初步呈现出新的生机与活力。西式簿记的思想犹如涓涓清流，滋润着日本国那些渴求有"灵丹妙药"来加强企业管理的改革之士的焦急心情。

不过，西式簿记在日本实务中的运用从范围上看，尚不是全面的，而仅仅是局部的；从内容上看，尚不是全盘西化，而是土洋结合的，显得有点不伦不类。例如，布雷盖领导的会计不是一律以货币作为计量单位反映，而是兼用金、银等反映；又如，制铁所的簿记甚至不是复式簿记，而仅仅是一种略有西洋风味的单式记录。

尽管如此，它毕竟还是给日本会计界带来了一缕光明。从这时起，日本国的有识之士愈来愈清醒地认识到：日本要发展资本主义经济，就必须对本国固有的会计进行全面地改革。也就是说，必须大力引进借贷记账法，普及借贷记账法。

二、活跃在改革的前沿

历史，将福泽谕吉推到了这场会计变革的前沿。

福泽谕吉（1834~1901年）出身于武家，曾数次赴国外学习。广泛地接触西方资本主义的文化，使他由一个封建传统熏陶出来的青年，转变成了具有资产

福泽谕吉（1834~1901年）

阶级思想的、向西方寻求真理的先进的有作为的日本人。他是日本资产阶级文化的最大先驱者，日本民族的伟大启蒙思想家。在他的身上，充分地体现了新兴的资产阶级在上升时期的许多长处：奋然进取，意志刚强，提倡科学，讲究效率。他一生勤奋著书，写出60多种著作。如《西洋事情》、《文明概论》、《劝学篇》、《帝室论》、《丁丑公论》、《民情一新》、《时事小言》，均是在当时很有影响的文献。它们或致力于揭露腐朽，打破旧的桎梏，攻击和反对封建制度、封建思想；或致力于唤醒国民，振奋民族精神，宣传和鼓吹社会进步的文明开化的新思想。

福泽谕吉在《文明概论》一书中指出："在今天这个时代，是应该前进呢，还是应该后退？是进而追求文明呢，还是退而回到野蛮？"

他坚决摒弃那种迷惑于旧习、沉湎于本国古老文明、对西洋文明无动于衷、不以为然、不图改新的愚昧短见，主张日本国应敞开国门，向欧美学习，以吸收先进的西洋文明思想。因为西洋文明就是高于日本文明。

不过，福泽又不认为西洋文明已是登峰造极，尽善尽美。他认为，现代所谓的西洋文明，不过是指目前这个时代，"人类的智慧所能达到的最高程度而已。""假如千百年后，人类的智慧已经高度发达，能够达到太平美好的最高境界，再回顾现在西洋各国的情况，将会为其野蛮而叹息的"，世界上绝没有"达到文明顶峰的国家。"所以，他十分鄙视那种在西方文明面前的奴才相，认为在吸收外国先进文明时，一定要结合本国的具体情况，"取舍适宜"，切不可"全盘效法"，更不应该"单纯仿效文明的外形，而必须首先具有文明的精神。"他还认为，学习西方先进文明，"可以一面碾米，一面求学，不一定非吃西餐不可。哪怕吃麦饭、喝豆酱汤，也是可以学习文明事物的。"

此乃符合当时历史潮流的正确理论。

日本大学西川孝治郎教授指出："无论从哪个角度观察我国近代史，必须大书特书的第一人均是福泽谕吉。可以说，如果搬开福泽先生就谈不上去写近代日本的社会史、政治史、经济史、产业史、思想史，教育史和哲学史。簿记史也不例外。"

的确，人们在敬佩这位日本近代史上的伟人之时，怎能不想起他对日本近代会计发展所作出的杰出贡献呢？

在国外期间，福泽谕吉除广泛涉猎社会、教育和政治诸领域之外，还把注意力放到了经济管理上。他从美国的会计著作那里，获得了管理的武器，并了解了世界会计发展的大势。所以，他下定决心，要翻译西方的会计文献，向日本人民介绍西式簿记法。

他不可不说是积极的，然而，他也是严肃的。

他原来并不懂会计，甚至连日本固有的大幅账也未见过。基于治学应严谨的思想，他决定以美国人H·B·布赖恩特（H. B. Bryant, 1824~1892年）和H·D·斯特拉顿（H. D. Stratton, 1824~1867年）两人合著的《公立学校的簿记》（Common School Book-keeping. N. Y. 1871）一书为原本，边学边译，先译单式簿记部分，再译复式簿记部分。前者就是出版于明治六年六月的《账合之法》初编二册；后者就是第二年六月出版的《账合之法》续编二册。它们均是日本国最早的一批西式簿记著作。

在这里，应注意的是，福泽谕吉对待学习西方文明的态度，在翻译这本书的过程中充分地体现了出来。比如，他在翻译《账合之法（初编）》时，特地加"译者注"，通过对比分析"借贷"和"出入"术语，向人们建议，为了使日本人易于理解，为方便初学者，应以"出入"术语代替"借贷"术语。这是日本国收支簿记法的发端，对后世影响甚大。

可见，福泽谕吉是具有一种激流勇进的时代精神的。他的译著出版后，受到了日本会计界的重视。尽管本书的价格昂贵，但仍畅销一时，并再版数次。

"账合之法"（1873年）

黑泽清教授在评价本书时指出："可以不夸张地说，这本著作的出版，在明治初期具有与意大利文艺复兴时期，世界上最早的卢卡·帕乔利的簿记问世大致相同的启蒙意义。"⑤

诚然，这句话的主观色彩颇为浓厚，但有一点却是毋庸置疑的，这就是：西式簿记法在日本的传播，自横须贺制铁所和造币局在实务中揭开序幕以后，正是福泽谕吉以他的不羁之才，生花之笔，推出洋洋几十万字的《账合之法》，才将日本的会计带进了一个全面发展的新时代。进一步可以说，《账合之法》的问世，不仅是日本国新式簿记的光荣诞辰，也是整个亚洲新式簿记的光荣诞辰。福泽谕吉不止是在日本资本主义土壤中产生出来的，并借助"明治维新"的滔天巨浪，引导日本会计浩浩荡荡地走向近代化的风流人物，而且，他还是值得亚洲人们自豪的会计发展的弄潮儿。到了这个时候，西式簿记带着满身的朝气，在日本，进而在亚洲，又有了新的活动场所。

三、选英撷萃育人才

西式簿记经福泽谕吉以译著的形式一介绍，在日本国的传播便有一发而不可收之势。当时，许多人继承着福泽谕吉，追求着同一目标：借助明治维新运动的力量，扶植借贷记账法在会计方法上的权威地位。

这在金融界表现得尤为突出。

明治五年（1872年）十月，明治政府为了制定国立银行条例、引进近代的银行制度，决定以第一国立银行（现在的股份公司第一劝业银行的母体）为试点，聘请英国人亚历山大·阿伦·香德（Alexander Allan Shand, 1844～1930年）给大藏官员、第一国立银行职员讲授金融知识和银行会计方法。后来，他的讲稿经整理成书出版，这就是日本银行史上著名的《银行簿记精法》（出版于明治六年十二月）和《银行大意》（出版于明治十年五月）。此外，他还亲手起草了《日本国立银行事

银行学局长　日下义雄

教官　宇佐川秀次郎

务处理法》一文，并在大藏省创办的《银行杂志》上连载，共7期。

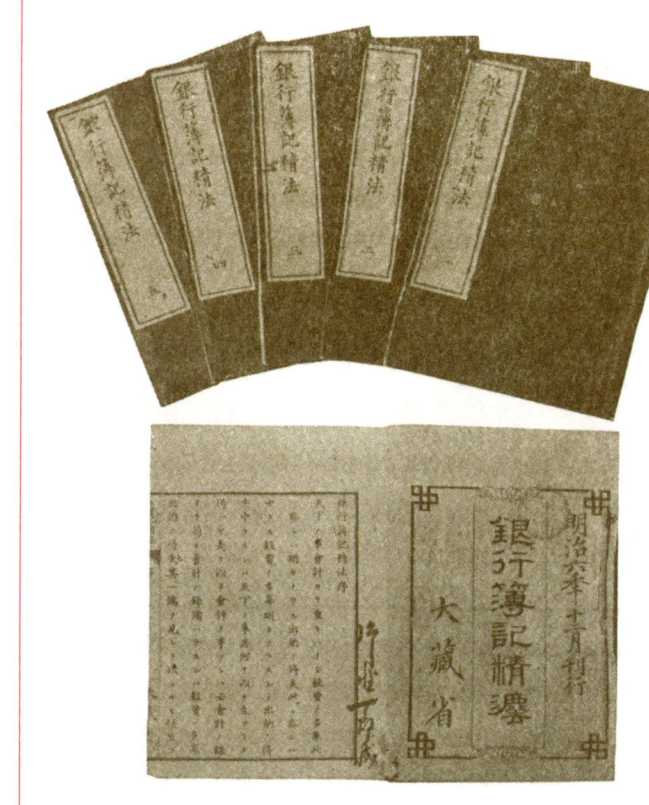

这三本著作在当时的金融界产生了巨大的影响，它们一起奠定了日本近代银行业的基础。一桥大学名誉教授片野一郎先生指出："《银行簿记精法》、《银行大意》和《日本国立银行事务处理法》三本著作在我国银行业草创时代发挥着重要作用，它们确立了非其他产业部门所能比拟优秀的银行组织和会计组织。"⑥

《银行簿记精法》（共5册）

在这里，只扼要介绍《银行簿记精法》一书。

《银行簿记精法》（共5册），一书由海老原济和梅浦精一译，并由小林雄七郎、宇佐川秀次郎和丹古人校订，与福泽谕吉翻译的《账合之法》同称为日本早期出版的西式簿记译著。

实际上，严格一点说，所谓日本国最早的西式簿记著作仅仅是指福

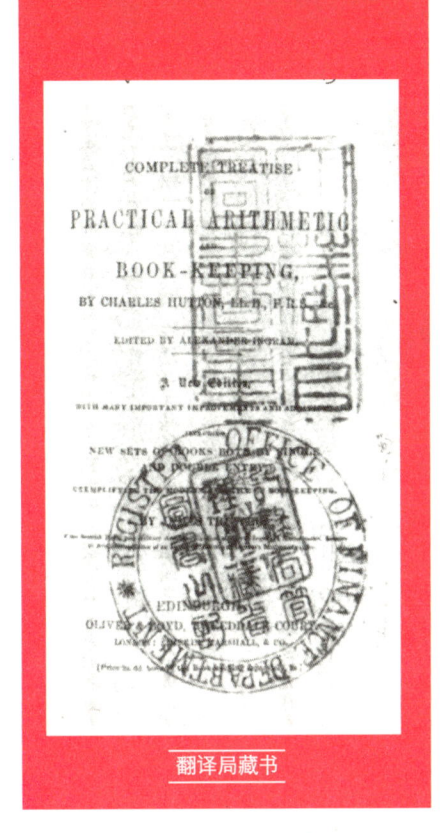

泽谕吉翻译的单式簿记而言的，出版最早的复式簿记译著应推《银行簿记精法》一书。该书出版于明治六年十二月，较之福泽谕吉的《账合之法》续编的出版要早一年。

在书中，香德结合银行经营的特点，详细地介绍了决算报告和以"现金式分录法"为特色的账簿组织。而且，他尤为重视银行经营中的内部牵制，认为这种牵制，应体现在整个账簿组织之中。这种思想在当时确实是难能可贵的。

还在该书发行以前，大藏省就将它的抄本分发给第一国立银行，要求有关人员认真学习，贯彻执行。

翻译局藏书

这种立竿见影的想法和雷厉风行的举动，乃是日本国银行会计所以揭开日本近代会计制度史第一页的主要原因。

由于欧美的银行制度和西式簿记在第一国立银行的业务中运用效果甚佳，所以，当时的整个金融界一致要求政府设立专门的机关负责专业书籍的翻译，并希望将西式簿记的运用作为银行近代化的重要内容。

他们这种真诚的希望和迫切的要求，表现的是当时银行家们的普遍热情，是他们对于学习欧美先进的银行制度和会计方法的共同呼唤。

不久，大藏省设立了翻译局，并集中了一批敢于摄取的骨干力量，大张旗鼓地翻译和编译欧美有关金融的文献，致力于引进欧美的先进制度和方法。到明治七年四月，针对银行业具有近代金融知识的专业人才奇缺的状况，大藏省改翻译局为银行学局，让该局除继续主管专业书籍的翻译外，还负责为金融界培养各种专门人才。

他们果然不负众望，在任务范围内，诚诚恳恳地履行着自己的职责，并成果显著。

先从人才培养看。

银行学局创办了银行学校，并规定，入学年龄为16～20岁，学习期限和必修科目是：

预科（约半年）

经济学大意（使用外国课本）、银行条例（使用译本）、银行簿记精法、记录、算术；

二等本科（2年半）

银行著作、翻译、簿记法、算术（均使用外国著作）

一等本科（2年）

银行史、银行条例、商法学（均使用外国著作）

从该学校毕业的学生，大都成为早期银行业的佼佼者。

当时，银行学局还翻译了大量的有关金融的著作，其中以《日用簿记法》、《银行实验论》和《银行大意》尤为著名。

《日用簿记法》的原版为"Charles Hutton：Complete Treatise on Practical Arithmetic & Book-keeping"。译者为宇佐川秀次郎。

银行学局于明治九年七月废止。大藏省以后的簿记教育机关是"银行学讲习

《银行簿记例题》(全二册)

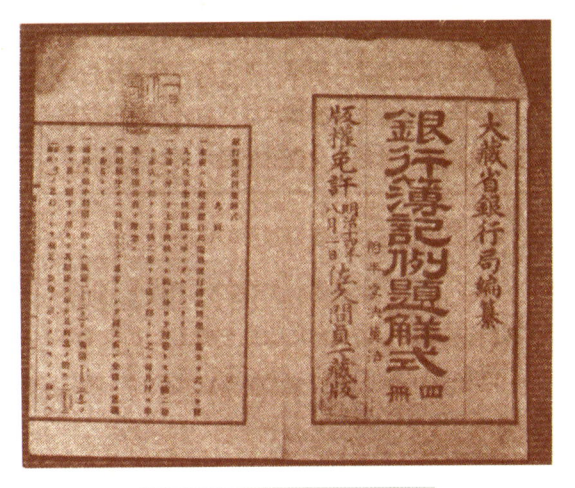

《银行簿记例题解式》(共四册)

所"。该讲习所创立于明治十年二月,隶属于大藏省银行课。教师以原银行学局的为中坚。主要的簿记教材为:《银行簿记例题》(上)、(下)和《银行簿记例题》(上)、(中)、(下)。

我们认为,金融业应该拥有第一流的会计人才。日本当时的大藏省正好就是朝着这样的目标去做的。他们以官方的身份倾注了那么惊人的热情,放眼世界,广为涉猎,要通过采撷异域奇葩来点缀本国毫无生气的银行会计,而且,他们下了那么大的决心,创立了一个又一个的簿记教育机关,要用新式簿记法来培养一大批高水平的银行会计人才,不能不令我们每一个旁观者肃然起敬。

四、培养国民的会计意识

------◆------

国家重视簿记教育,注意从小对国民进行新式簿记的熏陶,以培养他们的会计意识,这是欧美国家在普及意大利式簿记法过程中采取的得力措施之一。

比如,在19世纪末,法国政府规定,在全国所有的高等小学中,老师不仅应讲授应用算术、初等代数、几何、物理、工农业自然常识,本国历史知识、法文和外国语,还应传授经济知识、簿记、会计和手工。[⑦]

又如,在19世纪末20世纪初之交,英国的教育处(Department of Education)(相当于、但地位略逊于教育部)除规定小学学生必须学习书法、文法、算术、图画、英国文学、地理、历史、自然、唱歌和体育外,如有条件,应选读德文、法文、代数、几何、初等物理、化学、簿记学和速记术。

再如,在19世纪,美国的小学一般均实行八年制教育。在这些学校的教学计划中,包括阅读、书法、缀字、文法、英国文学、算术、几何、代数、自然、卫生、初等物理与化学、道德与公民、图画、唱歌、手工、体育、土地测量、簿记学和一门外国语。[⑨]

日本人继承并发扬了欧美诸国簿记教育的思想。甚至可以说,西式簿记在日本的传播和发展与学校教育有着更为密切的联系。

明治四年七月,政府设立了文部省,负责全日本国的教育事业。第二年八月三日,文部省颁布了学制,从而初步奠定了日本教育制度的基础。

这套学制是当时的文部大臣田中石二麿通过调查欧美诸国的教育状况,并加以扬弃而制定出来的,其中受法国和美国的影响最大。

说到这里,我们不由想起了吉田茂先生在《激荡的百年史》一书中说的一句话。他提醒人们说:"特别值得注意的是,明治政府努力普及教育以期培养人才这一措施。明治的领导者们认为,要使国家富强,必须增进一般民众的知识"⑩

这里讲的确实是当时的实际情况。学制的颁发,最能表明明治政府不仅有这样的决心,而且有实干精神。

该学制设置的课程是:⑪

高等小学	外国语　　记簿法 绘画学　　天球学
高等中学	国语学　　数　学　　习　字　　外语学 物理学　　绘　画　　古言学　　几何代数学 记簿法　　化　学　　修身学　　测量学 经济学　　重　学　　动植地质矿山学
低等中学	国语学　　数　学　　习　字　　地　学 史　学　　外语学　　物理学　　绘画学 古言学　　几何学　　记簿法　　博物学 化　学　　修身学　　测量学　　奏　乐

这套学制颁布后,对日本国的教育事业产生了前所未有的影响。它带来的直接结果之一,是引进了商业学校制度。当时著名的商业学校有森有礼和W·C·惠特尼(W·C·Whitney,1825~1882年)共同创办的商法讲习所(一桥大学的前身)、神户商业讲习所和三菱商业学校。这些学校均积极地著书立说,进行会计教育。

明治六年四月十八日,文部省又追加颁布了学制二编,允许创办商业专科学校,并规定应设置如下课程:⑫

商业学预科	语言学　　　算　术　　　通商地理 博物学概念　物理学　　　数　学 记簿法　　　通商书信　　翻　译　　体　操
商业学本科	记簿法　　　计算法　　　商业学 商用物品辨识　　　　　　商　法

尽管这种学制规定的日本最早的义务教育制度实施7年后，便被废除，但取而代之的新教育令吸收了这套学制的基本精神，并增添了许多新内容。

要加强簿记教育，普及簿记教育，培养国民的会计思想，教科书的选择是一个不可忽视的问题。当时，文部省通过比较分析各国的会计教材，认为美国的，更符合日本人的口味，所以，他们决定采用美国人C·C·马尔苏（即马什）编著的《单式簿记的实务教程》（A Course of Practice in Single-Entry Book-keeping, New York, 1871）和《复式簿记科学》（The Science of Double-Entry Book-keeping, New York, 1871）作为教科书。因为这两本分别介绍单式和复式簿记知识的著作在美国再版数次，大获成功，其影响达50年之久。

文部省将该书的翻译任务交给了书记官小林义秀（又叫小林小太郎）。

小林义秀（1848～1904年）13岁开始学习英语，不久成为福泽谕吉的学生，后留学欧洲。他除簿记译著外，还有译著和著作《筑城约说》、《政体论》、《英国行政谈》、《日本教育史谈》、《波氏教育学》等。

马耳苏氏记簿法（文部省版）

第八章 西式簿记在日本的传播和发展 近代的会计

小林小太郎（1448～1904年）

马耳苏氏复式记簿法的原本

他首先译出了《单式簿记实务教程》一书，名为《马耳苏氏记簿法》，分两册出版：一本出版于明治八年三月；另一本出版于同年十月。到第二年九月，又译完复式簿记部分，定名为《马耳苏氏复式记簿法》（上）、（中）、（下）出版。

这一套簿记著作共1500册由文部省发行后，马上被抢购一空。无奈，各地只得争先恐后地翻印。当时，正是日本政府推行国民教育运动处于高潮的时刻。

不仅如此，日本各地由此而出现了编写簿记教科书的狂热。

日本人自己编写的第一本簿记书《记簿法独学》，就是在这样的形势下诞生的。这本自学教科书发行于明治九年八月，由爱知县师范学校教师栗原立一编著。

以此为起点，日本人走出了一味地翻译外国会计著作的小圈子，开始了自创、自编和自讲的时代。在这一转变过程中，我们欣喜地看到：那时候，并不是光有几个人受马耳苏簿记方法的影响在编写着簿记著作，而

《记簿法独学》

是有一批人在辛勤地耕耘，并贡献出了自己的作品。

当时在各地出版的簿记教科书主要有：⑬

书　名	著　者	出版日期	出版地
小学记簿法独学（一）	城谷谦	明治十一年十二月	东京
小学记簿法（一）	远藤宗义	明治十一年十二月	甲府
小学记簿法（一）	田锁纲纪	明治十一年	
小学正规单式簿记学（一）	松井惟利	明治十二年	
小学记簿法（一）	山田尚景	明治十三年二月	东京
小学记簿法（二）	吉田忠健	明治十三年三至九月	京都
普遍小学账合法（一）	筱塚武	明治十三年五月	会津若松
小学簿记法教授本（一）	上野荣三郎	明治十四年	
小学教授记簿法（二）	北条利昌	明治十六年	
小学簿记学教授书（一）	熊野秀之辅	明治十七年二月	京都
诸学校用单式簿记教授本（二）	福岛师范学校	明治十八年三月	福岛

高等小学簿记法（一）	佐久间文太郎	明治十九年七月	岐阜
小学簿记学（二）	熊野秀之辅	明治二十年三月	
高等小学簿记教科书（一）	桑原秀吉	明治二十年八月	东京
高等小学校用簿记学教科书（一）	三浦千代次郎	明治二十一年六月	东京
学校用簿记（二）	山西安邦	明治二十一年十一月	东京
小学校用簿记学（一）	森岛修太郎	明治二十五年四月	东京
高等小学簿记学教科用书（一）	柴垣馥	明治二十四年十二月	大阪

这些教科书对马耳苏的会计思想的继承，有些方面是可以具体列出的，有的则不是一目了然、具体可摘的。这在会计发展上纯属一种正常的现象。

这就说明，当时的会计教育家并不是给人以生吞活剥、因陈袭旧之感，而是有所创新，有所进步的。

同样也证明了这样一个问题：马耳苏的簿记法对后来者的影响，虽显得复杂，但还是直接且明显的。

一个普通的会计学者的著作能从本国传播到国外，而且，在国外还产生了如此大的影响，应该是一件可以引为自豪的事情。

五、会计教育事业的繁荣

吉田茂先生指出："日本人是最富于好学精神的国民，而且，无论是明治时代也好，还是战后也好，教育给日本人以巨大的力量。这也可以说是历史上培育起来的国民的特性。""为了实现近代化而如此重视教育事业，这是日本近代化的一大特点。""正是由于教育制度的优越，明治时代的日本人才能学到西方的新技术，而且教育给予人们的锻炼，使日本人能够应付他们所遇到的危机。"[14]

如上一节所论述的那样,在这里,明治政府的领导者们有着最杰出的贡献。他们的想法是在全国范围内兴办学校,普及教育,从根本上改变日本国的面貌。

明治中期会计教育的繁荣,正是这种思想或影响的具体和充分表现。

我们随便环顾一下当时的盛况便会发现,那时候,会计教育界异常活跃,几年之间,簿记学校风起,会计刊物丛生,构成日本近代会计教育史上的一个内容丰富的侧面。那种情形,就好比是大海涨潮,紧跟而来的是一大批具有时代感的会计教育家,他们在正冲击着日本岛国的会计发展的第三次浪潮中搏击着、练就着一副好身手,从而使得明治中期的会计教育因他们的出现而骤然显得有声有色、多姿多彩。

不说太多,就说东京这一块地方!

根据明治二十三年六月二十八日出版的《东京官公私立诸学校一览表》可知,当时东京地区大约有50所簿记学校,比明治十三年增加1倍。现摄取主要的列举如下:[15]

商法讲习所的商业实践教室

东京地区的簿记学校（明治二十三年）

名　　称	校　　主
东京簿记学校	户塚　金逸
东京簿记全修学校	胜村　荣之助
开知学技	木道口　五六
簿记专门学校	牧野　秀太郎
东京专修簿记学校	岛本　勘六
丰国学校分校	土屋　温齐
簿记夜学校	神谷　齐
东京簿记神田学校	塩川　致高
簿记学专修馆	森村　金藏
簿记专门学舍	邨上　荣
簿记专修夜学校	曾根　直道
东京簿记讲习所	胜部　木正
簿记速成学舍	片山　直治
三田簿记学讲修所	金井　丰三郎
日本簿记馆	吉贺　与一
东京簿记学校	竹下　七三
簿记学讲习所	甲斐庄尚二郎
东京理财学校	二宫　喜久卫
东京学馆	宫武　南海

一般地说，这些学校规定的入学年龄为14岁以上。学历至少应是高等小学三年级毕业。学习课程有商业簿记、银行簿记，官厅簿记、农业簿记、工业簿记和家计簿记，个别学校还讲授蚕业簿记、公司簿记和酿造簿记等。办学形式分本科、选科、速成科和理论科四种。采用的教科书因学校的不同而异。例如，东京簿记全修学校主要采用《商用簿记学原论》（明治二十二年出版）；开知学校采用《官厅簿记学》；丰国学校采用《商法家簿记全书》（明治二十二年七月出版）；《新编簿记误谬发现法》和《公司簿记》；簿记夜学校采用《银行簿记教

東京学館簿記講義録

フォルソム訳書の一

簿記精理

永く重版が続いた簿記学例題
（初版は明治11年）

東京商業学校講義録（明治23年）

授本》、《簿记法大意问答》和《簿记法初步》；东京理财学校采用《普通实用簿记例题》和《现行官厅簿记学》；簿记学专修馆采用《簿记学阶梯》（上）、（下）、《簿记学例题》、《商用簿记学》、《银行簿记例题》（上）、（下）、《制造簿记》、《蚕业簿记法》和《农业簿记教授书》（三册）。

美中不足的是，"茂林多枯枝"。当时，有的簿记学校置职业伦理于不顾，弄虚作假，欺骗学生，造成了极坏的影响。《朝野新闻》对这种现象提出了严肃地批评。

好在大多数会计教育家们并不是利令智昏，他们真正是为了促进会计教育事业的发展而走到一块来的。

兴办函授教育，可以说也是欣欣向荣的一派会计教育美景中的一大特色。

所谓函授教育，是通过发行讲稿进行的一种职业教育。例如，专修学校举办一年级函授教育，所用讲稿《经济调和论》、《银行论》和《逻辑簿记法》，就是每周发行一次，两年发完。这种教育大约开始于明治十七、十八年，其全盛期为明治20～30年代。

比较著名的函授讲稿有两种：一是大日本簿记学会讲稿。该讲稿分三种：①簿记学沿革史；②商业簿记原理；③商业簿记应用。二是东京学馆的讲稿。该馆的讲稿是日本国最早的函授教育讲稿之一。有关簿记的讲稿有《官用簿记独学志》和《银行簿记学自习录》等。

后来，人们在向全国发行讲稿，以进行函授教育的过程中又开始创办簿记杂志。当时的簿记杂志主要有：《记簿之友》、《簿记之友》、《簿记学独学杂志》和《簿记世界》等。严格一点说，这些杂志最初都具有讲稿的性质，而后，随着它们不仅成为书店的畅销书，而且除讲稿以外，还开始刊载一些其他的内容和报道，才越来越具备了专业杂志的特点。

下面，我们简单介绍一下这些杂志的情况。

《记簿之友》由虔城堂发行，编集人为白木卯之助，明治二十一年四月十日创刊，与《英学之友》共称为姐妹杂志。白木的身世，现在不太了解。

《簿记之友》由簿记友会（会长内尾直喜）发行。该杂志最初是作为东京簿记专门教习所的讲稿发行的。创刊于明治二十年十月，内容为序言、簿记学原理、商业簿记、银行簿记和官厅簿记。共发行了12期。

《簿记学独学杂志》由爱知簿记学校自学部发行，主编为校长御宿正定。函授对象是外地和因条件限制无法住校的校外生。该杂志创刊于明治二十三年十二月十日，每月出版两次（十日和二十五日）。创刊号刊登了文部省训令、办刊指导思想、簿记学入门、告学生、初学者体会、商业簿记学例题及解说和账簿记录格式等。

《簿记世界》由东京簿记精修学馆（馆长为大原信久）簿记学研究会发行，明治三十二年二月创刊。该杂志系月刊，每本70余页，大多数为簿记讲义，后来还刊登了不少关于资产负债表形式的争论的报道。最后出了合订本《簿记讲义集（上）（下）》。

从这些事实可知，那些致力于兴办会计教育事业的人们，确实是下了很大的决心，采取了多种方法，努力谱写着一曲日本会计发展的新乐章。

所以，可以说，正是因为西式簿记在日本的传播加进了重视专业教育这一因素，它的发展的河床才更加宽广，它的发展的前景才更加灿烂。

正是因为早期的有志之士在推行西式簿记之时，显得那么富有激情，显得对事业有着那么执著的追求，才使我们深深地体会到：在未来的会计发展岁月里，日本国一定会以它独特的贡献行进在世界的前列。

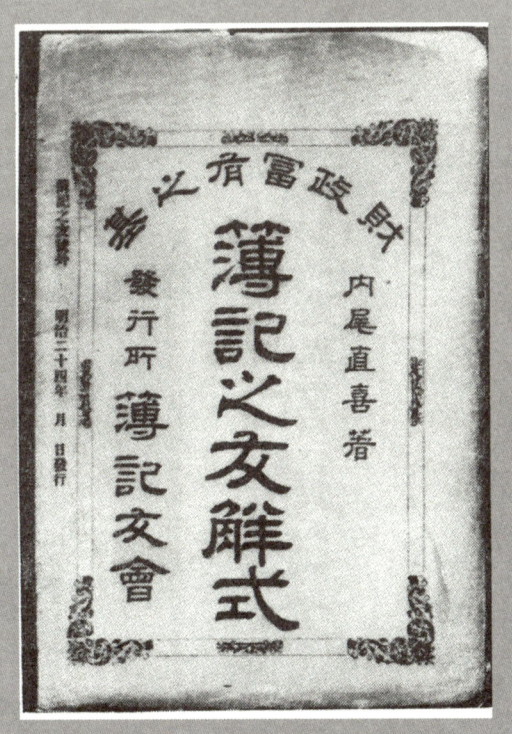

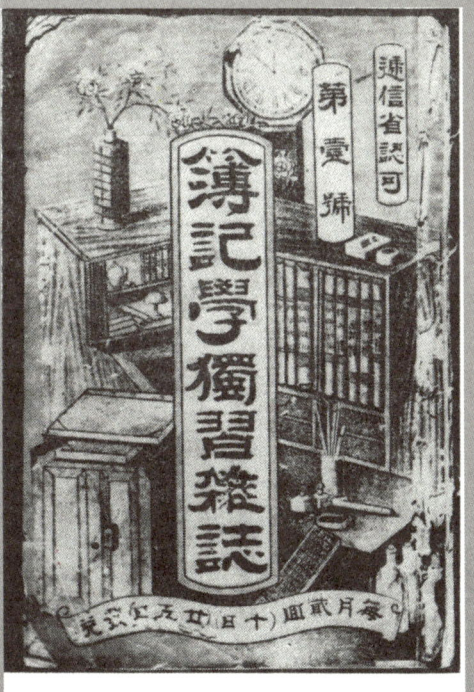

第八章 西式簿记在日本的传播和发展

近代的会计

注　释：

① 刘天纯著：《日产业革命史》，吉林人民出版社1984年版，第10页。

② 郭道扬著：《会计发展史纲》，中央广播电视大学出版社1984年版，第328页。

③ 同 ① 第20页。

④ （日）西川孝治郎著：《日本簿记史谈》，同文馆，1974年版，第217页。

另参见西川孝治郎：《日本会计史上富有意义的一年》（A Significant Year（1873）in the History of Book-keeping in Japan），Working Paper No.10 edited by The Academy of A Acounting Historians。

⑤ 同 ④ 第214页。

⑥ （日）片野一郎著：《日本·银行会计制度史（修订本）》，同文馆，第6页。

⑦ 曹孚编：《外国教育史》，人民教育出版社1984年版，第309页。

⑧ 同 ⑦ 第312页。

⑨ 同 ⑦ 第324页。

⑩ （日）吉田茂著：《激荡的百年史》，孙凡、张文译，世界知识出版社1980年版，第10页。

⑪ ⑫ 同 ④ 第248～249页。

⑬ 同 ④ 第279～280页。

⑭ 同 ⑩ 第88～89页、第11页、第89页。

⑮ 同 ④ 第386～389页。

激动人心的岁月 小结

意大利式簿记在世界各地传播和发展以后，整个世界会计领域发生的巨大变化比什么都更雄辩地说明会计发展第三次浪潮的气势是多么磅礴，多么令人欢呼雀跃。

但有人却说，从帕乔利的会计文献的问世，到19世纪末20世纪初这500年间，乃是会计发展的"停滞时期"（Age of Stagnation）。其理由是：这一时期出版的簿记著作从总体上看，是循沿守常者多，变革创新者少，多沿袭帕乔利。

不错，这500年间确实出现过不少内容平淡的作品和倏起倏灭的作者，但正是通过他们的大力宣传，通过他们的开拓创新，帕乔利的会计思想才得以在全球范围内广为传播和发展，整个会计世界才得以焕然一新。

请看：

——《数学大全》的呱呱坠地之声，撼动了会计的天、会计的地。作为最早出版的簿记文献的著者，帕乔利开拓了复式簿记的文献时代，指明了会计发展的新方向。

——一批又一批的会计学者源源不断地从帕乔利的簿记著作中吸取新式簿记的营养；一代又一代的理财能手借助帕乔利提供的新式武器，在经济管理领域内，大显雄威。经过这些有志之士数百年的惨淡经营，作为一种簿记法，借贷记账法已经成为会计管理的佼佼者了。

——意大利式簿记的传播和发展，以不可阻挡之势，猛烈地冲击着世界。骤然，各国先后从迷茫中清醒，应着时代号声的宣召，开始了世界会计发展的新时代。

这是何等蔚为大观的场面！

又是何等激动人心的岁月！

的确，这500年间会计的历史五彩缤纷，千姿百态，留给人们的精彩镜头太美，也太动人了，留给人们的启示太多，也太深刻了。

它表明：威尼斯式簿记法之所以越来越成为世界性会计方法，除了它拥有属于它自己的独一无二的优点之外，更重要的是，它能够宽容地接受国内外一切优秀方法的营养，宽容地接受一切创造者们不断涌现的新的智慧之花的撞击。

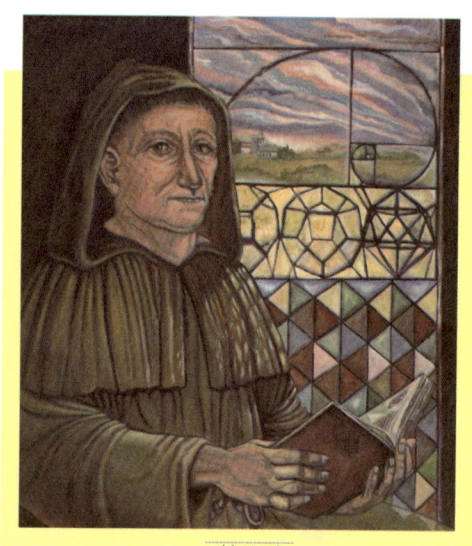

帕乔利

它表明：任何一种有生命的簿记法，只能在发展中求生存，否则，必将走向衰亡。意大利式簿记法不囿于一国一族的狭隘疆界抱残守缺，毅然从它的诞生地意大利跑到了德国、荷兰、法国和英国，而后又从英国跑到美国，再后又从英美跑到日本，不惜"离乡背井"而迁徙，就是证明。

它表明：作为意大利式簿记发展形态的借贷记账法，乃是一种完全国际化、极富于生命力的记账方法。它像一场接力赛一样，是在世界各族人民的共同培育下茁壮成长起来的，所以，它是东西方文明和经济发展的共同结晶，是全人类的共同财富，是一曲充满着和弦的交响曲。

它表明："冰冻三尺，非一日之寒"。任何一种记账方法的完善，往往需要数代人、不同国籍的人的共同努力，需要几十年，甚至几百年的培育和考验。所以，对于新生的记账方法，应抱的态度是：尽力爱护它、扶植它，绝不能粗暴地

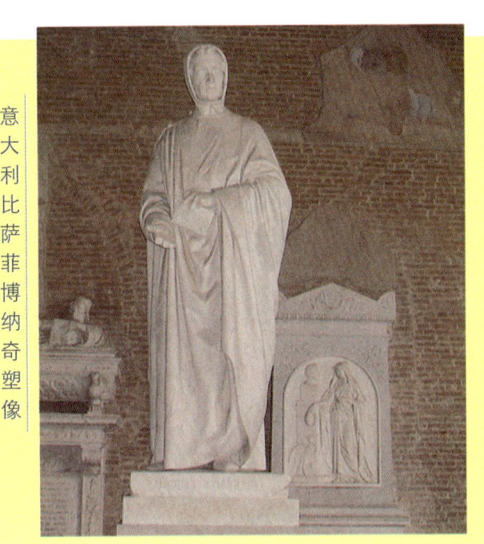

意大利比萨菲博纳奇塑像
Statue of Fibonacci in Pisa (Italy)

将它扼杀在摇篮里。作为一种簿记法，只要它同时具备科学性和群众性，哪怕它将会受到多么不公正的责难，承受多么粗暴的打击，它都会"青山遮不住，毕竟东流去"。相反，一种记账方法倘若缺乏科学性和群众性，那么，不管有多么强大的后盾在维护着它，不管有多少权威人士在支持着它，最终都将落得个"无可奈何花落去"的下场！

同时，它还表明：会计发展上任何一个著名人物，都是时代造就出来的。谁能够及时地跟上会计发展的新浪潮，谁就能成为时代的弄潮儿。相反，面对新浪潮的挑战，谁无动于衷、麻木不仁，或认不清形势，犹豫不决，谁就会被时代所淘汰！

19世纪末20世纪初，西方社会一如"发着高烧的肌体"，生活节奏伴随着机器的轰响越转越快。资本主义文明无情地打破了往日田园诗般的宁静和安谧，弥漫着血腥味的残酷竞争扫荡了过去少女般的脉脉温情。这是一个惶惑的年代，一个骚乱的年代。在这个年代里，产业革命的疾风在侵袭着欧美各国，股份公司如雨后春笋般不断涌现，它启发着人们去思考：传统的复式簿记法，如何才会有一个美好的明天？在到处是机器喧嚣声的崭新世界里，会计发展应向何处去？终于，人们心里有了一个明确的答案：要跟上时代文明和经济发展的步伐，就必须在会计领域再掀起一次铺天盖地的大潮。

后　　记

　　一部西方会计发展史，从一定意义上讲，就是一部世界会计发展史。它既不是一江长流，也不止是一个洪峰，而是以一次又一次浪潮的涨落相继出现的。当每一次拍天巨浪迎面冲来的时候，有首先听到潮音而呐喊的引导者，也有迎上潮去大显身手的弄潮儿，还有因无动于衷而被淘汰的落伍者。

　　今天，随着电算化会计的新浪潮正冲击着世界各个角落，作为世界会计一部分的中国会计，面临着时代的挑战。是闭关自守，甘做一名落伍者，还是面向世界，勇当一名先行者？历史和现实都在回答：世界正走向我们，我们应走向世界。所以，我们不仅应追溯中华民族悠远的丰富的会计之源，而且应援引世界上一切优秀的会计之流。只有这样，才能开阔我国会计管理科学的航道，与世界会计潮流保持同步。中国人有责任，也有能力使本国的会计发展融进世界会计的新潮之内，进而引导世界会计发展的势头。在世界会计的舞台上，到处都应有"中华民族"的声音。

　　我不想把自己封为卢卡·帕乔利的门徒，也无意当一名西方会计的宣讲师，更不主张中国会计应全盘西化。我只是希望扎根在中华大地上，把世界上一切美好的东西统统拿来，用以建立具有中国特色和世界水平的会计管理科学。

正是在这种思想的支配下，通过三年多的努力，笔者终于不揣浅陋，将这部不成熟的著作呈现到了读者的面前。

本书得以写成，首先要感谢我原单位——中国农业银行总行各位领导。他们尽最大努力，为我的写作创造了一切条件。没有这些领导的有力支持，这部书是不可能这么快问世的。

感谢我的恩师杨时展教授、Ernest Stevelinck教授和Paul Garner教授。热情地为该书写了序。

在搜集资料和编著过程中，笔者还得到许多专家、学者和朋友的热情帮助。他们以熟练的专业知识、资料上慷慨的支持，以及对世界各国会计发展和现状的深刻了解，使本书得以更加丰富。这些人是：中南财经大学郭道扬教授、北京商学院张以宽教授和陈鹤琴副教授、中国人民大学王德升副教授、阎金锷教授和温坤副教授、北京外国语学院杨树勋教授和罗廷亮教授、审计署杨树滋教授和徐玉棣先生、江西财经学院成圣树副教授、《武汉财会》杂志社常樵生先生、现正在英国留学的王勇江先生、对外经济贸易部吕川先生、北京商学院林祖弼老师和李幸老师、香港中文大学Stephen Yam（任枝明）先生、美国国际会计研究中心Adolf Enthoven教授、美国加州大学Michael Chatfield教授、亚瑟·安达信国际会计公司的Peter Batey先生、日本千叶商科大学滨田弘作教授、日本会计研究学会现任会长染谷恭次郎教授、日本名古屋商科大学津谷原弘教授，以及澳大利亚迪金大学

Robt Gibson教授。北京商学院管理系教师黄梅艳帮助抄写、整理。谨此一并致以衷心的感谢。

　　这部会计史著作应该说是不成熟的，如果由于它的不成熟能激发有志之士写出更为成熟的会计史专著来，笔者将不胜欣慰。

文　硕

1987年3月于北京白石桥

纵论千年会计
——文硕院长与证监会首席顾问梁定邦的对话录

（1999年12月，载于《中国财经报》）

东西方：两个截然不同的起点

梁：面对又一个千年的朝霞，人们都不禁要去思考究竟是什么东西成就了我们的今天，留给明天的基石又是什么？作为人类的一员，唯有温故而知新，才能不断进步。

回顾过去一千年，我们看到战争、饥荒、疾病和褊狭肆虐，只有为数不多的时刻显示出人类在文明的台阶上又迈上了一步。但我要指出，人类会计的发展恰能在这样的时刻展现。

手指计数（尼加拉瓜邮票1971年）

回溯至千年的开端，伊斯兰文化在其先知穆罕默德死后的四百年，达到了巅峰；随后，希腊和埃及的文明在今日我们称为中东的地区广泛传播。伊斯兰文化同时还影响到了遥远的南欧（如西班牙），以及印度和中国。与此同时，中华帝国的宋朝也如日中天，其影响力延伸到日本、朝鲜半岛和印度支那。这些古代文明的共

穆罕默德与《古兰经》

早在5500多年前就出现了基于成本和管理的会计活动

古代罗马法

罗马数字（Roman_numerals）

同特点是将知识本身作为一种目的，所有功利的想法均为这些古代文明所孕育的智者们所不齿。这也许能为今天西方文明在全世界的强势作出某种诠释。

11世纪时，一个新的古代文化宝藏被发现了，这宝藏是古代罗马法，它的发现标志着西方世界迈出了远离"黑暗时代"的第一步。就在那一刻，人们意识到人类社会也许正进入一个新的时代，人类文明正迈向一个新的高度。

随着欧洲远离"黑暗时代"进入"文艺复兴"时期，理性主义的曙光随即跃出了地平线，它告诉人们理性可以征服一切。这恰与罗马法的逻辑不谋而合。理性主义同时为我们今天仍享用不尽的科学、政治、商业传奇奠定了牢固的基础，蕴育出了牛顿、培根的杰出思想和分权与制衡的现代民主理论；保险、银行及通过合法的交易手段进行集合投资的理念，也来源于理性主义的传统。理性主义土壤中开出的另一朵奇葩则是15世纪意大利卢卡·帕乔利发明的复式记账法；此方法不仅使意大利城邦的国际贸易蒸蒸日上，更使得商人和银行家能用同一种商业语言进行交流。我们今天之所以还能享用这些思想和创造发明，则归因于这些成果的被广泛接受与运用，归因于理性主义传统的被广泛传播。

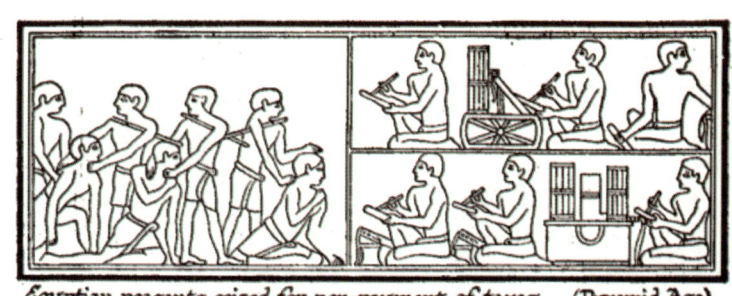

古代埃及对逃税处以重刑

然而，理性主义并未能避免战争、饥荒和疾病。人类自身的阴暗面不时遮掩住理性的文明之光。值得庆幸的是，历史并非停滞不前，形形色色的世界相互作用，总能产生推动文明发展的动力。

文：看来，您受文艺复兴时期人文主义者的影响较大。他们认为，历史研究乃是哲学研究的范例。在对待会计遗产的问题上，您的观点又与英美著名会计史学家沃尔芙和查特菲尔德教授的研究方法一脉相承，他们在研究会计历史的时候，往往也喜欢从"文明——经济——会计"的三角宏观角度去看待问题。例如沃尔芙认为，经济是文明之子，会计是经济之子，故会计乃文明之孙。传统的就会计研究会计的方法值得重新审视。事实上，站在文明之巅看会计发展，人们的感觉会很不相同的。

梁：是的。如果你在千年的两端搭起一座桥梁，从桥的这一端走到另一端，你会感受到两个完全不同的会计世界的脉动。现在，无论是政府首脑，各国证券

文艺复兴与威尼斯艺术

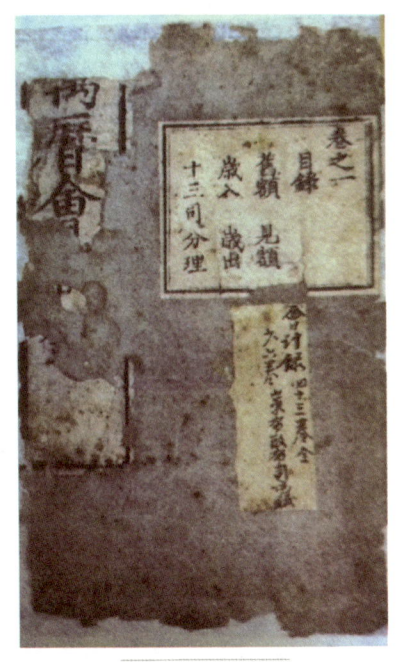

明万历会计录封面

交易所的老总们，或者是国际性经济社会，在经历这次金融危机以后，对会计的重要性的认识，达到前所未有的程度，但回过头来看千年以前的会计，你会有"往事越千年，沧桑巨变"的豪迈感的。

文：那时，也就是公元1000年，东西方正处在两个截然不同的起点上：

在中国，正是充满阳刚之气的唐朝结束而被人称为封建社会"中年期"的宋朝旭日东升的时期，宋朝政治经济文化的全面发展，又推动了中式会计的全面发展。在宋代，出现了"会计司"这样的专业理财机构，出版了《会计录》这样的财计名著，建立了较为体系的中式会计方法体系，涌现了王安石、苏辙、司马光、曾巩、韩琦和叶适这样一批理财专家。宋朝是中式会计发展的高峰时期。

在欧洲，则正处在一个令人恐惧的年份，人们担心这一年将会成为世界的末日。此时整个欧洲的文明是"衰退到极点的年份"。光彩四溢的古代希腊、罗马会计发展到此时，不仅没有任何进步，反而还后退了一大截。连伟大导师马克思也感叹："在中世纪，我们仅在修道院中发现农业上的簿记。"

但历史开了一个大玩笑。在宋代，中国的造船、冶金、纺织等工业之发达，规模之巨大，分工协作之密切，在中国历史上前所未有。以福建泉州为中心的海上丝绸之路十分繁荣，国际贸易与交流达到了空前的水平。一句话，资本主义的萌芽已在中国产生。可惜，这一切被成吉思汗的马队所中断，导致也许会在中国最先产生的复式簿记法却被意大利人着了先鞭。

卢卡·帕乔利的国际情结

梁：上次我提到数学家帕乔利的时候，你好像很惊讶，也许你认为这个问题根本就不是像我这样的非会计研究者应该关注的。站在世纪之交、千年之交的前夕，对证券业作一番历史回顾是很自然的事，其中当然包括

帕乔利雕像

帕乔利《数学大全》

帕乔利邮票

会计，而研究会计的演进，就会熟悉近代会计之父帕乔利。世界经济发展到今天，我们仍然无时不领受到帕乔利及其后继者所倡导的复式账法和会计思想的恩泽。

文：帕氏作为数学家是伟大的，而作为一个会计学家，他不仅是伟大的，而且是举世无双的。其功绩在于，他将在当时威尼斯实务界流行的簿记法整理成书，并于1494年公开出版，从而推动了新式账法在各国的发展。当时意大利在经过"佛罗伦萨式簿记"、"热那亚式簿记"和"威尼斯式簿记"三个阶段以后，终成世界会计发展的带头人。在西方会计发展史上，威尼斯式簿记实际上就是意大利式簿记的原

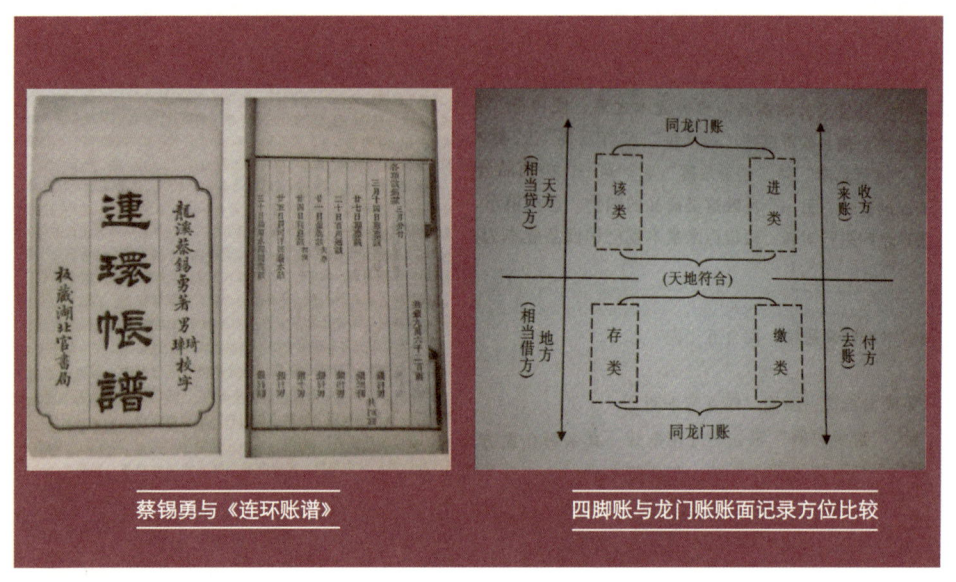

蔡锡勇与《连环账谱》　　　　　　　　四脚账与龙门账账面记录方位比较

型，是当时意大利式簿记发展的最高峰，也是对西方会计发展影响最大的簿记方法，甚至可以说，它对西方现代会计起着决定性的奠基作用。

在卢卡·帕乔利的簿记著作出版以前，对意大利以外的世界各国来说，意大利式簿记还是个非常陌生的概念。直到18世纪中叶（即清代乾隆至嘉庆年间），中国的部分商业和银钱业中才产生本国固有的复式账法——"四脚账"。谁也没有想到，在四百多年的历史进程中，随着资本主义经济在世界各地的发展，新式借贷簿记竟会像龙卷风一样从各国的经济生活中掀起狂飙，彻底改变了整个世界会计发展的面貌。

我们当然不能忘记新式会计的祖宗卢卡·帕乔利，正是他以其不朽杰作《数学大全》铸成黄金的链环，将意大利与德、法、荷、英、美、日、俄、中乃至整个世界紧紧地连接在一起，开启了意大利式簿记的传播和发展时代；同时，我们也不应忘记帕氏的追随者们，如意大利的曼佐尼、德国的戈特里布和施魏克、荷兰的克里斯托弗尔和斯蒂文、法国的门赫和萨瓦里、英国的奥尔德卡斯尔和日本的福泽谕吉。

在中国，1905年，蔡锡勇出版了中国有史以来第一部研究借贷复式簿记的专著《连环账谱》，两年以后，谢霖和孟森又推出了《银行簿记学》，这是中国学者撰写的第二部介绍借贷复式账法的著作。会计思想家杨时展教授这样评价："如果说，帕乔利的书使帕乔利成为目前世界公认的会计学的鼻祖，则蔡、谢两位的书当然也使他们成为我国会计学的鼻祖。"

正是这些中外有志之士不能释怀的意大利簿记情结，导致新式账法在全球范围内得以扎根、开花和结果。从很大意义上说，近代会计史就是帕乔利所倡导的意大利簿记的传播和发展史。

这是一场从一开始就是强势簿记对弱势簿记的不容分说的征服。其经济背景是资本主义势力的不断扩张，同时也是封建经济的一片分崩离析。

梁：正如中国俗语所说："风水轮流转"。在一千年以前的欧洲人的想象中，东方是"黄金遍地"、"歌舞升平"之地，相应地，会计，尤其是官厅会计正处于兴盛的黄金

谢霖和孟森《银行簿记学》

荷兰西蒙·斯蒂文雕像

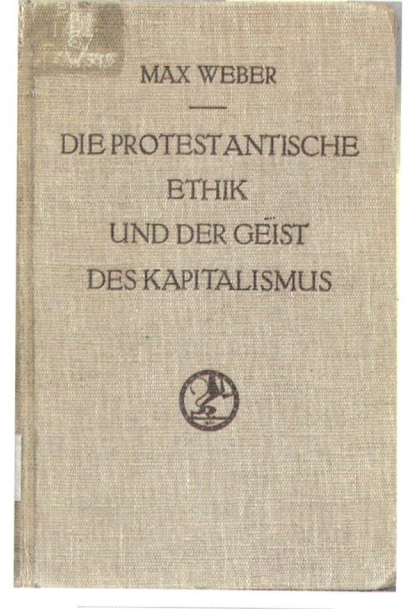

马克斯·韦伯
《新教伦理与资本主义精神》

时期。但从 14 世纪开始，世界会计发展的流向发生逆转，西方会计开始成为世界会计的主角，并随着不断的资本扩张，借帕氏著作传播之力，在全世界纷纷克隆意大利式借贷簿记法。

文：帕氏所介绍的新式账法之所以能在近五百年内风行世界，其主要原因在于资本主义社会的发展蓝图，需要著名的社会科学家马克斯·韦伯所反复强调的"支撑系统"。他认为，没有支撑系统的最严重后果就是一切经济活动都成为不可计算的，没有人能够估计商业契约在多大程度上有可能被执行以及得不到执行时的损失。一套科学的复式簿记体系，当然是这种经济博弈的重要内容，是不可忽视的支撑系统之一。记得韦伯在《新教伦理与资本主义精神》一书中曾明确指出："资本主义企业的现代理性组织在其发展过程中如若没有其他两个重要因素就是不可能的，这两个因素就是：把事务与家庭分离开来，以及与之密切相关的合乎理性的簿记方式；前一个因素绝对地支配着现代经济生活。"

梁：从这一角度解释新式账法对新兴资本主义发展的不可或缺性是很有说服力的。韦伯的思想体系向来被认为是现代社会的思想建构本身。作为与马克思对现代社会的批判相平行的批判，韦伯思想重新受到现代学术界和实务界的注意。

文：通俗地讲，正如奴隶制经济和封建经济的发展，需要一套单式簿记法与之配合一样，资本主义经济的发展也呼唤一套科学的复式簿记法与之相适应。新式复式账法刚好能满足资本主义如饥似渴地发展经济的要求。这是理解复式账法与资本主义精神之间关系的关键点。

光明来自东方

文：我刚才提到过，会计的发展与经济、文明的演进是同步的。会计是经济和文明共同发展的产物。正当中世纪西方会计被束缚在铜瓶里，已经走投无路的时候，是阿拉伯人用来自东方的"印度数字"和十进制位值法，以及活字印刷术、造纸术打开瓶塞，从而使西方会计又获得了新生。英国Ａ·Ｈ·沃尔芙就明确指出：意大利式簿记所以能发展到现在普及的形式，是因为在它的发展早期发生过两次大的改革：一是公认货币制度的确立，二是废除罗马数字，代之以阿拉伯数字，前者使簿记变得简单、容易，后者使会计记录变得整洁、明了。

在中国印刷术传入西欧以前，西欧的书籍都是手抄本。字迹每册各不相同，故图书的传播异常缓慢。印刷术在欧洲的应用，使得帕氏的会计著作能够快节奏、广范围地流传开来。正是从这一意义上讲，没有中国人的造纸术和印刷术对早期新式会计著作的影响，就不会有现代意义上的借贷记账法。

梁：很有道理，现在，一提起西方会计学，人们总认为那只是西方人的杰作，与东方人无缘。看来，这是一个极大的误会。正当西方会计发展到中世纪，处于"山重水复疑无路"的状况之时，是东方文明的到来，才给它们的前途带来了无限的生机。

文：这还说明，正如较为健全的单式记账法的出现，是古代埃及、巴比伦的

三本审计经典
Pixley, Dicksee and Montgomery

文明和经济与古代希腊、罗马的文明和经济相融合的结果一样，复式簿记的诞生和发展，同样需要东西方文明的共同培育。西方会计是属于全人类的，是全世界人民的共同财富。我想，我们是不能忘记这一点的!

还有不能忘记的一点是，印度数字、十进制位值法和中国的造纸术、印刷术向欧洲的传播，是以阿拉伯国家为中介完成的。可以说，正是由于阿拉伯人的这种桥梁作用，才使中国和印度的科学技术冲击着西方，并自然地加入影响复式簿记产生和发展的诸种因素中。阿拉伯人对于西式簿记的贡献同样是巨大的。

梁：任何中国人，如果不了解或者忘记这一段历史，就无法准确地理解东方文明在西方会计史上的价值；任何外国人，如果不了解或者不能正确地理解这段历史，就不能准确认识西方会计对东方文明包容的重要性。

四幕神话：现代会计成长的政治经济背景

文：我不久前有幸在Internet上阅读过您的两篇论文：一篇名为"世界金融市场"，是1997年在国际会计准则委员会世界准则制订者分组会议上宣读的；另一篇名为"21世纪莅临之际金融市场之基石"，是1998年在香港第10届会计学术年会上宣读的。觉得您从理性主义的角度论述会计与经济的发展这个方法本身很独特，同时对您重点介绍的经济发展的"四幕神话"，也很有兴趣。在此，您能否作进一步地介绍？

梁：眺望即将来到的21世纪，我们无法对历史机遇的端倪视而不见。作为律师和会计师，我们可以骄傲地说，如果没有股份公司这样的法律机制，如果没有适当的会计手段，工业革命的速度和范围都不可能达到实际的高度。如果没有法律制度和会计制度的持续发展，创造了20世纪技术奇迹的资本也不可能继续积累。但塑造近现代经济史的动力仍根源于理性主义，而且这一动力仍推动着延续至今的一曲神话。

这一神话的第一幕开启于"二战"结束之时，即当盟国协议构筑战后经济秩序的经济支柱之时。第一根支柱是国际基金组织创立的"关税及贸易总协定"（GATT）。GATT的宗旨是创造世界的稳定性，同时创立了国际货币基金组织和金本位制。若世界仍像战后的设计家们所料想的那样，这两根支柱会忠实而有效地服务于我们，直至今天，因为它们均是基于理性主义的产物。遗憾的是，黄金的稀缺和迅速膨胀的跨国业务共同宣告了这一逻辑的失败，也告诉我们单靠理性主义并不总是行得通的。

这部神话的第二幕在1971年8月15日这个历史性的日子揭开：

美国总统尼克松宣布美国不会再要求IMF的成员国以35美元一盎司的价格兑换黄金，美元与黄金脱钩，世界金融

美国前总统尼克松

秩序因此发生巨变。1972年以后世界上主要的货币都采取了"活动汇率制",使得世界经济更多地受制于市场的变化而非领导人的决策。国际经济秩序的这一改变确定出了一个在程度、内容和范围上都与以往大不相同的金融市场。

紧接着,这部神话的第三幕也开场了。它的标志是美元的海外贷款市场和欧洲货币市场的启动。利率、汇率交易和金融衍生工具出现于20世纪70年代末,80年代进入繁盛阶段。金融服务业因此具有了国际性,并成为信息通讯工具的最大消费者。资本在国际的流动越来越明显。如在1994年,从发达国家流向发展中国家的净资本是1250亿美元。而到1995年底,美国10万亿美元的投资基金中,只有很少一部分(估计约5%)被投到了国外。这种情况对拥有3万亿投资规模的日本和6万亿投资规模的欧洲投资基金也同时适用。唯一的例外是英联邦将20%的投资基金都投在了国外。西方七国的人口都显现出老龄化的趋势,尽管退休年龄会不断地提高,但投资基金也因出于收益率和多样化的考虑投向海外,在发展中国家,随着经济的持续发展和私有化进程,无论是外来资本规模还是国内金融市场规模都会不断扩大。这就使市场准入问题变得日益重要,引起了GATT的扩展,即GATS(服务贸易总协定)的产生。而欧洲货币市场的一体化将会促进金融市场的全球化,当欧洲金融市场一体化真正实现时,国际投资和金融服务业竞争的天平都会倒向欧洲。而下一颗明星将是从金融危机中恢复过来的亚洲。

亚洲金融危机昭告我们,资本的流动无国界。许多亚洲国家经济增长和金融市场成长的燃料都是国际投资。当亚洲金融市场的弱点暴露出来后，外国资金自然会回流。但亚洲所拥有的人力资源和物质资源还在，因此，当亚洲处理了其金融体系中的弱点后，亚洲经济将以更理性、更灵活的面目出现在国际市场上。

文：由于资本跨境流动和市场的全球化，再加上这次国际金融投机者的恶性操作，使很多国家、人民几十年创造的政治经济成就毁于一旦，众多政坛、经济界巨人轰然倒地，我们不得不思考这样一个问题，在当今世界经济"村落化"、"一体化"趋势愈加清晰的背景下，各国政府和国际社会应该建立起一种怎样的市场法则（包括国际会计准则）和价值观？我们很想听听您的看法？

漫画：美国第一位CPA-Frank Broaker

梁：全球化或许包括经济、文化、政治、文化诸领域。在这些领域里，人类会相互学习，取长补短，会相互沟通，共同进步。进入21世纪，就大部分国际市场和国际金融市场而言，国界都将失去意义。市场是依赖信息的。国际金融市场对信息尤其敏感。21世纪，信息将会存在于伦敦或北京这样的神经中枢中，在不久的将来，信息将成为命令。未来的国际金融市场将会完全在计算机网络中运行。这就对各国政府、金融监管者和会计准则制定者提

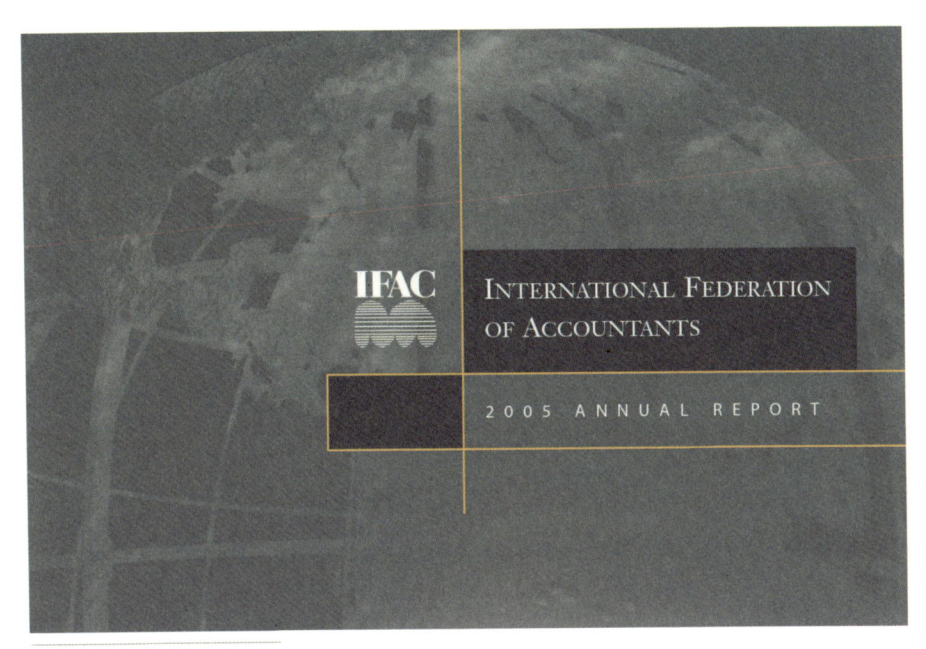

国际会计师联合会（IFAC）

出了重大的挑战。在法律意义上，我们不得不将金融市场所涉及的各类问题交由国际的合作来解决，从而上演第四幕神话。

面对今天仍在延续的这个神话，多边组织（如世界银行和国际货币基金组织）、政府首脑（如七国首脑会议）和众多国际组织（如国际的证券组织、国际清算银行、国际保险监督协会、国际会计准则委员会）却为达成共识、制定统一的标准作出了前所未有的努力。为使人类充分享用技术革新、金融创新的成果，为有效地控制风险，都需要在国际市场中展开广泛的协作、合作。这便是21世纪的市场将建立和应当建立的理性基础。这也是各个主权国家应遵守的基础，各国必须为确保共同的繁荣而按规则行事。但同时，各国也应思考如何为世界作出特别的贡献。

文：高见，很有见地。眼下对世界和平与发展构成最大威胁的，不是什么战争，而往往是金融市场的剧烈动荡以及由此引发的国家经济发展和人民生活水平的严重逆转。这是一种转换了作战形式和转移了战场的金融大战。各国政府和国际性专业组织若袖手旁观，熟视无睹，将会铸就历史性大错。比如说国际会计准则和审计准则，它虽然在很大程度上由国家和地方一级制定并监管，但国际性官方或非官方组织对它施加的影响也越来越深刻。国际会计准则委员会（IASC）、国际证券委员会（IOSCO）、国际会计师联合会（IFAC）、最高审计机关国际组织（INTOSAI）、国际内部审计师协会（IIA），对国际性准则的关注比以往任何时候都强烈。那些采用本国会计准则而不是国际会计准则的国家，要求他们必须明确其在会计和报告处理方面与国际准则的差异。

梁：现在金融理论界和实务界都在讨论一个热门话题，这就是"国际金融预警制度"。这实际上是在倡导建立一个全球性的金融监管框架。美国反应最快，已倡导并成立了"G－22"小组。该小组由七大工业国家和15家新兴的经济系统组成，中国大陆和香港地区都参加了，国际货币基金（IMF）、世界银行（World Bank）、国际结算银行（BIS）、经济合作与发展组织（OECD）参加

1929~1933年经济危机爆发，罗斯福没有兑现1932年的诺言

了，国际证券委员会（IOSCO）作为观察员也参与了这个小组。"G－22"小组确立了三个工作小组：第一小组负责研究透明度和经济责任；第二小组负责加强和巩固财务与金融系统；第三小组负责研究国际金融危机。这实际上都是经济神话第四幕的重要内容。

民主化的信息披露与国际化的会计准则

文：1926年8月，哈佛大学W·Z·里普莱教授在《Atlantic Monthly》上发表文章，对大型企业经营者的会计操作法进行了严厉地批评。他指出：尽管股东拥有获得准确的管理信息的权力，但在纽约证券交易所上市的著名企业并没有全部发行年度报告，只说明了企业的概况，而没有全面披露财务信息。他还列举了一些具有代表性的大型企业的名称，并强调联邦交易委员会应主动介入这一领域，以制约这些大型企业弄虚作假、玩弄投资者于掌股之中的做法，从而点燃了美国民间审计财务信息披露制度的改革之火。

阿瑟·李维特的《数字游戏》讲演
(the numbers game by arthur levitt)

72年以后的1998年，美国证券交易委员会主席阿瑟·李维特在一次题为《数字游戏》的讲演中对美国证券市场会计信息披露所存在的问题进行了大胆地揭露。他详细列举了上市公司会计造假、操纵利润的五种惯用手法，并针对性地提出了几条防范措施。其中有一段话给我留下非常深刻的印象。他说："财务报表的透明度、及时性和可靠性以及它对保护投资者利益的重要性从未像今天这样显著过。亚洲与俄罗斯的金融形势充分说明了这个事实。这些地区的证券市场正在接受一个以前曾接受过多次的教训：是未预测到的、低质量的信息，导致投资者的恐慌"。

在美国和亚洲经济坎坷满途的日子里，世纪初著名学府的学术大师和世纪末证券业著名领袖的论断犹如乐章的超强音，遥相呼应，尖锐刺耳，举世为之哗然。他们从财务信息披露而不是其他的角度，独具见地、一针见血地指出了造成经济危机的根本问题所在。

梁：两位专家的话确实充满"语不惊人死不休"的爆炸力。曾经高速发展的亚洲国家的种种弊端近年来逐渐显露，在国际游资的阻击之下，金融危机几乎席卷整个亚洲。李维特与他的前辈里普莱一样，他的眼睛总是能穿透事物的表象，

1934年颁布《证券交易法》，强化财务信息披露，保护投资人利益

The new Securities and Exchange Commission (SEC), July 2, 1934. In the middle of those seated is Joseph P. Kennedy, whom President Roosevelt appointed to head the SEC. Seated to his left and right, respectively, are Ferdinand Pecora and James M. Landis. Standing are George C. Matthews, left, and Robert E. Healy. (©BETTMANN/CORBIS)

第一届国际会计师会议（1904年）

发现现实背后的真正症结。这确实值得全世界的尊敬。

事实上，据我所知，许多重要国家和地区证券交易所的老总们都不约而同地认识到了这一问题，并给予了前所未有的重视。李维特主席一放下演讲稿，就全力以赴地投入到严格信息监管、提高透明度的工作上去了。

文：记得香港证监会主席沈联涛先生在北京大学的一次题为"亚洲金融风暴的国际金融预警制度"的演讲中曾这样解释去年香港干预市场的原因。他说："美国是个非常自由的市场，但却有反托拉斯法，例如，两个美国人如果在纽约操纵美国市场，马上就会被证监会抓起来，但是他们如果在纽约操纵的是马来西亚、南非、俄罗斯和中国香港市场，违反什么法律了？没有法律吗？因为这是个全球性的市场，他们在香港这么做我们可以抓他，但是他们在纽约我们怎么抓？所以说不是香港违反自由市场原则，实际上是全球性的自由市场没有一个全球性

全球关注注册会计师改革

的会计准则和监管框架。"从国际会计准则的角度解释香港干预市场的行为，反映出香港证券界领导人的独特眼光。

梁：会计与法律乃是市场的基石，会计往往通过法律表达出来。最明显的例子就是美国1933年的《证券法》和1934年的《证券交易法》。它们共同奠定了美国法定审计的基础，充分反映了保护投资者的思想。可以说，美国财务信息披露制度就是以这两大法案为基础而建立起来的。

文：从某种意义上说，财务信息披露制度乃是近代民主的产物。

梁：很有意思，我以前倒没有从这个角度仔细考虑信息披露问题。能否详细介绍？

文：这得从"Accountability"（经济责任）概念谈起。从民间审计角度看，所谓经济责任是指受托管理并有权使用企业资源的企业管理当局有向投资者报告它们的全部经营活动的义务。它假设至少存在两方：一方授予职责，另一方接受这一职责，并承担责任，对履行这一职责的方式作出报告。不久前，国际会计师联合会公营部门委员会观察员、世界银行官员鲁道夫·安德森应中国注册会计师协会之邀，来京作了一次题为"会计行业在国家财务经济责任框架中的作用"的报告，对经济责任作了详细阐述。

企业财务信息的披露已构成现代经济社会的骨架。它对于社会资源的有效分配和利用，是不可缺少的。在证券市场中，作为受托者的企业管理层责无旁贷地应向作为委托者的一般投资大众提供报告，以披露关系投资者切身利益的各类财务信息。如果披露的财务信息不真实，一般利益大众就会据此作出错误的投资决策，从而损害投资者的利益；相反，如果证券市场的透明度高，市场经济的发展就会更加健康、安全。这与现代民主要求信息公开并透明的基本要求是完全吻合的。一个社会的民主化程度越高，对信息披露真实性的要求和监管也就越严。注册会计师在这方面发挥着至关重要的"守护神"作用。所以，生活在世纪之交的国际社会，尤其是投资于企业的利害关系群体，有非常充足的民主理由希望财务信息的传播与披露更加畅达透明，并要求审计监督更为公开有效。期以我辈之行为，当起时代之重托！

梁：非常精彩！很受启发！其实，金融市场是一个信息市场，因为在金融市场里所转让的权益都是以信息表述出来。近年来的金融危机像一记重棒，不仅重重地打在会计行业的头上，也让许多国际组织领导人和国家政要猛醒。他们身居要位、一言九鼎，纷纷强调建立全球统一的会计准则、健全信息披露与监管的重要性。

1998年10月，国际货币基金组织总裁康德苏指出："世界范围内流行的缺乏透明度的文化传统，无论是在公共部门还是在私营部门，无论是国内还是国际，都严重阻碍了健全政策的制定、稳定市场的运作以及有效监管的实施。"他认为"新型金融建筑"应在以下五项原则的基础上构建：透明完善的金融体制、私营企业参与、资本流动有序自由、行为准则和监管手段现代化。

在康德苏看来，透明度堪称黄金定律。他认为：高质量的信息及其分析对于政策制定者和市场参与者而言都具有十分重要的意义。为保证市场更为有效地运行，市场参与者必须提供更具透明度的信息。康德苏要求"世界各国都要执行具有协调一致的会计准则、审计准则、保险准则、证券准则、清算准则和银行监管准则。"

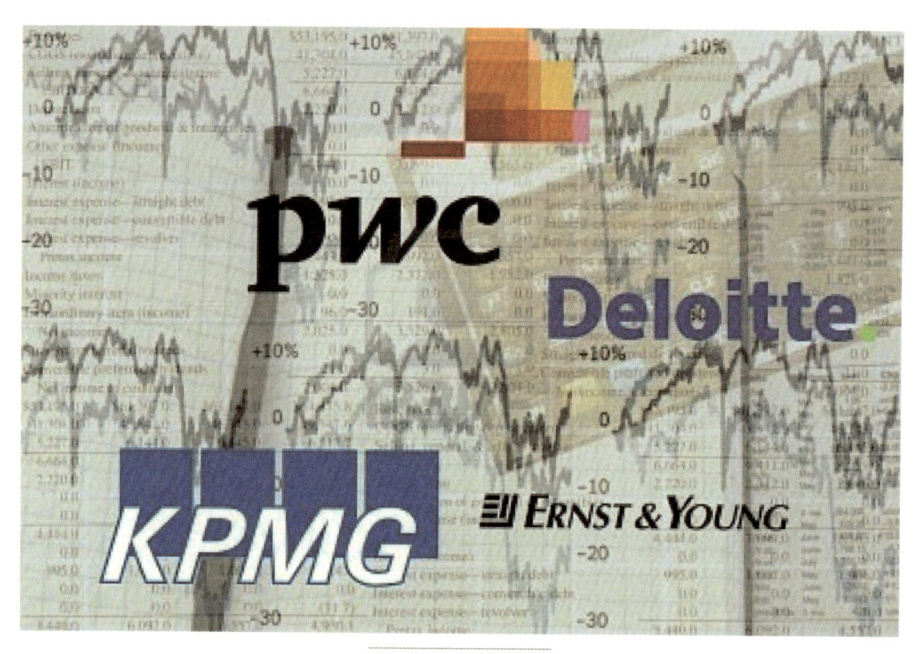

四大会计师事务所

美国前总统克林顿

1998年10月，22个工业化国家和新兴市场国家集团工作会议在题为《透明度与经济责任》的报告中指出："信息提供和利用上的缺陷对国际金融危机的发展和扩大起了推波助澜的作用。""企业应以高质量的、国际公认的会计准则为基础，定期、及时地提供全套财务报表（报告期限最长不超过一年，尤以半年为佳）"。

美国总统克林顿表示同意22国集团的主张，建议国际货币基金组织倡导并监督各国遵守国际会计准则。

世界银行行长沃尔芬森强调了制定适合于私营企业的国际会计准则和审计准则的重要性。在世界银行和国际货币基金组织年会上，他警告说：如果缺乏透明度和会计准则，"所谓的发展是危险的，也是不会持久的"。

欧洲重建与发展银行称"无论是从银行内部财务控制角度，还是从稳健原则来看，现行会计准则都是不完善的，应优先考虑加快国际会计准则的制定与实施"。

巴塞尔银行监管委员会主席麦克唐纳指出："巴塞尔委员会坚信，透明度是进行有效监管、建立稳妥而健全的金融体系的关键"。

英国首相布莱尔1998年9月在纽约证券交易所发表演讲时反复强调"更开放和更透明"。他说："本年度伯明翰八国首脑会议一致认为，我们必须努力推动国际会计准则的发展"。"更严格的经济责任和更大的开放无疑将促使政府制定出更加健全的社会政策，刺激市场对价格风险作出更准确的反应，帮助世界各国更有效地监管全球一体化所带来的风险"。

世界国际金融监管机构在这方面也已达成共识。例如，1998年国际证券委员会（IOSCO）颁布了重要文献《证券市场监管总则》，反复强调了透明度的重要性。

文：记得我1992年6月10日曾在《经济日报》发表一篇名为"会计和审计：证券市场的灵魂"的"石破天惊"之作，其中指出："纵观我国会计审计行业最近十多年的发展，我最深的感觉是，在中国高层政界，缺乏专家式的理财高手，能够科学地对会计审计在政体运行中的地位进行整体策划和运筹。"许多人说我胆子太大！

现在好多了。朱镕基总理在各种场合反复强调了在中国发展注册会计师事业的重要性。尤其这次访美期间他在麻省理工大学发表演讲时，不仅提到了您，而且再次向国际社会强调了中国领导人对会计工作的重视。我观看后心情异常激动。这表明，随着市场经济的纵深发展，各国政要越来越深刻地认识到，如果不把会计审计理论与实务的变革和选择问题放在一个民族走向强盛的战略位置来对

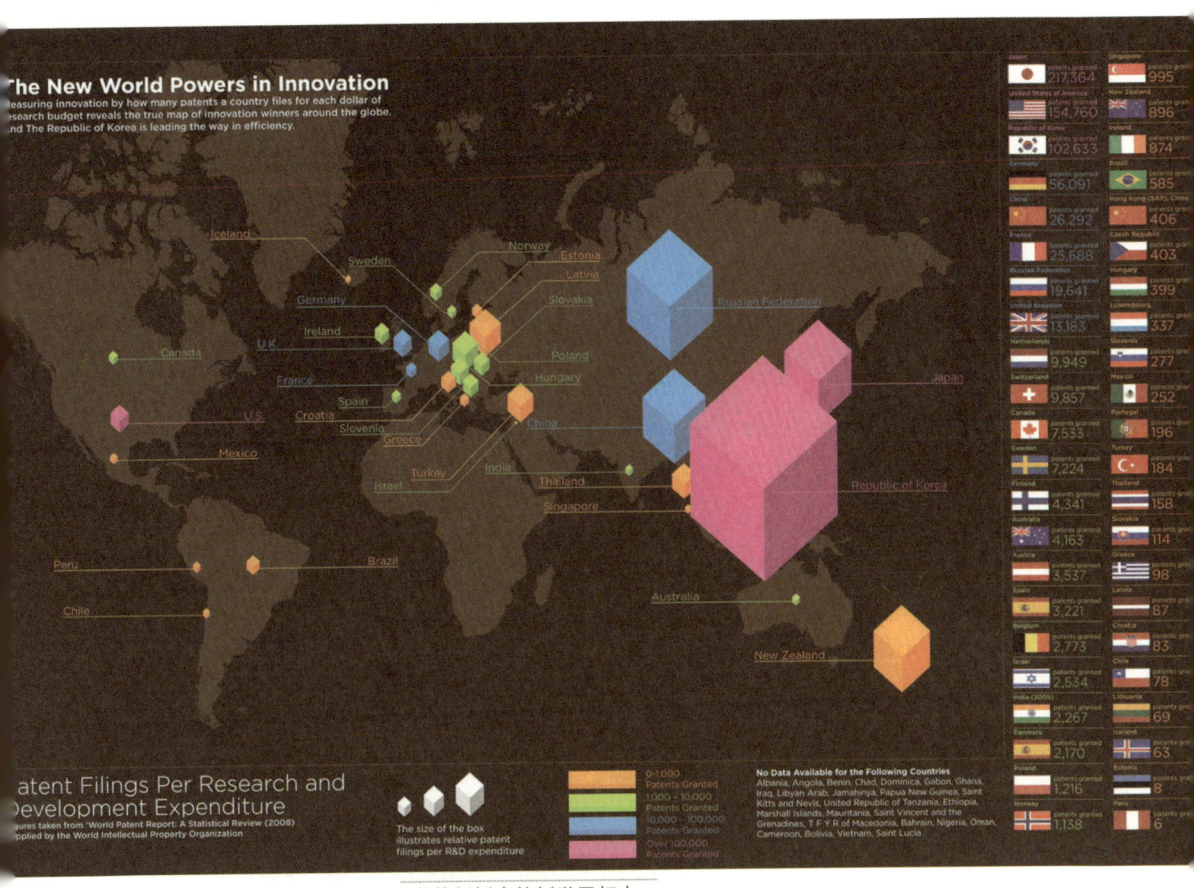

变革创新中的新世界权力

　　待，必将严重地阻碍这个国家的现代化和国际化进程。

　　看到会计职业的重要性在国际范围内在经济发展的关键时刻被高层政要、金融巨头和企业大亨一致看涨，作为一位会计研究者，我感到由衷的高兴。现在重温我的恩师杨时展教授的名言："天下未乱计先乱，天下欲治计乃治"，别有一番感慨在心头。洪水肆虐，让我们顿然醒悟：造成一片绿林，才能造就一个永葆安宁、生机盎然的国度，同样，一套科学、完善的会计审计制度，就像这一片无际的绿林，可以预防贪污贿赂、管理混乱，健全市场秩序、保护投资大众，并带来政治清明、官守廉洁，为国家治乱振兴，铺开未来无限生机……

一千年太久，只争朝夕

文：谁也无法说出未来一千年人类会计将是什么样子。如果有人站出来说可以，那是胡扯！人类还没有足够的智慧预见一千年以后会计发展的事，倒是对未来一百年的21世纪，可以轻松地数出个一二来。

梁：是的，"古往今来为宇，上下四方为宙"，中国哲学中博大精深的概念，在千年后的今天以手指对键盘的敲击、鼠标在屏幕上的移动，而获得充分地体现。站在电子时代的门槛上，面对从报纸、书刊、广播、电视到网络联结的"信息高速公路"，我们在充分享受着高速度时代带给我们的一切快捷与便利的时候，不能不感叹：如果在帕乔利时代就有这些通信传播工具，世界各国在很短时间内就能享受到新式会计的恩泽，中国又怎会直到19世纪末20世纪初才接触到西式簿记方法呢？

会计是证券市场的重要基石

文：千年会计从时间长河上看，皆如朝露夕阳，实属短暂，但从内容上看，却是沧海桑田，换了人间。人类创造了千年会计的辉煌。值另一个千年跨越之际，算一算千年的"结绳记事"，展望会计未来的前景，是很有现实意义的。一部世界会计史告诉我们，会计发展经历了五次浪潮：第一次是原始计量与记录时代（旧石器时代中晚期——奴隶社会）；第二次是单式簿记的产生与发展时期（奴隶社会——文艺复兴时期）；第三次是复式簿记的产生与发展时期（文艺复兴时期——19世纪末20世纪初）；第四次是会计学的产生与发展时期（19世纪末20世纪初——现在）；第五次浪潮是人类正在进入的会计信息化时代。如果20世纪80年代着重于质量，90年代着重于规划，那么21世纪前10年就是着重于速度的时代，是企业本身重整、再造的年代。随着数字信息速度的加快，在未来10年中使企业的变化，将超过过去50年中企业变化的总和。信息时代的领路人比尔·盖茨在其新著《未来时速：数字神经系统与商务新思维》一书中反复强调了他的新法则："数字神经系统是与人的神经系统等价的数字化整体系统，它提供了完

比尔·盖茨赤裸裸地提出"信息技术的目的就是挣钱"这一观念

美集成的信息流,在正确的时间到达系统的正确地方。数字神经系统由数字过程组成,这些过程使得一个企业能感知其所处环境,察觉竞争者的挑战和客户的需求,然后组织及时的反应"。"好的信息流和好的分析工作,给予我们从大量的潜在的难以贯穿的数据中,发现新的赚钱的机会。它最优化人类的大脑,极小化人类的劳动"。他明确指出:您怎样搜集、管理和使用信息,将决定您是赢还是输;只有那些驾驭数字的人才能获得竞争优势。可见,数字化信息技术的创新与应用,不仅改变了IT业本身,也改变了人类的会计世界。今天,围绕数字化信息技术建立一套全新的现代会计观念与方法体系,已是会计发展的大势所趋。

WTO 商标

梁定邦(右)与文硕(左)讨论世界会计发展的未来

梁：《未来时速》这部书由北京大学出版社出版，我粗略看过。我对比尔·盖茨赤裸裸地提出"信息技术的目的就是挣钱"这一观念，很震撼，也很敬佩。最近，他又在《时代周刊》发表封面专题文章，提出了数字化时代克敌制胜的十二大金科玉律。他认为，只有真正掌握了数字化体系的管理者才能赢得竞争优势。他在介绍第二条定律时，一开始就指出"'KNOW YOUR NUMBERS' is a fundamental precept of business"（"了解自己的数字"是工商企业的一条基本准则）。

世界会计师会议

目前，新兴的信息高速公路和互联网网络将世界经济的联系结合得越来越紧密。比如，网上银行可以提供账目查询、资金存取服务；企业通过电子划账可以随时调用自己的资金；随着电子商务（E-Business）的普及，资金结算将成倍地加快，货币流动性也会空前提高。由于全球网络的推动，可望出现全球一体化的资本市场。

对于证券业来说，以前只是通过因特网传递实时证券行情，现在的网上交易活动已日趋频繁。在现有的资产证券化交易结构中，现金流一般都是按月回到特设目的公司账上。在IC卡得到广泛应用的当今社会，可以预见，在不远的将来，电费、水费等公用事业费用的收取都将在因特网上实现。届时，特设目的公司可以在开曼群岛注册网址，仅需几秒钟就可以按日将款划拨到账，然后将这笔资金投资到其他市场，以挣取高额利润。由此可见，结算从按月发展到按日，确实极大地加快了金融资产的流动性。其实这些只不过是传统业务的延伸而已，企业界

计算机会计

对因特网好处的挖掘，还远远没有达到应有的程度。

企业借助于网上资本市场，还可以进行与传统融资方式完全不同的网上融资。这是一种全新的融资观念和方法，也是一个密如蛛网、四通八达的融资新渠道。因特网由于突破了空间距离和中介的限制，为资金供需双方提供了在网上直接见面和融资的机会。它为合理疏导网上出现的极大量游资，给企业提供了一个有着美好前景的平台。

一个谁也无法回避的事实是，因特网正在或已经成为一种全新的工商秩序和市场秩序的基础。

文：身处在市场经济的惊涛骇浪中，人类为了追求利润的最大化，什么样的招数都会玩，昨日如同今日，其特点和力量在于能一招不灵，再施一招，一式无效，再用一式。我同意这样的观点，在过去20多年工商企业是以生产为导向的，10年以来又改为以营销为导向，信奉营销决定企业成败的信念，进入21世纪以后，全球企业发展的趋势应是依托全球性信息网络，以财务投资作为经营导向。因为资金和信贷从来就是触及和打开外部市场最可靠、最有效的手段。所以，谁最先将整个公司的财务投资、资本运营付之有效地实施，谁就会成为市场的赢家，谁就会成为金融投资管理时代的弄潮儿。我们有理由相信，在不远的将来，充满智慧的会计人员将利用全球性信息网络，在资本运营、财务金融投资方面，

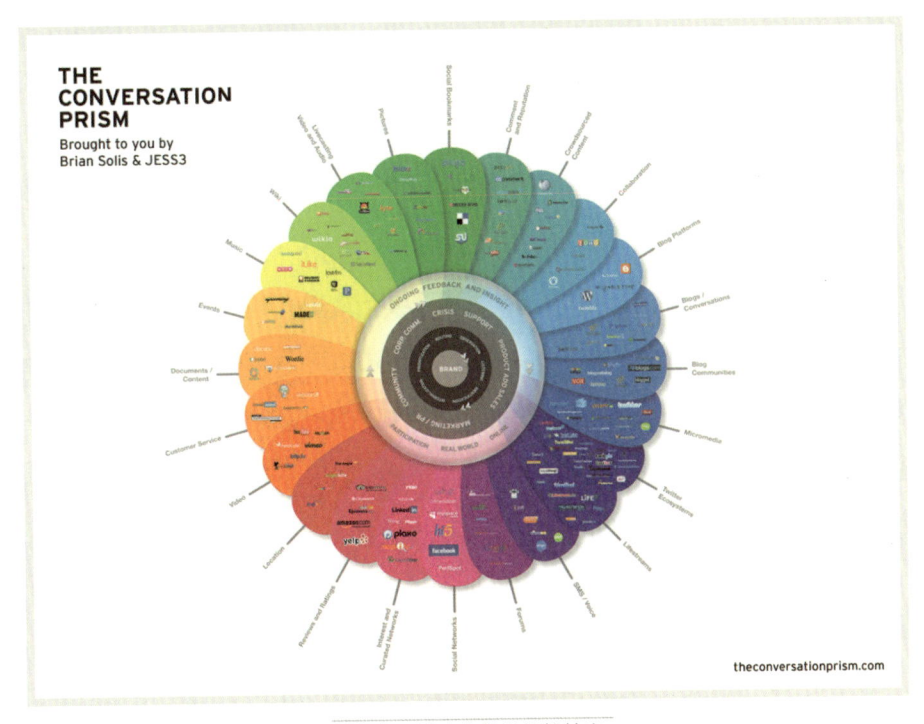

数字力：社会化媒体蝴蝶效应

成为推动全球经济发展、提高国民生活水准的"总控制师"。

梁：国际化也是人类社会进步的产物，它为各国之间进行空前规模的政治、经济与文化交流提供了条件，从而必将进一步推动人类社会的进步。然而在美国会计占绝对优势的当今社会，国际化是否等于美国化？这是值得探讨的。

文：我曾经对世界会计发展的各个时期作过比较分析，发现一个十分有趣的现象，这就是世界会计历史的杠杆曾六次敲响决定中心命运的时钟：在远古荒蛮时期，中国、埃及、波斯、墨西哥、秘鲁、波里尼西亚和南美洲的印加人、北美印第安人构成分散的"结绳记事"中心；在文明古国时代，共度会计发展"黄金岁月"的，是中国、埃及、巴比伦、印度、希腊和罗马；到文艺复兴时期，意大利成为会计发展的导师和带头人;到17世纪,随着世界商业中心移至安特卫普,荷兰成为会计发展的明星;工业革命时期,英国敢立潮头,成为会计发展的弄潮儿;进入20世纪以后,美国又后来者居上,跑到了世界会计发展的最前列。

有趣的是,我们又进一步发现,每当出现一个中心失落的情况时,一个新中心的重组过程便开始了。每一次中心的错位都是在斗争、对抗、剧烈的经济动荡中实现的。或者说,通常导致推陈出新的,都是当时恶劣的经济气候。一个会计中心的出现无不与一个经济世界的繁荣息息相关;一个会计中心的衰落,又无不与一个经济世界的凋零密切相联。在茹毛饮血时代,数个原始部落和国家成为"结绳"活动的中心;在公元前2000年左右,奴隶制经济发展的中心自然移至六

纽约证券交易所

社会媒体的影响力

大文明古国;到14世纪80年代,相对单一的经济中心在威尼斯形成;接近1500年,风云变幻,中心又从威尼斯降临安特卫普;1780~1815年之间,中心移位于伦敦;至1929年,这个中心飘洋过海,越过大西洋,定位于纽约。每次经济中心的移位都使人类会计焕发一次青春,从而培养出一个新的国际影响级会计明星。它当前必须面对的现实问题是:国际化和信息化已经对当代会计形成严峻地挑战,如何应对挑战将决定21世纪会计的发展走势,也将确立21世纪世界会计领袖的形象。

我个人认为，在经济国际化与信息化相互促进，世界经济变得越来越密不可分的态势下，未来会计的形态将是一种以信息化和国际化为基本特征的网络会计，它不仅以信息技术为核心，也以全球化为形态。目前，本人正准备向工商界、会计界提出一个全新的概念：数字力。它是我正在重点研究的课题。我相信，在数字化信息时代，从理论和实务上对"数字力"进行深层次研究，尤其现实的指导意义。数字力与营销力、企划力和形象力一样，将成为工商企业提高未来竞争力的决定性内容。

梁：你将人类社会经济发展的不同进程与相关的会计手段联系在一起的思路，归根结底，是要告诉人们，每一时期的文明进程和经济世界正是古代的、近代的、现代的，然后是未来会计明星的生长土壤。我这样总结不知对不对？

文：没错，导致会计"中心转移说"的深刻背景当然是经济与文明的推动力。会计是经济的产儿，离不开经济发展这个母亲，也是人类文明之孙，自然终会回到她的怀抱。谁能成为下个世纪的经济强人和文明强国，谁就会成为未来会计的国际样板。

洪水肆虐，让我们顿然醒悟：造成一片绿林，才能造就一个永葆安宁、生机盎然的国度

梁： 美国著名专家休·德桑蒂斯教授在《世界政策杂志》1998～1999年冬季号上发表文章说："随着国际股票市场的凋敝和经济增长的放慢，世界可能不像以前看上去的那样可以美国化。"当代中国的改革开放，是中国历史上前所未有、最为深刻、最为波澜壮阔的一幕！已历时20年的社会大变革，使国力昌盛、民族振兴、世界震惊！在东南亚金融危机的冲击下，全球经济举目黯然，而中国经济仍一枝独秀，多事之秋却保持了1998年经济增长7.8%的增长率，难能可贵。谁说有着几千年深厚的文化积淀、经济发展又乘风破浪的中国，不可能执世界会计发展之牛耳，再次出现以龙为首的会计奇迹呢？

文： 下一个千年的第一年2000年，是中国的龙年，我们迎来了以龙为首的千年。国运昌盛，是多少代饱经沧桑的中国人的期盼！汇入会计信息化和国际化之潮，紧拽着人类会计延续的接力棒，对世界会计发展作出更大的贡献，是中华民族不容推卸的责任。问苍茫大地，谁主沉浮？中国会计理当自强！

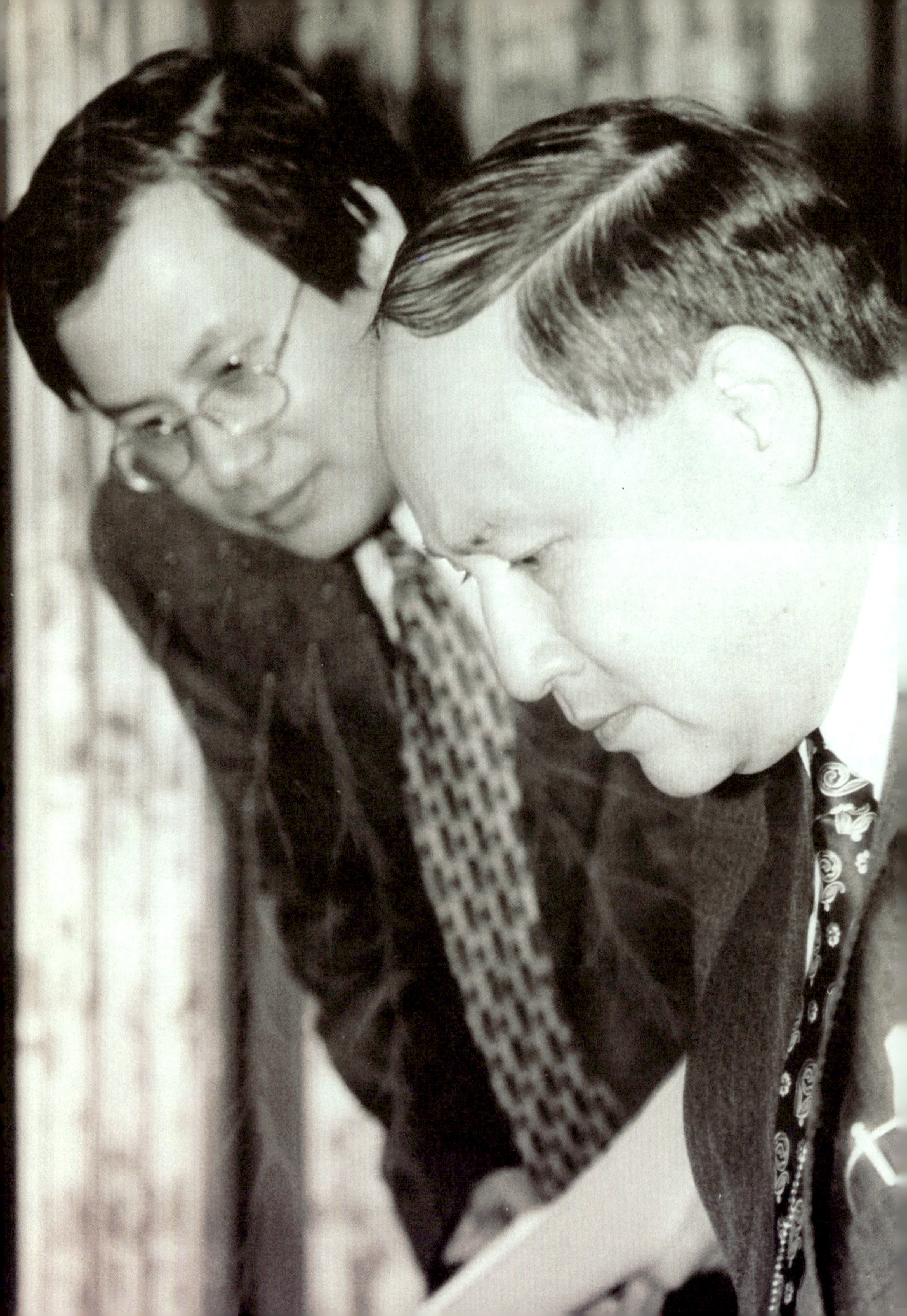

新版后记

  2004年底,我致函中南财经政法大学会计学院郭道扬教授,决定将自己二十多年来花费无数心血从多种渠道收藏的五百余册有关世界会计与审计方面的经典外文文献原著、部分外文文献的影印件和复印本,以及部分国外会计名家的照片等珍贵资料,无偿地捐赠给会计学院会计研究所,以供研究中外会计审计发展史时参考。12月28日,受学校和会计学院的委托,会计研究所副所长许家林教授专程赴京办理接受捐书的具体事宜。在简短的捐赠仪式上,中南财经政法大学驻京办王平主任代表学校向文硕院长颁发了捐赠证书并转交了吴校长签署的感谢信;许家林教授介绍说,这批图书是中南财经政法大学迄今为止所收到的最大一批由个人捐赠的外文图书,同时转达了当时会计学院院长罗飞教授的衷心感谢,并代表郭道扬教授转赠我一套他的新作《会计史研究:历史·现时·未来》(第一卷、第二卷)。

本人策划的中国注册会计师协会标志

我原以为，这是我为自己的会计审计生涯画上的最后一个句号。我一直把中南财经政法大学视为我的第二母校，杨时展教授和郭道扬教授给我的无私厚爱与提携，是我一生中最美好的回忆，没有他们，就不会有我在会计界和审计界的学术成就。我把自己最美好的青春给了会计审计界，无怨无悔。青春如梦，在会计审计走向世界的梦想里寻找希望中的奇迹。我们在名著翻译的海洋里散发芬芳，在两岸交流的柔波中荡击沙石，在思想之火的焚烧中走向成熟。那一代年轻人对会计审计学术事业的探索和追求，远离铜臭，很纯洁也很激情，我非常怀念与他们在一起度过的那一段美好时光。如果问我在会计审计界的最大遗憾是什么，那无疑是没能把欧美20世纪初至50年代的大量经典名著全部译成中文，这些书应该有它们的中文版！最近几年，有会计师事务所找到我，希望我能继续完成这项事业，但时过境迁，我已失去这份激情。

此时此刻，我还要对母校——北京工商大学，表示最真诚的谢意。正是母校培育了我一生的人生观，使我即使走到现在，还依然保持18岁的激情，熊熊燃烧着自己的生命。依然记得，第一天走进教室，我的班长张杰明博士送我一句名言："伟人们之所以伟大，是因为我们自己的跪着。站起来吧！"第二年，首都师范学院李燕杰给我们演讲，其中有句话至今难忘：贝多芬说过，"公爵之所以成为公爵，只不过是由于偶然的出身，公爵，过去有，现在有，以后还会有，而我贝多芬只是有一个。"毕业送别之际，学院顾问黄肇兴教授教导我们：宁做良民，也不做坏官！可以一点也不过分地说，没有这三句励志之语，就不会有文硕今天的成就。

新版后记

　　1982年，我20岁，大三期间译出中国首部日文《审计学》，到这次我50岁生日之际再版《西方会计史》（上），一眨眼，30年的光阴过去了。这次受经济科学出版社郭兆旭社长之约，再版拙作《西方会计史》，再次勾起我对历史的回忆。记得梁启超说过："以求天下之理，必博观历朝掌故沿革得失，证以泰西、希腊、罗马诸史以为之纬；以求古人治天下之法，必洞察今日天下郡国利病，知其积弱之由及其何以图强之道，证以西国近世宪法章程之书。"现今是一个颠覆的时代，必须拿出回望历史和俯视世界的勇气，否则，难以立足于风云突变的社会。

平安夜之际，我终于根据从北京工商大学图书馆借出数十本当年我编写《西方会计史》过程中参考的英日文专业图书，为新版配完最后一批图片，欣慰之余，发现这些珍贵的会计史图书，自我借阅到现在，竟然一本也没被他人借用过，一股莫名的惆怅浮上心头。

中国会计史研究，必须加油！

文　硕

于北京2011年圣诞节

LUCA PACIOLI

SVMMA

1494   1994

I CONCITTADINI
E
LE SCUOLE DI RAGIONERIA IN...

▶ 溪云初起日沉阁，山雨欲来风满楼。图片为迎合西方对中国文化好奇而拍摄并向世界发行的中国账房师爷查账的明信片。其中一人拨账，两人用算盘核对，后面光膀子帅哥正在帮审计师爷点水烟。由此可窥见1900年左右同业者在复式簿记之风吹入中国之前从事会计与审计的风采！